国家社会科学基金一般项目（17BSH100）

郑州大学人文社会科学精品学术著作资助项目（2022JPZZ05）

郑州大学厚山人文社科文库
ZHENGZHOU UNIVERSITY HOUSHAN
HUMANITIES&SOCIAL SCIENCES LIBRARY

农村留守儿童品格发展及其社会适应的促进机制研究

Research on the Mechanisms of Promoting
Character Development and Social Adaptation
of Left-behind Children in Rural China

张瑞平　著

中国社会科学出版社

图书在版编目（CIP）数据

农村留守儿童品格发展及其社会适应的促进机制研究 /
张瑞平著. -- 北京 ： 中国社会科学出版社，2025. 5.
（郑州大学厚山人文社科文库）. -- ISBN 978-7-5227
-4749-1

Ⅰ. G61

中国国家版本馆 CIP 数据核字第 20255D5E74 号

出 版 人	赵剑英	
责任编辑	刘亚楠	
责任校对	张爱华	
责任印制	张雪娇	

出 版	中国社会科学出版社	
社 址	北京鼓楼西大街甲 158 号	
邮 编	100720	
网 址	http://www.csspw.cn	
发 行 部	010-84083685	
门 市 部	010-84029450	
经 销	新华书店及其他书店	

印 刷	北京明恒达印务有限公司	
装 订	廊坊市广阳区广增装订厂	
版 次	2025 年 5 月第 1 版	
印 次	2025 年 5 月第 1 次印刷	

开 本	710×1000 1/16	
印 张	22.5	
插 页	2	
字 数	397 千字	
定 价	138.00 元	

总　序

　　哲学社会科学是人们认识世界、改造世界的重要工具，是推动历史发展和社会进步的重要力量。习近平总书记指出："一个没有发达的自然科学的国家不可能走在世界前列，一个没有繁荣的哲学社会科学的国家也不可能走在世界前列。""高校是我国哲学社会科学'五路大军'中的重要力量。"充分肯定了高校的地位和作用。郑州大学哲学社会科学面临重大机遇。

　　一是构建中国特色哲学社会科学的机遇。历史表明，社会大变革的时代，一定是哲学社会科学大发展的时代。党的十八大以来，以习近平同志为核心的党中央高度重视哲学社会科学。习近平总书记在全国哲学社会科学工作座谈会上的重要讲话为推动哲学社会科学研究工作提供了根本遵循。《关于加快构建中国特色哲学社会科学的意见》为繁荣哲学社会科学研究工作指明了方向。进入新时代，我国将加快向创新型国家前列迈进的步伐，构建中国特色自主知识体系成为高校的重要使命。站在新的历史起点上，更好进行具有许多新的历史特点的伟大斗争、推进中国特色社会主义伟大事业，需要充分发挥哲学社会科学的作用，需要哲学社会科学工作者立时代潮头、发思想先声，积极为党和人民述学立论、建言献策。

　　二是新时代推进中原更加出彩的机遇。推进中原更加出彩，需要围绕深入实施粮食生产核心区、中原经济区、郑州航空港经济综合实验区、郑洛新国家自主创新示范区、中国（河南）自贸区、中国（郑州）跨境电子商务综合试验区、黄河流域生态保护和高质量发展等重大国家战略开展研究，为加快中原城市群建设、高水平推进郑州国家中心城市建设出谋划策，为融入"一带一路"国际合作和推进乡村振兴、推动河南实现改革开放、创新发展，提供智力支持。同时，需要注重成果转化和智库建设，使智库真正成为党委、政府工作的"思想库"和"智囊团"。因此，站在中原现实发展的土壤之上，我校哲学社会科学必须立足河南实际、面向全国、放眼世界，弘扬焦裕禄精神、红旗渠精神、愚公移山精神、大别山精神和中原文化的优秀传统，建设具有中原特色的学科体系、学术体系，构建具有中原特色的话语体系，为经济社会发展提供理论支撑和智力支持。

三是加快世界一流大学建设的机遇。学校完成了综合性大学布局，确立了综合性研究型世界一流大学的办学定位，明确了建设一流大学的发展目标，世界一流大学建设取得阶段性、标志性成效，正处于转型发展的关键时期。建设研究型大学，哲学社会科学承担着重要使命，发挥着关键作用。为此，需要进一步提升哲学社会科学解决国家和区域重大战略需求、科学前沿问题的能力；需要进一步提升哲学社会科学原创性、标志性成果的产出质量；需要进一步提升社会服务水平，在创新驱动发展中提高哲学社会科学的介入度和贡献率。

把握新机遇，必须提高学校的哲学社会科学研究水平，树立正确的政治方向、价值取向和学术导向，坚定不移实施以育人育才为中心的哲学社会科学研究发展战略，为形成具有中国特色、中国风格、中国气派的哲学社会科学学科体系、学术体系、话语体系做出贡献。

"十三五"时期以来，郑州大学科研项目数量和经费总量稳步增长，走在全国高校前列。高水平研究成果数量持续攀升，多部作品入选《国家哲学社会科学成果文库》。社会科学研究成果奖不断取得突破，获得教育部第八届高等学校科学研究优秀成果奖（人文社会科学类）一等奖 1 项，二等奖 2 项，三等奖 1 项。科研机构和智库建设不断加强，布局建设 11 个部委级科研基地。科研管理制度体系逐步形成，科研管理的制度化、规范化、科学化进一步加强。哲学社会科学团队建设不断加强，涌现了一批优秀的哲学社会科学创新群体。

从时间和空间上看，哲学社会科学面临的形势更加复杂严峻。我国已经进入中国特色社会主义新时代，开始迈向以中国式现代化全面推进中华民族伟大复兴新征程，逐步跨入高质量发展新阶段；技术变革上，信息化进入新一轮革命期，元宇宙、云计算、大数据、移动通信、物联网、人工智能日新月异。放眼国际，世界进入到全球治理的大变革时期，面临百年未有之大变局。

从哲学社会科学研究本身看，重视程度、发展速度等面临的任务依然十分艰巨。改革开放40多年来，我国已经积累了丰厚的创新基础，在许多领域实现了从"追赶者"向"同行者""领跑者"的转变。然而，我国哲学社会科学创新能力不足的问题并没有从根本上改变，为世界和人类贡献的哲学社会科学理论、思想、制度性话语权、中国声音的传播力、影响力还很有限。国家和区域重大发展战略和经济社会发展对哲学社会科学提出了更加迫切的需求，人民对美好生活的向往寄予哲学社会科学以更高期待。

从高水平基金项目立项、高级别成果奖励、国家级研究机构建设上看，各个学校都高度重视，立项、获奖单位更加分散，机构评估要求更高，竞争越来越激烈。在这样的背景下如何深化我校哲学社会科学体制机制改革，培育发展新活力；如何汇聚众智众力，扩大社科研究资源供给，提高社科成果质量；如何推进社科研究开放和合作，打造成为全国高校的创新高地，是我们面临的重大课题。

为深入贯彻习近平新时代中国特色社会主义思想和习近平总书记关于哲学社会科学工作重要论述以及《中共中央关于加快构建中国特色哲学社会科学的意见》等文件精神，充分发挥哲学社会科学工作者"思想库""智囊团"作用，更好地服务国家和地方经济社会发展，推动学校哲学社会科学研究的繁荣与发展，郑州大学于2020年度首次设立人文社会科学标志性学术著作出版资助专项资金，资助出版一批高水平学术著作，即"厚山文库"系列图书。

厚山是郑州大学著名的文化地标，秉承"笃信仁厚、慎思勤勉"校风，取"厚德载物""厚积薄发"之意。"郑州大学厚山人文社科文库"旨在打造郑州大学学术品牌，集中资助国家社科基金项目、教育部人文社会科学研究项目等高层次项目以专著形式结项的优秀成果，充分发挥哲学社会科学优秀成果的示范引领作用，推进学科体系、学术体系、话语体系创新，鼓励学校广大哲学社会科学专家学者以优良学风打造更多精品力作，增强竞争力和影响力，促进学校哲学社会科学高质量发展，为国家和河南经济社会发展贡献郑州大学的智慧和力量，助推学校世界一流大学建设。

"厚山文库"出版资助的程序为：学院推荐，社会科学处初审，专家评审。对最终入选的高水平研究成果进行资助出版。

河南省政协副主席、郑州大学党委书记刘炯天院士，郑州大学校长李蓬院士，郑州大学副校长屈凌波教授等对"厚山文库"建设十分关心，进行了具体指导。学科与重点建设处、高层次人才工作办公室、研究生院、发展规划处、学术委员会办公室、人事处、财务处等单位给予了大力支持。国内多家知名出版机构提出了建设性的意见和建议。在这里一并表示衷心感谢。

我校哲学社会科学工作处于一流建设的机遇期、制度转型的突破期、追求卓越的攻坚期和风险挑战的凸显期。面向未来，形势逼人，使命催人，需要我们把握学科、学术和研究规律，逆势而上，固根本、扬优势、补短板、强弱项，努力开创学校哲学社会科学发展新局面。

周　倩

2023 年 01 月 01 日

前　言

随着中国改革开放的推进和工业化、城镇化进程的加快，农村大量剩余劳动力不断向城市流动，他们的孩子大多被迫留守在家乡，由此在农村便形成了一个特殊的弱势群体——留守儿童。由于面临着家庭结构不完整、父母角色功能缺失的成长环境，留守儿童在身心发展中存在着诸多潜在的危险，这可能对他们的成长带来消极影响。2025年"中央一号"文件《中共中央 国务院关于进一步深化农村改革扎实推进乡村全面振兴的意见》明确要求，"提升留守儿童和困境儿童关爱服务质量"。因此，社会和学术界高度关注农村留守儿童群体的社会适应状况。基于此，本书通过采用质性研究、纵向追踪设计及干预实验，分析与比较了农村留守儿童和非留守儿童在品格、所处生态环境与社会适应上的状况和差异，系统地探讨了农村留守儿童品格发展转变的特点、影响因素及其与社会适应的关系，同时，尝试采用注意偏向训练进行干预以改善和提升不同品格农村留守儿童的社会适应。

本书首先对农村留守儿童和非留守儿童的品格进行了比较。结果发现，无论是在具体的品格特质还是品格的潜在类别上，农村留守儿童并不必然比非留守儿童表现差，甚至在某些方面表现得更好。这可能与留守儿童群体存在的异质性有关，该群体可能既有品格良好的儿童，也有品格较差的儿童。这提示我们，留守儿童并不是问题儿童，父母因外出打工无法陪在孩子身边并不一定会给孩子带来消极影响，关键的问题是留守儿童能否感受到父母的情感关怀和爱。因此，把留守儿童与非留守儿童简单比较进而给留守儿童贴上"问题儿童"的标签是不合适的，要客观评价留守儿童出现的问题。

其次，探索了农村留守儿童品格的发展转变趋势。结合三个时间点、两次转变来看，农村留守儿童在品格发展上表现出了一定的变化性，既有儿童出现了品格下滑的风险，也有儿童的品格得到了积极的提升，我们分别从人格特质的中断假说与成熟原则解释这些变化。本书也将品格潜在类别的转变模式分为5类：持续低品格组、品格变好组、品格变差组、持续中间组、持续高品格组。结果发现，留守儿童的界定标准不同，儿童留守状态（留守儿童 vs. 非留守儿童）与品格类别转变模式的关联不同。总的来说，留守状态对七年级儿童品格类别的转变没有显著的影响，但对四年级儿童有明显的影响。

再次，分析了影响农村留守儿童品格发展转变的因素。无论是以父母（或一方）外出打工至少6个月还是以父母（或一方）外出打工作为留守儿童的界定标准，在 T1 至 T2 时间点，如果留守儿童感知到较少的父母拒绝、较多的父母保护，就越不可能留在低品格组；但在 T2 至 T3 时间点，亲子冲突的负面影响表现出来，亲子冲突越多，儿童越有可能留在低品格组。父母温暖的养育方式、更多的教师支持和同伴支持以及良好的社区氛围，这些因素均有助于留守儿童和非留守儿童良好品格的培养。同伴支持的作用更多体现在后两个时间点的转变中，而教师支持的影响则贯穿在三个时间点、两次转变中。这些结果提示我们，在农村留守儿童成长的过程中，如果可以较好地塑造他们所处的生态环境特征，提供促进他们发展的适宜条件，那么在整个青少年期，留守儿童就更有可能茁壮成长，并表现出积极健康的发展态势。

同时，考察了农村留守儿童品格发展转变与社会适应的关系。本书分别从三个时间点、两次转变以及两个时间点、一次转变综合探讨了品格类别转变模式对社会适应不同指标的影响，结果表明，良好的品格特质可以与行为问题共存，积极发展和行为问题的反向关系只是其中的一种变化模式。研究结果与以往反向关系的结果不一致的一个重要原因可能是因为采用以个体为中心的分析方法（如潜在转变分析，Latent Transition Analysis）可以通过评估个体内的发展变化模式，进一步识别出多种类型的发展轨迹，因此能够提供人和情境随时间变化的更细致的分析结果。品格类别转变模式与社会适应关系的多样性对发展科学和旨在提升儿童青少年积极发展的应用实践是一个巨大的挑战，这要求我们为农村留守儿童设计的干预方案应该像其发展变化一样丰富多样。

最后，本书还考虑了注意偏向训练对不同品格农村留守儿童社会适应的促进作用。采用双盲随机对照，使用计算机化的注意偏向训练，对有较高抑郁水平的农村留守儿童进行干预。结果表明，对农村留守儿童进行注意偏向训练是有一定效果的，在一定程度上改善了他们的抑郁情绪。自我控制能力越强的农村留守儿童训练的效果可能越好；但注意偏向训练对共情能力强的农村留守儿童没有起到改善抑郁的效果，反而可能增加他们抑郁的水平。因此，在对抑郁水平高的农村留守儿童开展注意偏向训练时，要考虑他们自身的特点，尤其是品格特质。这对农村留守儿童的健康成长具有较高的实用价值。

总之，本书采用以人为中心的研究取向识别出农村留守儿童品格的多种发展轨迹，并在此基础上，探讨了农村留守儿童品格发展转变的影响因素及其与社会适应的关系，尝试采用注意偏向训练改善他们的社会适应水平。这不仅有助于增加我们对农村留守儿童品格发展转变的理解，为农村留守儿童良好品格的培养和社会适应的提升提供了实证基础，而且从更为长远、深入的视角为决策层面和教育干预实践提供了更加可靠和准确的信息。

本书是基于一项国家社会科学基金项目的研究成果撰写而成，这里尤其要感谢我的合作者和研究生付出的不懈努力，他们包括任萍教授、黎亚军研究员、杨曦副教授、张平平副教授，高琳琳、侯凡、郭赟、李骏、宋彦祯、韩然然、王敬等众多老师和同学。我的很多本科生也参与了数据的采集、初步整理以及参考文献的校对等工作，在此向他们表示感谢。感谢中国社会科学出版社的刘亚楠编辑，她认真负责的工作态度让我感动。书稿还有很多需要完善的地方，书中错误或表达不妥之处，期待广大读者批评指正（作者邮箱：flyrui@ 126. com）。

2025 年 3 月于郑州大学

目　　录

绪　论　……………………………………………………………………　1

第一章　文献综述　………………………………………………………　5
　　第一节　农村留守儿童品格发展概述　………………………………　6
　　第二节　农村留守儿童品格发展的前因变量　………………………　15
　　第三节　农村留守儿童品格发展与社会适应的关系　………………　22
　　第四节　以往研究的不足　……………………………………………　26
　　第五节　项目学术和应用价值　………………………………………　30

第二章　农村留守儿童品格与社会适应特点的访谈研究　…………………　31
　　第一节　研究方法　……………………………………………………　31
　　第二节　农村留守儿童品格与社会适应的访谈结果　………………　34
　　第三节　农村留守儿童品格与社会适应特点的反思与建议　………　52

第三章　农村留守儿童品格的特点及其预测因素　………………………　56
　　第一节　研究方法　……………………………………………………　57
　　第二节　农村留守儿童品格特质的特点　……………………………　63
　　第三节　生态环境因素与农村留守儿童品格特质的相关分析　……　67
　　第四节　农村留守儿童品格潜在类别及生态环境因素的影响　……　69
　　第五节　讨论　…………………………………………………………　84

第四章　农村留守儿童品格与社会适应的关系　…………………………　89
　　第一节　研究方法　……………………………………………………　90
　　第二节　具体品格特质与社会适应的相关分析　……………………　93
　　第三节　农村留守儿童的品格潜在类别及其与社会适应的关系　……　94

第四节　讨论 ……………………………………………………… 102

第五章　农村留守儿童品格的发展轨迹 ………………………… 105
　　第一节　研究方法 ………………………………………………… 107
　　第二节　农村留守儿童品格特质的发展特点 …………………… 110
　　第三节　农村留守儿童品格类别转变的特点 …………………… 127

第六章　农村留守儿童品格发展转变的影响因素 ……………… 148
　　第一节　研究方法 ………………………………………………… 149
　　第二节　农村留守儿童所处生态环境的发展特点 ……………… 151
　　第三节　农村留守儿童品格类别转变的影响因素 ……………… 173

第七章　农村留守儿童品格类别转变对其社会适应的影响 …… 197
　　第一节　研究方法 ………………………………………………… 199
　　第二节　农村留守儿童社会适应的基本特点 …………………… 200
　　第三节　农村留守儿童品格类别转变对社会适应的长期影响 … 222
　　第四节　农村留守儿童品格类别转变对欺凌与受欺凌行为的
　　　　　　短期影响 ………………………………………………… 256

第八章　注意偏向训练对不同品格农村留守儿童社会适应的干预研究 … 276
　　第一节　注意偏向训练概述 ……………………………………… 277
　　第二节　注意偏向训练对不同品格农村留守儿童社会适应的干预
　　　　　　研究 ……………………………………………………… 281

第九章　综合讨论 ………………………………………………… 295
　　第一节　农村留守儿童品格特点 ………………………………… 299
　　第二节　农村留守儿童品格发展趋势及转变 …………………… 302
　　第三节　农村留守儿童品格发展与转变的影响因素 …………… 306
　　第四节　农村留守儿童品格发展对其社会适应的影响 ………… 311
　　第五节　农村留守儿童品格的理论思考 ………………………… 317
　　第六节　本书的理论价值及实践启示 …………………………… 319
　　第七节　本书的创新和不足之处 ………………………………… 322

参考文献 …………………………………………………………… 327

绪　　论

随着中国经济的快速发展和工业化、城镇化进程的加快，农村大量剩余劳动力纷纷进城务工。由于经济状况、户籍制度等多方面的原因，许多农民工只好将自己的孩子留在家乡，由此在农村便形成了一个特殊的弱势群体——留守儿童。教育部发布的《2015年全国教育事业发展统计公报》指出，2015年全国义务教育阶段在校生中农村留守儿童达2019.24万人；民政部公布的数据显示，2018年全国留守儿童数量达到697万人。根据2021年第七次全国人口普查数据，截至"十三五"末，全国共有农村留守儿童643.6万人①。虽然近年来留守儿童数量有所下降，但仍是一个规模较为庞大的群体。作为未来重要劳动力，农村留守儿童的全面发展水平关系到整个国家和社会的稳定。

由于处于亲子分离、父母角色功能缺失的成长环境，留守儿童在身心发展中存在许多可能的风险，这给他们的成长带来消极影响。例如，父母外出打工对留守儿童的健康状况产生不利影响，他们更容易出现心理和行为问题②。农村留守儿童由于缺少父母的监督和保护，更容易卷入校园欺凌事件。2019年5月27日，民政部、教育部等十部门印发《关于进一步健全农村留守儿童和困境儿童关爱服务体系的意见》，将农村留守儿童的全面发展及支持系统构建提上日程。党的十九大报告进一步指出，"完善社会救助、社会福利、慈善事业、优抚安置等制度，健全农村留守儿童和妇女、老年人关爱服务体

---

① 新华社：《更好夯实民生保障基础——五大关键词解读民政事业改革发展"成绩单"》，https://www.gov.cn/xinwen/2021-02/24/content_5588542.htm.

② Fellmeth G., Rose-Clarke K., Zhao C., et al., "Health Impacts of Parental Migration on Left-behind Children and Adolescents: A Systematic Review and Meta-analysis", *Lancet*, 392 (10164), 2018, pp. 2567-2582.

系"。2021 年"中央一号"文件《中共中央 国务院关于全面推进乡村振兴加快农业农村现代化的意见》更是明确要求，"加强对农村留守儿童和妇女、老年人以及困境儿童的关爱服务"①。因此，近年来，社会和学术界高度关注农村留守儿童群体的社会适应状况。

良好的品格是社会适应尤其是幸福感的核心成分，为个体快乐、健康、有道德的生活奠定了良好的基础②。实际上，自亚里士多德以来，品格高尚及由此带来的幸福感被看作人们行为的终极目标。个体在童年期的品格对他们自己和社会都有长期的影响，培养良好的品格有助于减少儿童青少年的消极结果，促进其健康发展和茁壮成长。例如，良好的品格可以预测个体的积极行为，诸如学业成功、领导力、身体健康、助人行为、延迟满足等，同时也与酒精滥用、暴力、抑郁、自杀意图等问题行为的减少有关。因此，良好的品格不仅本身很重要，而且可以提升个体的幸福感；同时，作为保护性因素，对个体的反社会行为、心理障碍及其他潜在的风险因素能够提供一定的缓冲作用③。虽然品格的重要性不容忽视，但它对儿童尤其是农村留守儿童健康发展的促进作用还未得到社会和学界的广泛关注。

积极心理学的兴起强调应该关注个体发展的积极方面，研究积极的心理品质。在积极青少年发展视角（Positive Youth Development）下，品格研究及其培养受到研究者的高度关注，品格、道德、伦理再次作为心理学研究的主题④。但是目前只有个别研究考察了一些具体品格特质的发展轨迹，或探讨了生态情境是怎样促进特定群体品格特质发展的⑤。关于品格的实证研究才刚刚

---

① 中共中央 国务院：《关于全面推进乡村振兴加快农业农村现代化的意见》，2021 年 2 月 21 日，https://www.gov.cn/zhengce/2021-02/21/content_5588098.htm。

② Peterson C., Park N., & Seligman M. E. P., "Greater Strengths of Character and Recovery from Illness", *Journal of Positive Psychology*, 1 (1), 2006, 17-26.

③ Proctor C., The Importance of Good Character, in Proctor C., Linley P. (eds), *Research, Applications, and Interventions for Children and Adolescents: A Positive Psychology Perspective*, Springer, Dordrecht, 2015.

④ Seider S., Jayawickreme E., & Lerner R. M., "Theoretical and Empirical Bases of Character Development in Adolescence: A View of the Issues", *Journal of Youth and Adolescence*, 46 (6), 2017, pp. 1149-1152.

⑤ Wang J., Ferris K. A., Hershberg R. M., et al., "Developmental Trajectories of Youth Character: A Five-Wave Longitudinal Study of Cub Scouts and Non-Scout Boys", *Journal of Youth and Adolescence*, 44 (12), 2015, pp. 2359-2373.

起步，较少的追踪研究在讨论时涉及了品格的发展变化，关于儿童品格转变的研究尤其缺乏。人们迫切想要知道，儿童尤其是农村留守儿童品格的发展状况是怎样的，什么因素会影响留守儿童品格的发展转变，而这些转变对他们的社会适应又带来怎样的影响。因此，本书拟基于中西方文献关于品格内涵、品格对儿童发展的作用、品格的影响因素及科学有效的品格教育，探讨我国农村留守儿童的品格发展转变、影响因素及其对社会适应的促进作用，为我国儿童尤其是处境不利儿童（如农村留守儿童）的品格研究及品格教育提供重要的理论支撑和实证依据。

随着人们逐渐关注社会风险因素对积极青少年发展的影响，以及培养和促进良好的品格有着明显的优势，品格教育或道德教育逐渐成为教育学者和政策制定者关注的焦点问题。同时，也出现了越来越多的道德教育项目，这些项目旨在教给孩子一些传统的道德价值观，如尊重、共情、利他、责任感、自我控制等。人们越来越重视这些项目的成效，但是选择培养孩子的哪些品格或美德以及培养时机还缺少统一的理论基础。目前品格教育或道德教育项目亟须一个用来指导项目设计和项目评估的理论建构框架及分类系统。

促进农村留守儿童的品格发展是一个复杂的系统工程。关系发展系统理论（Relational Developmental Systems）为我们研究品格发展提供了宝贵的视角[1]。关系发展系统理论指出，个体与情境之间随时间发生的互动的关系过程导致了发展，个体发展具有一定的适应性和可塑性，品格的结构或功能也会出现一些发展性的变化[2]。此外，根据生态系统理论，生态环境的改变在儿童发展中具有特殊的重要性[3]。因此，本书也探讨了农村留守儿童所处的生态环境，如家庭、学校、社区等对其品格发展转变的预测作用。

本书尝试采用访谈法、纵向追踪和问卷调查等方法分析与比较农村留守

---

① Lerner R. M., & Callina K. S., "The Study of Character Development: Towards Tests of a Relational Developmental Systems Model", *Human Development*, 57, 2014, pp. 322-346.

② Overton W. F., "Processes, Relations, and Relational-Developmental-Systems", In W. F. Overton, P. C. M. Molenaar, & R. M. Lerner (Eds.), *Handbook of Child Psychology and Developmental Science: Theory and Method*, John Wiley & Sons, Inc., 2015; Shubert J., Wray-Lake L., Syvertsen A. K., & Metzger A., "Examining Character Structure and Function across Childhood and Adolescence", *Child Development*, 90 (4), 2019, pp. 505-524。

③ Bronfenbrenner U., *The Ecology of Human Development*, Harvard University Press, 1979.

儿童和非留守儿童在品格、所处生态环境、社会适应上的状况和差异；系统地分析影响农村留守儿童品格发展转变的因素及其与社会适应的关系。同时，还基于注意偏向训练对农村留守儿童的社会适应进行干预，以提高农村留守儿童的心理健康水平，促进他们更加积极、健康地发展。因此，本书对农村留守儿童的品格发展及其社会适应进行了整体梳理和全面分析，从而为构建农村留守儿童关爱服务体系和促进他们良好的社会适应提供重要依据。

第一章　文献综述

在社会变迁与社会转型中，儿童的生存与发展呈现出多元的态势，留守儿童等困境儿童的心理健康问题引起了社会的广泛关注。在农村留守儿童社会适应的研究中，大多数研究是在缺陷模型的框架内进行的。几乎整个20世纪，发展的缺陷模型（the Deficit Model of Development）在诸多学科中占据了主导地位[①]。该理论将儿童青少年看作是有问题要处理，这为建构儿童发展理论和开展相关实证研究提供了一个重要且占主导地位的视角。持有发展缺陷观的学者认为，留守儿童是有问题的，并且将他们的问题归咎于留守处境。从积极心理学的角度来看，这种缺陷模型并不能帮助我们全面了解留守儿童。积极心理学则通过研究积极体验（如情绪、情感）和积极品质（如良好品格）使得这一视角更加完整[②]。

积极青少年发展观（Positive Youth Development，PYD）为研究积极行为和消极行为提供了重要框架。基于关系发展系统理论，积极青少年发展观主张应把儿童青少年作为一种资源去培育，而不是作为问题去管理，每一个青少年都具备积极发展的可能性[③]。随着积极青少年发展视角的兴起，人们逐渐认识到，即使处于不利情境，个体自身仍具有某些积极因素。近年来，我国学者也开始在积极青少年发展观的指导下，思考儿童青少年的发展问题，并

① Lerner J. V. , Phelps E. , Forman Y. , et al. , "Positive youth development", In R. M. Lerner & L. Steinberg （Eds. ）, *Handbook of Adolescent Psychology: Individual Bases of Adolescent Development*, John Wiley & Sons Inc. , 2009.

② Peterson C. , & Seligman M. E. P. , *Character Strengths and Virtues: A Handbook and Classification*, New York：Oxford University Press Washington, 2004.

③ 常淑敏、张文新：《人类积极发展的资源模型——积极青少年发展研究的一个重要取向和领域》，《心理科学进展》2013年第1期；Damon W. , "What is Positive Youth Development?" *Annals of the American Academy of Political and Social Science*, 591 （1）, 2004, pp. 13-24.

力求促进其积极健康成长。对于农村留守儿童来说，虽然不能与父母共同生活，但他们也同样有优势或资源可以促进自己的健康成长。

积极青少年发展的核心组成部分为良好的品格[1]。良好品格是人类发展最优化的重要组成部分，被看作是个体能否度过一个满足、快乐和成功人生的内在决定因素[2]。品格在个体一生发展中起着重要作用。近年来，农村留守儿童的品格与道德相关问题受到了父母、教育者与政策制定者的广泛关注。培养和促进留守儿童的良好品格是家庭、学校和社会的主要目标。对品格的培养和提升可以阻止消极的发展后果，这也是儿童青少年积极发展的标志。尽管社会致力于通过开展品格教育及培养计划提升儿童的品格，但也对这些项目的有效性提出了质疑。迫切需要构建一种品格发展的理论框架来指导这些项目的实施。

虽然研究者对农村留守儿童的关注颇多，但他们更多集中在农村留守儿童的社会适应和心理健康层面[3]，对其品格数据的采集仍然不足，更是缺乏纵向数据回答农村留守儿童的品格是否有其独特的发展转变特点，哪些因素影响了农村留守儿童品格的发展变化，以及品格发展对其社会适应带来什么影响，这些都是尚未解决的问题。总之，前人研究缺少对中国文化背景下儿童品格的探讨，尤其是对农村留守儿童品格的探究更是不足；国外虽然有学者采集了儿童品格的相关数据，但是缺少探讨农村留守儿童品格发展转变规律的深入研究。基于此，本书以农村留守儿童为研究对象，采用访谈法、追踪研究和干预实验，考察农村留守儿童品格的发展趋势及其预测因素，同时也探讨了品格对社会适应的影响作用及促进机制，并与非留守儿童进行比较。

第一节 农村留守儿童品格发展概述

品格是道德心理学的一个重要主题，关于道德品格的实证研究主要是在

---

[1] Lavy S., "A Review of Character Strengths Interventions in Twenty-first-century Schools: Their Importance and How They can be Fostered", *Applied Research in Quality of Life*, 15, 2020, pp. 573-596.

[2] Park N., & Peterson C., "Moral Competence and Character Strengths among Adolescents: The Development and Validation of the Values in Action Inventory of Strengths for Youth", *Journal of Adolescence*, 29 (6), 2006, pp. 891-910.

[3] 罗静、王薇、高文斌：《中国留守儿童研究述评》，《心理科学进展》2009年第5期；谭深：《中国农村留守儿童研究述评》，《中国社会科学》2011年第1期。

西方兴起的。几乎每个人都曾经想过，为什么有人成长为诚实、正直的人，而有人变得可恶、不可靠？是什么影响了品格的形成与发展？近年来，品格的理论和应用实践研究获得了广泛的关注①。品格研究的一个重要应用价值在于寻找培养儿童良好品格的途径，以避免或减少不道德行为的出现。品格是能够随着时间和情境发生变化的。在培养儿童青少年时，要突出年龄的阶段性和特异性的特点，抓住关键年龄段，并培养与该年龄相匹配的核心能力和必备品格，方能使儿童青少年全面发展、德才兼备②。由于我国的国情、文化和教育实践等与西方存在一定的差异，中西方关于儿童青少年品格的内涵与发展特点可能存在不同。在我国开展品格研究既丰富了心理学对美德的研究，也有助于心理学的中国化，为制定培养个体尤其是儿童良好品格的有效策略提供科学的依据。

一　品格的内涵

品格是一个多维复杂的概念③，很难用一个简单的词汇对其核心内涵进行准确界定。不同学者对它的定义和研究的角度有所不同。在本书中，我们将品格（Character）界定为与道德有关的人格特质，通过个体的认知、情感、动机和行为来表达，这与个体根据一定的道德标准判断的对错有关。这一评价不仅是对人们行为的评价，也是对他们情绪、思维和动机等道德性的评价。与 Peterson 和 Seligman 研究品格优势的取向一致④，Cohen 等采取人格特质理论的观点，认为品格是多元的，品格特质是稳定且普遍存在的，同时受到个体环境的影响，因此能够改变⑤。许多研究者认识到，必须将人格特质引入道德心理学领域，才能更好地理解个体的道德行为。从人格的角度探讨道德，有助于为研究者解决道德与不道德的成因提供新的思路。

---

① 李晓燕、刘燕、林丹华：《论儿童青少年品格教育》，《北京师范大学学报》（社会科学版）2019年第 4 期。

② 林崇德：《21 世纪学生发展核心素养研究》，《教育科学论坛》2016 年第 20 期。

③ Lerner R. M., & Callina K. S., "The Study of Character Development: Towards Tests of a Relational Developmental Systems Model", *Human Development*, 57, 2014, pp. 322-346.

④ Peterson C., & Seligman M. E. P., *Character Strengths and Virtues: A Handbook and Classification*, New York: Oxford University Press Washington, 2004.

⑤ Cohen T. R., Panter A. T., Turan N., et al., "Moral Character in the Workplace", *Journal of Personality and Social Psychology*, 107 (5), 2014, pp. 943-963.

品格与人格在概念上有相似之处，却又有明显的不同。人格具有相对稳定性、持久性和一致性，而品格是在不断发展变化的，具有潜在的可塑性，可以通过品格教育加以培养和塑造①。品格更多是从道德角度评价的人格，内疚感、诚实等道德品格特质与大五人格相关。关于道德人格与道德品格的关系，部分研究者认为道德人格与道德品格是两个可以交互使用的概念。

品格与品德是两个既相互联系又有一定区别的概念。品德是道德品质的简称，是指个人依据一定的道德行为准则行动时所表现出来的稳定的心理特征，由道德认知、道德情感、道德意志和道德行为等因素构成。美德是指高尚和优良的道德品质，而品格更多是从道德角度评价的人格特质。古希腊著名哲学家赫拉克利特早在 2000 多年前就提出，"Character is destiny"。心理学家将其翻译为"性格决定命运"，道德教育家将其理解为"品格即命运"或"品格决定命运"。也有学者将品德等同于品格，将其看作个体一种比较稳定的心理特征和倾向②。尽管品格与品德有所不同，但它们又密不可分。

二 品格的结构

品格是由哪些特质组成的？一个人的哪些特点体现了他/她的道德品格？这个问题被广泛讨论，但是至今没有一个准确的答案。品格并不是一种单一的人格维度，而是一个包括广义和狭义特质的多方面结构。广义的特质可能包括诚实、谦逊、尽责等，狭义的特质可能包括共情、内疚感、马基雅维利主义等。也有研究者指出，与其他广义的特质一样，品格有一个很强的核心维度，由几个本身具有意义且可观察的狭义特质组成，如公平、诚实、同情、节制、道德关怀和普遍道德等。Cohen 和 Morse 认为，品格包括以下三种组成部分：（1）动机成分——体谅他人，指考虑他人的需要和利益以及自我的行为是如何影响别人的，如同理心、观点采择；（2）能力成分——自我调节，指有效调节自己行为的特质，如尽责性、自我控制、考虑长远结果；（3）认

① Berkowitz M. W., "What Works in Values Education?" *International Journal of Educational Research*, 50 (3), 2011, pp. 153-158; Peterson C., & Seligman M. E. P., *Character Strengths and Virtues: A Handbook and Classification*, New York: Oxford University Press Washington, 2004。

② 杨韶刚:《道德教育心理学》，上海教育出版社 2007 年版; Cohen T. R., & Morse L., "Moral Character: What It Is and What It Does", *Research in Organizational Behavior*, 34, 2014, pp. 43-61.

同成分——道德认同的中心性，个体认为自己是好人而不是坏人。通过识别这三种成分就可以判断哪些人格特质属于道德品格。当一个人同时具备动机、能力和道德要素时，她/他就具有较高水平的道德品格。

Peterson 和 Seligman 提出青少年积极发展的核心成分是品格优势（Character Strengths）。品格优势是一系列积极品质的综合，通过个体的思想、情感和行为得以体现。由 Peterson 和 Seligman 创立的价值实践分类体系（Values in Action Classification of Strength），其目标在于对个体积极的特质进行科学分类，提炼出人类本性的六大美德，分别对应个体的 24 种品格优势[1]。这六大美德是：（1）智慧与知识，包括创造力、好奇心、判断力、热爱学习和洞察力 5 种品格优势；（2）勇气，包括正直、勇敢、毅力和热情/热忱 4 种品格优势；（3）仁爱，包括善良、爱与被爱的能力和社会智慧/情商 3 种品格优势；（4）公正，包括公平、领导力和团队精神/公民精神 3 种品格优势；（5）节制，包括宽容、谦虚、审慎和自制 4 种品格优势；（6）精神超越，包括审美、感恩、希望、幽默和信仰/信念 5 种品格优势。但是，这 24 种品格优势包含范围广泛，特质的分类太庞大，对于品格的结构界定不完整[2]。这类特质虽具有评价的性质，但这些评价并不必然是道德的，也并不限于对与错。例如，24 种品格优势中，感恩、善良、勇敢等包含道德成分，而社交能力、热情和创造力虽然是社会所期望的一些特质，不同文化都很重视，并且与美德有关，但这些特质并不包含道德成分。尽管心理学家对"哪些人格特质属于品格？"这一问题已争论了近一个世纪，但目前学界对品格的主要成分还没有达成一致意见。

Little 在国际青少年基金会上强调，青少年发展应以能力（Competence）、联结（Connection）、品格（Character）及自信（Confidence）4C 发展为任务。基于 4C 的理论假设，Lerner 增加了关爱（Caring）这一维度，确定了积极发展的 5C 模型[3]。他指出，每个青少年都有积极发展的潜力，所具备的 5 种积极品质的水平越高，代表青少年积极发展的水平越高。其中，个体具有的良

---

① Peterson C., & Seligman M. E. P., *Character Strengths and Virtues: A Handbook and Classification*, New York: Oxford University Press Washington, 2004.

② Banicki K., "Positive Psychology on Character Strengths and Virtues: A Disquieting Suggestion", *New Ideas in Psychology*, 33, 2014, pp. 21-34.

③ Lerner R. M., "The Place of Learning within the Human Development System: A Developmental Contextual Perspective", *Human Development*, 38, 1995, pp. 361-366.

好品格有以下特征：（1）有明确的是非观，以道德判断标准为准则，不仅自己做正确的事情，同时也要帮助他人做正确的事情；（2）这种是非观是一致的和可靠的，即使在面对困难的抉择时，依然正直诚实；（3）每个人在这种是非观面前都是平等的，即能够公正地对待每个人。

Baehr 将品格划分为道德品格（Moral virtues）、公民品格（Civic virtues）、表现品格（Performance virtues）和智力品格（Intellectual virtues）4 个维度①。其中，道德品格是指个人所具有的同情、责任感、正直等品格；公民品格更多是指作为一个好的公民所具有的品格，如宽容、社区意识和文明等；表现品格是指个体能够调节自己的思想和行为，以支持在某一特定努力中取得成就的品质，如毅力、自制、创造力等；智力品格是指一个好的思考者或学习者具有的性格优势，如好奇心、开放的思想、关注等。虽然 Baehr 将品格划分了 4 个维度，但是每个维度的品格特质并不是相互排斥而是有重叠和交叉的，例如，公民品格是群体共有的道德品格。

总之，目前关于品格的结构虽然达成了某种一致，但还存在很大的不确定性。关于品格的维度及其具体指标还存在很大的异质性，有关具体品格特质的构想可能无法找出儿童青少年时期品格的结构。因此，采用探索性的研究方法考察儿童品格的结构尤其重要。

三 品格测量

目前，国内外关于品格的研究更多是关注正向的、积极的社会评价，例如采用心理词汇学方法、构建美德形容词评定量表，从学生作文和品德课本中搜集相关的事例和句子，编制中小学生积极心理品质量表等。Helzer 等编制了《道德品格问卷》以评价那些道德上无争议的特征②，该问卷包括公平、诚实、同情、节制、道德关怀和普遍道德六大道德品格，以大学生和社区成员为被试，结果发现自我评定与他人评定的结果存在显著的一致性，这与 Cohen 和 Morse 的研究结果一致，即内疚感的自评—他评一致性较高。

---

① Baehr J., "The Varieties of Character and Some Implications for Character Education", *Journal of Youth and Adolescence*, 46, 2017, pp. 1153-1161.

② Fleeson W., Furr R. M. Jayawickreme E., et al., "Character: The Prospects for a Personality-based Perspective on Morality", *Social and Personality Psychology Compass*, 8, 2014, pp. 178-191.

依据 Cohen 和 Morse 提出的道德品格三维模型，即道德品格应包括动机、能力和认同三种组成部分，Cohen 等参考了社会/人格心理学和工业/组织心理学领域的大量文献，从中选出与道德和伦理相关的特质变量对道德品格进行研究，采用潜在剖面分析将研究对象分为三类：低品格组、中间组和高品格组，并认为高品格组具有高水平的观点采择、共情关注、诚实—谦逊、责任心、自我控制和内疚感以及低水平的马基雅维利主义等特点。

迄今为止，在测量品格时，最广为人知、最综合的分类框架是 Peterson 和 Seligman 提出的"优势行动价值问卷"（Values in Action Inventory of Strengths，VIA-IS）[1]。该问卷适用于成人，共有 240 个题目，对应 24 个分量表。后来 Park 和 Peterson 开发了适用于 10—17 岁青少年"积极心理品质量表"（VIA Inventory of Strengths for Youth，VIA-Youth），同样有 24 个分量表，共 198 个题目[2]。基于 Peterson 和 Seligman 提出的 24 项品格优势，Duan 等开发了"中文长处问卷"（Chinese Virtues Questionnaire），包含 96 个题目，测量了 24 种品格优势和 3 大长处（亲和力、意志力和生命力）[3]。但这 24 种品格优势并不都具有道德评价意义，如社交能力、热情等并不包含道德成分。官群、孟万金和 Keller 在 VIA-Youth 的基础上，保持 6 种核心美德的框架，编制了《中国中小学生积极心理品质量表》，测量了 15 项积极心理品质[4]。该研究也发现，中西方文化对积极品质的理解存在差异，相同的积极品质可能在不同的文化下归属不同维度。

基于积极青少年发展的视角，林丹华等通过对五类人群（包括专家、中小学生、教师、家长、社区工作者，共 112 人）进行深度质性访谈，提出我国文化背景下儿童青少年积极发展的内涵和结构，包括能力、品格、自我价值和联结四大部分，其中品格包括爱（友善、善良、感恩、爱集体/爱国家、助人、孝顺等）、志（勤奋与刻苦、主动与进取、有志向和自主等）、信（诚信、

---

[1] Peterson C., & Seligman M. E. P., *Character Strengths and Virtues: A Handbook and Classification*, New York: Oxford University Press Washington, 2004.

[2] Park N., & Peterson C., "Character Strengths and Happiness among Young Children: Content Analysis of Parental Descriptions", *Journal of Happiness Studies*, 7 (3), 2006, pp. 323-341.

[3] Duan W., Ho S. M. Y., Bai Y., et al., "Psychometric Evaluation of the Chinese Virtues Questionnaire", *Research on Social Work Practice*, 23, 2013, pp. 334-343.

[4] 官群、孟万金、Keller：《中国中小学生积极心理品质编制报告》，《中国特殊教育》2009 年第 4 期。

信赖、责任感和自律等）、毅（乐观与开朗、坚毅、专注等）四个方面①。张婵归纳了我国青少年的12项积极品质，分别是乐群宜人、独立自主、领导能力、关爱他人、努力坚持、稳重细心、乐观自信、诚实正直、兴趣与好奇心、灵活创新、挑战精神和热爱。但这些积极的心理品质，与24种品格优势相似，并不都具有道德评价的意义，如乐观开朗、领导能力等②。

综上所述，目前对于品格的测量还没有一个标准的测量工具。研究者和实践者开发和广为使用的是大量的人格量表与诚信度测验。怎样测量品格以及选择哪些人格特质作为品格的变量是现代学者尤为关注的问题，但是对于品格特质的内容和结构（或基本成分）还没有达成一致意见，尤其是在儿童青少年群体。虽然有大量可以提及或想到的特质，但因为回答这一问题涉及的理论探讨或实证数据还非常缺乏，可能在特质的选择上会存在一些争议。因此，探讨中国文化背景下农村留守儿童品格的内容及结构，是非常必要和重要的基础性工作。

四　品格的发展

关于人格特质的发展趋势，研究者认为存在两种假设：成熟原则和中断假说。成熟原则认为，随着年龄的增长，儿童的消极人格特质如神经质会逐渐下降，积极人格特质如宜人性、尽责性和开放性会逐渐上升③。中断假说认为，从童年期到青春期，儿童的理想人格特质如尽责性、宜人性等会发生短暂的下降，随后在青春期后期和成年早期上升④。两种假设提醒我们，有必要在中国文化背景下对儿童青少年的品格特质进行研究，以更好地揭示我国儿童青少年品格的发展变化。

品格是多维的、动态发展的，并表现在个体及其人际和社会文化背景下

---

① 林丹华、柴晓运、李晓燕、刘艳、翁欢欢：《中国文化背景下积极青少年发展的结构与内涵——基于访谈的质性研究》，《北京师范大学学报》（社会科学版）2017年第6期。

② 张婵：《青少年积极品质的成分、测量及其作用》，博士学位论文，东北师范大学，2013年。

③ Brandes C. M., Kushner S. C., Herzhoff K., et al., "Facet-level Personality Development in the Transition to Adolescence: Maturity, Disruption, and Gender Differences", *Journal of Personality and Social Psychology*, 121 (5), 2021, pp. 1095-1111.

④ Soto C. J., & Tackett J. L., "Personality Traits in Childhood and Adolescence: Structure, Development, and Outcomes", *Current Directions in Psychological Science*, 24 (5), 2015, pp. 358-362.

的一套特定的互惠关系中①。儿童期是品格形成和发展的关键期，是从无到有、从不完善到完善的动态形成过程。品格发展的分化理论指出，品格结构在低年龄阶段是整体的、弥散的，在高年龄阶段变得更加分化。因此，低年龄阶段更具全局性，差异性更小，但随着年龄的增加，品格特质出现极化倾向②。

个体的品格在成人阶段变得稳定前，有可能会在儿童青少年阶段发生系统性的变化，表现出不同的发展模式。例如，Phelps 等采用追踪研究考察了积极青少年发展的结构及发展历程，结果表明，5C 指标可以被看作PYD 的一个二阶的潜在结构；当儿童进入初中，从五年级升入六年级和七年级时，积极品质的水平有些下降，且女生得分显著高于男生③。Ferragut、Blanca 和 Ortiz-Tallo 采用追踪研究发现，青少年在 12—14 岁大多数品格没有发生显著的变化，保持相对稳定；但有些品格（如仁慈、公正等）在三年内出现了上升趋势④。共情的毕生发展理论指出，个体的情绪共情呈"U 形"的发展轨迹，具体来说，在青少年阶段相对较低随后会逐渐上升；个体的认知共情呈"倒 U 形"的发展轨迹，在青少年阶段达到成熟，随后会有所下降。

"积极行动计划"是一个以学校为基础的社会情感和品格发展干预方案，该方案针对芝加哥城市公立学校三年级至八年级的低收入少数民族青少年，并对青少年的品格发展进行了纵向评估⑤。它测量了积极行动课程中所反映的品格特征，如利他主义、移情和诚实。在 6 年多的时间里，观察到所有参与干预的青少年自我报告的积极特质都有所下降；然而，积极行动干预组的学生自我报告的下降程度明显低于对照组的青少年，这表明参与品格发展项目的

①　Lerner R. M., & Callina K. S., "The Study of Character Development: Towards Tests of a Relational Developmental Systems Model", *Human Development*, 57, 2014, pp. 322-346.

②　Soto C. J., John O. P., Gosling S. D., et al., "The Developmental Psychometrics of Big Five Self-reports: Acquiescence, Factor Structure, Coherence, and Differentiation from Ages 10 to 20", *Journal of Personality and Social Psychology*, 94 (4), 2008, pp. 718-737.

③　Phelps E., Zimmerman S., Warren A. A., et al., "The Structure and Developmental Course of Positive Youth Development (PYD) in Early Adolescence: Implications for Theory and Practice", *Journal of Applied Developmental Psychology*, 30 (5), 2009, pp. 571-584.

④　Ferragut M., Blanca M. J., & Ortiz-Tallo M., "Psychological Virtues during Adolescence: A Longitudinal Study of Gender Differences", *European Journal of Developmental Psychology*, 11, 2014, pp. 521-531.

⑤　Lewis K. M., Vuchinich S., Ji P., et al., "Effects of the Positive Action Program on Indicators of Positive Youth Development among Urban Youth", *Applied Developmental Science*, 20, 2016, pp. 16-28.

青少年有一个良好的发展模式。在各种关于儿童青少年亲社会的行为、技能和动机的研究中，也报告了积极特质的自我评价随着年龄的增长而下降的情况。

虽然已有极少数研究开始考察儿童的品格发展，但关于品格发展还有大量的问题值得深入探讨。在我国文化背景下，尤其是当父母（或一方）外出打工无法陪在孩子身边时，农村留守儿童的品格会随时间发生怎样的变化？是会变得更好还是会变得更差？这是一个非常有趣且非常重要的研究主题。此外，近年来，研究者逐渐关注个体发展的异质性，纵向追踪研究也从注重总体平均趋势的发展过渡到将总体平均趋势与个体差异综合起来加以考虑①。因此，本书拟采用潜在转变分析，探讨农村留守儿童的品格随时间的发展变化趋势，估计个体在不同时间点品格潜在状态的变化，并与非留守儿童进行比较，以揭示农村留守儿童的品格发展规律。

五　农村留守儿童品格发展研究

有学者指出，留守儿童品格方面存在的问题主要有：（1）情感冷漠，自我中心；（2）诚信缺失；（3）缺乏社会责任感；（4）冲动任性，自制力差；（5）少年老成，圆滑世故②。常青与夏绪仁对江西省242名农村留守儿童的人格特征进行调研，结果发现，与非留守儿童相比，留守儿童更加内向，不轻易表露内心的想法和情感，情绪更加淡漠、消沉，对事物持冷淡态度③。由于留守儿童处在亲子分离、父母不在身边等不利成长环境，因此培养他们的积极品格就变得尤为重要。目前，还未有实证研究探讨农村留守儿童品格的现状，但前人关于留守儿童人格特质的研究能够为本书提供一定的参考。有研究者认为留守可能会对儿童的人格产生消极影响④。例如，留守儿童的自我控

---

① 刘爱楼、欧贤才：《大学生自杀风险的类别转变：潜在转变分析》《西南大学学报》（社会科学版）2018年第2期。

② 迟希新：《留守儿童道德成长问题的心理社会分析》，《教师教育研究》2005年第6期；范方、桑标：《亲子教育缺失与留守儿童人格、学绩及行为问题》，《心理科学》2005年第4期。

③ 常青、夏绪仁：《农村留守儿童人格特征研究》《心理科学》2008年第6期。

④ Zhao C. , & Chen B. , "Parental Migration and Non-cognitive Abilities of Left-behind Children in Rural China: Causal Effects by an Instrumental Variable Approach", *Child Abuse & Neglect*, 123, 2022; Zhang R. P. , Zhang X. , Xiao N. , et al. , "Parenting Practices and Rural Chinese Children's Self-control and Problem Behaviors: A Comparison of Left-behind and Non-left-behind Children", *Journal of Child and Family Studies*, 32, 2023, pp. 704-715。

制能力低于非留守儿童，母亲外出打工的留守儿童责任感水平较低。

但也有研究者认为，留守对儿童的人格特质没有显著的影响，即大部分留守儿童的人格和行为是正常的，与父母均不外出打工的儿童没有很大的差异。如陈京军等对 460 名农村地区中小学生（小学四年级至初中二年级）进行调查，结果表明，农村留守儿童、非留守儿童和曾留守儿童这三类儿童在自我控制上的差异并不显著，儿童自我控制的发展似乎并未受父母双方或一方外出打工的影响①。Wen 等考察了父母外出打工对中国农村留守儿童心理发展的影响，结果发现，尽管中国农村儿童的父母外出打工状态不同（分为父母均外出打工、仅父亲外出打工、仅母亲外出打工以及父母均不外出打工），但其积极发展状况几乎没有差异②。

综上，以往针对留守儿童具体人格特质的研究出现了不同结果，这可能与留守儿童群体并不是一个同质群体有关。先前关于儿童青少年品格特质的研究中，感恩、责任感、自我控制、共情和冷酷无情是被广泛关注的，马基雅维利主义这一人格特质也常与道德行为相联系。根据 Cohen 和 Morse 提出的三维模型，——品格包括动机、能力和认同三种组成部分。由于在以往文献中道德认同经常被看作一种自我调节机制，防止人们做出破坏他们道德标准的行为③，因此本书将选取道德品格的动机和能力成分这两类特质变量。

第二节　农村留守儿童品格发展的前因变量

人类大多数复杂属性是遗传与环境交互作用的结果。例如，由于年龄因素，表型人格（Phenotypic Personality，如外倾性、自恋等）稳定性的发展结构是遗传差异与环境差异结合的结果④。品格也不例外。那么，哪些因素影响

① 陈京军等：《农村留守儿童家庭功能与问题行为：自我控制的中介作用》，《中国临床心理学杂志》2014 年第 2 期。

② Wen M., Su S., Li Z., et al., "Positive Youth Development in Rural China: The Role of Parental Migration", *Social Science & Medicine*, 132, 2015, pp. 261–269.

③ Aquino K., Freeman D., Reed A., et al., "Testing a Social-Cognitive Model of Moral Behavior: The Interactive Influence of Situations and Moral Identity Centrality", *Journal of Personality and Social Psychology*, 97 (1), 2009, pp. 123–141.

④ Roberts B. W., & Yoon H. J., "Personality Psychology", *Annual Review of Psychology*, 73, 2022, pp. 489–516.

了品格的形成与发展？人格心理学家已经从人格特质的角度探讨了这一问题，但并不是专门针对品格。为了更好地理解品格的影响因素，我们首先阐述发展领域的几种相关理论。

一 品格发展相关理论

1. 生态系统理论（Ecological System Theory）

基于生态系统理论，人类的发展是嵌套于一系列相互影响的环境系统之中，受家庭、学校、同伴等多个生态子系统的影响[①]。宏观环境系统（如文化）为个体发展提供了舞台，微观环境系统（如学校和家庭）是个体发展的"主战场"，对个体发展有直接的影响力，宏观系统通过影响微观系统起作用。家庭、学校和社区是儿童生活的基本社会环境，这些环境主体（如父母、教师、同伴、邻居）对儿童的健康发展有重要的影响。但以往研究往往关注单一或少数生态因素所起的作用。影响困境儿童心理发展的因素有很多，如宏观系统的社会变迁、工业化进程、微观系统中家庭结构的变化等。受该理论启发，本书探讨了家庭（如父母教养方式、亲子冲突、亲子互动）、学校（如教师支持、同伴支持）、社区（如社区氛围）等生态情境因素在农村留守儿童品格发展中的重要作用。

2. 发展资源理论

在积极青少年发展研究领域，发展资源理论（The Developmental Assets Framework）将个体所处的生态环境（外部资源，External Assets）与个人技能（内部资源，Internal Assets）关联了起来。该理论假设，外部资源与内部资源犹如动态互联的积木，能够共同抵抗高风险行为的发生，促进多种形式的积极发展。发展资源理论将20项内部资源视为积极品质，代表了青少年具有并能够引导其行为的技能、价值观、能力和自我觉察等；外部资源代表了外部环境中对青少年积极成长有帮助的支持系统，如家庭支持、邻里关怀、良好的学校和社区氛围等[②]。儿童和青少年拥有的发展资源越多，越可能表现出良好的发展结果。发展资源理论同时关注了儿童青少年拥有的各种内外部资源。

---

① Bronfenbrenner U., *The Ecology of Human Development*, Harvard University Press, 1979.

② Benson P. L., "Developmental Assets: An Overview of Theory, Research, and Practice", in R. K. Silbereisen & R. M. Lerner (Eds.), *Approaches to Positive Youth Development*, Thousand Oaks, 2007.

3. 发展情境理论（Developmental Contextualism）

20 世纪 80 年代，美国著名心理学家 Lerner 教授在已有理论（如生态系统理论）的基础上提出了发展情境论[①]。发展情境理论认为人的发展是通过发展中的个体与其所处情境间双向互动实现的。该理论还强调个体的积极发展会随时间推移而发生变化，并在双向影响研究的基础上，加入了时间维度，提出了循环影响的研究取向。基于该理论，在探讨个体的积极发展时，可以纳入时间变量，以揭示情境因素与个体发展随时间变化而形成的循环作用模式，而不仅仅是考察在某个时间点上的单向影响。总之，发展情境理论能更好地解释人的发展过程，为更加深入地探讨人的发展规律以及有针对性地开展预防和干预提供了理论指导，但该理论过于强调发展的动态性和即时性，而忽略了发展的一般性和阶段性。

4. 关系发展系统理论（Relational Developmental Systems, RDS）

相比发展情境理论，关系发展系统理论更加强调"个体←→情境"的互动关系，并将其作为研究个体发展过程中的基本分析单元[②]。该理论认为，个体可以通过自我调节来与情境达到最佳匹配，从而促进自身的积极发展。基于大型追踪项目 4-H（Head，Heart，Hands，Health）研究，Lerner 等提出并验证了关系发展系统模型，强调个体与情境的双向互动在时间轴上的循环作用过程，并提供了个体与情境相互作用关系的整体理论框架（见图 1-1）[③]。

该理论整合了儿童青少年自身的优势与生态资源对其积极发展的促进作用；在重视促进个体积极发展的同时，也强调减少问题行为，充分突出一个"人"全面、积极发展的理念；并强调个体对其自身、家庭、社区和社会四个层面的贡献。

---

① 张文新、陈光辉：《发展情境论——一种新的发展系统理论》，《心理科学进展》2009 年第 4 期。

② Lerner, R. M., Lerner, J. V., Almerigi, J., et al., "Dynamics of Individual←→Context Relations in Human Development: A Developmental Systems Perspective", In J. C. Thomas, D. L. Segal, & M. Hersen (Eds.), *Comprehensive Handbook of Personality and Psychopathology*, Vol. 1. *Personality and Everyday Functioning*, John Wiley & Sons, Inc., 2006.

③ Lerner, R. M., Lerner, J. V., et al., "Positive Youth Development and Relational-Developmental-Systems", In W. F. Overton, P. C. M. Molenaar, & R. M. Lerner (Eds.), *Handbook of Child Psychology and Developmental Science: Theory and Method*, John Wiley & Sons, Inc., 2015.

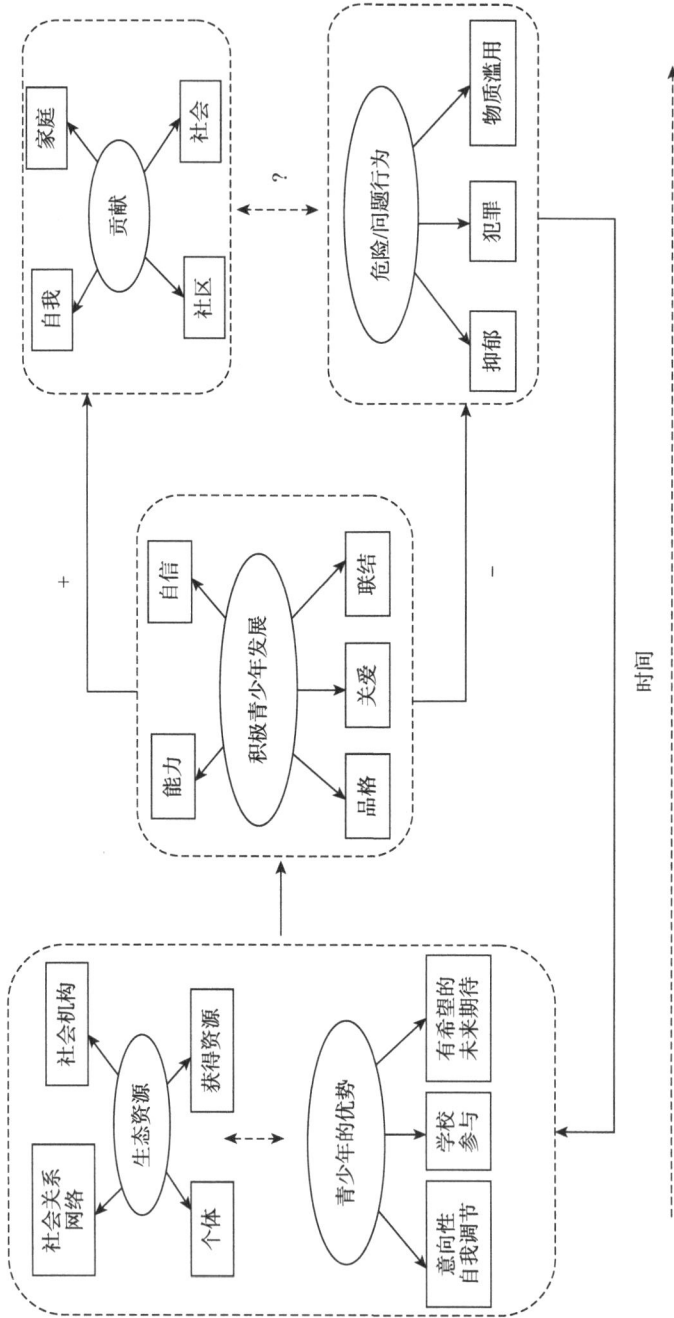

图1-1 关系发展系统理论模型（Lerner et al., 2015；鄂海英等，2017）

二 农村留守儿童品格发展的影响因素

品格是个体与环境之间相互关系的适应性结果,具有一定的可塑性[①]。鉴于品格在儿童发展中的重要作用,一个值得研究的问题是什么因素会影响儿童品格的发展。根据生态系统理论,微观系统中的家庭、学校和同伴及外层系统中的社区、邻里对儿童发展具有重要的影响[②]。目前,还未有实证研究探讨农村留守儿童品格发展的影响因素,但前人关于留守儿童人格特质影响因素的研究能够为本书提供一定的参考。以下将介绍农村留守儿童品格发展的影响因素。

1. 个体影响因素

一般来说,儿童时代是品格形成和发展的关键时期。研究者探讨了品格结构在不同年龄阶段(小学、初中和高中)的差异性,结果表明,年龄越大,被识别的品格优势越多,品格结构在不同年龄阶段的儿童群体中是不同的[③]。已有研究也表明,美德的得分从初一到高三乃至成人呈现增长趋势,但不同美德在不同年龄段的发展速率并不一致[④]。性别、年龄对品格也有影响,与男性相比,女性更容易内疚;年长者比年轻人更容易内疚。价值观是品格形成和发展的重要基础,提供了深化品格和美德特质的动机力量。

独生子女与非独生子女可能在品格上存在一些差异。*Science* 的一项研究考察了中国一胎政策对个体行为和个性的影响,结果发现,与实施一胎政策之前的一代人相比,实施之后出生的独生子女更不信任他人、不愿冒险、竞争性差、悲观厌世、责任感不足。Zhao 等发表在 *Science* 的对应文章则指出,独生子女确实存在一定心理问题,但与同伴相比,他们更为成功[⑤]。该结

① Lerner R. M., & Callina K. S., "The Study of Character Development: Towards Tests of a Relational Developmental Systems Model", *Human Development*, 57, 2014, pp. 322-346.

② Bronfenbrenner U., *The Ecology of Human Development*, Harvard University Press, 1979.

③ Shubert J., Wray-Lake L., Syvertsen A. K., et al., "Examining Character Structure and Function across Childhood and Adolescence", *Child Development*, 90 (4), 2019, pp. 505-524.

④ Ferragut M., Blanca M. J., & Ortiz-Tallo M., "Psychological Virtues during Adolescence: A Longitudinal Study of Gender Differences", *European Journal of Developmental Psychology*, 11, 2014, pp. 521-531.

⑤ Zhao X., Ma X., Yao Y., et al., "China's Little Emperors Show Signs of Success", *Science*, 339 (6), 2013, pp. 905-906.

论主要是通过独生子女和非独生子女行为结果的简单比较得出的，我们并不清楚这一行为差异是反映了父母行为的不同还是由于成长中没有兄弟姐妹所致。

关于农村留守儿童品格甚至是人格方面的研究较少。高永金等采用《初中生积极心理品质量表》调查了503名初中留守儿童，结果表明，留守女童在勇气、仁爱、正义、节制、卓越五个维度上得分显著高于留守男童[①]。在前人研究的基础上，本书试图探讨农村留守儿童的品格随时间的发展变化及其在性别、年级上的特点，并与非留守儿童进行比较。

2. 生态环境因素的影响

品格受到我们所处环境和已有经验的影响。家庭是培养品格的第一学校，父母的焦虑、亲子依恋、家庭教养方式等影响个体品格的发生和发展。留守儿童感知到的家庭支持越多，其感恩品质水平越高，从而体验到更多的生活满意度[②]；积极的家庭教养方式能够促进个体品格优势的健康发展[③]，父母的情感温暖和理解对青少年的责任感和宜人性有积极作用[④]，不安全依恋损害儿童品格的发展。家庭社会经济地位也是影响个体发展的重要因素，它与儿童发展的关系受到家庭学习环境、父母关系、父母教养方式等的影响。基于此，本书假设，父母教养方式、亲子互动、亲子冲突等家庭因素会影响农村留守儿童的品格发展。

学校氛围是对儿童身心产生深远影响的另一重要微环境，主要表现为师生关系、学校类型、生生关系等。文化作为一种广义的情境变量，同样会对个体的品格产生影响。集体主义文化下的个体，更注重人与人的关系、人与社会的和谐，即体现出更多的亲和力。沈丽丽等基于《中国中小学生积极心理品质量表》考察了留守儿童领悟社会支持与积极心理品质的关系，结果发

① 高永金、张瑜、余欣欣、等：《初中留守儿童积极心理品质发展现状调查》，《中国特殊教育》2020年第8期。

② 凌宇、胡惠南、陆娟芝、等：《家庭支持对留守儿童生活满意度的影响：希望感与感恩的链式中介作用》，《中国临床心理学杂志》2020年第5期。

③ 段文杰、谢丹、李林、等：《性格优势与美德研究的现状、困境与出路》，《心理科学》2016年第4期。

④ 王中会、罗慧兰、张建新：《父母教养方式与青少年人格特点的关系》，《中国临床心理学杂志》2006年第3期。

现，领悟社会支持得分高的留守儿童，其积极心理品质发展水平显著高于低领悟社会支持组；家庭支持、学校支持、同伴支持对其积极心理品质均具有一定的预测作用①。

由于生态系统理论和发展情境理论的影响，发展心理学在研究儿童的心理发展时，不仅考察家庭、学校氛围（教师支持、同伴支持、自主行为）、社区环境等发展背景的单独作用，而且也越来越关注不同发展背景的联合作用②。儿童在成长过程中，在其个体发展、家庭环境和社会环境中还面临着各种危险性因素（如父母不在身边）和保护性因素（如教师支持、同伴支持、自我控制）。目前多数研究是单独考察危险性或保护性因素对儿童社会适应的影响，但在真实的成长中，往往是多重因素并存，危险性和保护性因素共同决定着儿童社会适应的发展③。青少年时期是个体从依赖家庭到相对独立的重要过渡期。目前有关儿童青少年社会适应的研究中，较少关注学校氛围的作用，同时探讨家庭因素和学校氛围共同作用的研究更是缺乏，但对此问题的探讨非常重要。

3. 遗传基础

近几年，随着行为遗传学的发展，从遗传学的角度研究人的心理活动成为最前沿的热点话题。已有研究表明，所有的人格特质都是可遗传的，不管是人格项目、狭义特质还是广义或高阶特质都具有可遗传性，并且显著的遗传影响早在 12 岁时就已产生，但研究者目前还不能成功找出人格特质存在差异的特定基因④。

行为遗传学研究为我们认识品格提供了新的视角和新的观点。双生子研究表明，遗传因素对品格优势的形成具有重要影响，解释的变异量可达 9%—40%，例如，遗传影响利他、善良、自我超越等优势。分子遗传学研究着重

① 沈丽丽、游达、满其军：《留守儿童领悟社会支持与积极心理品质的关系研究》，《上海教育科研》2019 年第 5 期。

② 徐夫真、张文新、张玲玲：《家庭功能对青少年疏离感的影响：有调节的中介效应》，《心理学报》2009 年第 12 期。

③ 金山灿、邹泓、李晓巍：《青少年的社会适应：保护性和危险性因素及其累积效应》，《北京师范大学学报》（社会科学版）2011 年第 1 期。

④ Turkheimer E., Pettersson E., & Horn E. E., "A Phenotypic Null Hypothesis for the Genetics of Personality", *Annual Review of Psychology*, 65, 2014, pp. 515-540.

从多巴胺 D4 受体（DRD4）、5-羟色胺及去甲肾上腺素激活水平这三种神经递质考察基因多态性与人格的关系。DeMoor 等对大五人格的全基因组关联研究进行元分析，结果表明，两个单核苷酸多态性（SNPs）与开放性、一个SNPs 与尽责性均表现出全基因组关联[1]。行为遗传学技术为研究正常人的人格机制提供了较好的研究手段。

综上，本书基于生态系统理论和发展情境理论，在探讨农村留守儿童品格特点与发展转变的基础上，进一步考察家庭、学校、社区等生态环境变量对农村留守儿童品格状况及发展变化的影响，并与农村非留守儿童进行比较。本书对农村留守儿童品格的培养具有重要的借鉴意义。

第三节　农村留守儿童品格发展与社会适应的关系

世界范围内的多数研究表明，品格能够促进儿童青少年的心理健康，减少他们的问题行为，对其学业成就和幸福感也有提升作用[2]。

一　农村留守儿童的社会适应

社会适应是一个多维的概念，是指社会环境发生变化时，个体的观念、行为方式随之而改变，使之适应所处的社会环境的过程[3]。现有研究对其的评估主要涉及行为、情绪和社会关系等方面。相关研究表明，留守儿童的社会适应并不理想[4]。例如，农村留守儿童在自尊、生活满意度和积极情感上的得分显著低于非留守儿童，而在消极情感、抑郁状态、孤独感、健康风险行为和校园暴力行为上的得分要显著高于非留守儿童。

但是，并不是所有的研究都发现留守对儿童的社会适应产生不利影响。

①　de Moor M H., Costa P. T., Terracciano A., et al., "Meta-Analysis of Genome-Wide Association Studies for Personality", *Molecular Psychiatry*, 17, 2010, pp. 337-49.

②　Ciocanel O., Power K., Eriksen A., et al., "Effectiveness of Positive Youth Development Interventions: A Meta-analysis of Randomized Controlled Trials", *Journal of Youth and Adolescence*, 46 (3), 2016, pp. 1-22.

③　林崇德:《心理学大辞典》, 上海教育出版社 2003 年版。

④　Fellmeth G., Rose-Clarke K., Zhao C., et al., "Health Impacts of Parental Migration on Left-behind Children and Adolescents: A Systematic Review and Meta-analysis", *Lancet*, 392 (10164), 2018, pp. 2567-2582; 罗静、王薇、高文斌:《中国留守儿童研究述评》,《心理科学进展》2009 年第 5 期。

例如，范兴华与方晓义发现，留守儿童与一般儿童在问题行为上没有显著差异[1]。虽然家庭教育的缺席是留守儿童出现道德成长问题的主要原因，但良好的同伴关系能够缓冲和减弱社会复杂环境引起的问题行为[2]，他们与父母间的亲密情感联结对于促进其心理适应具有保护作用，同伴接纳对留守儿童的亲情缺失具有补偿作用[3]。当父母长期不在身边时，农村留守儿童仍具有积极适应的可能性。

二 农村留守儿童品格发展与社会适应的关系

1. 品格与幸福感的关系

品格有助于幸福感的提升。幸福感的发动机模型（Engine Model of Well-Being）区分了幸福感的输入、过程及结果，该模型具体包括如下内容[4]：（1）输入是指影响幸福感的外源性和内源性因素。外源性因素包括收入、受教育程度等情境性变量，内源性因素包括个体的人格、品格、价值观等与幸福感有关的特质。（2）过程包括影响选择的内部状态如情绪情感、认知评价等。发动机模型将主观变量如心情、认知评价和自我反思等放在了过程部分。这一过程反过来使个体表现出本身就重要的特定行为（即结果）。（3）可能的结果包括投入、有意义的活动和积极的成就。基于这一模型，我们假设留守儿童具有的品格显著影响其社会适应。

一个幸福的人是否需要有良好的品格呢？在孔子和亚里士多德等哲学家的眼中，美德是幸福的前提。品格优势可以在不同的情境下表现出来，它有助于促进个体心理幸福感和身体健康，对儿童和成年人来说是他们一生充分发展的关键[5]。

---

① 范兴华、方晓义：《不同监护类型留守儿童与一般儿童问题行为比较》，《中国临床心理学杂志》2010 年第 2 期。

② 金灿灿、刘艳、陈丽：《社会负性环境对流动和留守儿童问题行为的影响：亲子和同伴关系的调节作用》，《心理科学》2012 年第 5 期。

③ 赵景欣、刘霞、张文新：《同伴拒绝，同伴接纳与农村留守儿童的心理适应：亲子亲合与逆境信念的作用》，《心理学报》2013 年第 1 期。

④ Jayawickreme E., Forgeard M. J. C., & Seligman M. E. P., "The Engine of Well-being", *Review of General Psychology*, 16（4），2012, pp. 327–342.

⑤ Lavy S., "A Review of Character Strengths Interventions in Twenty-first-century Schools: Their Importance and How They can be Fostered", *Applied Research in Quality of Life*, 15, 2020, pp. 573–596；刘美玲、田喜洲、郭小东：《品格优势及其影响结果》，《心理科学进展》2018 年第 12 期。

以往研究表明，对品格优势的理解、实践和运用可以使个体处于最佳状态，从而提升其积极状态和生活满意度，而且可以减少消极结果的发生①。中小学生具有的品格优势对他们在学校体验到的积极情感很重要，这将促进其积极的学校功能（学习动机、兴趣和课堂投入）与整体的学业成绩，从而证实了幸福感的发动机模型。同时，24 项品格优势中有 22 项与学校满意度呈显著正相关②。

2. 品格与心理健康及学业成就的关系

良好的品格能够促进心理健康，缓解抑郁、焦虑等问题，希望、热情、幽默、感恩、宽恕等品格有助于缓解正常人群的抑郁症状。此外，Peterson 和 Seligman 提出的品格优势以积极心理学为基础，强调品格优势能够减缓心理疾病的发生③。

品格不仅能够提升幸福感和心理健康，同时也有助于促进学业成就。品格对儿童的学业成就有显著的预测作用，甚至超过父母社会经济地位的作用。在控制了智力水平的影响后，坚持、公正、感恩、诚实、希望和远见等积极品格仍能正向预测小学生和初中生的学业成就。Lounsbury 等探讨了大学生的品格优势与学业成就的关系，结果发现，16 项品格优势与 GPA 成绩显著正相关，分别是热情/热忱、自我调节、希望、好奇心、领导力、公民精神、公平、正直、洞察力、勇敢、毅力、精神信念、审慎和热爱学习④。

3. 品格与道德行为的关系

品格是与道德有关的人格特质，能够有效预测道德行为。例如，高水平的诚实—谦逊特质往往和与他人的合作、减少对个人收益的关注有关，而低水平的诚实—谦逊特质则与利用他人和自私行为有关⑤。内疚感强的人更少做

---

① Peterson C., & Seligman M. E. P., *Character Strengths and Virtues: A Handbook and Classification*, New York: Oxford University Press Washington, 2004.

② Lounsbury J. W., Fisher L. A., Levy J., et al., "An Investigation of Character Strengths in Relation to the Academic Success of College Students", *Individual Differences Research*, 7 (1), 2009, pp. 23-46.

③ Peterson C., & Seligman M. E. P., *Character Strengths and Virtues: A Handbook and Classification*, New York: Oxford University Press Washington, 2004.

④ Lounsbury J. W., Fisher L. A., Levy J., et al., "An Investigation of Character Strengths in Relation to the Academic Success of College Students", *Individual Differences Research*, 7 (1), 2009, pp. 23-46.

⑤ Cohen T. R., & Morse L., "Moral Character: What It Is and What It Does", *Research in Organizational Behavior*, 34, 2014, pp. 43-61.

出不道德的商业决策，违法行为更少，更不可能做出伤害组织的反生产行为。在发展心理学、社会/人格心理学领域，大量研究已证实，移情、感恩等对道德发展和道德行为具有重要的作用。例如，Oriol 等对秘鲁 333 名儿童进行的两次追踪研究发现，儿童的感恩负向预测欺凌行为，感恩可以作为一种个人资源帮助儿童预防欺凌行为①。

Cohen 等采用为期三个月的工作日记研究法考察了员工的道德品格与其工作行为的关系②。结果表明，与高品格组的员工相比，低品格组的员工会表现出更少的组织公民行为（对组织有利的行为，是一种道德行为）和更多的反生产工作行为（对组织和员工有害，是一种不道德行为），对组织和同事产生不良影响。他们发现，不论员工的收入水平和工作或组织类型，与同事相比，低品格组的员工更多说谎、欺骗和偷窃，经常虐待他人，不愿意帮助需要帮助的同事。

4. 品格发展对社会适应的影响

良好品格的发展是否一定会导致问题行为的减少？Hilliard 等使用四次追踪数据，采用潜变量增长模型对青少年的品格和欺凌行为进行研究，结果发现欺凌行为与品格的初始水平和斜率有关，与没有参与欺凌的青少年相比，参与欺凌和受欺凌的青少年的初始品格水平较低，随着时间的变化，欺凌者的品格有所上升③。Phelps 等采用以个体为中心的分析方法，考察青少年积极品质与其内外化问题行为（校园欺凌、青少年犯罪、药物滥用等）的发展轨迹④。结果发现，青少年早期（5—7 年级）发展轨迹具有多样性。具体来说，（1）早期具有较高发展水平的积极品质，发展为低水平内外化问题行为；（2）随着积极品质的减少，消极行为更有可能增加；（3）随着积极品质的增加，内外化问题行为可能也开始增加。同样，Lewin-Bizan 等采用以个体为中

---

① Oriol X., Miranda R., & Amutio A. D., "Dispositional and Situational Moral Emotions, Bullying and Prosocial Behavior in Adolescence", *Current Psychology*, 42, 2021, pp. 11115-11132.

② Cohen T. R., & Morse L., "Moral Character: What It Is and What It Does", *Research in Organizational Behavior*, 34, 2013, pp. 43-61.

③ Hilliard L. J., Bowers E. P., Greenman K. N., et al., "Beyond the Deficit Model: Bullying and Trajectories of Character Virtues in Adolescence", *Journal of Youth and Adolescence*, 43 (6), 2014, pp. 991-1003.

④ Phelps E., Balsano A. B., Fay K., et al., "Nuances in Early Adolescent Developmental Trajectories of Positive and Problematic/Risk Behaviors: Findings from the 4-H Study of Positive Youth Development", *Child & Adolescent Psychiatric Clinics of North America*, 16 (2), 2007, pp. 473-496.

心的分析方法，考察青少年中期积极品质与问题行为的发展轨迹，发现积极品质、问题行为有多种复杂的发展轨迹，积极品质得分高的青少年也可能具有较多的问题行为①。

综上可知，儿童良好的品格具有两方面的作用：（1）能够促进积极的发展结果，可以正向预测学业成就、幸福感、心理健康、助人行为等变量；（2）能够负向预测抑郁、问题行为等因素，帮助个体抵御不良的发展风险。但是，目前的研究结果更多是对西方文化背景下儿童青少年积极品质的探讨，而在东方文化背景下的考察较少，且少量的研究更多关注的是积极品质，对与道德有关的品格特质的研究更少。基于此，本书考察了农村留守儿童社会适应随时间的发展趋势及性别、年级差异，并与非留守儿童进行比较；同时深入分析农村留守儿童的品格发展对其社会适应的影响。

第四节　以往研究的不足

由于童年早期良好的品格对儿童未来健康发展的连锁效应或滚雪球效应是重要的发展现象，对个体和社会有长期的影响②。因此，农村留守儿童品格发展及其对社会适应的促进作用逐渐受到社会和学界的广泛关注。纵观前人关于儿童青少年品格的研究，虽然取得了一定的成果，但还有一些不足。

一　以往研究很少探讨农村留守儿童是否存在不同的品格表现模式

目前为止，国内外很少有实证研究探讨农村留守儿童的品格状况。现有研究主要是从人格理论出发，关注儿童的人格特点。人格特质虽然是品格的影响因素，但并不是品格本身。尽管如此，我们仍可以从与道德有关的人格特质来推测留守儿童的品格。以往关于农村留守儿童的人格研究或品格方面的思考取得了一定的成果，但也存在一定的不足。

① Lewin-Bizan S., Bowers E., & Lerner R. M., "One Good Thing Leads to Another: Cascades of Positive Youth Development among American Adolescents", *Development and Psychopathology*, 22, 2010, pp. 759–770.

② Masten A. S., "Peer Relationships and Psychopathology in Developmental Perspective: Reflections on Progress and Promise", *Journal of Clinical Child & Adolescent Psychology*, 34 (1), 2005, pp. 87–92.

良好的品格并不是一个单一的因素，而是一组复杂多维的积极品质，反映在人们是如何思考、感受和行为的[①]。基于品格优势的研究取向在教育、社会福利和儿童青少年发展中大受欢迎。有些领域采取的是开放式访谈的方法找出品格优势，而其他领域可能产生了一些特定的优势类别，并追踪这些优势的发展情况[②]。由 Peterson 和 Seligman 创立的价值实践分类体系（Values in Action Classification of Strength）提炼出人类本性的六大美德，分别对应个体的24 种品格优势，但这 24 种品格优势并不都具有道德评价意义，如社交能力、热情等并不包含道德成分。因此，应进一步探讨个体或群体是否存在不同的品格表现模式。

Cohen 等在查阅大量人格/社会/组织/管理心理学文献后，在人格特质中选择了 20 多种可能的品格特质，然后使用潜在剖面分析的方法对成人的品格进行研究。他们根据潜在剖面分析结果中变量的均值和标准差，确定了低品格个体与高品格个体的区别性特征。Cohen 等的研究为我们考察儿童青少年品格发展提供了一种新的思路，即探讨品格特质的相对重要性，以及这些特质能否区分低品格组和高品格组的个体。除了对儿童青少年具体品格特质的研究外，目前我国关于儿童青少年品格结构和特点的探讨基本建立在学者的思辨或经验总结的基础上，还缺乏可靠的实证研究的支持。因此，采用探索性的研究方法考察儿童青少年品格的结构和特点尤其重要。

同时，还未有研究探讨农村留守儿童品格的现状，前人关于留守儿童具体人格特质的研究为本书提供了一定的参考。但以往针对留守儿童人格特质的探讨出现了不同结果，这可能与留守儿童群体并不是一个同质群体有关。以往研究常常将留守儿童作为一个同质的群体与对照组进行比较，而没有从人格特质本身进行分类。总之，鉴于先前研究缺少中国文化背景下儿童品格的研究，尤其是对留守儿童品格的探讨更是不足，因此，对留守儿童品格类型及其特点进行探讨尤其重要。在本书中，我们以农村留守儿童这一特殊群体为研究对象，探讨了该群体的品格类别模式及其特点，并与非留守儿童进

① Cohen T. R. , & Morse L. , "Moral Character: What It Is and What It Does", *Research in Organizational Behavior*, 34, 2013, pp. 43-61.

② Peterson C. , & Seligman M. E. P. , *Character Strengths and Virtues: A Handbook and Classification*, New York: Oxford University Press Washington, 2004.

行比较。

二 国内外尚缺乏针对农村留守儿童品格发展转变的追踪研究

以往有关品格的研究主要是以成人作为研究对象，并且关注点是放在品格的内容而不是品格的发展上[1]。一些具体品格特质发展的过程，尤其在发展是发生在典型的生态环境中时，还没有受到充分的关注。只有少数研究侧重于捕捉特定品格特质的发展轨迹，但仍缺乏关于农村留守儿童品格发展规律的深入探讨。以往实证研究对儿童品格特征发展轨迹的研究比较有限，且多在西方文化背景下进行。在不同的环境背景下，尤其是当父母外出打工不能陪伴在孩子身边时，有关留守儿童品格发展的实证研究是非常有限的。为了弥补研究中的这一缺陷，本书将品格发展研究延伸到儿童青少年期，并将研究置于一个具有代表性的、着重于品格发展的特殊群体——农村留守儿童。

国内学者虽然对留守儿童关注颇多，但更多是集中在农村留守儿童的社会适应和心理健康层面[2]，对其品格的探讨尚显不足，更是缺乏纵向追踪数据去回答农村留守儿童的品格是否随时间发生变化，是否有其独特的发展轨迹，这些都是尚未解决的问题。基于此，本书拟采用潜在转变分析，探讨品格潜在类别的变化趋势，揭示出农村留守儿童阶段性的品格发展规律。同时，儿童留守状态（留守儿童 vs. 非留守儿童）的界定标准不同，儿童的品格类别模式可能存在不同。因此，在本书中，我们以父母（或一方）外出打工时间不同（外出打工 vs. 外出打工至少 6 个月）两种标准界定农村留守儿童，这可能为已有研究结果存在的分歧提供新的解释。

三 生态环境资源对农村留守儿童品格发展转变的影响比较缺乏

根据生态系统理论和社会生态系统模型，影响儿童品格发生和发展的

---

[1] Lerner R. M., & Callina K. S., "The Study of Character Development: Towards Tests of a Relational Developmental Systems Model", *Human Development*, 57, 2014, pp. 322–346.

[2] Fellmeth G., Rose-Clarke K., Zhao C., et al., "Health Impacts of Parental Migration on Left-behind Children and Adolescents: A Systematic Review and Meta-analysis", *Lancet*, 392, 2018, pp. 2567–2582；罗静、王薇、高文斌：《中国留守儿童研究述评》，《心理科学进展》2009 年第 5 期。

因素有很多，既有家庭教育的影响，也有学校氛围及社会环境的影响①。家庭是培养品格的第一学校；学校是对儿童产生深远影响的另一重要微环境，尤其是儿童与教师和同学的关系尤其重要。这些因素共同导致儿童品格的发展。品格影响因素的研究对于理解农村留守儿童品格发展的成因具有重要意义。

最近一些关于儿童青少年品格发展的研究则将品格测量与其所处环境的关键特征相结合（例如，与中小学课外发展项目相关的特定品格主题），但这些工作仍然是初步的，很少有纵向数据可供讨论品格发展过程中的变化及其影响因素。了解哪些因素能够促进或阻碍农村留守儿童品格的发展可以为培养留守儿童的良好品格提供干预方向。鉴于儿童品格尤其是农村留守儿童品格发展影响因素的相关研究在国内外均比较缺乏，本书在科学调查的基础上，探讨家庭养育、学校教育、社区氛围等生态环境因素对农村留守儿童品格发展的影响。通过探讨以上生态环境因素对农村留守儿童品格发展带来的影响，寻求优化农村留守儿童品格发展的支持路径，并构建相应的社会支持体系，有助于整合品格发展的现有数据，为如何有效培养或改善品格教育提供有益的启示，并对农村留守儿童品格发展具有重要的实践指导意义。

四 以往研究很少探讨农村留守儿童品格发展与社会适应的关系

以往关于品格对农村留守儿童社会适应，尤其是社会行为的影响更多是个案性、定性研究，难以获得系统化、具有代表性的研究结果。近年来，农村留守儿童品格发展对其社会适应的影响作用逐渐受到社会和学界的广泛关注。中小学生具有的品格优势不仅可以提升学生的生活满意度和积极的情绪状态，而且可以促使他们对课堂更投入、对学业更感兴趣，从而提高学业成就②。例

---

① Bronfenbrenner U., & Orris P. A., "The Bioecological Model of Human Development", in R. M. Lerner & W. Damon (Eds.), *Handbook of Child Psychology*: Vol. 1. *Theoretical Models of Human Development* (6th ed.), Hoboken, NJ: Wiley, 2007.

② Weber M., Wagner L., & Ruch W., "Positive Feelings at School: On the Relationships between Students' Character Strengths, School-related Affect, and School Functioning", *Journal of Happiness Studies*, 17 (1), 2016, pp. 341–355.

如，自控水平低的人更难以忽视自己的冲动和诱惑，这会增加他们做出自私行为和攻击行为的可能性①。以往关于积极品质与社会适应的相关研究更多采用以变量为中心的分析方法，而以个体为中心的分析方法可以探讨多种不同的品格类别是怎样在不同个体间同时发生的。

总之，目前品格相关研究结果较为零散，难以得出更可靠的结论，需要更多的理论建构和实证数据进一步加深我们对农村留守儿童品格发展转变及其影响因素、与发展结果之间关系的理解。基于此，本书以农村留守儿童为研究对象，采用质性访谈、问卷调查、追踪研究和干预实验，考察农村留守儿童品格的发展趋势及其预测因素，同时也探讨了品格对社会适应的影响作用及促进机制，并与非留守儿童进行比较，以准确把握我国特定文化背景下农村留守儿童这一特殊群体品格的发展趋势和转变特点，从而为农村留守儿童良好品格的培养和提升提供实证基础。

第五节　项目学术和应用价值

本书系统探讨了农村留守儿童的品格、所处生态环境、社会适应的现状与特点，并与非留守儿童进行比较，客观、科学地分析留守现象所带来的影响，进一步揭示农村留守儿童心理发展变化的规律和趋势，对留守儿童的生存发展状况有更为全面、深入的认识，为真正解决留守儿童的问题提供基础信息和科学的理论依据。

本书拟采用追踪和聚合交叉设计考察农村留守儿童这一低社会经济地位群体的品格发展转变、预测因素及其对社会适应的影响作用，挖掘和发展农村留守儿童在既有缺失环境下的内外部保护因素，并在实证研究的基础上，开展基于主观因素的干预研究，探索促进农村留守儿童社会适应的有效途径。这不仅为提高农村留守儿童的社会适应能力、心理健康水平提供了新途径，而且从更为长远、深入的视角为决策层面和教育干预实践提供了更加可靠和准确的信息。

---

① Cohen T. R., & Morse L., "Moral Character: What It Is and What It does", *Research in Organizational Behavior*, 34, 2013, pp. 43-61.

第二章 农村留守儿童品格与社会适应特点的访谈研究

第一节 研究方法

质性研究起源于 19 世纪末 20 世纪初美国"芝加哥学派"的社会调查运动。国外学者对质性研究进行了界定,指出质性研究是使用符号学、内容分析、话语分析、档案分析,甚至统计、图表与数字等手段,在自然情景中对个体、社会的日常进行观察、交流、解释的过程①。20 世纪 90 年代质性研究引入中国,陈向明认为,质性研究是以研究者本人作为研究工具,在自然情境下采用多种资料收集方法对社会现象进行整体性探究,从原始资料中形成结论和理论,并对其行为和意义进行建构,以此获得解释性理解的一种活动②。质性研究采用多种方法收集资料,如访谈、观察、实物分析等。与量化研究相比,质性研究更适用于对不熟悉的现象进行探索性研究、对小样本进行个案调查以深入了解事物的复杂性,以及采用归纳法进行自下而上的理论构建等情况。

本章的对象是国内不同地域的留守儿童,其面临的境遇不一,情况较为复杂,同时留守儿童所遇到的问题很难用量化调查的方法来获得,因此本书主要采用质性研究方法、运用访谈法收集资料。访谈方法有很多种,按照研究者对访谈结构控制程度的不同,可以将访谈法分为结构化访谈、半结构化访谈、无结构化访谈。半结构化访谈是一种按照粗线条的访谈提纲进行的非

---

① Denzin N. K. , & Lincoln Y. S. (Eds.), *The Landscape of Qualitative Research*, Sage Publications, 2008.

② 陈向明:《质的研究方法与社会科学研究》,教育科学出版社 2000 年版。

正式访谈，根据研究的目的来设计访谈大纲，访谈者在访谈时可以根据实际情况进行调整。相比于结构化访谈的标准化、统一化，半结构化访谈比较灵活，能根据访谈对象的实际情况进行调整。相比于无结构化访谈的自由化、随意化，半结构化访谈方法又紧密围绕主题和研究目的，收集的资料更为有效。因此，本书主要采用半结构化访谈的方式。

一 研究对象

本次访谈对象为某双一流高校心理学专业本科生家乡所在地的留守儿童，以方便抽样原则抽取研究对象。《国务院关于加强农村留守儿童关爱保护工作的意见》界定农村留守儿童年龄为未满 16 周岁。本次访谈的留守儿童共 42 名，男生 19 人，女生 23 人，平均年龄 12.7 岁，其中，单留守儿童 7 人（父母一方外出打工），双留守儿童 35 人（父母双方均外出打工）。留守儿童监护人 1 人为父亲、1 人为姑姑、1 人与兄妹姐妹共同生活、6 人为母亲、32 人为祖父母或外祖父母，还有 1 人独自在家生活。

大多数留守儿童父母在孩子 6—12 岁选择外出。访谈儿童基本信息如表 2-1 所示。

表 2-1　访谈留守儿童基本信息

变量	人数/比例
性别	
男	19（45.2%）
女	23（54.8%）
留守类型	
父亲外出	6（14.3%）
母亲外出	1（2.4%）
父母均外出	35（83.3%）
留守开始年龄（岁）	
0—3	15（35.7%）
3—6	11（26.2%）

续表

变量	人数/比例
6—12	16（38.1%）
12—15	0
监护人	
父亲	1（2.4%）
母亲	6（14.2%）
亲戚	1（2.4%）
独自	1（2.4%）
兄弟姐妹	1（2.4%）
祖父母、外祖父母	32（76.2%）

二　研究工具

1. 访谈提纲

访谈提纲和主要访谈内容如下：（1）访谈对象的基本信息，包括留守儿童的年龄、性别、年级、监护人、留守初始年龄等。（2）自我评价：自己是怎样的一个人？（3）父/母外出打工时，你是怎么想的？怎样调整自己的？（4）你和父母的关系怎么样？父母外出打工后，与父母怎么联系和交流？（5）父母外出打工后，觉得自己或自己的生活有什么变化？（6）在学校过得怎么样？住校吗？喜欢上学吗？跟老师和同学关系好吗？（7）平时的情绪怎么样？有什么不开心的事情或经历吗？

2. 文本资料收集

本书的文本资料主要是被访留守儿童的作业、考试成绩单等，均在得到留守儿童允许后查看并记录，用于补充说明或佐证留守儿童访谈内容，多维度了解留守儿童的信息，以便更全面地了解留守儿童的成长和发展状况。

三　研究程序

按照方便取样的原则，选择访谈者所在地的留守儿童作为访谈对象，告知留守儿童监护人（主要是父母），本次访谈只用于学术研究，绝对不泄露个人隐私，谈话内容将会被严格保密。经过留守儿童本人及监护人同意后，对留守儿童进行访谈。正式访谈前，随机选择 6 名留守儿童进行预访谈，并根据访谈结果修正访谈提纲，再将正式访谈提纲投入使用。访谈者均为中部某双一流高校受过专业训练的心理学本科生。采用半结构访谈的方式，以面对面交流的形式展开，访谈过程经受访者允许全程录音，并在访谈后由心理学专业研究生整理记录，对访谈资料进行分类、编码，归纳出农村留守儿童心理发展特点，并分析影响其心理发展的各方面因素。

第二节　农村留守儿童品格与社会适应的访谈结果

访谈结果将从以下方面进行整理。

一　留守儿童的人格特征

一般来说，人格是在一定的社会历史条件下，通过社会实践活动形成和发展起来的。个体的人格是其过往全部生活经历的产物。拥有积极人格的个体往往心理较健康、抗压能力强、人际关系好、社会适应力强，拥有正确的人生观和世界观，这有助于个体形成健康的心理，也能够更好地应对外界环境。留守经历对儿童的行为规范、身心发展、人格养成等方面皆有显著影响[①]。不少学者均指出了留守儿童健康人格对其自身、社会和国家的重要性。

1. 消极人格特点

（1）内向、自卑，具有悲观主义倾向

儿童期是个体人格形成的关键时期。家庭是儿童社会化的首要场所，父母的关怀对于儿童是不可替代的。有研究发现，留守经历对大学生的社会交往、社会支持、自我控制和稳定情绪具有消极作用，长期留守更容易产生焦虑、自卑情绪[②]。当父母外出打工时，留守儿童缺少父母的陪伴，家庭氛围比较冷清，互动形式比较单一，家庭互动方式和环境的改变使得留守儿童难以获得安全舒适、开放融洽的交流和生活环境，他们常常感觉孤独，缺乏归属

---

① 宋月萍：《父母流动对农村大龄留守儿童在校行为的影响——来自中国教育追踪调查的证据》，《人口研究》2018 年第 5 期。

② 郭亚平：《留守经历及其开始阶段对大学生非认知能力的影响》，《青年研究》2020 年第 1 期。

感。留守儿童由于心理发展并不成熟，应对这些改变的能力较低，在环境、生活条件发生变化时，性格养成容易出现问题。研究发现，留守儿童性格多表现为内向、缺乏安全感、做事没有底气，常常感觉自卑，缺乏自信。如：

> 父母外出打工后，自己变得不爱说话了，变得安静不敢惹人生气了。（摘自案例09）
> 父母刚出去打工时，我与爷爷奶奶在一起，有太多的孤独感，看到同学的父母来开家长会，而我却是爷爷奶奶来，会有一些自卑。（摘自案例19）
> 感觉自己变内向了，有点孤独，不太主动跟别人交流，总是不开心。（摘自案例31）

由于家庭经济条件差、学习困难、对前途迷茫等，相对于非留守儿童，留守儿童的人生态度更加悲观。如：

> 看到同学与家长在一起坐着谈笑风生，而我一个人坐在角落里，奶奶平时对我也很严格，突然就觉得自己很孤单。那次家长会是我第一次感到自己好像跟别人不一样。之后的一段时间我一直都很压抑，看什么东西都是负面的。（摘自案例36）

（2）自制力差，遇到困难容易放弃

访谈中发现大部分留守儿童具有较高的成就动机和较强的学习信念。如：

> 我想考博士，老师说考上博士就可以找好的工作、挣大钱，我想多多地挣钱，然后供妹妹读书，给家里盖一栋大房子。（摘自案例22）
> 立志要好好学习，不能辜负父母的期望，将来能和他们生活在一起。（摘自案例37）

虽然留守儿童的成就动机较高，想要获得学业上的成功，但是他们的自制力、毅力却比较差，常常表现为懒散、三心二意，付出的行动与想获得的成就不匹配。如：

> 沉迷电子产品，在小升初的重要时期不专心学习。家长没收了手机，之后就与老人在家打扑克。（摘自案例11）
>
> 自己是三分钟热度，常常信心满满，一考试却备受打击，于是就不再对自己抱有希望了。（摘自案例32）
>
> 每天上网差不多两个小时。不经常给爸爸妈妈打电话交流。学习成绩不太理想。（摘自案例34）
>
> 平时管的人少，就老师会管你，我爸妈有时也会问我的考试成绩，我自己有时候偷懒。（摘自案例35）
>
> 我看见英语就头大，背着背着就睡着了。（摘自案例41）

通过访谈发现，虽然留守儿童有较高的成就需要，但当他们遇到困难或挫折时，可能更容易退缩，甚至是放弃，他们的自制力与其成就动机并不匹配，这可能会导致他们有更多的负面情绪和不恰当的自我认知，变得更容易遇难则退。

（3）情绪起伏大，易冲动

儿童青少年时期个体的身心发展尚未成熟，这个时期的个体情绪容易不稳定，喜欢追求刺激，特别是进入青春期之后，青少年的生理和心理均发生了变化。因与父母长期分离，留守儿童失去了应有的亲子守护，没有父母的陪伴对儿童心理的影响尤其深远。留守儿童由于缺少安全感、自卑，在人际交往中，往往容易表现出敏感、多疑，对他人的言语、行为进行过度解读，会因为他人的批评教育或不同意见，引起自身情绪的强烈反应，甚至做出过激反应。如：

> 我变得有些内向，不太喜欢和别人交流，喜欢有一些小秘密，有时候会感到很无助，还会一会儿高兴，一会儿烦恼，情绪起伏有些大。（摘自案例03）
>
> 有段时间情绪波动特别大，脾气暴躁，无论是对父母、爷爷奶奶还是同学，发生了很多不愉快的事情，性格不是很开朗。（摘自案例19）

学习成绩一落千丈，脾气也十分暴躁，经常因为一点不如意大吵，而且奶奶管教我时总会一脸不耐烦，有时候会对着吵起来。（摘自案例36）

（4）不诚实、说谎，偷窃等行为偏差问题

访谈发现，一部分留守儿童存在说谎、欺骗他人等品行不良问题，甚至有儿童存在偷窃等越轨行为。不少学者对留守儿童进行研究时均发现，留守儿童存在更多的越轨、品行不良问题，例如留守儿童抽烟、饮酒、逃课的比例高于非留守儿童。对留守儿童行为出现偏差的原因，也有不同的解释，如家庭教育功能的缺失、依恋关系的破坏、学校法治教育的不完善、学生个人特质的原因等。留守儿童的父母外出后，他们的家庭情况发生了变化，缺少父母细致的关怀和指导，需求容易被忽视，心理变化得不到很好的关注，往往缺乏安全感。加上外界环境变化的影响，留守儿童在家庭、学校、社区受到的针对性的行为规范、法律教育较少，法律意识淡薄，缺少足够的关注和约束，导致他们容易出现行为偏差。如：

每次回家爷爷询问作业情况，我总是回答已经在学校完成，但是实际上从来没有完成过一次作业；班上一位同学的作业本丢了，在我的书包里找到，我还把别人的作业撕掉。（摘自案例11）

之前有一次和同学一起偷了别人手机，后来我妈给别人赔了钱才没有啥大事，不过和家里因为这件事闹翻了。（摘自案例42）

（5）冷漠、戒备心强，难以建立亲密关系

有研究发现，留守儿童与非留守儿童在共情能力结构上差异较小，但是情感淡漠是留守儿童共情能力中的特殊成分[1]。父母外出打工，农村留守儿童最亲近、信任的人不在身边，容易缺乏安全感，与非留守儿童相比，他们与父母日常互动、交流较少，并且常常缺乏深层次互动，缺乏情感交流。在与他人相处时，也经常表现出防备心强、疑心重、敏感、不过多袒露自己、不主动结

---

[1]　刘欣怡、崔丽娟：《留守儿童共情能力特点、发展影响因素及其干预探究》，《苏州大学学报》（教育科学版）2020年第3期。

交朋友、喜欢自我封闭等特点。如：

> 变得更敏感尖锐，会和小伙伴发生冲突了，害怕老师，不想理他们。（摘自案例09）
>
> 感觉不到啥亲情，我也不知道，也不是冷漠，感觉很多东西都没必要，也不想去在意那么多，懒得去碰那些事，很无聊。（摘自案例12号）
>
> 和老师关系一般，我不是很喜欢亲近他们。（摘自案例20）
>
> 在学校和我玩的同学不多，我不想说话，他们不太爱跟我玩。（摘自案例23）
>
> 我跟同学们还相处得蛮和谐的，但是不会有很深入的交流。（摘自案例27）

(6) 固执、倔强，报复心强

部分留守儿童相比于非留守儿童表现得更加懂事、隐忍和独立，这些可能是他们适应环境变化的一种手段或应对方式。但在访谈中也发现，这种过早成熟的背后可能隐藏着敏感、固执或叛逆。留守儿童身心尚未成熟，当遇到问题或困惑时，不能得到父母及时、有效的指导，不得不按照自己所理解的方式处理问题。在缺少沟通的情况下，他们在面对一些事情时会较为固执、倔强，坚持自己的看法，听不进去别人的建议。当他们受到言语、行为的攻击时，留守儿童很少会将情况反映给学校、老师、家长等有能力的成熟个体去处理，他们喜欢选择用自己的方法去还击、报复，他们采取的方法往往是一些不理智、偏激的行为。如：

> 想和熟悉的人待在一起，在他们面前表现自己，不喜欢陌生人，会对别人的挑衅生气，有人欺凌我，我也会欺凌他们。（摘自案例09）
>
> 我是被爷爷奶奶带大的，我同学是和他父母生活在一起的，所以他总嘲笑我，欺凌我，那次打架就是因为他嘲笑我。（摘自案例19）
>
> 有人嘲讽、辱骂时，我会用各种方法反击同学，而不是忍着、受着。（摘自案例32）

2. 积极人格特点

（1）更加懂事、独立

虽然留守对儿童会造成一定的负面影响，但是留守经历对一部分儿童也有一定的积极作用。相比非留守儿童，由于父母外出打工，留守儿童的家庭结构、家庭互动、沟通方式、受保护机制发生改变，他们很少及时得到父母的陪伴与适时的交流，缺少父母的关怀，不像非留守儿童一样有父母在身边可以依靠。当需求从外界得不到满足时，留守儿童为了能更好地适应环境、更好地生存，往往在为人处世方面更加成熟、懂事和独立。如：

> 我觉得我的心态也挺好，比较独立，奶奶年龄也很大了，有什么事情我可以自己解决就自己解决了。（摘自案例 18）
>
> 我就是想，我要做到更好，好好学习，这样爸妈不用那么操心，我现在很想他们回家看看我的变化，我长大了，是个小男子汉了。（摘自案例 21）
>
> 没有人帮忙，只能自立自强，我可能比那些父母陪伴在身边的同龄人更早熟一点吧，更能承受一些挫折，也更加独立。（摘自案例 24）

（2）感恩，体谅父母的艰辛

多数留守儿童的父母因家庭经济困窘选择外出务工，起初，孩子常常难以理解父母的这一决定，甚至觉得自己被父母抛弃了。但随着年龄的增长，他们看到父母为养家糊口而辛勤工作时，逐渐体会到生活的不易，会慢慢变得能够体谅父母的艰辛，更加感恩生活，照顾身边的人，顾及他人的感受。如：

> 我会尽量不惹爸爸妈妈生气，他们累的话，就不打扰他们休息，他们要是有什么不顺心的话，就说一些好笑的事情给他们听，希望爸爸妈妈能一直很开心。（摘自案例 27）
>
> 爸爸妈妈出去打工也是为了我和弟弟好，为了我们上学，为了我们的学业着想，这也不怪他们。随着长大，我自己会想通一些道理，父母是为了家庭去拼搏，我没有理由去抱怨他们没有陪在我的身边，反而更

应该去努力学习，更好地孝敬报答我的父母。（摘自案例 19）

此外，留守儿童的懂事、体谅他人，也表现在会主动减轻监护人的负担，积极承担部分家务，做力所能及的事情。如：

> 如果我姥姥回家晚的话，她会把钥匙给弟弟，弟弟开门回家，然后我写完作业帮姥姥做饭。（摘自案例 01）
> 知道了他们其实比我更辛苦，也很能理解他们的辛苦，还有他们为什么要把我留在家里，慢慢地我就知道虽然我的父母不在家里，但他们和别的同学的父母一样对我好，一样牵挂着我。（摘自案例 03）
> 爸爸妈妈不用太辛苦，挣的钱家里够用，我会好好学习，希望你们能多回家看看，陪陪我，陪陪爷爷奶奶，我会想你们的，你们要照顾好自己，我也会照顾好自己，照顾爷爷奶奶。（摘自案例 05）

二 留守儿童的心理调适

由于父母远离家乡、远离孩子外出打工，留守儿童在生活和学习方面往往很少能及时得到父母的关爱与指导。不少留守儿童容易出现心理负担重、心理压力大、较为敏感、自我调适能力差等一些问题。如：

> 自己是三分钟热度，常常信心满满，一考试却备受打击，于是就不再对自己抱有希望了。（摘自案例 31）
> 我难过的时候只能自己偷偷哭。遇到一点点小事情做不好，我就会感觉很难受。（摘自案例 42）

心理调适的主要方法有逃避、否认、转移注意力、转换角度、合理化、升华等，个体都有一定的心理调适能力，在压力面前，大部分留守儿童选择自我调节，自己默默承受。一部分留守儿童会将注意力转移到学习、兴趣爱好、社交等方面，这能有效缓解亲子分离带来的焦虑。如：

我有两个特别好的朋友，一般有什么心里话都会和她们说。（摘自案例 16）

我要做到更好，好好学习。（摘自案例 21）

但是，也有一部分留守儿童会通过不良行为释放心理压力。如：

还有啥调整呀，后来我就会上网了，再然后就是去网吧。（摘自案例 41）

留守儿童具备一定的自我调节的能力，但是因为年龄较小，自我调节的能力有限，在面对压力时，容易产生心理的不适。

三　社会支持网络对留守儿童的影响

社会支持是指个体受到社会各方面给予的物质及精神上的帮助，其中主要包括亲属、朋友、同事等社会人及单位、家庭、工会等社团①。社会支持网络是由各种有形、无形的支持构建起来的支持体系，对儿童成长、发展具有重要的作用。留守儿童的社会支持网络主要包括家庭、学校、同辈群体。

1. 家庭对留守儿童的影响

父母的教养方式对儿童发展至关重要，父母可以不在孩子身边，但父母的教育不能缺席。外出父亲或母亲对留守儿童的关心，往往只停留在嘘寒问暖、确认孩子安全、确保正常生活的层面，较少表达爱，较少关注留守儿童的内心需求。当父母外出务工后，留守儿童多与祖父母或外祖父母一起生活，由于祖辈文化水平偏低，较为普遍地采取"粗放式"管教方法，甚至奉行"棍棒底下出孝子"的教育理念，或者对孩子采取过度的溺爱、娇惯的养育方式。无论哪种教养方式，对留守儿童的发展都是非常不利的。范兴华等对湘潭市农村留守儿童调查中发现，留守儿童监护人教养方法粗暴、简单，迷信棍棒教育，是一种"费力不讨好"的选择，同时也使留守儿童处在一种不利的家庭环境中，从而影响留守儿童的心理适应②。贾健、王玥在留守儿童犯罪

---

① 姜乾金：《医学心理学》，人民卫生出版社 2004 年版。
② 范兴华、方晓义、陈锋菊：《留守儿童家庭处境不利的结构及影响：一项质性研究》，《湖南社会科学》2012 年第 6 期。

研究中也发现，留守儿童监护人普遍奉行"棍棒之下出孝子"的教育方式，这种教育方式容易阻碍儿童与家长的沟通，拉大儿童与家长的心理距离，也容易让留守儿童对家长产生不满和恐惧的情绪①。在调查中，通过访谈发现，留守儿童的家庭支持是较弱的。如：

> 后来也没人管我，学习成绩下降了一些，这样我爸我妈就更生气了，觉得我在学校没有好好搞。最后，反正我是觉得学习一点都不好玩，很讨厌学习。(摘自案例17)
>
> 因为只要我和弟弟吵架打架，不管什么原因，他们只会吵我，我很烦。我希望他们像对待弟弟一样对我，公平一些。(摘自案例09)
>
> 无论我在哪里玩，我爷爷就只会吵我，不让我玩。我希望他们好好说话，不要乱发脾气，有一次他和奶奶吵架，我不让他吵了，他就要打我，我没有躲，因为我不服气。(摘自案例10)

家庭是儿童体验亲情、发展社会情感的关键场所。家庭爱的缺失会直接影响留守儿童的社会情感发展②。缺乏亲情体验的留守儿童，往往较难对周围环境形成积极的看法和观念，严重时甚至还会否定自身存在的意义。而家长积极的养育态度，恰当的养育方式能够促进留守儿童更加健康的成长，提升留守儿童问题解决的能力。如：

> 她也不对我要求太苛刻，比较好说话，就算我考差了她也不会急躁生气。(摘自案例23)
>
> 虽然他们在学习方面已经帮不了我了，但是他们在精神上会给我很大支持。(摘自案例30)
>
> 爸爸要我看很多书，真的对我影响很大，在某种程度上也就弥补了我小时候不喜欢说话的缺点。(摘自案例39)

---

① 贾健、王玥：《留守儿童犯罪被害预防能力提升的教育对策研究》，《湖北社会科学》2019年第7期。

② 吕吉、刘亮：《农村留守儿童家庭结构与功能的变化及其影响》，《中国特殊教育》2011年第10期。

研究也发现家庭复杂程度与儿童的心理健康水平、良好行为呈负相关，家庭情况越是复杂，留守儿童不良行为发生的机率越大。如：

> 四五年级时父母办理离婚手续，父亲外出打工，母亲重组家庭，我的成绩就大幅度滑坡，成为学困生。并且沉迷电子产品，常常欺骗爷爷奶奶，偷同学东西。（摘自案例 11）
>
> 亲子关系的话，我认为并不是很好。长期与父母不见面，彼此之间陌生，也没有亲密感。我觉得对父亲的感觉更多的是害怕，小心翼翼，怕说错话；母亲为继母，关系也不会好。行为改变最主要的就是不愿意回家了，觉得家里压抑吧。（摘自案例 36）

2. 学校、教师对留守儿童的影响

留守儿童的父母外出打工时，家庭对留守儿童的影响逐渐弱化，一定程度上可以说学校成为农村留守儿童受教育的唯一正式场所。罗森塔尔效应，又称期望效应，指当教师对学生表现出殷切期望时，往往能戏剧性地收到预期的效果。如果教师对学生暗示希望看到的行为、表现，并给予学生鼓励和表扬，学生往往会按照教师所期待的结果来塑造自己的行为和表现。事实证明，教师的行为和言语容易影响留守儿童的身心发展，教师的支持与鼓励能显著促进留守儿童的成长。如：

> 老师对我挺照顾的，有时候老师会和我聊聊天，我遇到一些困难时，也会找老师寻求帮助。（摘自案例 16）
>
> 我喜欢美术老师。她可温柔了，长得也漂亮，而且我喜欢画画，我们老师之前还夸过我画得好看。（摘自案例 16）
>
> 我特别喜欢给爸爸妈妈说在学校受到老师表扬的事情，觉得他们为我而自豪，我会很高兴。（摘自案例 30）

但当师生关系不和谐、教师区别对待学生或教师自身教学态度、教学行为不端正时，容易对留守儿童造成负面影响。如：

我没有喜欢的老师，语文老师总是占课，英语老师总是数落我们，说我们不爱学习。（摘自案例 09）

除此之外，留守儿童父母外出打工时，因家庭经济状况、监护人的精力及身体条件等原因，留守儿童的课余生活比较单调，研究中也发现留守儿童对课外活动非常渴望。如：

校长不给我们上电脑课，我们学校有电脑教室，从来没让我们去过，之前有领导检查的时候，让隔壁班的同学去上课了，我们都很羡慕。（摘自案例 15）

3. 同辈群体对留守儿童的影响

同辈群体又称同伴群体，属于非正式的初级群体范畴，是指在共同经历、共同情感、共同爱好、共同观点或共同心理的基础上结合起来的关系较为密切的群体。同辈群体是留守儿童最重要的社会关系网络之一，同辈群体之间交往比较频繁，且彼此间价值观、行为、理念相互影响呈现日渐紧密的趋势。留守儿童通过同伴间的交往来确定自己的身份和社会定位。同时，同辈群体也影响着留守儿童的行为和选择，甚至有时会超过家庭的影响。同辈群体会对留守儿童的价值观、行为和情感产生不同程度的影响，其中负面影响尤其值得重视[1]。留守儿童所在的同辈群体并不是单一类型的，根据留守儿童的形成基础、活动方式、心理构成，可将留守儿童的同辈群体分为三种类型：自我照顾型同辈群体、互帮互助型同辈群体、叛逆型同辈群体[2]。在研究中发现，留守儿童更偏向与同质性强的人在一起，彼此的相似性能给留守儿童一定的安全感、归属感。互帮互助型的同辈群体也能带给留守儿童支持、关爱、缓解父母离别的焦虑、给予一定的精神支撑。但处于叛逆型的同辈群体中，留守儿童更容易变得脾气暴躁、思想过激，或出现行为偏差。如：

---

① 陆继霞、叶敬忠：《我国农村地区同辈群体对留守儿童的影响研究》，《农村经济》2009 年第12 期。

② 王秋香：《农村"留守儿童"同辈群体类型及特点分析》，《湖南社会科学》2007 年第 1 期。

遇到烦恼，我会去找好朋友调节，有时候会找特别好的朋友聊天，她们一般会给我说一些开心的事，让我开心一点儿。（摘自案例 17）

还是比较喜欢和知心的朋友分享事情，平时我在学校有朋友、有同学，感觉很快乐。（摘自案例 21）

我不会受到人嘲笑，因为身边同学父母大都外出了，家庭情况都差不多。（摘自案例 22）

不开心时，我就去找小朋友玩，让自己忘记那些事。（摘自案例 31）

反正交的朋友都不是那种品学兼优的人，因为后来和朋友玩就经常不回家了，在外面的时间越来越长。（摘自案例 36）

四　留守儿童的社会适应

留守儿童的社会适应问题逐渐引起学者的关注。社会适应源于儿童期，并贯穿于个体整个生命周期。在儿童阶段，孩子受非正式群体和正式教育的影响，能够习得社会规范，养成良好的行为习惯、道德观念，形成强大的社会适应能力，从而为将来适应多变的环境打下良好的基础。在对留守儿童开展社会适应研究时，学者多从家庭适应、人际适应、学业适应、自我适应四个方面进行探究。在本书中，基于调查情况，笔者将从留守儿童的家庭适应、学校适应、同辈适应、自我适应四个方面来研究留守儿童的社会适应问题。研究发现，留守对儿童社会适应的影响不都是负面的，人的心理有很大的自适应性。

1. 家庭适应

家庭是个体社会化的基本场所，家庭适应是个体社会化过程中，个体与外界环境互动的最基本内容。留守儿童父母长期处于脱离家庭的状态，无法像普通家长一样参与孩子成长的全部过程，很少能及时给予孩子学业、情感、人际交往方面的指导，留守儿童在经历家庭互动方式和家庭生态环境转变时，容易出现家庭适应不良的问题。留守儿童的家庭适应可从留守儿童与外出父母的关系、与监护人的关系来考察。当父母与孩子相处两地时，缺少共同的话题，沟通的内容也多为重复性的基本问候，父母对留守儿童的情感慰藉不明显，容易导致留守儿童与外出父亲/母亲关系的疏远。如：

我和爸爸妈妈的关系疏远了，我对他们很有怨气，不想接他们的电话，也不会主动要和他们沟通。（摘自案例 03）

我时常觉得我们的关系没有那些陪伴着孩子长大的父母与他们的孩子关系亲密。（摘自案例 19）

爸妈经常在外面工作，关系不是很亲密。（摘自案例 21）

留守儿童在父亲或母亲那里得不到期望的关怀、慰藉，往往会将情感转移到父母的替代者，而监护人往往扮演这一角色，因此留守儿童与监护人的关系更亲密一些。如：

我一般有什么事情先跟奶奶说，和奶奶亲近一些。（案例 17）

与非留守儿童相比，一些留守儿童比较少地接受良好的家庭教育和引导，家庭适应不良的留守儿童在生活中也会表现出某些行为特征，例如更容易发呆、走神、呆滞。如：

我的性格有些内向，我爸妈走了之后，我平时经常发呆，有时候在学校里也是，无论是课上还是课下，肯定会影响学习，久而久之，学习的信心也不足了。（摘自案例 19）

因此，监护人要注意科学的照料养育方式、育儿方法、让留守儿童在爱的环境下成长，这能促使留守儿童在家庭生活上尽快适应，保障留守儿童的健康水平，使得留守儿童全面正常发展。

2. 学校适应

儿童正处于学龄阶段，学习是这一阶段的主要任务，家长、学校最关注的就是孩子的学习成绩。但是，与非留守儿童相比，留守儿童在学业上缺乏父母的指导，同时由于监护人自身文化水平有限，留守儿童在学业方面往往缺少家长科学的养育，从而导致留守儿童在学业方面更多的是靠自己或求助于老师和同学。学校适应是儿童青少年在学校中采取一系列的行为，以维持自身在学校感受到和谐、舒适的状态。在本书中主要从留守儿童的学习态度、学习成绩、师生关系等几个方面来讨论留守儿童的学校适应。

（1）留守儿童的学习态度

留守儿童对待学习的态度似乎呈现出两极化现象。一部分留守儿童在父母和老师的教育下，意识到学习的重要性，认同"知识改变命运"，希望能够通过读书来改变现状。如：

> 我就是想，我要做到更好，好好学习，这样爸妈不用那么操心，我现在很想他们回家看看我的变化，我长大了，是个小男子汉了。（摘自案例21）
> 我妈整天跟我说要好好学习，将来考一个好大学，就不用像他们一样出去打工了，可以在大城市里找一个更好的工作，我会好好学的。（摘自案例35）

然而也有一部分留守儿童对学习持无所谓的态度，认为"读书无用"还不如早日打工挣钱贴补家用。如：

> 我觉得学那些都没啥意思，还不如直接出去赚钱。（摘自案例12）
> 我已经不喜欢学习了。有时候我都想出去打工，混一混，在这个小地方没啥好待的。（摘自案例18）

（2）留守儿童的学业成绩

留守经历对儿童的学业成绩也呈现出显著的影响。父母外出务工后，儿童面临学习方式的转变，可能由之前父母"手把手教"转变为"无人问津"的状况。这种学习方式的陡然转变，使得留守儿童在学业推进过程中缺乏必要的辅助与监督，进而不可避免地对学业成绩造成负面影响。调查中发现，很多留守儿童面对学习方式的转变不知所措，久而久之，学习成绩越来越跟不上，继而影响他们的学习信心和学业成绩。如：

> 父母在家的时候我学习更好，学习信心更足，父母懂得比较多，可以给我一些鼓励。父母不在家后，奶奶无法照顾自己的学习。（摘自案例04）
> 学习成绩算是中等，一会儿上一会儿下这样，没什么信心，我不是

很喜欢学习，也不是很积极，成绩波动得厉害。（摘自案例19）

学习时我有好多题不会做，爷爷奶奶也不会，我想爸爸妈妈教我，我想学习，但是有的题我不会。（摘自案例23）

（3）师生关系和学业课程

师生关系的好坏也影响留守儿童的学校适应。儿童阶段的孩子往往渴望得到教师的认同和赞许，希望得到教师更多的关注。教师积极的教学态度、恰当的鼓励能够促进留守儿童的学校适应。如：

我感觉我的老师挺公平的，平时期末家长会都是我奶奶去的，因为我的成绩还不错，老师也知道我的情况，就会让我奶奶不要担心。我觉得老师们挺好的。（摘自案例38）

我特别喜欢给爸爸妈妈说在学校受到老师表扬的事情，觉得他们为我而自豪，我会很高兴。（摘自案例30）

体育课程或其他实践课程对留守初中生的社会适应具有积极的作用，不仅能锻炼学生的体能或实践能力，对于学生的生活教育、情感教育都具有积极的作用。学校可针对留守儿童组织一些特殊课程或课外活动，不仅能丰富留守儿童的生活，也能帮助他们建立对留守的正确认知，促进留守儿童的社会适应。如：

我们学校组织了一个课外活动，帮助父母外出打工的同学进行调整，每学期都会开展，效果很好。（摘自案例04）

3. 同辈适应

同辈适应是社会适应的重要组成部分。留守儿童的同辈适应是指留守儿童在与同伴相处中表现出的行为特点、行为方式，包括留守儿童与同辈交往的技能、人际关系特点、互动方式等。库利的"镜中我"理论指出，人的行为取决于自我的认知，而自我认知通常是在与他人的社会互动中形成的。良好的人际互动能帮助个体维持身心平衡，提升留守儿童的抗逆力。研究显示，学生的同伴关系越是紧密、沟通越是密切，他们在社会交往中越会表现得更加积极主动，适应环境变化的时间也越短。而与同伴沟通不足的学生，社会适应能力则较差。同时，这类学生一旦在日常的学习、生活、人际交往中遇到困难，往往更容易怨天尤人、自暴自弃，很难适应不断变化的环境。在访谈中发现，一部分留守儿童交往技能偏低，不知道怎样与朋友相处，不擅长维护人际关系。如：

> 我自认为人缘不是很好，因为我在班里不怎么爱讲话，学习成绩也不突出，而且有些自卑，在和别人说话的时候不自信，所以我的朋友很少。（摘自案例 19）
>
> 同学们不跟我玩，孤立我，我做错事时会骂我。（摘自案例 23）

不过，一部分留守儿童的人际关系发展得较好。留守儿童结交的同辈群体，往往同质性强，人际关系比较牢固，相处比较融洽，能够彼此理解，相互提供情感支持。如：

> 我和同学的关系非常好，我人缘不错，不会感到孤独。（摘自案例 04）
>
> 我身边的同学父母大都出去打工了，不会被嘲笑……我和小伙伴们的关系特别铁，只要放假，家里也没有什么活儿的时候，我们会一起出去打弹子。（摘自案例 22）

5. 自我适应

本章从留守儿童的认知、行为、情绪等方面来探究留守儿童的自我适应。认知行为理论认为个体产生的行为是其背后隐藏的认知导致的，关于留守儿童认知的发展程度，既有超前于非留守儿童的一面，也有滞后于非留守儿童的一面。滞后的认知理念通常会使留守儿童产生一些不良的行为。如：

> 什么办法都不如打一架好解决呢。（摘自案例 14）

留守儿童认知滞后或出现偏差时，往往也不易被身边人发现和重视，偏差的认知进一步影响其行为，从而导致不良或越轨行为。如：

我知道我们家没钱……好像是有点自卑吧，之后上学看见别的小朋友有各种玩具……就拿了别人的东西。（摘自案例41）

但是，相比于同龄人，留守儿童的自我认知也会呈现出理性、超前的一面。如：

我觉得我心态也挺好，比较独立，奶奶年龄也很大了，有什么事情我可以自己解决就自己解决了。（摘自案例18）

相当一部分留守儿童比起同龄儿童会显得更加成熟，如学习欲望更强烈、更加懂事、独立、抗压力较强。这说明留守儿童的认知可塑性比较强，因此应重视对留守儿童认知、观念的正确引导。研究也发现留守儿童普遍自信心不高，常常感到自卑，自我适应能力较弱，自我价值感较低，并且留守儿童面临挫折、困难时，容易受打击。如：

我的梦想是考大学，但是我只有一点点信心能考上。（摘自案例10）
成绩下降了，学习信心好像也下降了。（摘自案例09）

此外，留守儿童的自我适应还包括情绪适应，留守儿童经常控制不住自己的情绪，情绪波动较大，也常常感到压抑、孤独、焦虑、忧虑等。如：

我变得不爱说话了，变得安静不敢惹人生气了。（摘自案例09）
有太多的孤独感，看到同学的父母来开家长会而我却是爷爷奶奶来开，我会有一些自卑。（摘自案例19）
家长会之后的一段时间我一直都很压抑，看什么东西都是负面的。（摘自案例36）
我感觉我性格不是很外向，也不喜欢上课回答问题，躲避老师的提问，感觉应该和我父母不在身边有一点点关系吧。而且我没有特长，所以就更不敢表现自己了。（摘自案例38）

五　科技进步对留守儿童的影响

"留守儿童"最早出现于20世纪90年代初，是伴随着我国城市化、现代化而产生的特殊群体。进入21世纪，科学技术相比于20世纪已经发生了翻天覆地的变化，科学技术的进步给社会和生活带来了巨大变革。同时，科学技术的进步也使得留守儿童的成长环境、生活方式发生了巨大的改变，产生了重大影响。其中，既有积极的一面，也有消极的影响。

1. 科技进步对留守儿童带来的积极影响

相比于20世纪90年代的留守儿童，新时代的留守儿童受科技发展的影响较为突出。科技的发展给留守儿童的成长带来了许多积极因素，具体表现在学业、情感、眼界等方面。随着科技的进步，留守儿童与父母的交流方式也发生了变化，从起初的书信交流，到电话交流，再到视频交流，交流方式变得越来越便利。父母回家方式也变得更加多样化，交流方式、乘车方式的不断更新，使得外出打工的父母与孩子交流的机会增多，在一定程度上缓解了距离带给父母与留守儿童之间的陌生感，使亲子关系更加亲近。

科技进步还改变了传统的学习方式，儿童不仅可以坐在学校里进行课堂学习，也可以通过互联网进行线上学习。一些留守儿童由于缺乏父母的学业指导，学业发展容易滞后，其父母会通过购买网络课程的方式来促进留守儿童学习。随着互联网的普及，留守儿童不仅能通过父母的描述来了解世界，也能通过互联网、电视等多媒体更全面、多方位地了解外部世界，开阔视野、增长见识。这些都有利于留守儿童树立远大理想，激励他们学习和奋斗。如：

　　我可以通过微信视频和父母聊天。（摘自案例03）

　　他们刚开始出去打工的时候主要是打电话，那个时候还是打长途电话，电话费打不了几次就要缴费，现在就用微信了，有的时候视频、发微信消息。（摘自案例19）

　　我们有时候会有微机课，但是上网的机会依然不多，我很喜欢上网，在网上我可以知道很多事情，这些都是平时得不到的，我觉得很珍贵，也很有意思。（摘自案例27）

2. 科技进步对留守儿童带来的消极影响

科学技术本身就具有两面性，在给人们生活、学习带来便利性的同时，也伴随着一些负面影响。由于父母外出打工，不在留守儿童身边，日常监管可能不够严格，而监护人往往采取"放任+溺爱"的养育方式，缺乏恰当的教育、指导。留守儿童往往更愿意按照自己的意愿做事，不考虑行为的后果及对自己造成的不良影响，更易沉迷于网络游戏、虚拟世界，表现出过度消费、物欲膨胀等方面。如：

> 我经常去网吧上网，一周有两三次吧。（摘自案例 19）
>
> 上网时间比以前长了，因为爸妈不在家没人管我，我可以多上一会网，多玩一会儿网络游戏。（摘自案例 30）

第三节　农村留守儿童品格与社会适应特点的反思与建议

随着社会的发展，人们的物质需求和发展需求持续增长。在未来，跨城流动仍会是常态。在城乡"二元"分割制度和户籍制度的影响下，留守儿童仍然会在相当一段时间内存在。质性研究发现，留守经历对儿童的人格、社会适应均会产生影响，有的影响甚至会伴随一生。怎样减少留守对儿童的伤害，促进留守儿童全面、健康发展，是家庭、学校和社会的重要职责。

一　家庭方面

通过访谈研究发现，父母的教养方式、监护人的照料方式、家庭的互动模式均会对留守儿童的心理和行为造成重大影响。缺乏科学、合理家庭教育的留守儿童在成长中更容易出现心理问题。有研究发现，农村留守儿童在SCL-90 量表中的躯体化、强迫症状、人际关系敏感、抑郁、焦虑、敌对、恐怖、偏执、精神病性 9 个因子上的得分均显著地高于全国常模[①]。基于依恋理

[①] 王东宇、王丽芬：《影响中学留守孩心理健康的家庭因素研究》，《心理科学》2005 年第 2 期。

论，早期的依恋关系尤其是亲子依恋关系的建立对个体的人格、社会化有重要的影响，即使在个体成熟之后也会有一定的影响。与父母未能建立很好依恋关系的学生社会适应能力明显不足，而仅仅与母亲建立了安全依恋关系就能显著增强农村学生的社会适应力。即使日后儿童与母亲长期分离，这种已经建立的良好的依恋关系也能发挥着作用，说明良好的依恋关系特别是良好的母子/女依恋关系有助于儿童适应各种环境。由此可见，早期建立良好的亲子关系对儿童具有重要影响。

调研发现，父母在儿童0—6岁外出的比例占61.9%，超过了一半。儿童在0—6岁，正处在与父母建立依恋关系的重要时期，这一时期父母外出，不利于儿童建立安全型依恋关系。所以，家长在选择外出务工的时间时可适当推迟。此外，留守儿童的父母或监护人应提高亲职教育能力，不断提高自身的养育水平，改变传统的养育观念，提高家庭教育的责任感，努力给孩子树立一个良好的榜样，从而有助于培养孩子良好的品格。外出务工的父母也可通过远程教育指导、增加回家的频率、多打电话、多关心孩子、鼓励孩子、多与教师交流等多种形式来促进孩子的健康发展，尤其要注意在留守儿童的不同发展阶段，选择不同的教养方式。

二　社会关系方面

留守儿童由于年纪较小，社会化不足，家庭监管力不严，易受身边人影响。因此，各方要尽力为留守儿童创建良好的社会关系网络。洛克曾说，对儿童行为产生最大影响的依然是周围同伴，是他/她的监护人行为的模样。留守儿童之所以感到幸福可能是受其人际关系、与父母联系频率的影响，留守儿童的人际关系越好，与父母的关系越亲密，其感受到幸福的可能性就越大。社会关系对于个体成长发展具有重要作用，特别是对于长期亲子分离的留守儿童，建立良好的社会关系对于留守儿童的全面发展、形成健康的人格具有重要意义。

因此，家长和教师要经常关注留守儿童所处的社会关系网络，特别是同辈关系网络。当留守儿童处于负面、消极、不良的社会群体或关系时，家长和教师要及时引导儿童远离不良关系，建立正确、健康的社会关系。对于留守儿童身边的榜样群体，积极正向的社会关系，家长和教师要多鼓励留守儿童参与其中，并教导留守儿童维持良好社会关系的方法。除此之外，社区、村委应对留守儿童监护人开展关于儿童青少年生理知识、心理特点的相关学习活动，提高监护人对留守儿童科学照顾的意识，增强家长对留守儿童社会关系网的干预和支持。家长和教师更要注意日常的言传身教，自觉约束自身行为、言语，发挥"榜样效应"，通过自身树立榜样激发留守儿童积极正向的模仿，以此来提升他们的道德规范和良性行为。

三　学校方面

与非留守儿童相比，留守儿童在学校适应的情况较差，尤其在课业适应、同学适应和自我适应方面①。这与我们的研究结果是一致的。学校应该对留守儿童给予更多的心理关注，甚至是"倾斜"。学校可以对留守儿童进行干预，帮助留守儿童更好地适应学校环境。对留守儿童的学校干预可以从心理干预、运动干预、音乐干预、绘画干预等多方面入手。学校也可以从以下几方面促进留守儿童的适应，具体来说，学校可以调整教育方式，关注留守儿童心理健康；教师要引导留守儿童正确评价自己，接受自己与父母暂时分离的状况；学校也可以呼吁社会人士给予留守儿童更多的支持与帮助，让留守儿童感受到社会的关爱。

父母外出后，留守儿童的生长环境、学习方式、人际关系等均发生了变化，而学校是留守儿童学习的主要场所，学校的教育、引导对于留守儿童更好地适应变化环境发挥着巨大的作用。学校可以建立学校——家长双机制联动模式。学校、教师及时和家长交流留守儿童在校学习、人际交往、心理等情况，以便家长了解孩子，及时调整教育方式。同时，家长向教师交流学生家庭近况、变故等，促进教师理解孩子的心理与行为，用恰当的方法引导留守儿童，促进留守儿童的身心健康和全面发展。在对留守儿童进行心理、行为等方面的关怀时，学校可设立专门负责留守儿童的心理教师，定期观察留守儿童心理状况并记录存档，在留守儿童出现心理异常时，及时对其进行沟通与疏导。学校教师要改变成绩为上的教育方法，平等地对待学生，减少因教师的失职对留守儿童心理造成的伤害。学校还应多开展丰富多彩的课外活

---

①　黄颖：《留守中学生的亲子忽视与学校适应研究》，《中国德育》2015 年第 21 期。

动、实践活动、科学课程，一方面能减轻留守儿童的孤独感，丰富留守儿童
的生活，使得留守儿童拥有更丰富的成长体验；另一方面，也能开阔留守儿
童的视野，促进其树立正确的人生观、价值观。

四　社会层面

留守儿童的个体特点、社会适应具有差异性，这与其所处的环境是密不可
分的。家庭、学校、社区、社会的支持及个体自身的心理弹性和抗逆力对于留
守儿童的成长、发展和社会适应发挥重要作用。留守儿童处于社会化的关键时
期，社会应尽可能为留守儿童提供健康、安全的环境。政府应当将留守儿童的
教育问题纳入政府整体规划中，改善学校办学条件。政府还可以鼓励和支持农
民工返乡创业，促进农村经济的发展，减少留守儿童的产生。同时，政府还应
积极完善留守儿童的相关法律、政策，保护留守儿童的合法权益不受侵害。

近年来，学者、媒体对留守儿童的评价偏低，甚至存在"污名化"的现
象。任运昌对近400篇相关学术论文研究后发现，这些论文在对留守儿童的
素质进行评价时，大约1/4的论文有夸大留守儿童负面特征的倾向，甚至草
率断定为"不务正业"等[1]。再加上新闻媒体无调查的报道，可能会降低留
守儿童的社会认同感。这种"污名化"的标签也使本就敏感、脆弱的留守儿
童心理健康问题更加严重。所以，研究留守儿童的学者、新闻媒体人应以客
观、理性视角报道留守儿童这一特殊群体，避免标签化、负面化。

除此之外，社会组织、公益组织也要充分发挥专业特性，不仅要给留守
儿童提供物质帮扶，也要关注留守儿童的心理发育、社会化水平等方面，利
用自身的专业技巧、方法来帮助留守儿童更好、更健康地成长，多维度关注
影响留守儿童成长发展的因素。同时，社区、村委要关注留守儿童家庭生活
状况，对符合条件的贫困留守家庭提供相应的政府补助，减轻留守儿童因贫
困带来的负面影响。留守儿童的角色或许难以改变，我们能做的就是尽量避
免留守给儿童带来的负面影响，促使留守儿童与非留守儿童一样拥有健康成
长的环境，感受到来自社会各方更多的关爱。

---

① 任运昌：《莫为留守儿童贴上"污名"标签》，《中国农村教育》2008年第4期。

第三章　农村留守儿童品格的特点
及其预测因素

近年来，在积极心理学领域，品格研究受到特别的关注。Peterson 和 Seligman 提出了描述人类积极人格特质的概念——"品格优势"，把品格优势按照六种美德类别进行分类①。这六种美德包括智慧与知识、勇气、仁爱、正义、节制和超越。品格优势的概念提出以来，受到了各国学者的持续关注，在心理学以及组织行为学、教育学、医疗卫生等很多领域都得到了很好的发展和应用②。然而，当前关于品格的研究，主要采用自评问卷测量，并通过因素分析进行工具验证和特征描述。这虽然在一定程度上有助于我们更多地了解品格，但品格的类型还需要进行更加深入的分析。

参考 Cohen 等和 Wang 等的文章以及 Cohen 和 Morse 提出的道德品格模型，同时结合第二章的访谈结果，本部分选取了前人研究中常用的测量儿童青少年品格特质的相关量表，尤其是在研究农村留守儿童时，使用的与道德有关的人格特质量表，如自我控制、感恩、共情、责任感、马基雅维利主义、淡漠等。总的来说，这些特质能够通过促进个体的道德动机（如共情、感恩、低马基雅维利主义、低淡漠）、道德能力（如责任感、自我控制），进而减少伤害行为。同时，采用潜在剖面分析探讨农村留守儿童品格的类别模式，并分析农村留守儿童的品格分类是否存在群体异质性。此外，本书进一步探讨了生态环境因素对农村留守儿童品格的预测作用，从而为培养农村留守儿童良好的品格提供参考依据。

本书基于生态系统理论，抽取家庭、学校及社区等生态环境的关键要素

---

① Peterson C. , & Seligman M. E. P. , *Character Strengths and Virtues:A Handbook and Classification*, New York：Oxford University Press Washington, 2004.

② 刘美玲、田喜洲、郭小东：《品格优势及其影响结果》，《心理科学进展》2018 年第 12 期。

进行考察。根据生态系统理论，微观系统中的家庭、学校与同伴和外层系统中的社区、邻里对儿童青少年的发展具有重要的影响。有研究表明，父母情感温暖可以使孩子产生温暖、信任和安全感，并形成良好的个性与学习习惯，而父母惩罚、否认、拒绝和干涉则使后进生有逆反与自卑感，对学习厌恶、抵触和缺乏信心[1]。

此外，本书还探讨家庭、学校、社区因素与品格的关系是否在留守儿童和非留守儿童两个群体之间存在差异。由于父母外出务工，留守儿童获得了父母给予的更好的经济条件以及父母传递的新的信息和观念，这些变化对其心理和行为发展具有一定的积极影响。然而，由于父母长期不在身边，留守儿童无法获得父母及时、正确的引导，他们可能会比别的儿童更容易陷入焦虑、抑郁情绪，出现更多的问题行为[2]。此外，由于留守儿童与非留守儿童的家庭环境存在差异，因此，家庭因素对其品格发展的影响可能也会有所不同。

本章的研究目的为：（1）探讨农村留守儿童品格的潜在类别模式，并与非留守儿童进行比较；（2）探讨农村留守儿童品格类别的影响因素，并与非留守儿童进行比较。

第一节　研究方法

一　研究对象

采用整群抽样法，在河南开封和鲁山的 17 所农村小学和初中，以班级为单位整群抽取 2747 名学生，实际回收问卷 2530 份，有效回收率约为 92%。剔除异常值后，得到有效被试 2380 名，其中男生 1115 人、女生 1171 人，94 人未填写性别；四年级学生 950 人、七年级学生 1372 人，58 人未填写年级；被试的平均年龄为 11.64 岁。在本书中，留守儿童是指父母（或一方）外出务工半年及以上且不满十六周岁、具有农村户籍的未成年人。非留守儿童

---

① 王丽、傅金芝：《国内父母教养方式与儿童发展研究》，《心理科学进展》2005 年第 3 期。

② 郭申阳、孙晓冬、彭瑾等：《留守儿童的社会心理健康——来自陕西省泾阳县一个随机大样本调查的发现》，《人口研究》2019 年第 6 期。

1170 人，留守儿童 477 人。由于研究者无法通过问卷确认填写者父母（或一方）是否外出打工半年及以上，因此作为缺失值保留在数据中。

表 3-1　被试的人口学信息

		N	有效（%）
性别	男	1115	48.8%
	女	1171	51.2%
年级	四年级	950	40.9%
	七年级	1372	59.1%
儿童留守状态	非留守儿童	1170	71.0%
	留守儿童	477	29.0%

二　研究工具

1. 自我控制

采用 Tangney 等修订的自我控制量表（the Brief Self-Control Scale）测量儿童的自我控制能力[①]。该量表共 13 个题目，采用 5 点计分，1 代表完全不符合，5 代表完全符合。例如"我能很好地抵制诱惑""我很难改掉坏习惯"。得分越高，表示自我控制程度越好。在本节中，该量表的内部一致性信度系数为 0.77。

2. 共情

采用张凤凤等修订、Davis 编制的人际反应指针量表（Interpersonal Reactivity Index-C，IRI-C）测量儿童的共情能力[②]。该量表共 22 个项目，采用 5 点计分（1=非常不赞同，5=比较赞同），包括观点采择（Perspective taking）、想象力（Fantasy）、共情关注（Empathic concern）、个人痛苦（Personal distress）4 个维度。根据 Siu 和 Shek 的建议，在人际反应指针量表中，观点采择

---

① Tangney J. P. , Baumeister R. F. , & Boone A. L. , "High Self-control Predicts Good Adjustment, Less Pathology, Better Grades, and Interpersonal Success", *Journal of Personality*, 72（2）, 2004, pp. 271 - 324.

② 张凤凤、董毅、汪凯等：《中文版人际反应指针量表（IRI-C）的信度及效度研究》，《中国临床心理学杂志》2010 年第 18 期。

和共情关注两个维度最能代表共情。其中，观点采择是能理解他人的观点，站在他人的角度看问题，推测他人所处的情绪状态，如"在做决定前，我会参考大家的不同意见"。共情关注则强调对他人情绪的替代体验，如"对于比我不幸的人，我常常为他们担心"。在本章中，选取观点采择和共情关注这两个维度来测量个体的共情水平。得分越高，表示共情能力越强。该量表的内部一致性信度系数为 0.71。

3. 感恩

采用 McCullough 等编制、Li 等修订的感恩量表（the Gratitude Questionnaire；GQ-6）[1]。该量表包括 6 个项目，采用 1（完全不同意）到 6（完全同意）6 点计分。例如，"我觉得生命中有太多要感谢的""如果要我列出我觉得要感谢的，那将会是很长的一串"。计算 6 项目的均分作为感恩得分，得分越高，表示感恩程度越高。在本章中，该量表的内部一致性信度系数为 0.58。

4. 马基雅维利主义

采用由耿耀国、秦贝贝、夏丹等修订的儿童马基雅维利主义量表（Kiddie Machiavellianism Scale，KMS）[2]。原量表由 20 个条目组成，分为对人性缺乏信任、不诚实和不信任 3 个因子。修订后的量表包括 16 个项目，采用 1（完全同意）到 4（完全不同意）4 点计分。例如，"不要告诉任何人你做一件事的真正原因，除非你有特殊的目的""大多数人是友好善良的"。所有项目的平均分作为马基雅维利主义的得分，得分越高，表示儿童更具世故性。在本章中，该量表的内部一致性信度系数为 0.54。

5. 冷漠无情

采用 Essau、Sasagawa 和 Frick 编制的冷酷无情特质量表（the Inventory of Callous-Unemotional Traits），共 24 个项目，包括冷酷、无情和淡漠[3]。量表采用 4 点计分，1 代表完全不正确，4 代表完全正确。例如，"我会坦白表达自

---

① Li D., Zhang W., Li N., et al., "Gratitude and Suicidal Ideation and Suicide Attempts among Chinese Adolescents: Direct, Mediated, and Moderated Effects", *Journal of Adolescence*, 35 (1), 2011, pp. 55-66.

② 耿耀国、秦贝贝、夏丹等：《青少年世故性移情与亲社会行为的关系》，《中国学校卫生》2011 年第 1 期。

③ Essau C. A., Sasagawa S., & Frick, P. J., "Callous-Unemotional Traits in a Community Sample of Adolescents", *Assessment*, 13, 2006, pp. 454-469.

己的感受""为了得到我想要的，我才不会在乎伤害了谁"。在本章中，采用淡漠（Uncaring）这一维度测量农村留守儿童的冷漠无情特质。得分越高，表示越冷漠无情。在本书中，该维度的内部一致性信度系数为0.64。

6. 人格特质

采用由周晖等根据大五人格因素编制的小五人格问卷，包括五个维度，即外倾性、神经质、宜人性、责任感和开放性[1]。共计50个项目，采用1（完全不像我）到5（非常像我）五级评分。本书中，选取外倾性、神经质和责任感三个维度。例如，"我很喜欢和同学们一起玩""小小的失败也会让我感到垂头丧气"。计算每个维度的平均分，得分越高，表示该维度的水平越高，即外倾性越明显、责任感越强、神经质程度越高。在本章中，三个维度的内部一致性信度系数为分别为0.86、0.75、0.89。

7. 教师支持与同伴支持

采用Jia等编制的校园氛围量表（the Perceived School Climate Scale）[2]。该量表共有26个项目，采用4点计分，1代表从不，4代表总是。例如，"我能对老师讲我遇到的问题和困难""同学之间互取恶意的外号"。该量表共包括三个维度，分别为教师支持、同伴支持和自主机会。在本书中，选取教师支持和同伴支持两个分量表分别测量教师支持和同伴支持两个变量。计算每个维度对应题目的均分，得分越高，表示儿童越能感知到更多的教师支持和同伴支持。在本章中，教师支持、同伴支持的内部一致性信度系数分别为0.75、0.82。

8. 社区氛围

采用Smith等修订的邻里凝聚性问卷[3]。共有8个项目，采用7点计分，1代表非常不同意，7代表非常同意。例如，"在这片区域，没有破坏公物或乱涂乱画的问题""我从心底里觉得自己是这个地方的一员"。所有项目的平均分作为社区氛围得分，得分越高，表示感知到的社区氛围越好。在本章中，

---

① 周晖、钮丽丽、邹泓：《中学生人格五因素问卷的编制》，《心理发展与教育》2000年第1期。

② Jia Y., Way N., Ling G., et al., "The Influence of Student Perceptions of School Climate on Socioemotional and Academic Adjustment: A Comparison of Chinese and American Adolescents", *Child Development*, 80, 2009, pp. 1514–1530.

③ Smith J., Fisher G., Ryan L., et al., *Psychosocial and Lifestyle Questionnaire*, Survey Research Center, Institute for Social Research.

该问卷的内部一致性信度系数为 0.79。

9. 父母教养方式

采用蒋奖等修订的《简式父母教养方式问卷》（s-EMBU-C）[①]。该量表共有 21 个项目，采用 4 点计分，1 代表从不，4 代表总是。例如，"父/母常常在我不知道原因的情况下对我大发脾气""父/母赞美我""我希望父/母对我正在做的事不要过分担心"。量表包括 3 个维度，分别为父母拒绝、父母情感温暖和父母过度保护。计算每个维度的均分，得分越高，表示儿童感知到父母更多采用此类教养方式。在本章中，父母拒绝、父母情感温暖、父母过度保护三个维度的内部一致性信度系数分别为 0.85、0.89 和 0.74。

10. 亲子冲突

采用中国儿童青少年发育特征调查项目组编制的亲子冲突量表[②]。该量表有 3 个项目，即身体冲突、言语冲突和情绪对立。采用 4 点计分，1 代表"从不"，4 代表"总是"。在本章中，该量表的内部一致性信度系数为 0.72。

11. 家庭经济地位

采用一个项目测量家庭经济地位，即"目前，你家的经济状况在当地处于?"五点计分，其中 1 表示下游水平，5 表示上游水平。

三　研究程序

在 2017 年 12 月，以班级为单位在上述两县的 17 所中小学进行团体施测。施测过程要求被试仔细阅读指导语理解后再认真作答。整个施测过程大约持续一节课。施测结束，给被试发放礼物以示感谢。

四　数据处理

采用 SPSS 20.0 对数据进行录入和处理。按照以下步骤对数据进行统计分析：

第一，进行共同方法偏差检验（Common Method Bias）。根据前人的研究

[①]　蒋奖、鲁峥嵘、蒋苾菁等：《简式父母教养方式问卷中文版的初步修订》，《心理发展与教育》2010 年第 1 期。

[②]　董奇、林崇德：《当代中国儿童青少年心理发育特征－中国儿童青少年心理发育特征调查项目总报告》，科学出版社 2011 年版。

建议，采用 Harman 单因素分析（Harman's one-factor test）进行共同方法偏差检验[1]。结果在未旋转时发现 16 个因子，第一个因子解释的变异量只有 11.64%，小于 40% 的判断标准，说明共同方法偏差不明显。因此，没有进一步采用统计方法对共同方法偏差效应进行控制。

第二，采用多元方差分析探讨农村留守儿童品格特质的基本特点，并与非留守儿童进行比较。

第三，基于研究中采用的八种品格特质，使用 Mplus 7.0 进行潜在剖面分析，确定品格的潜在类别。潜在剖面分析（Latent Profile Analysis，LPA）作为一种实用的潜在特征分类技术，除了能有效挖掘类别变量数据信息外，还能弥补因素分析等其他潜在结构分析方法无法处理类别变量的不足，可更为全面地揭示心理研究的内在本质[2]。潜在剖面分析是一种基于模型的方法，它首先将全体样本分成 1 类的基准模型进行估计，然后逐渐增加分类并对模型的拟合性进行估计，从而根据模型的拟合信息确定最佳分类模型[3]。

模型拟合指标主要有信息评价指标，包括 AIC、BIC 与 aBIC（Sample Size-Adjusted BIC，aBIC），统计值越小，模型拟合程度越好。模型分类质量指标 Entropy 表示模型分类精确性，当 Entropy 值小于 0.6 时，相当于超过 20% 的个体存在分类错误，Entropy 值过小的模型将被舍弃；当 Entropy 大于 0.8 时，表示模型分类正确率超过 90%[4]。似然比检验 BLRT 和 LMR 是对 k 类别模型与 k-1 类别模型的拟合差异进行检验，从而确定最佳的分类数，当 p 值显著时，表示对应的 k 类模型优于 k-1 类模型；当 p 不显著时，k 类模型与 k-1 类模型差异不显著，根据简约性原则应选择 k-1 类模型。此外，最小潜

① Podsakoff P. M. , MacKenzie S. B. , Lee J. Y. , et al. , "Common Method Biases in Behavioral Research: A Critical Review of the Literature and Recommended Remedies", *Journal of Applied Psychology*, 88 (5), 2003, pp. 879-903.

② 张洁婷、焦璨、张敏强：《潜在类别分析技术在心理学研究中的应用》，《心理科学进展》2010 年第 12 期。

③ 胡义秋、方晓义、刘双金等：《农村留守儿童焦虑情绪的异质性：基于潜在剖面分析》，《心理发展与教育》2018 年第 3 期。

④ Lubke G. , & Muthén B. O. , "Performance of Factor Mixture Models as a Function of Model Size, Covariate Effects, and Class-specific Parameters", *Structural Equation Modeling*, 14 (1), 2007, pp. 26-47.

在亚组的人数不得低于总人数的 5%。在确定最佳模型时，还应考虑各类别的可解释性，模型类别中的分类比例也应具有实际意义，例如某个类别个体数目有限或者不易解释。

第四，使用 Mplus7.0 进行逻辑回归分析，探讨农村留守儿童品格的影响因素。具体而言，考察品格类别是否受年级、性别、儿童留守状态等人口统计学因素，以及家庭经济地位、父母教养方式、父母冲突、学校氛围、社区氛围等生态环境因素的影响。

第二节 农村留守儿童品格特质的特点

一 各特质变量在年级、性别及儿童留守状态上的平均数和标准差

在本章中，除了六种道德品格变量外，我们也测量了其他两种人格特质——外倾性和神经质。表 3-2 呈现了各人格特质变量在不同年级、不同性别及儿童留守状态（留守儿童 vs. 非留守儿童）上的平均数和标准差。

表 3-2　人格特质变量在年级、性别及儿童留守状态上的平均数和标准差 （$M \pm SD$）

		自我控制	感恩	共情	尽责性	马氏	冷漠无情	外倾性	神经质
年级	4	3.76±0.57	4.52±0.93	3.95±0.58	3.82±0.85	2.06±0.46	1.69±0.42	2.93±1.02	2.63±0.80
	7	3.04±0.50	4.53±0.84	3.94±0.55	3.42±0.77	2.28±0.45	1.74±0.44	3.03±0.85	2.89±0.70
性别	男	3.55±0.61	4.51±0.86	3.94±0.57	3.58±0.80	2.24±0.44	1.71±0.43	2.99±.90	2.75±0.75
	女	3.54±0.61	4.54±0.87	3.95±0.55	3.55±0.84	2.18±0.49	1.74±0.45	3.00±0.93	2.84±0.75
儿童留守状态	非留守儿童	3.55±0.62	4.59±0.85	4.43±0.86	3.93±0.57	2.24±0.47	1.73±0.47	3.18±0.89	2.81±0.74
	留守儿童	3.54±0.60	4.58±0.90	4.37±0.93	4.02±0.54	2.17±0.49	1.72±0.40	2.95±0.93	2.73±0.74

备注：马氏＝马基雅维利主义。

二 各人格特质变量在年级、性别及儿童留守状态上的差异

考虑到人格特质变量之间可能存在较高程度的相关，我们采用多元方差

分析来考察品格在不同年级、不同性别及留守儿童/非留守儿童两个不同群体上的特点。具体来讲，以年级、性别及儿童留守状态为自变量，以八种人格特质变量为结果变量进行多元方差分析。

主效应分析结果表明，自我控制、感恩、责任感、马基雅维利主义和神经质五种人格特质存在显著的年级差异，表现为四年级儿童在自我控制和责任感上的得分显著高于七年级儿童（$F_{(1, 819)} = 66.38$，$p < 0.01$，$\eta^2 = 0.08$；$F_{(1, 819)} = 66.10$，$p < 0.01$，$\eta^2 = 0.08$），但在感恩、马基雅维利主义和神经质上的得分显著低于七年级儿童（$F_{(1, 819)} = 6.01$，$p < 0.05$，$\eta^2 = 0.01$；$F_{(1, 819)} = 65.96$，$p < 0.01$，$\eta^2 = 0.08$；$F_{(1, 819)} = 31.95$，$p < 0.01$，$\eta^2 = 0.04$）。性别对马基雅维利主义影响显著（$F_{(1, 819)} = 4.43$，$p < 0.05$，$\eta^2 = 0.01$），即男生在马基雅维利主义上的得分显著高于女生。儿童留守状态对共情、马基雅维利主义和外倾性的影响显著（$F_{(1, 819)} = 5.12$，$p < 0.05$，$\eta^2 = 0.01$；$F_{(1, 819)} = 7.55$，$p < 0.05$，$\eta^2 = 0.01$；$F_{(1, 819)} = 10.18$，$p < 0.05$，$\eta^2 = 0.01$），具体来说，留守儿童在这三种人格特质上的得分显著低于非留守儿童。

交互作用分析结果表明，年级和性别的交互作用与责任感存在显著的关联（$F_{(1, 1848)} = 5.82$，$p < 0.05$，$\eta^2 = 0.02$），简单效应分析表明，对于四年级儿童来说，男生在责任感上的得分显著低于女生。年级和性别的交互作用与自我控制存在显著的关联（$F_{(1, 1947)} = 5.13$，$p < 0.05$，$\eta^2 = 0.003$），简单效应分析表明，对于四年级儿童，男生的自我控制得分显著低于女生，对于七年级儿童，男生在自我控制上的得分显著高于女生。年级和性别的交互作用与马基雅维利主义上存在显著的关联（$F_{(1, 1835)} = 0.68$，$p < 0.05$，$\eta^2 = 0.003$），简单效应分析表明，对于四年级儿童来说，男生在马基雅维利主义上的得分显著高于女生，而在七年级不存在显著的性别差异。年级和儿童留守状态的交互作用与自我控制存在显著的关联（$F_{(1, 1447)} = 14.61$，$p < 0.001$，$\eta^2 = 0.01$），进一步简单效应分析表明，儿童留守状态在不同年级上的自我控制得分存在显著差异，对于四年级儿童来说，非留守儿童在自我控制上的得分显著低于留守儿童，对于七年级儿童来说，非留守儿童在自我控制上的得分显著高于留守儿童。年级和儿童留守状态的交互作用与责任感存在显著的关联（$F_{(1, 1365)} = 13.482$，$p < 0.001$，$\eta^2 = 0.01$），进一步

简单效应分析表明，儿童留守状态在不同年级上的责任感得分存在显著差异，对于四年级来说，非留守儿童责任感得分显著低于留守儿童，对于七年级来说，非留守儿童责任感得分显著高于留守儿童。年级和儿童留守状态的交互作用与马基雅维利主义存在显著的关联（$F_{(1, 1393)} = 16.02$，$p < 0.001$，$\eta^2 = 0.01$），进一步进行简单效应分析表明，儿童留守状态在不同年级上的马基雅维利主义得分上存在显著差异，对于四年级儿童来说，非留守儿童在马基雅维利主义上的得分显著高于留守儿童，而七年级儿童则不存在显著差异。

具体交互作用见图 3-1 至图 3-6。

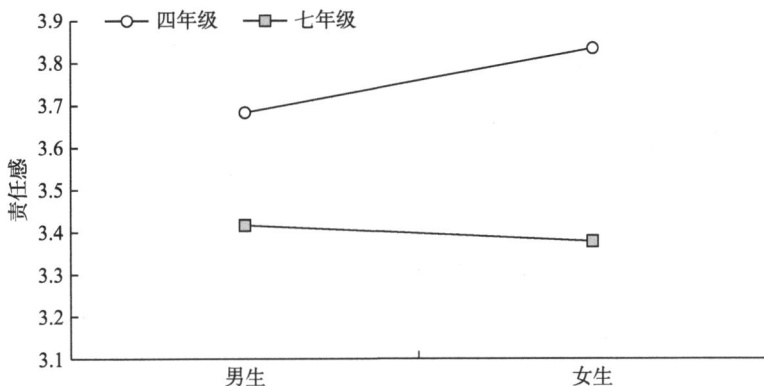

图 3-1　年级与性别对责任感的交互作用

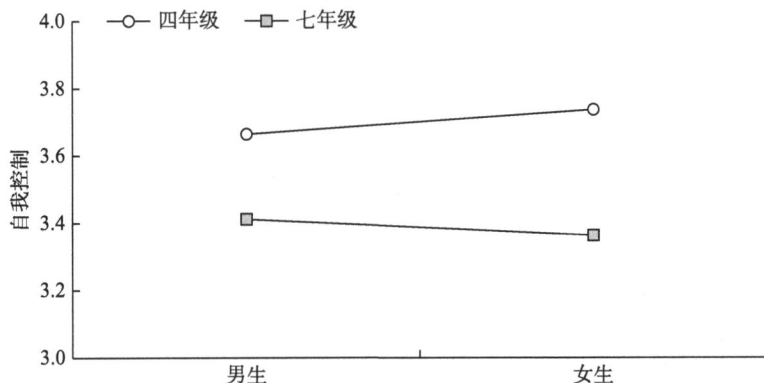

图 3-2　年级与性别对自我控制的交互作用

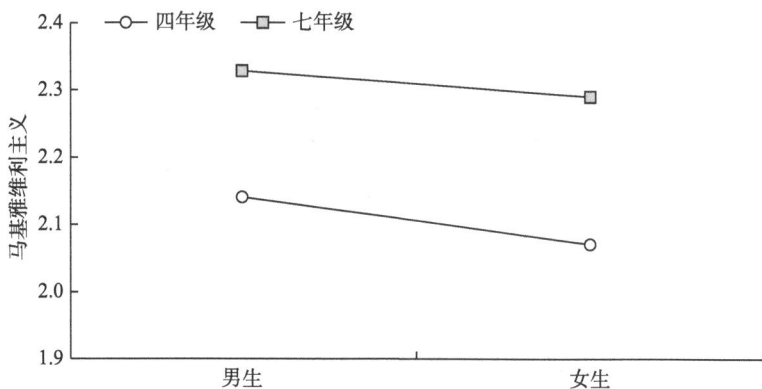

图 3-3　年级与性别对马基雅维利主义的交互作用

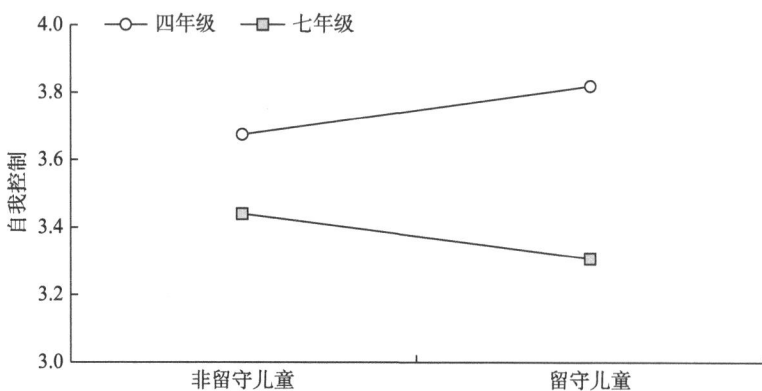

图 3-4　年级与儿童留守状态对自我控制的交互作用

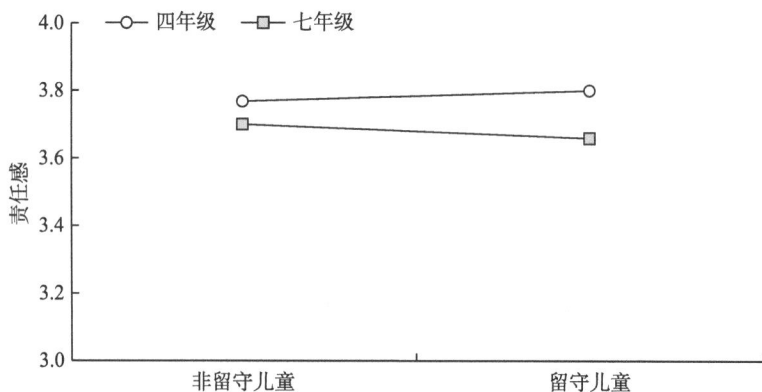

图 3-5　年级与儿童留守状态对责任感的交互作用

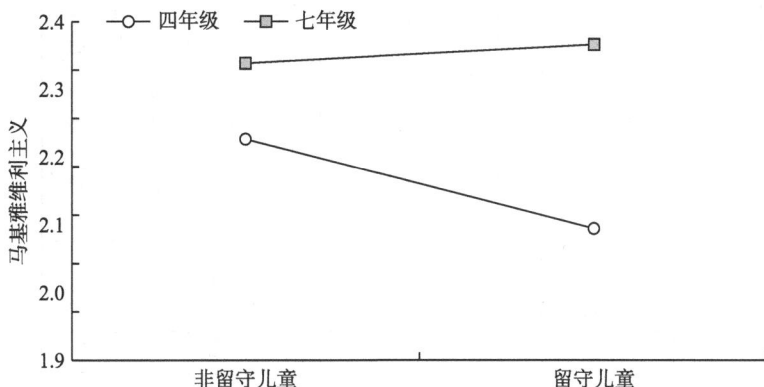

图 3-6　年级与儿童留守状态对马基雅维利主义的交互作用

第三节　生态环境因素与农村留守儿童品格特质的相关分析

采用皮尔逊积差相关考察家庭、学校和社区等生态环境变量与八种人格特质之间的相关关系，结果见表 3-3。

由表 3-3 可知，自我控制、感恩、共情、责任感、教师支持、同伴支持、社区氛围之间均呈正相关，教师支持、同伴支持、社区氛围分别与马基雅维利主义、冷漠无情、神经质呈显著负相关，相关系数绝对值最高的是同伴支持与马基雅维利主义（$r=-0.39$，$p < 0.01$）。亲子冲突、父母拒绝分别与自我控制、感恩、共情、责任感呈显著负相关，相关系数绝对值最高的是父母拒绝与自我控制（$r=-0.29$，$p < 0.01$）。亲子冲突、父母拒绝分别与马基雅维利主义、冷漠无情、神经质呈显著正相关，相关系数绝对值最高的是父母拒绝与马基雅维利主义和神经质（$r=0.29$，$p < 0.01$；$r=0.29$，$p < 0.01$）。父母情感温暖与自我控制、感恩、共情、责任感呈显著正相关，相关系数绝对值最高的是父母情感温暖与责任感（$r=0.42$，$p < 0.01$）；父母情感温暖与马基雅维利主义、冷漠无情和神经质呈显著负相关，相关系数绝对值最高的是父母情感温暖与冷漠无情（$r=-0.32$，$p < 0.01$）。父母过度保护与自我控制、感恩、共情和外倾性呈显著负相关，相关系数绝对值最高的是父母过度保护与自我控制（$r=-0.10$，$p < 0.01$）；父母过度保护与马基雅维利主义和神经质呈显著正相关（$r=0.13$，$p < 0.01$；$r=0.19$，$p < 0.01$）。

表3-3 生态环境因素与各特质变量之间的相关分析

	1	2	3	4	5	6	7	8	9	10	11	12	13	14
1. 自我控制	1													
2. 感恩	0.27**													
3. 共情	0.37**	0.43**												
4. 责任感	0.55**	0.37**	0.40**											
5. 马氏	-0.39**	-0.26**	-0.31**	-0.29**										
6. 冷漠无情	-0.39**	-0.26**	-0.41**	-0.39**	0.30**									
7. 外倾性	0.02	0.07*	0.01	0.04	-0.05*	0.02								
8. 神经质	-0.31**	-0.14**	-0.09	-0.12**	0.23**	0.02**	-0.09**							
9. 教师支持	0.4**	0.39**	0.43**	0.51**	-0.34**	-0.36**	0.06*	-0.14**						
10. 同伴支持	0.41**	0.43**	0.44**	0.41**	-0.39**	-0.31**	0.07**	-0.26**	0.53**					
11. 社区氛围	0.36**	0.41**	0.42**	0.46**	-0.32**	-0.37**	0.07**	-0.11**	0.52**	0.49**				
12. 亲子冲突	-0.24**	-0.15**	-0.15**	-0.19**	0.16**	0.08*	-0.06**	0.23**	-0.15**	-0.24**	-0.19**			
13. 父母拒绝	-0.29**	-0.22**	-0.25**	-0.12**	0.29**	0.16**	-0.05*	0.29**	-0.18**	-0.39**	-0.20**	0.37**		
14. 父母情感温暖	0.32**	0.39**	0.37**	0.42**	-0.26**	-0.32**	0.01	-0.12**	0.50**	0.35**	0.45**	-0.25**	-0.25**	
15. 父母过度保护	-0.10**	-0.07**	-0.05*	0.03	0.13**	0.01	-0.07**	0.19**	0.03	-0.14**	-0.03	0.20**	0.47**	0.09**

注：*p < 0.05，**p < 0.01；马氏=马基雅维利主义。

第四节　农村留守儿童品格潜在类别及生态环境因素的影响

在本节，我们首先在整个样本中分析了品格的潜在类别及其影响因素。接下来在两个年级中，分别考察了四年级和七年级农村留守儿童品格的潜在类别及生态环境因素的预测作用，并与非留守儿童进行比较。

一　全体研究样本儿童品格潜在类别及生态环境因素的影响

1. 各品格特质潜在类别数的确定

为了探究各品格特质的潜在类别，对个体在具体特质变量上的得分进行潜在剖面分析，以确定哪些变量可以区分品格的水平。首先将各具体品格变量的平均分标准化后作为外显变量，然后分别将品格特质的潜在类别依次分成 1 类别、2 类别、3 类别、4 类别和 5 类别。从类别数为 1 的基准模型开始，对品格特质进行潜在剖面分析的模型拟合性估计。具体结果见表 3-4。

表 3-4　农村儿童品格潜在剖面分析的模型拟合度指标

潜在类别	AIC	BIC	LMRT (p)	BLRT (p)	Entropy	最小亚组占比
1	45103.67	45195.74	—		—	—
2	43212.29	43356.14	< 0.01	< 0.01	0.72	37.9%
3	42619.48	42815.12	< 0.01	< 0.01	0.76	17.2%
4	42286.58	42534.01	< 0.05	< 0.01	0.68	13.2%
5	42137.63	42396.10	0.35	< 0.01	0.71	3.50%

根据表 3-4，选择将品格潜在类别分为三类别。理由如下：（1）随着类别的增加，各个模型的 AIC 和 BIC 值都随之减小，但是由 2 类别到 3 类别的下降速度开始趋缓；（2）3 类别和 5 类别模型的 Entropy 值均大于 0.70；（3）3 类别模型的 AIC 和 BIC 值小于 2 类别模型；（4）在 5 类别模型中，LMRT 的 p 值不显著，且有 1 类别所占比例小于 5%。因此，从实际研究意义和模型简洁性的角度，可以选择分三类别的模型。

由于外倾性和神经质并不是品格的典型特质，故在删除外倾性和神经质之后

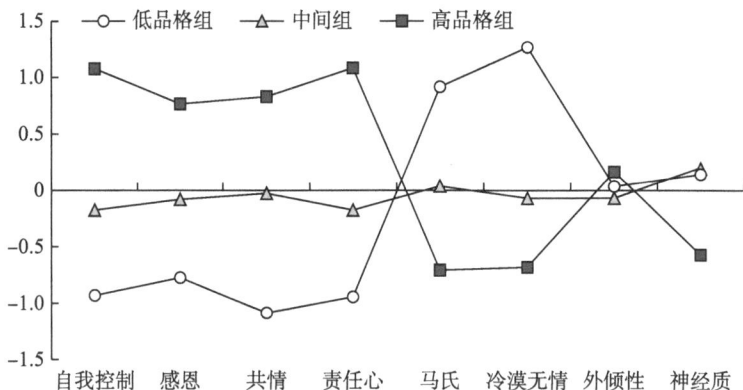

图 3-7 八种人格特质在三类模型上的得分

再做一次 LPA，得到图 3-8。

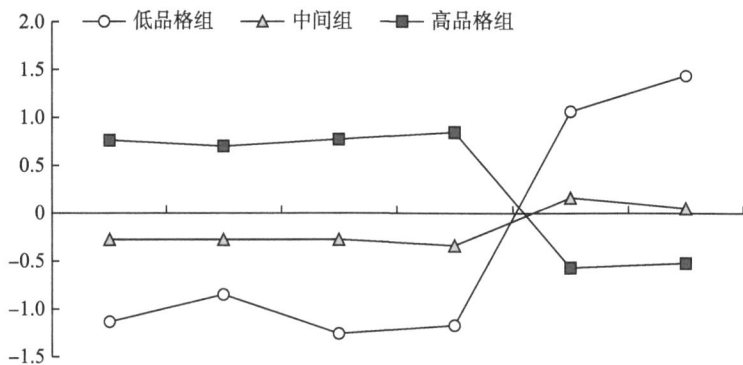

图 3-8 六种品格特质在三类模型上的得分

通过潜在剖面分析，将儿童按品格特质的不同而划分的 3 个潜在类别中，其中，类别 C1 占总人数的 17.2%，该类儿童在马基雅维利主义和冷漠无情上的得分大幅高于 C2 和 C3，而在自我控制、共情、感恩和责任感上的得分显著低于 C2 和 C3，可将其命名为低品格组。类别 C3 占总人数的 23.2%，该类儿童在自我控制、共情、感恩和责任感上的得分显著高于 C1 和 C2，而在马基雅维利主义和冷漠无情上的得分比 C1 和 C2 显著降低，可将其命名为高品格组。类别 C2 占总人数的 59.7%，该类儿童在自我控制、共情、感恩、责任感、马基雅维利主义和冷漠无情上的得分均介于 C1 和 C3 之间。因此，可将 C2 命名为中间组。

结合表 3-4、图 3-7 和图 3-8 可以看出，高品格组和低品格组在自我控制、感恩、共情、责任感、马基雅维利主义和冷漠无情上的差异超过 1.5 个标准差，但在外倾性、神经质两种人格特质上的差异未超过一个标准差；最能区分高低品格组的是责任感，两组差异达到 2.03 个标准差。这一结果表明，有道德的个体有更强的自我控制能力、懂得感恩、富有同情心、社会责任感强，并且尊重和信任他人，关爱和负责，不擅长欺骗和操纵。

计算不同品格潜在类别在不同年级、性别及儿童留守状态上的百分比，如表 3-5 所示。

表 3-5　不同品格潜在类别在年级、性别及儿童留守状态上的百分比

		低品格组	中间组	高品格组
年级	四年级	12.1%	57.1%	30.8%
	七年级	18.0%	66.1%	15.9%
性别	男	16.7%	60.7%	22.6%
	女	14.4%	64.1%	21.5%
儿童留守状态	留守儿童	15.6%	60.8%	23.6%
	非留守儿童	14.8%	61.4%	23.8%

由表 3-5 可知，四年级儿童中，处于低品格组、中间组和高品格组的比例分别是 12.1%、57.1% 和 30.8%；七年级儿童中，处于低品格组、中间组和高品格组的分别是 18.0%、66.1% 和 15.9%。男生群体中，处于低品格组、中间组和高品格组的比例分别是 16.7%、60.7% 和 22.6%；女生群体中，处于低品格组、中间组和高品格组的比例分别是 14.4%、64.1% 和 21.5%。非留守儿童中，处于低品格组、中间组和高品格组的分别是 14.8%、61.4% 和 23.8%；留守儿童中，处于低品格组、中间组和高品格组的分别是 15.6%、60.8% 和 23.6%。

2. 品格潜在类别的影响因素

为了探讨人口统计学特征对品格潜在类别的影响，以年级、性别和儿童留守状态作为自变量，以潜在剖面分析得到的品格潜在类别作为因变量（低品格组作为参照组），进行多元逻辑回归（Multinomial Logistics Regression），结果如表 3-6 所示。

表3-6 人口学变量对农村儿童品格潜在类别预测作用的多元逻辑回归

	中间组			高品格组		
	B	OR	95%CI	B	OR	95%CI
年级（七年级=1）	-0.26	0.77	0.53-1.01	-1.19**	0.30**	0.20-0.41
性别（女生=1）	0.31*	1.37	0.97-1.76	0.11	1.12	0.78-1.46
儿童留守状态（留守儿童=1）	-0.08	0.92	0.55-1.30	-0.07	0.93	0.55-1.31

注：$*p < 0.05$, $**p < 0.01$。

由表3-6可知，年级显著影响品格潜在类别，表现为：七年级学生属于高品格组的发生比为四年级学生的0.3倍（B=-1.19，OR=0.30，$p < 0.01$）。与男生相比，女生属于中间组的发生比高出37%。儿童留守状态对处于不同品格潜在类别组的概率没有显著影响。

为了探讨家庭、学校和社区因素对品格潜在类别的影响，以潜在剖面分析的结果为因变量（低品格组作为参照组），以家庭经济地位、父母冲突和父母教养方式、学校氛围、社区氛围为自变量进行多元逻辑回归，结果见表3-7。

表3-7 生态环境因素对农村儿童品格潜在类别的预测作用

	中间组			高品格组		
	B	OR	95%CI	B	OR	95%CI
家庭经济地位	0.06	1.06	0.87—1.25	0.38**	1.46	1.19—1.720
亲子冲突	-0.21*	0.81	0.70—0.92	-1.36**	0.26	0.17—0.34
父母拒绝	-0.38**	0.69	0.58—0.79	-1.46**	0.23	0.16—0.31
父母情感温暖	0.87**	2.40	1.91—2.89	2.43**	11.37	7.43—15.31
父母过度保护	-0.10	0.91	0.75—1.06	-0.23*	0.80	0.65—0.94
教师支持	1.21**	3.35	2.51—4.18	3.04**	20.91	12.87—28.94
同伴支持	1.12**	3.06	2.30—3.83	3.24**	25.52	14.42—36.61
社区氛围	1.25**	3.47	2.57—4.37	2.89**	18.04	11.50—24.59

注：$*p < 0.05$, $**p < 0.01$。

从表3-7可知，家庭经济地位正向预测儿童处于高品格组的概率（B=

0.38，$OR = 1.46$，$p < 0.01$）。亲子冲突负向预测儿童处于高品格组和中间组的概率，即亲子间冲突较高的儿童更可能属于低品格组（B = -0.21，$OR = 0.81$，$p < 0.05$；B = -1.36，$OR = 0.26$，$p < 0.01$）。感受到较高父母拒绝的儿童更可能属于低品格组（B = -0.38，$OR = 0.69$，$p < 0.01$；B = -1.46，$OR = 0.23$，$p < 0.01$），感受到较高父母情感温暖的儿童更可能属于中间组和高品格组（B = 0.87，$OR = 2.40$，$p < 0.01$；B = 2.43，$OR = 11.37$，$p < 0.01$），感受到父母过度保护的儿童更不可能处于高品格组（B = -0.23，$OR = 0.80$，$p < 0.05$）。学校氛围显著影响品格潜在类别，即感知到较高教师支持的儿童更可能处于中间组和高品格组（B = 1.21，$OR = 3.35$，$p < 0.01$；B = 3.04，$OR = 20.91$，$p < 0.01$），得到较高同伴支持的儿童更可能属于中间组和高品格组（B = 1.12，$OR = 3.06$，$p < 0.01$；B = 3.24，$OR = 25.52$，$p < 0.01$）。感受到的社区氛围越好，儿童越有可能属于中间组和高品格组（B = 1.25，$OR = 3.47$，$p < 0.01$；B = 2.89，$OR = 18.04$，$p < 0.01$）。

3. 儿童留守状态在生态环境因素与品格潜在类别关系之间的调节作用

以儿童留守状态作为调节变量，采用多元逻辑回归分析，检验生态环境因素对品格潜在类别的影响，其中中间组为参照组，结果见表3-8。

表3-8 儿童留守状态在生态环境因素与农村儿童品格关系中的调节作用

	中间组			高品格组		
	B	OR	95%CI	B	OR	95%CI
家庭经济地位 * 儿童留守状态	-0.25	0.14	0.78（0.59—1.03）	-0.19	0.17	0.83（0.60—1.14）
亲子冲突 * 儿童留守状态	0.03	0.20	1.03（0.69—1.53）	0.15	0.15	1.17（0.88—1.55）
父母拒绝 * 儿童留守状态	0.35	0.21	1.42（0.94—2.13）	0.06	0.16	1.07（0.77—1.47）
父母情感温暖 * 儿童留守状态	-0.12	0.21	0.89（0.60—1.33）	0.16	0.20	1.18（0.80—1.74）
父母过度保护 * 儿童留守状态	0.06	0.15	1.06（0.80—1.41）	0.19	0.17	1.21（0.88—1.68）

	中间组			高品格组		
	B	OR	95%CI	B	OR	95%CI
教师支持 * 儿童留守状态	0.15	0.21	1.16 (0.77—1.75)	-0.13	0.19	1.14 (0.79—1.65)
同伴支持 * 儿童留守状态	-0.20	0.25	0.82 (0.50—1.32)	-0.03	0.20	0.96 (0.66—1.45)
社区氛围 * 儿童留守状态	-0.30	0.20	0.74 (0.50—1.11)	-0.09	0.20	0.91 (0.62—1.35)

注：*$p < 0.05$，**$p < 0.01$。为了简化，本表仅呈现交互作用，而未列出主效应。

根据表3-8可知，各生态环境变量与品格的关系并不因儿童留守状态的不同而异。

二 四年级农村留守儿童品格的潜在类别及影响因素分析

在本部分，我们将考察四年级农村留守儿童品格的潜在类别及家庭、学校、社区等生态环境因素的影响，并与非留守儿童进行比较。

1. 各品格特质潜在类别数的确定

为探索各品格特质的潜在类别，以四年级儿童在各具体品格特质上得分的平均分标准化后作为外显变量，建立潜在剖面模型。分别将品格特质的潜在类别依次分成1类别、2类别、3类别、4类别和5类别进行分析，根据拟合度指标确定最佳分类，结果见表3-9。

表3-9 四年级农村儿童品格潜在剖面分析的模型拟合度指标

潜在类别	AIC	BIC	LMRT（p）	BLRT（p）	Entropy	最小亚组占比
1	17828.84	17906.30	—	—	—	—
2	16989.69	17110.73	< 0.01	< 0.01	0.71	44.0%
3	16690.92	16855.53	< 0.01	< 0.01	0.79	17.9%
4	16522.16	16730.35	0.12	< 0.01	0.77	1.50%
5	16418.34	16670.25	0.06	< 0.01	0.76	1.20%

根据表 3-9，将四年级儿童的品格类别分为 3 类别，理由如下：（1）随着类别数增加，模型的 AIC 和 BIC 值下降，在 3 类别的下降趋势趋缓；（2）2 类别、3 类别、4 类别和 5 类别模型的 Entropy 值均大于 0.70，表示模型拟合度很好，但是 3 类别模型的 Entropy 值大于 2 类别、4 类别和 5 类别模型，拟合度更好；（3）2 类别、3 类别模型的 LMRT 的 p 值均达到显著性水平；（4）在 4 类别和 5 类别模型中，有 1 类别所占比例小于 5%。因此，从实际研究意义和模型简洁性的角度，可以选择分三类别的模型。

根据八种人格特质指标的得分情况将 C1 命名为低品格组，将 C2 命名为中间组，将 C3 命名为高品格组，结果如图 3-9 所示。

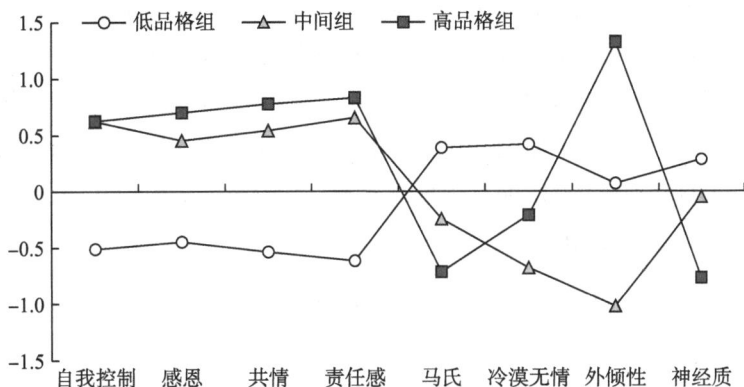

图 3-9　八种人格特质在三类模型上的得分

由图 3-9 可见，高品格组和低品格组在自我控制、感恩、共情、责任感、马基雅维利主义、外倾性和神经质得分差异超过 1 个标准差，其中最能区分高低品格组的是责任感，两组的差异为 1.45 个标准差。但高低品格组在冷漠无情上的得分没有超过一个标准差。因此，四年级高品格组具有高自我控制、高感恩、高共情、高责任感、低马基雅维利主义以及高外倾性和低神经质的特点。

由于外倾性和神经质并不包含道德的成分，因此将外倾性和神经质两个人格特质变量剔除后，重新做潜在剖面分析，考虑分为 1 类别、2 类别、3 类别、4 类别和 5 类别，并根据拟合度指标确定最佳分类，结果见表 3-10。

表 3-10 潜在剖面分析的模型拟合度指标

潜在类别	AIC	BIC	LMRT (p)	BLRT (p)	Entropy	最小亚组占比
1	13492.24	13550.30	—	—	—	—
2	12718.53	12810.45	< 0.01	< 0.01	0.69	46.8%
3	12557.10	12682.90	< 0.05	< 0.01	0.74	11.5%
4	12524.56	12594.23	0.14	< 0.01	0.72	4.10%
5	12508.79	12573.87	0.09	< 0.01	0.71	3.97%

根据表 3-10，选择将品格潜在类别分为三类别：（1）随着类别数的增加，AIC 和 BIC 的值随之减小；（2）2 类别和 3 类别的 LMRT 的 p 值达到显著性水平，但是 4 类别和 5 类别的 LMRT 的 p 值没有达到显著性水平；（3）3 类别的 Entropy 值大于 2 类别的 Entropy 值；（4）4 类别和 5 类别模型中，有 1 类别所占比例小于 5%。基于以上原因，选择三类别作为品格潜在类别的最佳模型。

根据得分情况，将 C1 命名为低品格组，C2 命名为中间组，C3 命名为高品格组，结果如图 3-10 所示。

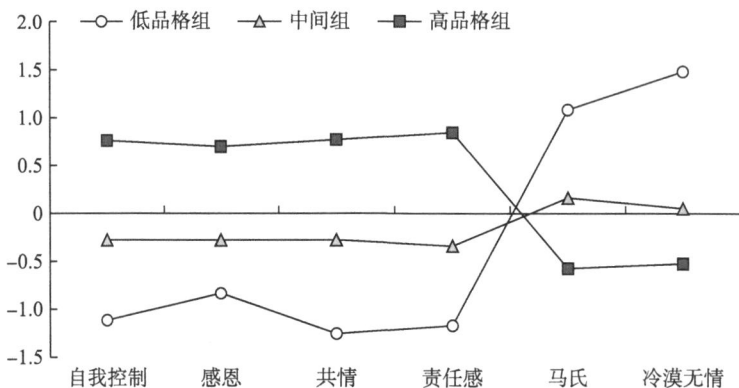

图 3-10 六种品格特质在三类模型上的得分

结合表 3-10 和图 3-10，可以看出，高品格组和低品格组在自我控制、感恩、共情、责任感、马基雅维利主义和冷漠无情得分差异均超过 1.5 个标准差，其中最能区分高低品格的是共情，两组的差异为 2.05 个标准差。因此，在四年级，有道德的个体具有高自我控制、高感恩、高共情、高责任感以及低马基雅维利主义和低冷漠无情的特点。

2. 品格潜在类别的影响因素

将性别、儿童留守状态、家庭经济地位、亲子冲突和父母教养方式、学校氛围及社区氛围作为自变量，以潜在剖面分析的结果作为因变量，进行多元逻辑回归，探讨家庭、学校、社区等生态环境因素对品格潜在分类的影响，其中，以低品格组作为参照组。结果见表3-11。

表3-11　生态环境因素对品格潜在类别的预测作用

	中间组			高品格组		
	B	*OR*	95%CI	B	*OR*	95%CI
性别	0.79*	2.21	0.90—3.51	0.78*	2.18	0.91—3.44
儿童留守状态	0.16	1.17	0.21—2.14	0.67	1.95	0.48—3.42
家庭经济地位	-0.12	0.89	0.58—1.19	0.06	1.06	0.73—1.39
亲子冲突	-0.31*	0.73	0.57—0.91	-1.03**	0.36	0.21—0.51
父母拒绝	-0.51*	0.61	0.43—0.78	-1.26**	0.18	0.17—0.39
父母情感温暖	0.93**	2.54	1.60—3.47	2.88**	17.81	6.24—29.37
父母过度保护	-0.01	0.99	0.62—1.35	-0.02	0.98	0.64—1.32
教师支持	0.87**	2.38	1.37—3.38	2.83**	16.98	6.37—27.58
同伴支持	0.70*	2.02	1.22—2.82	2.83**	16.97	7.39—26.56
社区氛围	1.29**	3.66	2.06—5.27	3.63**	37.72	7.04—68.39

注：* $p < 0.05$，** $p < 0.01$。

由表3-11可知，性别显著正向预测品格潜在类别，即与男生相比，女生更可能属于高品格组和中间组（B = 0.79，OR = 2.21，$p < 0.05$；B = 0.78，OR = 2.18，$p < 0.05$）。儿童留守状态、家庭经济地位不能显著影响品格潜在类别。亲子冲突负向预测儿童品格，即感知到更多亲子冲突的儿童更可能属于低品格组（B = -0.31，OR = 0.73，$p < 0.05$；B = -1.03，OR = 0.36，$p < 0.01$）。父母教养方式影响儿童品格，具体表现为：父母拒绝显著负向预测儿童处于中间组和高品格组的概率（B = -0.51，OR = 0.61，$p < 0.05$；B = -1.26，OR = 0.18，$p < 0.01$）；父母情感温暖显著正向预测儿童处于中间组和高品格组的概率（B = 0.93，OR = 2.54，$p < 0.01$；B = 2.88，OR = 17.81，$p < 0.01$）；父

母过度保护的预测作用并不显著。教师支持正向预测品格潜在分类，即感知到高水平教师支持的儿童更可能属于中间组和高品格组（B = 0.87，OR = 2.38，$p < 0.01$；B = 2.83，OR = 16.98，$p < 0.01$），感知到高水平同伴支持的儿童更可能属于中间组和高品格组（B = 0.70，OR = 2.02，$p < 0.05$；B = 2.83，OR = 16.97，$p < 0.01$）。社区氛围正向预测品格潜在类别，即感知到社区良好氛围的儿童更可能属于中间组和高品格组（B = 1.29，OR = 3.66，$p < 0.01$；B = 3.63，OR = 37.72，$p < 0.01$）。

3. 儿童留守状态在生态环境变量与品格潜在类别之间的调节作用

以儿童留守状态作为调节变量，考察生态环境因素对品格潜在类别的影响是否在留守儿童/非留守儿童两个群体之间存在差异。为清楚地了解留守状态对高品格组和低品格组儿童的影响，以中间组作为参照组，结果见表3-12。由表可知，父母拒绝和父母过度保护与儿童留守状态的交互作用显著影响儿童所属高品格组的概率（B = 0.70，OR = 2.02，$p < 0.05$；B = 0.45，OR = 1.57，$p < 0.05$）。

表3-12 儿童留守状态对生态环境因素与品格潜在类别关系的调节作用

	高品格组			低品格组		
	B	SE	OR（95%CI）	B	SE	OR（95%CI）
家庭经济地位 * 儿童留守状态	-0.22	0.33	0.80（0.42—1.53）	0.09	0.32	1.10（0.59—2.06）
亲子冲突 * 儿童留守状态	0.37	0.23	0.88（0.56—1.39）	-0.16	0.15	0.86（0.64—1.14）
父母拒绝 * 儿童留守状态	0.70*	0.29	2.02（1.14—3.57）	-0.13	0.34	0.88（0.45—1.73）
父母情感温暖 * 儿童留守状态	-0.03	0.34	0.96（0.51—1.88）	0.81	0.52	2.24（0.81—6.19）
父母过度保护 * 儿童留守状态	0.45*	0.22	1.57（1.02—2.44）	0.20	0.34	1.23（0.63—2.38）
教师支持 * 儿童留守状态	0.20	0.44	1.22（0.52—2.87）	0.11	0.35	1.11（0.57—2.19）
同伴支持 * 儿童留守状态	-0.32	0.36	0.72（0.35—1.48）	0.01	0.41	1.01（0.45—2.26）

续表

	高品格组			低品格组		
	B	SE	OR（95%CI）	B	SE	OR（95%CI）
社区氛围 * 儿童留守状态	-0.26	0.30	0.76（0.42—1.36）	-0.25	0.42	0.78（0.34—1.77）

注：$^{*}p < 0.05$，$^{**}p < 0.01$。为了简化，本表仅包括交互作用，而未列出主效应。

图 3-11 和图 3-12 呈现了父母拒绝、父母过度保护与儿童留守状态的交互作用。由图 3-11 可知，与非留守儿童相比，父母拒绝对留守儿童是否属于高品格组影响更大。具体来说，感知到更少父母拒绝的留守儿童更有可能处于高品格组。

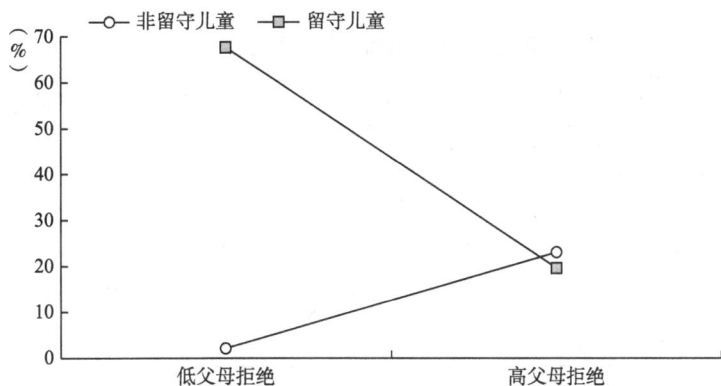

图 3-11　父母拒绝与儿童留守状态对高品格组的交互作用

由图 3-12 可知，对非留守儿童而言，高父母过度保护的儿童处于高品格组的概率更高；对于留守儿童而言，高父母过度保护的儿童处于高品格组的概率更低。

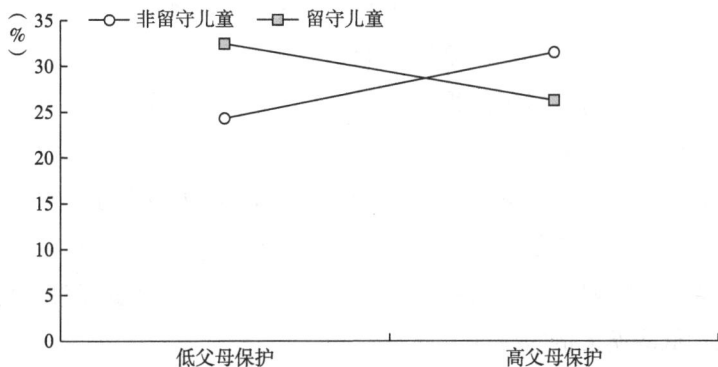

图 3-12　父母过度保护与儿童留守状态对高品格组的交互作用

三 七年级农村留守儿童品格的潜在类别及影响因素分析

在本部分，我们将考察七年级农村留守儿童品格的潜在类别及家庭、学校、社区等生态环境因素的影响，并与非留守儿童进行比较。

1. 各品格特质潜在类别数的确定

为探索各品格特质的潜在类别，以七年级儿童在八种具体人格特质上得分的平均分标准化后作为外显变量，建立潜在剖面模型。分别将八种人格特质的潜在类别依次分成 1、2、3、4 和 5 共 5 个类别进行分析，根据拟合度指标确定最佳分类，见表 3-13 所示。

表 3-13　品格潜在剖面分析的模型拟合度指标

潜在类别	AIC	BIC	LMRT（p）	BLRT（p）	Entropy	最小亚组占比
1	26830.583	26913.874	—	—	—	—
2	25818.625	25948.766	< 0.01	< 0.01	0.67	40.2%
3	25415.802	25592.793	< 0.05	< 0.01	0.75	17.9%
4	25314.195	25538.037	0.16	< 0.01	0.73	4.80%
5	25218.376	25489.590	0.49	< 0.01	0.72	4.70%

由表 3-14 可知，可以将品格潜在类别分为 3 类别。理由如下：（1）随着类别的增加，AIC 和 BIC 随之降低；（2）2 类别的 Entropy 值小于 0.70，3 类别、4 类别和 5 类别的 Entropy 值大于 0.70；（3）5 类别 LMRT 的 p 值没有达到显著性水平；（4）在 4 类别和 5 类别模型中，有 1 类别所占比例小于 5%。基于以上原因，最终将三类别确定为最佳模型。

根据八种人格特质指标的得分情况将 C1 命名为低品格组，C2 命名为中间组，将 C3 命名为高品格组。由图 3-13 可见，高品格组和低品格组在自我控制、感恩、共情、责任感、马基雅维利主义和冷漠无情得分上差异超过 1.5 个标准差。外倾性和神经质对高低品格组的区分不足一个标准差。因此，在七年级，高品格组具有高自我控制、高感恩、高共情、高责任感、低马基雅维利主义和低冷漠无情的特点。

由于外倾性和神经质并不是良好的品格区分变量，故将外倾性和神经质

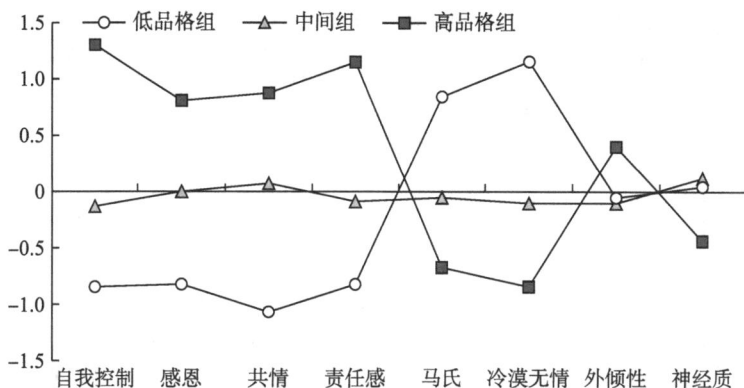

图 3-13　八种人格特质在三类模型上的得分

删除后，重新进行潜在剖面分析，并分为 1 类别、2 类别、3 类别、4 类别和 5 类别进行分析，根据拟合度指标确定最佳分类，结果见表 3-14。

表 3-14　潜在剖面分析的模型拟合度指标

	AIC	BIC	LMRT (p)	BLRT (p)	Entropy	最小亚组占比
1	20357.062	20419.530	—	—	—	—
2	19363.829	19462.736	< 0.01	< 0.01	0.66	43.1%
3	18994.459	19129.806	< 0.05	< 0.01	0.76	16.9%
4	18903.462	19075.248	< 0.01	< 0.01	0.73	4.50%
5	18856.661	19038.287	0.56	< 0.01	0.71	0.57%

由表 3-14 可知，可以将品格潜在类别分为 3 类别。理由如下：（1）随着类别的增加，AIC 和 BIC 随之降低；（2）2 类别的 Entropy 值小于 0.70，3 类别、4 类别和 5 类别的 Entropy 值大于 0.70；（3）5 类别 LMRT 的 p 值没有达到显著性水平；（4）在 4 类别和 5 类别模型中，有 1 类别所占比例小于 5%。基于以上原因，最终将三类别确定为最佳模型。

结合表 3-14 和图 3-14 可知，高低品格组在自我控制、感恩、共情、责任感、马基雅维利主义和冷漠无情得分上的差异超过 1.50 个标准差，其中最能区分高低品格组的是冷漠无情，两组的差异为 2.08 个标准差。因此，在七年级，高品格组具有高自我控制、高感恩、高共情、高责任感、低马基雅维

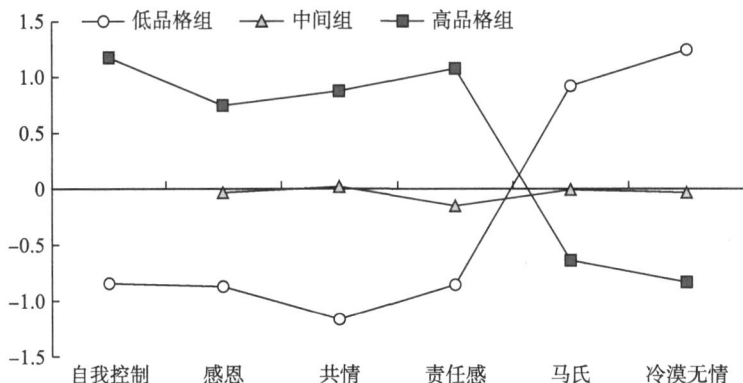

图3-14 六种人格特质在三类模型上的得分

利主义和低冷漠无情的特点。

2. 品格潜在类别的影响因素

将性别、儿童留守状态、家庭经济地位、父母冲突和父母教养方式、学校氛围、社区氛围作为自变量，以潜在剖面分析的结果作为因变量，进行多元逻辑回归，考察七年级儿童品格潜在类别的影响因素，其中以低品格组作为参照组，结果见表3-15。

表3-15 生态环境因素对七年级儿童品格潜在类别的预测作用

	中间组			高品格组		
	B	OR	95%CI	B	OR	95%CI
性别	0.21	1.24	0.75—1.73	0.03	0.97	0.55—1.39
儿童留守状态	0.06	1.07	0.53—1.60	-0.67*	0.51	0.21—0.81
家庭经济地位	0.03	1.03	0.81—1.25	0.44**	1.55	1.17—1.92
亲子冲突	-0.19*	0.82	0.67—0.97	-1.19**	0.30	0.18—0.43
父母拒绝	-0.43**	0.43	0.23—0.63	-1.48**	0.23	0.13—0.32
父母情感温暖	0.91**	2.47	1.87—3.06	2.19**	8.98	5.52—12.44
父母过度保护	-0.15	0.86	0.68—1.04	-0.34*	0.72	0.55—0.88
教师支持	1.45**	4.24	2.89—5.59	3.14**	23.07	12.15—33.99
同伴支持	1.37**	3.95	2.52—5.37	3.61**	37.03	12.97—61.09
社区氛围	1.26**	3.53	2.31—4.74	2.73**	15.39	8.47—22.32

注：* $p < 0.05$，** $p < 0.01$。

　　由表 3-15 可知，性别在七年级农村儿童品格潜在类别模式上没有显著差异，不起预测作用。儿童留守状态可以显著预测品格潜在类别的分类结果，具体来说，与非留守儿童相比，留守儿童属于高品格组的概率更低（B=-0.67，OR=0.51，$p < 0.05$）。家庭经济地位高的儿童更可能属于高品格组（B=0.44，OR=1.55，$p < 0.05$），感知到亲子间较多冲突的儿童更可能属于低品格组（B=-0.19，OR=0.82，$p < 0.05$；B=-1.19，OR=0.30，$p < 0.01$），感受到更多父母拒绝的儿童更可能属于低品格组（B=-0.43，OR=0.43，$p < 0.01$；B=-1.48，OR=0.23，$p < 0.01$），感受到更多父母情感温暖的儿童更可能属于中间组和高品格组（B=0.91，OR=2.47，$p < 0.01$；B=2.19，OR=8.98，$p < 0.01$），感受到父母过度保护的儿童更不可能属于高品格组（B=-0.34，OR=0.72，$p < 0.05$）。感知到高水平教师支持的儿童更可能属于中间组和高品格组（B=1.45，OR=4.24，$p < 0.01$；B=3.14，OR=23.07，$p < 0.01$），感知到高水平同伴支持的儿童同样更有可能属于中间组和高品格组（B=1.37，OR=3.95，$p < 0.01$；OR=3.61，OR=37.07，$p < 0.01$）。感知到社区良好氛围的儿童更可能属于中间组和高品格组（B=1.26，OR=3.53，$p < 0.01$；B=2.73，OR=15.39，$p < 0.01$）。

　　3. 儿童留守状态在生态环境变量与品格潜在类别关系中的调节作用

　　以儿童留守状态作为调节变量，检验生态环境因素与品格潜在类别的关系是否在留守儿童和非留守儿童两个群体上存在差异。为了更清楚地了解儿童留守状态对高品格组和低品格组的影响，以中间组作为参照组，结果见表 3-16。

表 3-16　儿童留守状态在生态环境变量与品格潜在类别关系中的调节作用

	高品格组			低品格组		
	B	SE	OR（95%CI）	B	SE	OR（95%CI）
家庭经济地位 * 儿童留守状态	0.27	0.19	1.31（0.89—1.91）	0.30	0.27	1.36（0.79—2.32）
教师支持 * 儿童留守状态	0.28	0.22	1.32（0.85—2.04）	0.61	0.38	1.83（0.87—3.86）
同伴支持 * 儿童留守状态	0.03	0.23	1.04（0.66—1.63）	0.40	0.42	1.50（0.65—3.01）

	高品格组			低品格组		
	B	*SE*	*OR*（95%CI）	B	*SE*	*OR*（95%CI）
社区氛围 * 儿童留守状态	0.02	0.23	1.02（0.66—1.60）	-0.01	0.36	0.99（0.49—2.01）
亲子冲突 * 儿童留守状态	0.37	0.23	0.88（0.56—1.39）	-0.16	0.15	0.86（0.64—1.14）
父母拒绝 * 儿童留守状态	-0.10	0.19	0.90（0.2—1.31）	0.02	0.38	1.02（0.49—2.16）
父母情感温暖 * 儿童留守状态	-0.02	0.22	0.96（0.65—1.51）	0.16	0.34	1.18（0.61—2.27）
父母过度保护 * 儿童留守状态	-0.18	0.19	0.83（0.58—1.21）	-0.43	0.26	0.65（0.39—1.08）

注：为了简化，本表仅包括交互作用，而未列出主效应。

由表 3-16 可知，生态环境因素与七年级儿童品格潜在类别的关系在留守儿童与非留守儿童之间并不存在显著差异。这说明，儿童留守状态并不影响生态环境因素与七年级农村儿童品格潜在类别的关系。

第五节　讨论

本章采用潜在剖面分析的统计方法，结果表明，根据多种具体品格特质变量上的得分，可以将品格分为低品格组、中间组和高品格组三类。接着，在潜在剖面分析结果的基础上进一步探讨品格潜在类别的特点及其影响因素，结果发现，年级和性别显著预测儿童品格潜在类别的分类模式，但是留守状态与其所属品格潜在类别并没有显著关系；亲子冲突和父母教养方式、教师支持、同伴支持以及社区氛围均对儿童品格潜在类别的分类模式有显著的预测作用。

一　品格潜在类别的基本特点

本章以农村儿童为研究对象，根据个体在不同条目的反应，发现有道德的个体有更强的自我控制能力、懂得感恩、富有同情心，社会责任感强，并且尊重和信任他人，关爱和负责，不擅长欺骗和操纵。外倾性和神经质这两种人格特质变量并不是品格的关键因素。

1. 品格分类模式的年级差异

本章发现，无论是在四年级还是七年级，高品格组和低品格组在自我控制、感恩、共情、责任感、马基雅维利主义和冷漠无情六种品格特质上的得分差异基本超过 1.5 个标准差，其中四年级组最能区分高低品格的是共情，七年级组最能区分高低品格的是冷漠无情。结果显示，整体而言，四年级农村儿童属于高品格组的概率显著高于七年级农村儿童。这可能是由于四年级儿童的品格结构更具有全局性，差异性更小，而且在小学阶段，儿童倾向于对自己的能力有更为积极的看法[①]。因此，与七年级儿童相比，四年级儿童更有可能在高品格组。

2. 品格分类模式的性别差异

本章的结果表明，性别显著影响四年级儿童的品格潜在类别模式，具体来说，女生比男生更有可能在高品格组；但对于七年级儿童，不同性别在品格潜在类别模式上差异并不显著。这与 Cohen 等的研究结果一致[②]，即女性比男性有更高水平的道德品格。Wen 和 Lin 认为，在中国社会，存在"男主外，女主内"的观念，女性被社会化成为温和、顺从的角色，而男性则被社会化为竞争、好斗的角色，这在中国农村地区尤为普遍。农村女孩长期受传统价值观熏陶，并承担着相应家庭和社会角色，因此更可能拥有温和、有责任感、同情别人、善于自我控制等良好的品格特质[③]。

3. 品格分类模式在留守儿童/非留守儿童上的差异比较

总的来说，儿童留守状态不能显著预测品格潜在类别的三种分类模式，这与前人研究结果一致。具体来说，留守儿童在自我控制、责任感、共情和外倾性上的得分与非留守儿童并没有显著差异，在消极心理品质上的得分差

---

① Shubert J., Wray-Lake L., Syvertsen A. K., et al., "Examining Character Structure and Function across Childhood and Adolescence", *Child Development*, 90 (4), 2019, pp. 505-524.

② Cohen T. R., Panter A. T., Turan N., et al., "Moral Character in the Workplace", *Journal of Personality and Social Psychology*, 107 (5), 2014, pp. 943-963.

③ Wen M., & Lin D., "Child Development in Rural China: Children Left Behind by Their Migrant Parents and Children of Nonmigrant Families", *Child Development*, 8 (1), 2012, pp. 120-136.

异也不显著，所以并不能认为留守儿童就是问题儿童，因此应防止将留守儿童进行污名化。但是，儿童留守状态可以负向预测七年级高品格组，却不能预测四年级高品格组，这表明留守的七年级儿童的品格低于非留守的七年级儿童，而四年级非留守儿童和留守儿童在品格上的差异并不显著。这可能是由于在七年级时，儿童进入青春期，他们的心理处于"狂风骤雨期"，这个时期的儿童自我意识高涨、以自我为中心，更加叛逆，更需要老师和家长的引导。但是，对于留守儿童来说，父母长期不在身边，缺乏父母直接的关爱和陪伴，容易迷失方向，而七年级非留守儿童的父母可以给予他们及时的关注和疏导。所以相较于七年级非留守儿童来说，七年级留守儿童的品格要相对差一点。

二 生态环境变量对品格潜在类别模式的预测作用

1. 家庭教养方式和亲子冲突对品格潜在类别模式的预测作用

研究结果表明，体验到较少父母拒绝和父母过度保护以及较多父母情感温暖的农村儿童更可能属于高品格组。这与前人的研究结果一致[1]。根据生态系统理论，家庭关系和父母教养方式是影响儿童发展的重要因素。体验到的父母拒绝、过度保护越多，儿童越不可能关心、同情他人，责任感低，以及不容易抵制诱惑。这可能是因为父母对孩子多采用高压策略，对孩子表达负性情绪，使孩子产生负面认知，从而不能关心他人、同情他人。父母对孩子的行为干涉过多，对孩子过度保护，会阻碍孩子的独立性和社交能力的发展，会使他们产生过分依赖、以自我为中心、缺乏自信等不良心理。体验到父母情感温暖的儿童，他们的情感体验更加积极，待人真诚，能够关心、同情他人，同时也善于抵制诱惑，有较强的责任感。因此，为了培养孩子的积极品质，父母在教育孩子时，要为孩子提供支持，使孩子体验到父母的情感温暖，从而促进其积极品质的形成。

亲子冲突对儿童品格的潜在分类存在显著影响，具体来说，体验到更少亲子冲突的儿童拥有更高的品格。根据依恋理论，亲子关系的质量对于儿童构建关于自己、他人和世界的认知是非常重要的，良好的亲子关系可以使儿

---

① 王丽、傅金芝：《国内父母教养方式与儿童发展研究》，《心理科学进展》2005 年第 3 期。

童形成安全的依恋类型，期待与别人建立良好的人际关系，不良的亲子关系会使儿童形成不安全型依恋，儿童会倾向于使用非安全的观点去解读外部世界[1]。可见，当儿童体验到较少的亲子冲突、形成安全型依恋时，他们会对自己、他人和世界产生积极的认知，更可能关心、同情他人，有更强的责任感，并懂得感恩。

2. 教师支持和同伴支持对品格潜在类别的预测作用

研究结果表明，感知到更多教师支持的农村儿童更可能属于高品格组。如果儿童感受到来自教师的关心和支持，这会在一定程度上满足儿童的安全感和归属的基本心理需要，使得他们更愿意内化教师的指导，有助于他们成为一个品格高尚的人。因此，为培养儿童良好的品格，教师要对学生积极关注，并为学生提供学习和生活上的支持和帮助。

此外，感知到更多同伴支持的儿童也更可能属于高品格组。这可能是因为如果儿童获得来自同伴的支持，就有助于建立亲密的同伴关系，增强儿童对自我的认同，提高儿童的社交能力和适应能力[2]，从而促进儿童良好品格的发展。因此，学校和教师应努力帮助儿童与同学建立良好的同伴关系，获得来自同伴的社会支持，这有助于儿童良好品格的形成。

3. 社区氛围对品格潜在类别的预测作用

研究表明，如果儿童感知到社区氛围良好，他们就更有可能属于高品格组。根据生态系统理论，社区属于影响个体发展的外层系统，社区中的邻里行为表现会影响儿童的心理发展[3]。当社区中出现较多的负面事件时，儿童会学习成人的不良行为，从而对儿童的发展产生负面影响，不利于儿童良好品格的形成。因此，为了促进儿童积极品格的发展，社区应该创建安定、和谐的氛围，加强邻里沟通，为儿童打造安全、可信任的社区氛围。

---

① 范志宇、吴岩：《亲子关系与农村留守儿童孤独感、抑郁：感恩的中介与调节作用》，《心理发展与教育》2020 年第 6 期。

② 张光珍、梁宗保、邓慧华等：《学校氛围与青少年学校适应：一项追踪研究》，《心理发展与教育》2014 年第 4 期。

③ Bronfenbrenner U., & Orris P. A., "The Bioecological Model of Human Development", in R. M. Lerner & W. Damon (Eds.), *Handbook of Child Psychology. Vol. 1. Theoretical Models of Human Development* (6th ed.), Hoboken, NJ: Wiley, 2007.

三 儿童留守状态在生态环境变量与品格潜在类别之间的调节作用

研究结果表明，对七年级儿童来说，留守状态在生态环境变量与农村儿童品格潜在类别模式之间并不起调节作用，即生态环境变量与七年级儿童品格潜在类别模式的关系在农村留守儿童与非留守儿童之间并不存在显著差异。但对于四年级儿童来说，留守状态在父母拒绝、父母过度保护与品格潜在类别模式之间起调节作用，具体来说，与非留守儿童相比，感知到更多父母拒绝的留守儿童更不可能属于高品格组；感知到父母过度保护的留守儿童属于高品格组的概率更低。

父母拒绝是指父母一味地否定、冷漠和忽视子女，这种不良的教养方式不利于子女的健康发展。对于无法和父母共同生活、父母教育能力不足的留守儿童，他们可能感受到的父母拒绝，如父母冷漠、缺乏关爱，充满敌意和攻击性，漠不关心和忽视，无差别的拒绝等，比其他群体更突出。因此，如果留守儿童感知到更多的父母拒绝，那么他们更不可能发展出良好的品格。

父母的过度保护，也被称作过度控制或自主性授予，是父母对孩子施加的控制限制或威胁孩子自主性的程度，表现为过度溺爱、过度关心、过度保护和过度焦虑的养育行为。由于父母外出打工，不能陪伴孩子，因此可能会产生对孩子的各种担心和焦虑，从而更可能采取过度保护的教养方式。父母表现出的这种高度保护行为可能会强化留守儿童的心理脆弱性，导致其认为外部环境过度危险和难以控制，很难发展出积极的心理品质[1]。

---

[1] 高健、裘祥荣、向诗雨等：《父母过度保护对幼儿脆弱性的影响：焦虑的中介作用》，《中国特殊教育》2019年第9期。

第四章 农村留守儿童品格与社会适应的关系

社会适应是一个内涵非常丰富的概念，不同研究者根据研究目的给出了不同的定义。社会适应是儿童社会化的重要目标，也是衡量个体发展的重要目标，对儿童未来的发展至关重要，也对社会的发展与稳定有重要的影响。同时，社会适应是评价个体心理健康的重要指标。因此，非常有必要了解农村留守儿童社会适应的状况及其影响因素，为留守儿童社会适应能力的培养提供科学依据。

近年来，社会和学术界高度关注农村留守儿童的社会适应状况。但现有研究结果并不一致。一些研究发现，农村留守儿童的社会适应并不理想，但另一些研究并未发现留守对儿童的社会适应带来不利影响。本书采用多个指标对农村留守儿童的社会适应进行评估，评估指标既包括自尊、生活满意度、学业成就等积极适应指标，也包括孤独感、抑郁、校园欺凌/受欺凌行为、同伴侵害等不良适应指标。

那么促使留守儿童健康发展的积极因素或有利条件是什么？从积极心理学的角度看，积极品质是人类实现积极发展的重要组成部分。品格是积极心理学关注的核心，对于心理学视域的美好生活至关重要。在本书中，品格（Character）是指与道德有关的人格特质。虽然之前有大量的研究证明了人格特质与社会适存在一定的关系，但是与道德有关的人格特质即品格与社会适应之间是怎样的关系？还很少有研究探讨。关系发展系统理论是积极青少年发展领域的最新理论，该理论认为个体品格优势和生态环境资源可以塑造儿童的积极发展，从而影响儿童的行为结果[①]。根据幸福感的发动机模型（En-

---

① Lerner, R. M., Lerner, J. V., Bowers, E. P., et al., "Positive Youth Development and Relational-Developmental-Systems", in W. F. Overton, P. C. M. Molenaar, & R. M. Lerner (Eds.), *Handbook of Child Psychology and Developmental Science: Theory and Method*, John Wiley & Sons, Inc., 2015.

gine Model of Well-Being)，个体的品格是影响幸福感的内源性因素①。此外，具有品格优势的儿童更容易产生积极的心理体验，比如具有高品格的儿童会更加愿意帮助别人，更不容易陷入焦虑和抑郁情绪的怪圈中②。由于童年早期良好的品格对他们未来的积极发展有重要影响，因此农村留守儿童良好品格对其社会适应的保护作用值得研究者的深入探讨。

研究目的主要包括以下两方面：（1）探讨农村儿童的品格潜在类别与社会适应的关系；（2）考察农村留守儿童品格潜在类别与社会适应的关系，并与非留守儿童进行比较。

第一节　研究方法

一　研究对象

请参考本书第三章内容。

二　研究工具

本书采用自我控制、共情、感恩、责任感、马基雅维利主义和冷漠无情六种具体的品格特质来探讨。关于各具体品格特质的量表在第三章已做介绍，因此本部分不再列出。

1. 自尊

采用 Rosenberg 编制的自尊量表③。该量表共包括 10 个项目，采用 1（非常同意）到 4（非常不同意）4 点计分。例如，"我认为我是一个有价值的人，至少与别人不相上下""我觉得我有很多优点"。所有项目的均分作为自尊得分，得分越高，表示自尊水平越高。在本章中，该量表的内部一致性信度系数为 0.74。

2. 生活满意度

采用一个项目测量儿童的生活满意度，即"考虑到所有的情况，你对生

---

① Jayawickreme E., Forgeard M. J. C., & Seligman M. E. P., "The Engine of Well-Being", *Review of General Psychology*, 16 (4), 2012, pp. 327-342.

② 刘美玲、田喜洲、郭小东：《品格优势及其影响结果》，《心理科学进展》2018 年第 12 期。

③ Rosenberg M., "Rosenberg Self-Esteem Scale (RSE)", *Acceptance and Commitment Therapy*, Measures Package, 1965, 61 (52).

活总体的满意或不满意程度如何?"采用5点计分,从"非常不满意"到"非常满意"分别计1—5分。

3. 学业成就

要求儿童在一个题目上对自己的学业成就进行评定,即"你目前的成绩在班里处于?"采用5点计分,1表示"下游水平",5表示"上游水平"。虽然采用了主观评价的方法,但已有研究表明,学生对自己学业成就的感知与实际考试成绩可以作为其学业成就的有效方式[①]。

4. 孤独感

采用由 Asher、Hymel 和 Renshaw 编制的孤独感量表(the Loneliness Scale, LS)中文版[②]。该量表共16个项目,采用4点计分,从"完全不符合"到"完全符合"分别计1—4分。例如,"没有人跟我说话""我很难交朋友"。所有项目的均分作为孤独感得分,得分越高,表示孤独水平越高。在本章中,该量表的内部一致性信度系数为0.87。

5. 抑郁

采用 Fendrich、Warner 和 Weissman 编制的抑郁量表[③]。该量表共有20个项目,采用4点计分,从"没有"到"总是"分别计1—4分。例如,"我不想吃东西,也不怎么觉得饿""我觉得情绪低落不开心"。所有项目的均分作为抑郁得分,得分越高,表示抑郁水平越高。在本章中,该量表的内部一致性信度系数为0.85。

6. 校园欺凌

采用 Olweus 编制,张文新、武建芬和 Jones 修订的校园欺凌/受欺凌问卷[④]。该量表包括两个维度——欺凌行为和受欺凌行为,共14个项目,每个维度包括7个项目。采用5点计分,0表示"没有",4表示"5次及以上"。

---

① Crockett L. J. , Schulenberg J. E. , & Petersen A. C. , "Congruence between Objective and Self-Report Data in a Sample of Young Adolescents", *Journal of Adolescent Research*, 2 (4), 1987, pp. 383-392.

② Asher S. R. , Hymel S. , & Renshaw P. D. , "Peer Loneliness in Children", *Child Development*, 55 (4), 1984, pp. 1456-1464.

③ Fendrich M. , Warner V. , & Weissman M. M. , "Family Risk Factors, Parental Depression, and Psychopathology in Offspring", *Developmental Psychology*, 26 (1), 1990, pp. 40-50.

④ 张文新、武建芬、Jones K. , 《Olweus 儿童欺负问卷中文版的修订》,《心理发展与教育》1999年第2期。

例如，"取笑或作弄他人""故意打、踢、推、撞他人""受到取笑或作弄""被人打、踢、推、撞"。每个维度所有项目的均分分别作为欺凌行为和受欺凌行为的得分，得分越高，表示被试在学校里欺凌他人或受欺凌的频率越高。在本章中，欺凌行为和受欺凌行为的内部一致性信度系数分别为 0.83、0.86。

7. 同伴侵害

采用 Mynard 和 Joseph 编制的同伴侵害量表，郭海英等对该量表进行翻译修订，包括身体侵害、言语侵害、关系侵害和财物侵害四个维度①。在本章中，选取了关系侵害维度，共有 7 个项目，采用 4 点计分，从"没有发生过"到"经常发生"分别计 1—4 分。例如，"有同学挑拨我和其他同学的关系，使其他同学不喜欢我""有同学故意做一些事情让老师不喜欢我"。所有项目的均分作为同伴侵害得分，得分越高，表示侵害越严重。在本章中，该量表的内部一致性信度系数为 0.90。

三 研究程序

请参考本书第三章内容。

四 数据处理

采用 SPSS 20.0 对数据进行录入，并采用 Excel 软件对录入质量进行检验，探讨品格潜在类别与良好适应（自尊、生活满意度、学业成就）和不良适应（孤独感、抑郁、校园欺凌和同伴侵害）的关系。

本章首先进行共同方法偏差检验。根据前人的研究建议，采用 Harman 单因素分析进行共同方法偏差检验。结果表明，在未旋转时发现 14 个因子，第一个因子解释的变异量只有 12.08%，小于 40% 的判断标准，说明本章中共同方法偏差不明显。因此，本章没有进一步采用统计方法对共同方法偏差效应进行控制。

---

① 郭海英、陈丽华、叶枝等：《流动儿童同伴侵害的特点及与内化问题的循环作用关系：一项追踪研究》，《心理学报》2017 年第 3 期。

第二节 具体品格特质与社会适应的相关分析

六种品格特质与社会适应各指标的相关分析结果见表4-1。

表4-1 各品格特质变量与社会适应变量的相关

	自尊	生活满意度	学业成就	孤独感	抑郁	欺凌行为	受欺凌行为	同伴侵害
自我控制	0.39**	0.26**	0.22**	-0.41**	-0.43**	-0.25**	-0.20**	-0.25**
感恩	0.27**	0.26**	0.21**	-0.27**	-0.30**	-0.19**	-0.22**	-0.29**
共情	0.23**	0.18**	0.13**	-0.36**	-0.26**	-0.19**	-0.16**	-0.20**
责任感	0.40**	0.33**	0.28**	-0.32**	-0.36**	-0.21**	-0.18**	-0.21**
马氏	-0.30**	-0.21**	-0.09**	0.31**	0.35**	0.19**	0.20**	0.24**
冷漠无情	-0.18**	-0.11**	-0.12**	0.35**	0.18**	0.12**	0.09**	0.14**

注：$^*p < 0.05$，$^{**}p < 0.01$。

由表4-1可知，自我控制、感恩、共情、责任感四种品格特质与孤独感、抑郁、欺凌行为、受欺凌行为以及同伴侵害五种不良社会适应指标均呈显著负相关，其中相关绝对值最高的是自我控制和抑郁（$r = -0.43$，$p < 0.01$）。自我控制、感恩、共情、责任感四种品格特质与自尊、学业成就、生活满意度三种良好适应指标均呈显著正相关，其中相关最高的是责任感与自尊（$r = 0.40$，$p < 0.01$）。马基雅维利主义、冷漠无情两种品格特质与孤独感、抑郁、欺凌行为、受欺凌行为、同伴侵害五种不良适应指标均呈显著正相关，相关最高的是马基雅维利主义和抑郁、冷漠无情与孤独感（$r = 0.35$，$p < 0.01$）。马基雅维利主义、冷漠无情两种品格特质分别与自尊、学业成就和生活满意度呈显著负相关，相关绝对值最高的是马基雅维利主义与自尊（$r = -0.30$，$p < 0.01$）。

第三节 农村留守儿童的品格潜在类别及其与 社会适应的关系

根据研究对象在各具体品格特质变量上得分的平均分标准化后作为外显变量,建立潜在剖面模型,将品格特质的潜在类别划分为三类:低品格组、中间组和高品格组。详见本书第三章。据此,本书在探讨农村留守儿童品格潜在类别的基础上,进一步分析农村留守儿童品格潜在类别与其社会适应的关系,并与非留守儿童进行比较,为提升农村留守儿童的社会适应提供实证依据。

一 农村儿童品格潜在类别对其社会适应的预测作用

将潜在剖面分析得到的品格分类结果作为自变量,分别将自尊、生活满意度、学业成就等积极适应指标与孤独感、抑郁、欺凌/受欺凌行为、同伴侵害等不良适应指标作为结果变量,分别建构回归混合模型(Regression Mixture Model),分析农村儿童品格潜在类别对其社会适应的预测作用。结果见表4-2,这里 χ^2 指的是输出结果中的跨类均值相等性检验。

表4-2 品格潜在类别对农村儿童社会适应的预测作用

	低品格组		中间组		高品格组		χ^2		
	M	SE	M	SE	M	SE	低 VS 中	低 VS 高	中 VS 高
自尊	2.42	0.03	2.24	0.01	1.79	0.03	21.68**	212.15**	254.49**
生活满意度	3.41	0.07	3.61	0.03	4.31	0.05	5.98*	136.86**	126.11**
学业成就	2.83	0.09	3.17	0.03	3.72	0.05	11.55**	67.52**	82.33**
孤独感	2.11	0.04	1.70	0.02	1.33	0.02	90.87**	215.20**	379.98**
抑郁	2.23	0.04	1.99	0.02	1.53	0.02	30.61**	266.97**	280.37**
欺凌行为	0.54	0.05	0.33	0.02	0.07	0.02	14.50**	98.76**	93.01**
受欺凌行为	0.74	0.06	0.55	0.02	0.19	0.02	7.81**	84.05**	74.83**
同伴侵害	1.86	0.05	1.59	0.02	1.25	0.03	20.69**	94.23**	116.21**

注:$^*p < 0.05$,$^{**}p < 0.01$。

由表 4-2 可知，处于不同品格类别组的农村儿童在不同社会适应指标上存在显著差异。具体来说，低品格组在孤独感、抑郁和自尊上的得分显著高于中间组和高品格组（$\chi^2_{(低-中)}$ = 90.87，$\chi^2_{(低-高)}$ = 215.20，$\chi^2_{(中-高)}$ = 379.98，$ps < 0.01$；$\chi^2_{(低-中)}$ = 30.61，$\chi^2_{(低-高)}$ = 266.97，$\chi^2_{(中-高)}$ = 280.37，$ps < 0.01$；$\chi^2_{(低-中)}$ = 21.68，$\chi^2_{(低-高)}$ = 212.15，$\chi^2_{(中-高)}$ = 254.49，$ps < 0.01$）。高品格组在学业成就上的得分显著高于中间组和低品格组（$\chi^2_{(低-中)}$ = 11.55，$\chi^2_{(低-高)}$ = 67.52，$\chi^2_{(中-高)}$ = 82.33，$ps < 0.01$），在生活满意度上的得分也显著高于中间组和低品格组（$\chi^2_{(低-中)}$ = 5.98，$p < 0.05$；$\chi^2_{(低-高)}$ = 136.86，$p < 0.01$；$\chi^2_{(中-高)}$ = 126.11，$p < 0.01$）。低品格组在欺凌行为、受欺凌行为和同伴侵害上的得分显著高于中间组和高品格组（$\chi^2_{(低-中)}$ = 14.50，$\chi^2_{(低-高)}$ = 98.76，$\chi^2_{(中-高)}$ = 93.01，$ps < 0.01$；$\chi^2_{(低-中)}$ = 7.81，$\chi^2_{(低-高)}$ = 84.05，$\chi^2_{(中-高)}$ = 74.83，$ps < 0.01$；$\chi^2_{(低-中)}$ = 20.69，$\chi^2_{(低-高)}$ = 94.23，$\chi^2_{(中-高)}$ = 116.21，$ps < 0.01$）。以上结果表明，与中间组和高品格组相比，低品格组在孤独感、抑郁、自尊、欺凌行为/受欺凌行为及同伴侵害上的得分更高，但在学业成就和生活满意度上的得分更低。

二　儿童留守状态在品格潜在类别与社会适应关系中的调节作用

以儿童留守状态作为调节变量，以低品格组作为参照组检验品格潜在类别与社会适应各指标的关系是否受儿童留守状态（留守儿童/非留守儿童）的影响，结果见表 4-3。

表 4-3　儿童留守状态在品格潜在类别与社会适应之间的调节作用

	高品格组 * 儿童留守状态			中间组 * 儿童留守状态		
	B	SE	t	B	SE	t
孤独	−0.03	0.13	−0.02	0.01	0.12	0.07
抑郁	−0.28*	0.12	−2.28	0.09	0.12	0.79
自尊	−0.14	0.12	−1.16	0.01	0.12	0.10
学业成就	−0.07	0.13	−0.51	−0.03	0.12	−0.23
生活满意度	0.10	0.13	0.76	0.01	0.12	0.07

	高品格组 * 儿童留守状态			中间组 * 儿童留守状态		
	B	SE	t	B	SE	t
欺凌行为	-0.29*	0.13	-2.20	0.24*	0.12	2.02
受欺凌行为	-0.23	0.13	-1.81	0.25*	0.11	2.18
同伴侵害	-0.18	0.13	-1.41	0.16	0.11	1.35

注: $^*p < 0.05$, $^{**}p < 0.01$。

根据表 4-3 的结果可知,高品格组与儿童留守状态的交互作用对抑郁有显著的影响作用($B = -0.28$,$p < 0.05$),高品格组和中间组与儿童留守状态的交互作用可以显著影响欺凌行为($B = -0.29$,$p < 0.05$;$B = 0.24$,$p < 0.05$),中间组与儿童留守状态的交互作用对受欺凌行为有显著的影响($B = 0.25$,$p < 0.05$)。

根据图 4-1 可知,儿童留守状态在品格潜在类别与抑郁关系之间的调节作用显著。具体来说,无论是留守儿童还是非留守儿童,低品格组在抑郁上的得分显著高于中间组和高品格组;不同的是,与非留守儿童相比,处于低品格组与高品格组的留守儿童在抑郁得分上存在更大的差异。

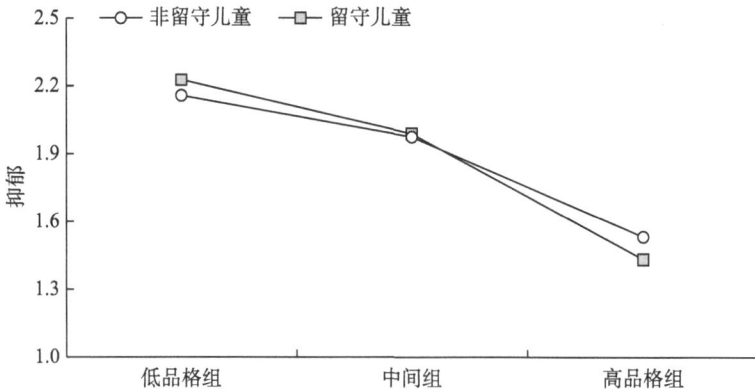

图 4-1 儿童留守状态与品格潜在类别对抑郁的交互作用

由图 4-2 可知,儿童留守状态在品格潜在类别和欺凌行为之间起调节作用。具体来说,对于非留守儿童,低品格组在欺凌行为上得分最高;但处于高品格组的留守儿童似乎也容易出现欺凌行为。此外,处于低品格组的留守

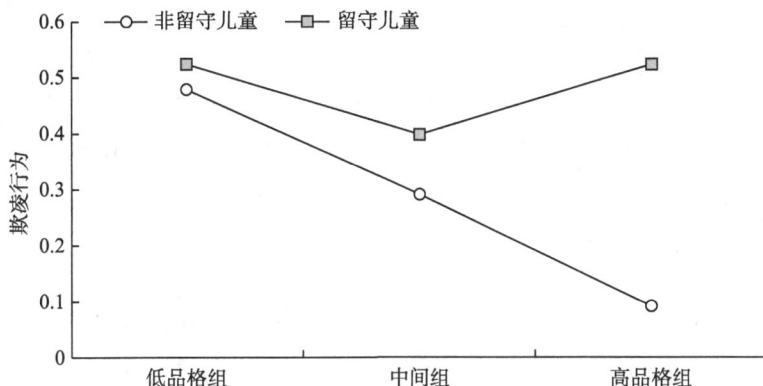

图 4-2　儿童留守状态与品格潜在类别对欺凌行为的交互作用

儿童与非留守儿童在欺凌行为上没有明显差异，而高品格组的留守儿童在欺凌行为上的得分显著高于同样处于高品格组的非留守儿童。

三　四年级留守儿童的品格类别与其社会适应的关系

（一）四年级儿童品格对社会适应的影响分析

将潜在剖面分析得到的品格分类结果作为自变量，分别将自尊、生活满意度、学业成就等积极适应指标与孤独感、抑郁、欺凌/受欺凌行为、同伴侵害等不良适应指标作为结果变量，分别建构回归混合模型，分析农村儿童品格潜在类别对其社会适应的预测作用，结果见表4-4。

表4-4　四年级农村儿童品格类别对社会适应预测的回归混合模型

	低品格组		中间组		高品格组		χ^2		
	M	SE	M	SE	M	SE	低 VS 中	低 VS 高	中 VS 高
自尊	2.46	0.05	2.24	0.02	1.74	0.04	12.18**	126.51**	109.62**
学业成就	2.97	0.14	3.29	0.05	3.78	0.07	3.99*	27.69**	26.73**
生活满意度	3.67	0.15	3.68	0.06	4.49	0.06	0.01	25.83**	68.35**
孤独	2.11	0.07	1.69	0.03	1.32	0.02	24.42**	106.66**	90.45**
抑郁	2.18	0.06	2.02	0.03	1.44	0.02	4.52*	118.11**	192.55**
欺凌行为	0.48	0.08	0.36	0.04	0.06	0.02	1.62	26.55**	44.14**

续表

	低品格组		中间组		高品格组		χ^2		
	M	SE	M	SE	M	SE	低 VS 中	低 VS 高	中 VS 高
受欺凌行为	0.82	0.11	0.58	0.04	0.18	0.04	3.58	31.51**	44.80**
同伴侵害	1.84	0.09	1.59	0.30	1.20	0.03	5.63*	44.19**	60.36**

注: $^*p < 0.05$, $^{**}p < 0.01$。

由表4-4可知,对四年级农村儿童来说,低品格组在孤独感、抑郁和自尊上的得分显著高于中间组和高品格组($\chi^2_{(低-中)}$ = 24.42,$\chi^2_{(低-高)}$ = 106.66,$\chi^2_{(中-高)}$ = 90.45,$ps < 0.01$;$\chi^2_{(低-中)}$ = 4.52,$p < 0.05$;$\chi^2_{(低-高)}$ = 118.11,$p < 0.01$;$\chi^2_{(中-高)}$ = 192.55,$p < 0.01$;$\chi^2_{(低-中)}$ = 12.18,$\chi^2_{(低-高)}$ = 126.51,$\chi^2_{(中-高)}$ = 109.62,$ps < 0.01$);在学业成就上的得分显著低于中间组和高品格组($\chi^2_{(低-中)}$ = 3.99,$p < 0.05$;$\chi^2_{(低-高)}$ = 27.69,$p < 0.01$;$\chi^2_{(中-高)}$ = 26.73,$p < 0.01$);低品格组和高品格组、中间组和高品格组在生活满意度上存在显著差异($\chi^2_{(低-高)}$ = 25.83,$\chi^2_{(中-高)}$ = 68.35,$ps < 0.01$),高品格组儿童的生活满意度更高。同时,低品格组和高品格组、中间组和高品格组在欺凌行为和受欺凌行为上存在显著差异($\chi^2_{(低-高)}$ = 26.55,$\chi^2_{(中-高)}$ = 44.14,$ps < 0.01$;$\chi^2_{(低-高)}$ = 31.51,$\chi^2_{(中-高)}$ = 44.80,$ps < 0.01$)。低品格组在同伴侵害上的得分显著高于中间组和高品格组($\chi^2_{(低-中)}$ = 5.63,$p < 0.05$;$\chi^2_{(低-高)}$ = 44.19,$p < 0.01$;$\chi^2_{(中-高)}$ = 60.36,$p < 0.01$),表明低品格组儿童更有可能受到同伴的侵害。

(二)儿童留守状态在品格类别与社会适应之间的调节作用

以儿童留守状态作为调节变量,检验不同品格类别对社会适应的预测作用是否受儿童所在群体的影响(留守儿童/非留守儿童),以低品格组作为参照组,结果见表4-5。

表4-5 儿童留守状态在四年级农村儿童品格类别与社会适应关系中的调节作用

	儿童留守状态 * 高品格组			儿童留守状态 * 中间组		
	B	SE	t	B	SE	t
自尊	−0.15	0.17	−0.85	0.19	0.18	1.04

续表

	儿童留守状态 * 高品格组			儿童留守状态 * 中间组		
	B	SE	t	B	SE	t
学业成就	0.02	0.19	0.12	-0.08	0.18	-0.45
生活满意度	0.07	0.19	0.36	-0.07	0.19	-0.35
孤独	-0.02	0.18	-0.11	0.07	0.19	0.35
抑郁	-0.36*	0.17	-2.15	0.32	0.18	1.76
欺凌行为	-0.29	0.18	-1.58	0.11	0.18	0.61
受欺凌行为	-0.31	0.17	-1.85	0.40*	0.17	2.35
同伴侵害	-0.32	0.17	-1.92	0.36*	0.17	2.11

注：$^*p < 0.05$，$^{**}p < 0.01$。

根据表 4-5 可知，儿童留守状态与高品格组的交互作用对抑郁有显著影响（B=-0.36，$p < 0.05$），与中间组的交互作用对受欺凌行为和同伴侵害有显著影响（B=0.40，$p < 0.05$；B=0.36，$p < 0.05$）。

图 4-3 表示的是儿童留守状态与品格潜在类别在抑郁变量上的交互作用。由图 4-3 可知，无论是留守儿童还是非留守儿童，中间组在抑郁上的得分都是最高的；不同的是，与非留守儿童相比，处于低品格组与中间组的留守儿童在抑郁上的得分差异更大；处于高品格组的留守儿童与非留守儿童在抑郁上的得分没有明显不同。

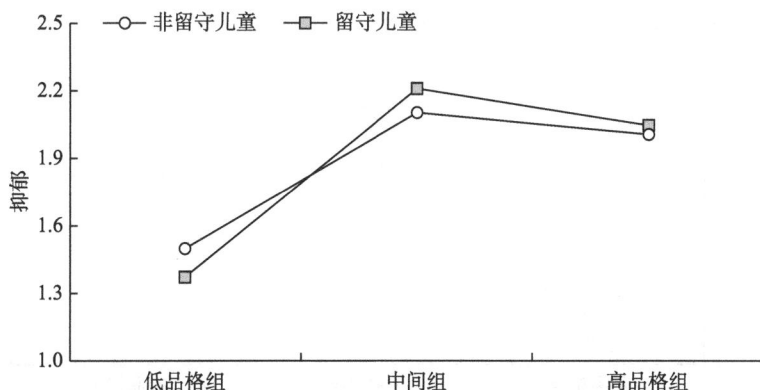

图 4-3　四年级农村儿童品格与留守状态对抑郁的交互作用

图 4-4 表示儿童留守状态与品格潜在类别在受欺凌行为上的交互作用。无论是留守儿童还是非留守儿童，中间组在受欺凌行为上得分最高；不同的是，与非留守儿童相比，处于低品格组与中间组的留守儿童以及处于低品格组与高品格组的留守儿童在受欺凌行为上的得分差距更大；此外，高品格组的留守儿童比非留守儿童更容易受欺凌。

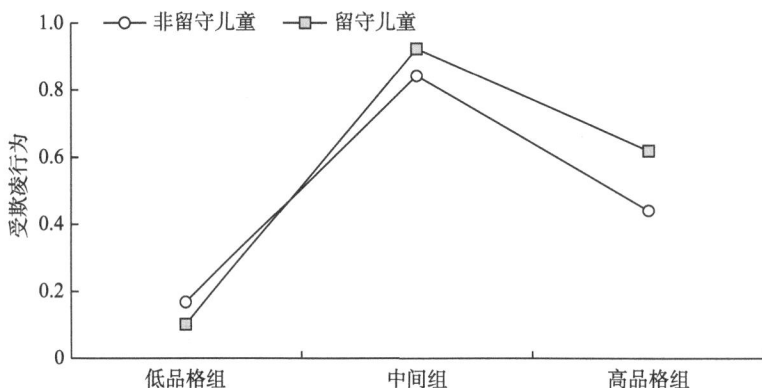

图 4-4　四年级农村儿童品格与留守状态对受欺凌行为的交互作用

图 4-5 表示儿童留守状态与品格潜在类别对同伴侵害的交互作用。由图 4-5 可知，无论是留守儿童还是非留守儿童，中间组更容易受到同伴的侵害；与非留守儿童相比，处于低品格组与中间组以及低品格组与高品格组的留守儿童在同伴侵害上的得分差距更大；此外，处于高品格组的留守儿童比非留守儿童更有可能受到同伴的侵害。

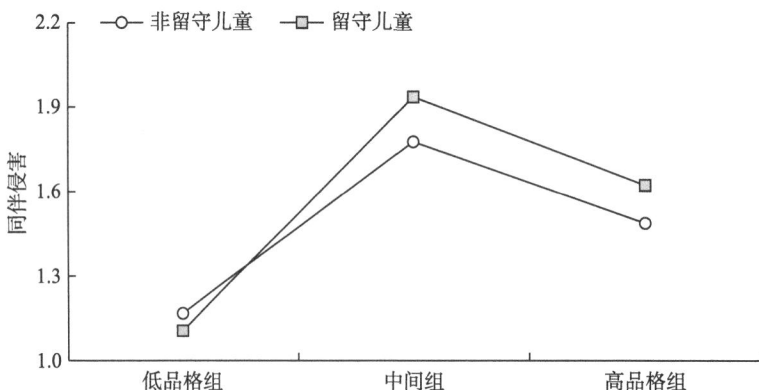

图 4-5　四年级农村儿童品格与留守状态对同伴侵害的交互作用

四　七年级留守儿童的品格潜在类别与其社会适应的关系

（一）七年级儿童品格类别对其社会适应的预测作用

以七年级农村儿童为研究对象，将潜在剖面分析得到的品格分类结果作为自变量，分别将自尊、学业成就、生活满意度等积极适应指标与孤独感、抑郁、欺凌/受欺凌行为、同伴侵害等不良适应指标作为结果变量，分别建构回归混合模型，分析农村儿童品格潜在类别对其社会适应的预测作用，结果见表4-6。

表4-6　七年级农村儿童品格类别对社会适应预测的回归混合模型

	低品格组		中间组		高品格组		χ^2		
	M	SE	M	SE	M	SE	低 VS 中	低 VS 高	中 VS 高
自尊	2.41	0.04	2.23	0.02	1.88	0.03	14.66**	113.71**	80.88**
学业成就	2.82	0.02	3.12	0.04	3.63	0.08	5.60*	38.84**	29.10**
生活满意度	3.25	0.08	3.59	0.02	4.10	0.06	14.49**	78.73**	46.44**
孤独	2.13	0.04	1.70	0.02	1.35	0.03	78.49**	252.03**	100.44**
抑郁	2.30	0.05	1.96	0.02	1.63	0.03	40.85**	148.04**	70.27**
欺凌行为	0.51	0.06	0.34	0.02	0.07	0.02	7.78**	59.86**	76.86**
受欺凌行为	0.72	0.07	0.52	0.02	0.20	0.04	5.55*	42.49**	41.13**
同伴侵害	1.87	0.06	1.59	0.03	1.28	0.04	14.81**	64.32**	38.73**

注：$^*p < 0.05$，$^{**}p < 0.01$。

根据表4-6的结果可知，低品格组在自尊上的得分显著高于中间组和高品格组（$\chi^2_{(低-中)} = 14.66$，$\chi^2_{(低-高)} = 113.71$，$\chi^2_{(中-高)} = 80.88$，$ps < 0.01$）。高品格组在学业成就和生活满意度上的得分显著高于中间组和低品格组（$\chi^2_{(低-中)} = 5.60$，$\chi^2_{(低-高)} = 38.84$，$\chi^2_{(中-高)} = 29.10$，$ps < 0.01$；$\chi^2_{(低-中)} = 14.49$，$\chi^2_{(低-高)} = 78.73$，$\chi^2_{(中-高)} = 46.44$，$ps < 0.01$）。低品格组在孤独感、抑郁、欺凌行为和受欺凌行为上的得分显著高于中间组和高品格组（$\chi^2_{(低-中)} = 78.49$，$\chi^2_{(低-高)} = 252.03$，$\chi^2_{(中-高)} = 100.44$，$ps < 0.01$；$\chi^2_{(低-中)} = 40.85$，$\chi^2_{(低-高)} = 148.04$，$\chi^2_{(中-高)} = 70.27$，$ps < 0.01$；$\chi^2_{(低-中)} = 7.78$，$\chi^2_{(低-高)} = 59.86$，$\chi^2_{(中-高)} = 76.86$，$ps < 0.01$；$\chi^2_{(低-中)} = 5.55$，$\chi^2_{(低-高)} = 42.49$，$\chi^2_{(中-高)} = 41.13$，$ps < 0.05$）。同

时，低品格组在同伴侵害上的得分也显著高于中间组和高品格组（$\chi^2_{(低-中)}$ = 14.81，$\chi^2_{(低-高)}$ = 64.32，$\chi^2_{(中-高)}$ = 38.73，$ps < 0.01$）。这表明，与中间组和高品格组相比，低品格组在自尊、孤独感、抑郁、欺凌行为、受欺凌行为及同伴侵害上得分更高；但高品格组在学业成就和生活满意度上的得分显著高于中间组和低品格组。

（二）儿童留守状态在品格潜在类别与社会适应之间的调节作用

以儿童留守状态作为调节变量，探讨品格类别对社会适应的影响是否受儿童所处群体（留守儿童/非留守儿童）的影响，结果如表4-7所示。由表4-7可知，儿童留守状态在品格潜在类别与社会适应之间不存在调节作用，即品格潜在类别与社会适应的关系在七年级留守儿童与非留守儿童之间不存在显著差异。

表4-7　儿童留守状态在品格潜在类别与社会适应之间的调节作用

	高品格组＊儿童留守状态			中间组＊儿童留守状态		
	B	SE	t	B	SE	t
孤独	−0.14	0.19	−0.71	−0.24	0.16	−1.55
抑郁	0.03	0.21	0.12	−0.20	0.16	−1.25
自尊	0.02	0.21	0.08	−0.04	0.16	−0.22
学业成就	0.36	0.20	1.76	0.07	0.16	0.43
生活满意度	−0.02	0.21	−0.07	0.16	0.16	0.99
欺凌行为	−0.39	0.21	−1.86	0.25	0.16	1.58
受欺凌行为	−0.28	0.20	−1.36	0.08	0.16	0.47
同伴侵害	−0.33	0.20	−1.63	−0.11	0.16	−0.70

注：$^*p < 0.05$，$^{**}p < 0.01$。

第四节　讨论

本书在探讨农村留守儿童品格潜在类别的基础上，进一步分析品格潜在类别与社会适应的关系，并与非留守儿童进行比较，这对农村留守儿童的积极发展具有重要意义。

一 品格潜在类别与农村儿童社会适应的关系

1. 品格潜在类别与孤独感及抑郁的关系

结果表明，与高品格组相比，低品格组的个体往往感到更加孤独，更有可能产生抑郁情绪。这可能与低品格组的特点有关，即具有高水平的马基雅维利主义，冷漠无情，自制力差，不能站在他人的角度看问题，不太懂得感恩，责任感较差。因此，低品格组的儿童在人际关系中不太容易受欢迎，更可能处于被疏离的地位，内心更容易产生孤独感。

有研究表明，某些良好的品格可以缓冲压力和创伤带来的负面影响，积极的心理品质可以减少或者预防焦虑抑郁的症状①。由于低品格组的儿童自制力较低，感恩水平和共情水平也比较低，在面对负性事件带来的压力和创伤时，更有可能产生负面情绪，并且不容易缓解，因此更容易产生焦虑、抑郁等情绪。

2. 品格潜在类别与学业成就及生活满意度的关系

结果表明，高品格组比低品格组拥有更高水平的学业成就，并且对生活更加满意。这可能是因为高品格组具有自制力强、善于抵制诱惑、社会责任感高等特点，这类儿童往往容易得到教师和同伴的支持，所以在学业上更容易取得成功，对生活也更加满意。已有研究表明，积极的心理品质可以正向预测儿童的生活满意度，而情感体验和生活满意度是主观幸福感的重要组成部分②。品格优势中，感恩、外倾性、责任感、爱与生活满意度呈显著正相关，感恩可以将人的快乐连接到过去，希望可以将人的快乐连接到将来，爱体现在对他人的关心和亲密关系之中③。因此，与低品格组相比，高品格组的儿童对生活更加满意。

---

① Park N. , "Character Strengths and Positive Youth Development", *The ANNALS of the American Academy of Political and Social Science*, 591 (1), 2004, pp. 40-54.

② Park N. , & Peterson C. , "Character Strengths and Happiness among Young Children: Content Analysis of Parental Descriptions", *Journal of Happiness Studies*, 7 (3), 2006, pp. 323-341.

③ Park N. , & Peterson C. , "Moral Competence and Character Strengths among Adolescents: The Development and Validation of the Values in Action Inventory of Strengths for Youth", *Journal of Adolescence*, 29 (6), 2006, pp. 891-910.

3. 品格潜在类别与欺凌/受欺凌行为及同伴侵害的关系

结果表明，与高品格组的儿童相比，低品格组的儿童更有可能欺凌他人，同时也容易受到别人的欺凌和侵害。由于高品格组的儿童具有关心、同情他人等特点，容易产生帮助他人、减轻他人痛苦的动机，也容易站在他人角度考虑问题[1]，因此在面对校园欺凌和同伴侵害时，他们往往采取更加积极的应对策略，较少使用攻击、报复等负面的应对策略，而这种行为也有助于减少再次遭受校园欺凌或同伴侵害的可能。

二 儿童留守状态在品格潜在类别与社会适应之间的调节作用

结果表明，儿童留守状态在品格潜在类别与抑郁之间起到调节作用，具体来说，与非留守儿童相比，处于低品格组与高品格组的留守儿童在抑郁得分上的差距更大。儿童留守状态在品格类别与欺凌行为关系中起到了调节作用，即处于高、低品格组的留守儿童都出现了较多的校园欺凌行为。以往研究也发现，有着亲子分离经历的留守儿童更可能遭受欺凌，体验到自卑感，来自同伴的身体欺凌和言语欺凌可能会提高这些儿童欺凌他人的风险。

总的来说，虽然研究存在一定的不足，如选取外出务工人员较多、留守儿童较为集中的中部省份的农村中小学生作为研究对象，但在一定程度上丰富了品格的相关成果。在我国，当前很少有研究聚焦农村留守儿童这一特殊群体，综合分析留守儿童的品格类别及其与社会适应的关系。从这一角度出发，本书丰富了品格的本土化研究。

---

[1] 董会芹、张文新：《童年期儿童同情与同伴侵害：应对策略的中介效应》，《山东师范大学学报》（社会科学版）2020年第4期。

第五章 农村留守儿童品格的发展轨迹

目前为止，国内外还很少有实证研究探讨农村留守儿童的品格状况，但我们可以从与道德有关的人格特质来推测留守儿童品格的特点。以往关于农村留守儿童人格的研究和品格的思考虽然取得了一定的成果，但也存在以下不足：首先，良好的品格并不是一个单一的因素，而是一组复杂多维的品质，反映在人们是如何思考、感受和行为的①。因此，应进一步探讨个体或群体是否存在不同的品格表现模式；其次，国内尚缺乏针对农村留守儿童品格特质的纵向研究。国外虽然有学者收集了儿童品格的相关数据，但是缺少探讨农村留守儿童品格发展规律的深入研究。虽然研究者对留守儿童的关注颇多，但更多是集中在留守儿童的社会适应和心理健康层面，对品格数据的采集仍然不足，更是缺乏纵向数据回答农村留守儿童的品格究竟是稳定不变的，还是有其独特的发展轨迹，这些都是尚未解决的问题。品格会随时间变化而改变②，研究农村留守儿童品格的变化规律具有独特价值，能够依据其变化情况提供相应的援助。

近年来，以人为中心的研究取向（如潜在剖面分析，Latent Profile Analysis）考察了道德品格的潜在类别。以人为中心的方法可以同时测量多种指标，如自我控制、马基雅维利主义、大六人格（HEXCO-60）、内疚、羞耻等，以区分不同的品格类别。以人为中心的研究取向并不是要替代或质疑以变量为中心得到的研究轨迹，而是提供一种新的角度，去思考不同的品格结果是怎样在个体之间同时发生的。本章旨在考察的问题是：与农村非留守儿童相比，

---

① Cohen T. R. , Panter A. T. , Turan N. , et al. , "Moral Character in the Workplace", *Journal of Personality and Social Psychology*, 107 (5), 2014, pp. 943-963.

② Lerner R. M. , "Character Development among Youth: Linking Lives in Time and Place", *International Journal of Behavioral Development*, 42 (2), 2018, pp. 267-277.

农村留守儿童品格的发展变化有什么特点？农村留守儿童的品格发展是社会关注的重大问题。有研究者指出，留守儿童的道德品格堪忧。目前，还未有研究考察农村留守儿童的品格随时间是怎样发生转变的。

为解决这一问题，本章拟采用潜在转变分析（Latent Transition Analysis，LTA）探讨农村留守儿童品格的发展变化规律。潜在转变分析是以个体为中心的追踪数据的分析方法，通过改变矩阵估计个体在不同时间点潜在状态概率的变化，从转变概率的角度研究个体阶段性的发展，尤其适用于对群组成员随时间发生的变化进行建模（如在低品格组、中间组和高品格组等品格潜在类别之间移动）[1]。在 LTA 中，几个潜在类别变量是在不同的时间点测量，变量间的关系是通过多元逻辑回归模型来估计[2]。作为一种自回归模型，LTA 的关键特征使它区分于其他的自回归模型。具体来说，在 LTA 中，感兴趣的组别（有时称为状态、潜在类别等）不能直接观察到（是潜在的），与测量模型同时识别。因此，LTA 包括一个找出潜在组别（如低品格组、中间组和高品格组）的测量成分和一个随时间在组别间变化的结构成分。

通过采用 LTA，本章不仅科学地对农村留守儿童的品格进行分类，通过转变矩阵探讨农村留守儿童品格类别随时间的变化情况，还能进一步探讨影响因素在不同类型品格及品格类别转变中所起的作用。具体来说，LTA 能够帮助我们充分挖掘信息而且分类更加精确，同时通过三个时间点上被试所属类别的变化情况，从概率的角度描述农村留守儿童品格各个潜在类别随时间变化的方向。此外，LTA 能将可能的风险因素和保护性因素作为协变量纳入模型中，从时间发展的角度进一步验证预测因素在不同类型的农村留守儿童品格组中的影响方向。对于农村留守儿童品格类别的转变及其影响因素的探讨有助于我们识别风险儿童，为进一步开展对农村留守儿童品格发展的干预预防项目提供实证依据。

综上，本章采用潜在转变分析的方法，深入挖掘纵向追踪数据，对农村留守儿童品格不同类别及时间节点变化予以更为深刻、详尽的分析，并与非

① 王碧瑶、张敏强、张洁婷等：《青少年自我伤害行为的潜在转变分析：一项纵向研究》，《心理科学》2015 年第 6 期。

② Asparouhov T., & Muthén, B., "Auxiliary Variables in Mixture Modeling: Three-step Approaches Using Mplus", *Structural Equation Modeling*, 21（3），2004, pp. 329–341.

留守儿童进行比较，以启示如何更好地把握不同时间节点农村留守儿童品格各方面的变化及需要帮助的关键点，并对不同类型的品格给予针对性的干预方案及参考。基于此，笔者提出以下研究假设：（1）农村留守儿童各具体品格特质随着时间不断发展变化；（2）农村儿童品格的潜在类别会随着时间发生转变，并且存在一定的转变规律；（3）品格潜在类别的转变因儿童的性别、所在年级及留守状态而存在差异。

研究目的主要包括以下三方面：（1）探讨农村留守儿童各品格特质三年内的发展趋势，并与非留守儿童进行比较；（2）检验农村留守儿童品格潜在类别的发展变化特点，并与非留守儿童进行比较；（3）考察农村留守儿童品格转变在不同年级、不同性别的发展趋势及其差异情况。

第一节　研究方法

一　研究对象

采用整群随机抽样法从本书第三章被试中随机抽取 1273 名小学四年级和初中一年级（即七年级）学生，对其进行连续 3 次追踪测查，每隔一年测查 1 次，第一次施测时间是 2017 年 12 月，这 3 年施测时间分别记为 T1、T2、T3。初次施测时被试平均年龄为 11.55 岁（$SD = 1.64$），其中男生 613 人，女生 556 人，104 人未填写性别；四年级学生 395 人（31.0%），七年级学生 878 人（69.0%）；1260 人（99%）是汉族，13 人（1%）是其他民族。以父母双方或一方外出打工至少六个月界定儿童留守状况，其中留守儿童 230 人，非留守儿童 986 人，57 人未填写父母外出打工情况。表 5-1 是三次均参加施测的被试基本信息。

纵向研究中常存在数据缺失问题。在本章中，由于转学、请假等原因导致部分被试流失，有 1273 名被试参加第一次追踪施测，887 名被试参加所有施测。卡方检验及 t 检验结果表明，流失的被试与全部参加 3 次施测的被试在性别、年级、儿童留守状态上并不存在显著的差异（$\chi^2_{(1)} = 0.08$，$p > 0.10$；$\chi^2_{(1)} = 3.10$，$p = 0.08$；$\chi^2_{(1)} = 0.33$，$p > 0.10$）；在共情（$t = 1.23$）、亲社会行为（$t = -0.76$）、感恩（$t = 0.39$）、尽责性（$t = -1.17$）、父母温暖（$t = -1.11$）、社区氛围（$t = -1.34$）、亲子冲突（$t = 1.27$）、亲子互动（$t = 0.01$）、教师支持

（$t=-1.82$）、马基雅维利主义（$t=2.17$）、欺凌行为（$\chi^2_{(1)}=0.97$）、受欺凌行为（$\chi^2_{(1)}=1.67$）、父母评价的问题行为（$t=0.06$）上没有显著差异；但在自我控制（$t=-3.15$）、父母拒绝（$t=3.38$）、父母过度保护（$t=2.86$）、不良同伴（$t=2.78$）、抑郁（$t=4.14$）、自尊（$t=2.44$）、冷漠无情（$t=2.21$）、孤独感（$t=2.40$）、同伴支持（$t=-3.49$）上差异显著（$ps<0.05$）。

表 5-1　三次均参加施测的被试基本信息

		N	频率或平均数（标准差）
性别	男生	452	51.2%
	女生	431	48.8%
年级	四年级	262	29.5%
	七年级	625	70.5%
儿童留守状态	留守儿童	169	19.6%
	非留守儿童	694	80.4%
年龄		887	12.0 岁（1.43）

二　研究程序及数据处理

首先，采用 SPSS 20.0 统计分析软件，对不同品格特质的基本特点进行重复测量方差分析，考察其在不同时间、不同年级、不同性别及儿童留守状态上存在的差异情况；采用多元方差分析对每一时间点不同品格特质的特点进行分析。

其次，考察多种品格特质的相关情况。

最后，检验各具体变量的测量不变性（Measurement Invariance）。追踪研究中，我们希望量表对不同的人、以不同的方式、在不同时间点测得的都是同样的东西。测量不变性检验可以告诉我们，量表在不同时间点测量时是否具有一致性，即从统计模型上讲，确认观测到的变量和潜在的因子间关系的一致性。因此，在本章中，依次对各变量的形态等值模型、弱等值模型、强等值模型进行验证①。

---

① Wickrama K. K., Lee T. K., O'Neal C. W., et al., *Highe-Order Growth Curves and Mixture Modeling with Mplus: A Practical Guide*, New York, NY: Routledge, 2016.

形态等值模型：又称为构念不变性模型（Configural Factorial Invariance Model）。在模型中，不限制模型中的任何参数，主要是为了验证潜在结构的合理性。

弱等值模型（Weak Invariance Model）：在弱等值模型中，自由估计平均数，但限制不同测量时间同一观测变量的因子载荷。相对于形态等值模型，如果弱等值模型的拟合指数没有显著性变差，则可表明观测变量与潜在结构的关系随时间具有测量不变性。

强等值模型（Strong Invariance Model）：又称为尺度等值（Scalar Invariance），限制不同观测时间相同观测变量的平均数和因子载荷。如果强等值模型的拟合指数与弱等值模型相似，则表明测量工具随时间具有测量不变性。

在模型拟合指标的选取时，要同时考虑采用多重指标，以更好地代表测量不变性。因此，本书在选取测量不变性指标时，RMSEA 小于 0.08，SRMR 小于 0.08，CFI 大于 0.90，模型拟合在可接受的范围内；RMSEA、SRMR 小于 0.05，CFI 大于 0.95，模型拟合良好。本书还采用 △CFI，当形态等值与弱等值 CFI 之差即 △CFI 小于 0.01 时，表明施测工具的测量不变性[①]。

最后，采用潜在转变分析（Latent Transition Analysis，LTA）探讨不同品格类别的发展趋势及转变概率。LTA 是潜在类别分析（Latent Class Analysis，LCA）的纵向扩展，用来分析类型变量间的转变，即它主要关注个体在类别上的变化，而不是分析个体在数量上的变动。

潜在转变分析技术是以转变概率来表示类型变量的发展变化，如它分析了在测查时间点 T1 属于某类型的被试在测查时间点 T2 时属于某类型的概率。潜在转变分析技术提供了研究个体发展的一种新视角，即以个体所属类别保持不变的概率来表示该类别的稳定性，以个体转变到其他类别的概率来表示其发展趋势。在选择最佳模型时，同时考虑模型拟合指标（AIC 和 BIC）、简洁性（Parsimony）和潜在类别的实际意义（Interpretability）三个方面。

根据前人研究经验，在进行 LTA 分析前，先通过独立的 LPA 来确定最佳

---

① Cheung G. W., & Rensvold R. B., "Evaluating Goodness-of-fit Indexes for Testing Measurement Invariance", *Structural Equation Modeling*, 9 (2), 2002, pp. 233-255.

潜在类别个数。

第一步，以自我控制、共情、责任感、感恩、冷漠无情以及马基雅维利主义等人格特质的项目均分作为外显反应指标变量，建立潜剖面模型，对农村留守儿童和非留守儿童品格类别进行潜剖面分析模型拟合性估计。

第二步，以不包含任何协变量的潜在转变模型来考察农村留守儿童和非留守儿童类别的转变情况，并分析不同性别和不同年级儿童品格潜在类别的转变。通过 LTA 转变概率来分析结果，呈现三个时间点类别模式的变化情况。

三 数据管理

使用 SPSS 20.0 进行数据录入与管理，由于 Mplus 7.4 版本对 LTA 采用极大似然估计方法进行参数估计，能够有效地对缺失值进行估计。因此，本书中并未进行缺失值处理。

四 共同方法偏差检验

由于采用问卷调查法来收集数据，因此研究结果可能会受到共同方法偏差（Common Method Bias，CMB）的影响，所以需要首先进行共同方法偏差检验。根据前人的研究建议，采用 Harman 单因素分析（Harman's one-factor test）进行共同方法偏差检验。结果发现，T1/T2/T3 在未旋转时，共生成 6/6/6 个公因子，解释了 41%/43%/53% 的变异，第一个公因子解释的变异量分别是 18%/23%/22%，小于 40% 的判断标准，说明共同方法偏差不明显。因此，没有进一步采用统计方法对共同方法偏差进行控制。

第二节 农村留守儿童品格特质的发展特点

良好的品格会因一个孩子是不是留守儿童有所不同吗？这是在研究农村留守儿童与非留守儿童时一个很好的问题。在中国文化背景下学者们也积累了一些研究发现，其中，陈小萍以甘肃某乡镇小学 3—6 年级完整家庭的儿童和父亲外出务工的留守儿童共 458 人为研究对象，探讨父亲缺失下农村留守儿童学绩、自尊及人格的关系，结果发现，父亲外出的留守儿童在乐群性、轻松性上的得分显著低于非留守儿童，而忧虑性上则显著高于非留守儿童，在世故性、有恒性、自律性等人格特质上差异并不显著①。陈京军等则发现，农村留守儿童、非留守儿童及曾留守儿童在自我控制上并不存在显著差异，自我控制能力的发展似乎并未受到父母双方或一方外出打工的影响②。但这些研究均采用横向研究设计，尚未见大规模的纵向追踪研究报告。

品格的发展随时间发生变化，如 Götz、Bleidorn 和 Rentfrow 研究了马基雅维利主义在整个生命周期中的年龄趋势，结果发现马基雅维利主义的年龄差异最明显，表现为在儿童后期向青春期过渡的过程中呈强烈的上升趋势，并在此期间达到高峰；在整个成年期，呈现稳步下降的趋势，65 岁时达到最低水平③。

以往关于品格的追踪研究多在西方文化背景下开展，基于中国文化情境的品格特质研究大多为横断设计。本章将从纵向角度考察我国农村留守儿童的品格发展趋势，以准确把握在我国特定文化背景下，农村留守儿童这一特殊群体品格的发展转变，从而为农村留守儿童良好品格的培养和提升提供实证依据。基于此，本章调查了农村留守儿童与非留守儿童在自我控制、共情、责任感、感恩、冷漠无情以及马基雅维利主义六种具体品格特质上的不同及三年间的发展趋势，同时也探讨了各品格特质在不同年级和性别上是否存在差异。相关问卷见本书第三章。

一 品格特质的信度分析

各品格特质变量在三个时间点的信度系数如表 5-2 所示。

表 5-2 三个时间点各品格变量的信度系数

	T1	T2	T3
自我控制	0.79	0.82	0.83
共情	0.75	0.83	0.82
感恩	0.63	0.70	0.71

① 陈小萍：《父亲缺失下农村留守儿童学绩、自尊及人格研究》，硕士学位论文，西北师范大学，2007 年。
② 陈京军、范兴华、程晓荣等：《农村留守儿童家庭功能与问题行为：自我控制的中介作用》，《中国临床心理学杂志》2014 年第 2 期。
③ Götz F. M., Bleidorn W., & Rentfrow P. J., "Age Differences in Machiavellianism across the Life Span: Evidence from a Large-scale Cross-sectional Study", *Journal of Personality*, 88 (5), 2020, pp. 978-992.

续表

	T1	T2	T3
责任感	0.90	0.91	0.92
马基雅维利主义	0.60	0.65	0.62
冷漠无情	0.65	0.76	0.84

由表5-2所知，各变量的信度系数均在0.60及以上。其中马基雅维利主义在三个时间点的信度系数在0.60—0.65，这一结果与前人研究基本一致。以往研究发现，儿童马氏量表的内部一致性信度系数在0.60—0.70[1]。在我国，耿耀国等对儿童马氏在中国文化背景下的适用性进行验证，他们以787名中国儿童（9—13岁）为研究对象，结果发现，修订后的量表共包括16题，信度系数是0.62[2]。

二 纵向测量的不变性分析

在纵向研究中，首先需要对测量的不变性进行检验。在本章中，验证自我控制、共情、感恩、责任感、马基雅维利主义和冷漠无情等测量工具的测量不变性，以确保这些品格变量可以进行跨时间的比较。我们采用Mplus 7.4软件对以上变量在3个时间点上的测量不变性进行验证性因素分析。弱等值检验的拟合结果如表5-3所示。

表5-3 纵向测量不变性检验拟合结果

		χ^2/df	CFI	RMSEA	SRMR	△CFI	AIC	BIC
自我控制	形态等值模型	1423.42/628	0.917	0.038	0.051	0.003	96490.91	97407.31
	弱等值模型	1485.82/652	0.914	0.038	0.055		96505.31	97306.57
共情	形态等值模型	971.49/337	0.904	0.046	0.054	0.004	71666.72	72424.80
	弱等值模型	1006.88/344	0.900	0.046	0.071		71688.11	72412.60

① Andreou E., "The Relationshipof Academic and Social Cognition to Behavior in Bullying Situations among Greek Primary School Children", *Educational Psychology*, 24 (1), 2004, pp. 27-41.

② 耿耀国、秦贝贝、夏丹等：《青少年世故性移情与亲社会行为的关系》，《中国学校卫生》2011年第1期。

续表

		χ^2/df	CFI	RMSEA	SRMR	△CFI	AIC	BIC
感恩	形态等值模型	221.30/109	0.980	0.034	0.048	0.001	49025.83	49409.67
	弱等值模型	237.06/119	0.979	0.033	0.050		4021.59	49357.45
责任感	形态等值模型	730.85/453	0.977	0.026	0.031	0.001	72981.35	73657.86
	弱等值模型	763.65/473	0.976	0.026	0.036		72974.15	73554.70
马基雅维利主义	形态等值模型	1616.06/995	0.773	0.037	0.067	0.009	67223.75	68163.23
	弱等值模型	1669.85/1025	0.764	0.038	0.069		67217.54	68033.95
冷漠无情	形态等值模型	432.41/210	0.907	0.034	0.046	0.006	51597.31	52144.27
	弱等值模型	458.33/221	0.901	0.035	0.051		51601.22	52095.41

注：形态等值模型：不限制任何参数；弱等值模型：自由估计平均数，限制不同测量时间同一观测变量的因子载荷。

各变量弱等值检验的拟合结果显示△CFI均小于0.01，表明弱等值模型的拟合指数并没有比形态等值模型的拟合指数差。因此，弱等值检验结果表明，自我控制、共情、感恩、责任感、马基雅维利主义、冷酷无情等各具体品格变量基本满足随时间变化的测量不变性这一条件。

三　农村留守儿童品格特质的发展特点

我们考察了各种具体品格特质在不同年级、不同性别及儿童留守状态上的特点。

（一）各品格变量在年级、性别及儿童留守状态上的平均数和标准差

各品格变量在不同年级、性别及儿童留守状态上的平均数和标准差如表5-4所示。

（二）各品格特质的相关分析

各具体品格特质在三个时间点上的相关分析如表5-5所示。

由表5-5可知，在T1时间点，自我控制、共情、感恩、责任感之间呈显著正相关，相关系数在0.26—0.59（$p < 0.01$）。马基雅维利主义与冷漠无情呈显著正相关（$r = 0.25$，$p < 0.01$），且与其他品格变量呈显著负相关，相关系数在-0.39—-0.21（$p < 0.01$）；在T2时间点，自我控制、共情、感恩、

表5-4 各品格特质在不同年级、性别及儿童留守状态上的平均数和标准

| | 年级 | | | | 性别 | | | | 儿童留守状态 LBC6 | | | | 儿童留守状态 LBC0 | | | | 总计 | |
| | 四年级 | | 七年级 | | 女 | | 男 | | 留守儿童 | | 非留守儿童 | | 留守儿童 | | 非留守儿童 | | | |
	M	SD	M	SD	M	SD	M	SD	M	SD	M	SD	M	SD	M	SD	M	SD
T1 自我控制	3.82	0.57	3.48	0.64	3.60	0.63	3.56	0.65	3.64	0.66	3.56	0.64	3.54	0.64	3.61	0.65	3.58	0.64
T2 自我控制	3.81	0.61	3.17	0.57	3.39	0.63	3.37	0.68	3.54	0.73	3.33	0.64	3.41	0.70	3.35	0.63	3.38	0.66
T3 自我控制	3.69	0.64	3.06	0.56	3.26	0.65	3.24	0.65	3.37	0.72	3.20	0.62	3.23	0.68	3.26	0.62	3.24	0.65
T1 共情	4.03	0.70	3.96	0.59	4.03	0.61	3.93	0.64	4.08	0.60	3.96	0.63	3.99	0.61	3.98	0.65	3.98	0.63
T2 共情	4.16	0.65	3.91	0.64	4.04	0.60	3.94	0.69	4.13	0.65	3.96	0.65	4.03	0.65	3.95	0.66	3.99	0.65
T3 共情	3.87	0.70	3.76	0.61	3.85	0.62	3.74	0.65	3.84	0.69	3.78	0.62	3.75	0.67	3.84	0.60	3.79	0.64
T1 感恩	4.78	0.94	4.61	0.86	4.71	0.86	4.61	0.91	4.63	0.94	4.68	0.86	4.61	0.90	4.71	0.88	4.66	0.88
T2 感恩	4.67	0.92	4.59	0.95	4.60	0.95	4.64	0.92	4.67	0.99	4.61	0.94	4.65	0.94	4.57	0.96	4.62	0.94
T3 感恩	4.69	0.86	4.43	0.94	4.56	0.92	4.45	0.93	4.49	0.94	4.50	0.92	4.43	0.94	4.55	0.91	4.50	0.92
T1 责任感	4.11	0.75	3.54	0.78	3.67	0.81	3.72	0.81	3.71	0.86	3.68	0.80	3.66	0.83	3.72	0.80	3.69	0.81
T2 责任感	4.02	0.84	3.49	0.77	3.63	0.83	3.69	0.82	3.76	0.91	3.61	0.81	3.65	0.88	3.65	0.80	3.66	0.83
T3 责任感	3.81	0.83	3.37	0.75	3.46	0.78	3.53	0.81	3.54	0.85	3.47	0.78	3.45	0.81	3.53	0.77	3.49	0.80
T1 马氏	1.99	0.49	2.31	0.47	2.22	0.45	2.20	0.53	2.06	0.52	2.25	0.48	2.15	0.52	2.26	0.46	2.22	0.50

续表

| | 年级 | | | | 性别 | | | | 儿童留守状态 LBC6 | | | | 儿童留守状态 LBC0 | | | | 总计 | |
| | 四年级 | | 七年级 | | 女 | | 男 | | 留守儿童 | | 非留守儿童 | | 留守儿童 | | 非留守儿童 | | | |
	M	SD	M	SD	M	SD	M	SD	M	SD	M	SD	M	SD	M	SD	M	SD
T2马氏	1.92	0.44	2.36	0.47	2.19	0.46	2.26	0.55	2.17	0.55	2.24	0.49	2.18	0.51	2.27	0.51	2.23	0.51
T3马氏	2.04	0.42	2.37	0.47	2.23	0.47	2.32	0.48	2.25	0.50	2.28	0.48	2.29	0.50	2.28	0.47	2.28	0.48
T1冷漠无情	1.74	0.45	1.71	0.45	1.70	0.46	1.74	0.45	1.73	0.43	1.71	0.46	1.77	0.45	1.68	0.45	1.72	0.45
T2冷漠无情	1.65	0.48	1.94	0.55	1.83	0.53	1.86	0.56	1.75	0.51	1.87	0.54	1.81	0.52	1.87	0.56	1.85	0.54
T3冷漠无情	1.83	0.63	2.15	0.59	2.00	0.58	2.11	0.65	2.01	0.65	2.08	0.61	2.08	0.62	2.06	0.61	2.06	0.62

备注：LBC6 是指以父母（双方或一方）外出打工半年及以上来界定留守儿童；LBC0 是指以父母（双方或一方）外出打工为标准界定留守儿童。

表 5-5 不同时间点各品格特质的相关分析

	1	2	3	4	5	6	7	8	9	10	11	12	13	14	15	16	17
T1自我控制	1.00**																
T2自我控制	0.48**	1.00															
T3自我控制	0.42**	0.56**	1.00														
T1共情	0.41**	0.20	0.22**	1.00													
T2共情	0.23**	0.32**	0.21**	0.42**	1.00												
T3共情	0.23**	0.17**	0.25**	0.28**	0.35**	1.00											
T1感恩	0.26**	0.16**	0.09	0.46**	0.30**	0.23**	1.00										
T2感恩	0.25**	0.24**	0.20**	0.32**	0.40**	0.30**	0.33**	1.00									
T3感恩	0.27**	0.15**	0.28**	0.26**	0.25**	0.42**	0.26**	0.29**	1.00								
T1马氏	-0.39**	-0.31**	-0.28**	-0.39**	-0.30**	-0.22**	-0.30**	-0.29**	-0.17**	1.00							
T2马氏	-0.32**	-0.46**	-0.38**	-0.24**	-0.41**	-0.17**	-0.24**	-0.32**	-0.19**	0.39**	1.00						
T3马氏	-0.30**	-0.31**	-0.46**	-0.22**	-0.32**	-0.50**	-0.20**	-0.27**	-0.42**	0.34**	0.37**	1.00					

续表

	1	2	3	4	5	6	7	8	9	10	11	12	13	14	15	16	17
T1冷漠	-0.38**	-0.16**	-0.12**	-0.35**	-0.16**	-0.17**	-0.21**	-0.17**	-0.15**	0.25**	0.17**	0.16**	1.00				
T2冷漠	-0.29**	-0.40**	-0.29**	-0.28**	-0.61**	-0.23**	-0.28**	-0.34**	-0.24**	0.32**	0.46**	0.28**	0.24**	1.00			
T3冷漠	-0.25**	-0.31**	-0.37**	-0.22**	-0.27**	-0.59**	-0.18**	-0.22**	-0.40**	0.21**	0.26	0.41**	0.15**	0.33**	1.00		
T1责任感	0.59**	0.43**	0.41**	0.43**	0.29**	0.25**	0.35**	0.28**	0.27**	-0.35**	-0.30**	-0.28**	-0.38**	-0.31**	-0.23**	1.00	
T2责任感	0.39**	0.52**	0.46**	0.29**	0.43**	0.27**	0.28**	0.39**	0.21**	-0.32**	-0.38**	-0.33**	-0.18**	-0.45**	-0.33**	0.51**	1.00
T3责任感	0.34**	0.37**	0.50**	0.21**	0.25**	0.34**	0.17**	0.19**	0.41**	-0.16**	-0.22**	-0.33**	-0.14**	-0.25**	-0.46**	0.36**	0.49**

责任感之间呈显著正相关，相关系数在 0.24—0.52（$p < 0.01$）。马基雅维利主义与冷漠无情呈显著正相关（$r = 0.46$，$p < 0.01$），且与其他品格变量呈显著负相关，相关系数在 -0.61—-0.32（$p < 0.01$）；在 T3 时间点，自我控制、共情、感恩、责任感之间呈显著正相关，相关系数在 0.25—0.50（$p < 0.01$）。马基雅维利主义与冷漠无情呈显著正相关（$r = 0.41$，$p < 0.01$），且与其他品格变量呈显著负相关，相关系数在 -0.59—-0.33（$p < 0.01$）。这表明，在每一次测试内，所采用的各品格特质之间可能存在共同的品格成分。

T1、T2、T3 三个时间点的自我控制之间呈显著正相关，相关系数在 0.42—0.56（$p < 0.01$）；3 个时间点的共情之间呈显著正相关，相关系数在 0.28—0.42（$p < 0.01$）；3 个时间点的感恩之间呈显著正相关，相关系数在 0.26—0.33（$p < 0.01$）；3 个时间点的责任感之间呈显著正相关，相关系数在 0.36—0.51（$p < 0.01$）；3 个时间点的马基雅维利主义之间呈显著正相关，相关系数在 0.34—0.39（$p < 0.01$）；3 个时间点的冷漠无情之间呈显著正相关，相关系数在 0.15—0.33（$p < 0.01$）。这说明，各品格特质在 3 次测量中具有一定程度的稳定性。

（三）各品格特质在不同时间、不同年级、不同性别及儿童留守状态上的差异

为了考察各品格特质在三次测查间的发展变化以及在年级、性别和儿童留守状态上是否存在差异，以年级、性别和儿童留守状态（LBC6 VS NLBC6）为被试间变量，以测试时间为被试内变量，分别进行重复测量方差分析。为方便读者阅读，本章将综合各次的重复测量方差分析结果分为多变量检验（或被试内检验）与主体间效应检验两部分介绍，保留显著的结果，不显著的主效应或交互作用将不再具体呈现。

1. 多变量检验

（1）自我控制

在重复测量方差分析中，多变量检验的结果表明，对于自我控制来说，①时间因素有统计学意义（$F_{(2, 619)} = 28.70$，$p < 0.01$，$\eta^2 = 0.09$），说明自我控制有随时间变化的趋势。成对比较表明，T1 自我控制显著高于 T2 和 T3，

T2 自我控制显著高于 T3；②时间与年级的交互作用显著（$F_{(2,619)}$ = 14.08，$p < 0.01$，$\eta^2 = 0.04$），这说明时间因素的作用随年级的不同而不同（见图 5-1）。进一步简单效应分析表明，对四年级儿童来说，三个时间点在自我控制上并不存在显著差异（$F_{(2,179)}$ = 2.99，$p > 0.05$）；对七年级儿童来说，三个时间点在自我控制上差异显著（$F_{(2,439)}$ = 48.60，$p < 0.01$，$\eta^2 = 0.18$），成对比较表明，T1 自我控制显著高于 T2 和 T3，T2 显著高于 T3；③其他主效应和交互作用均不显著（$p > 0.05$）。

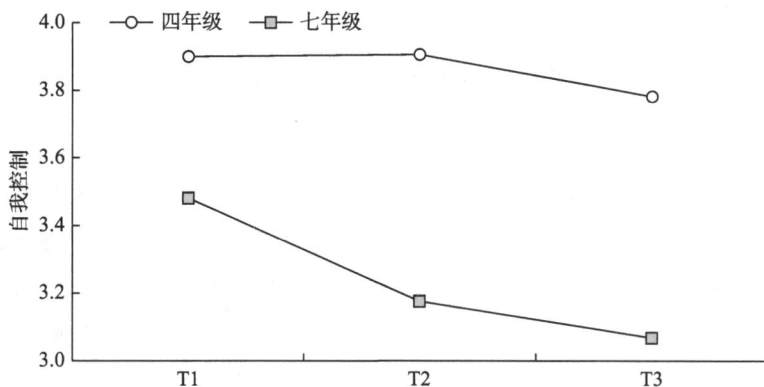

图 5-1　时间与年级对自我控制的交互作用

（2）共情

对共情来说，①时间因素有统计学意义（$F_{(2,663)}$ = 23.17，$p < 0.01$，$\eta^2 = 0.07$），这说明共情在三个时间点之间发生了显著的变化。成对比较表明，T1 和 T2 共情的得分显著高于 T3，而 T1 和 T2 差异并不显著；②时间与年级的交互作用显著（$F_{(2,669)}$ = 3.09，$p < 0.05$，$\eta^2 = 0.01$），这说明时间因素对共情的作用随着年级的不同而不同（见图 5-2）。进一步的简单效应分析表明，对初始年级是四年级的儿童来说，三个时间点之间存在显著的变化（$F_{(2,194)}$ = 12.04，$p < 0.01$，$\eta^2 = 0.11$），即 T1 和 T2 的共情显著高于 T3，而 T1 和 T2 差异并不显著；对初始年级是七年级的儿童来说，时间因素也具有统计学意义（$F_{(2,468)}$ = 14.52，$p < 0.01$，$\eta^2 = 0.06$），具体来说，T1 和 T2 共情得分显著高于 T3，而 T1 和 T2 两个时间点的差异并不显著；③其他主效应和交互作用均不显著（$p > 0.05$）。

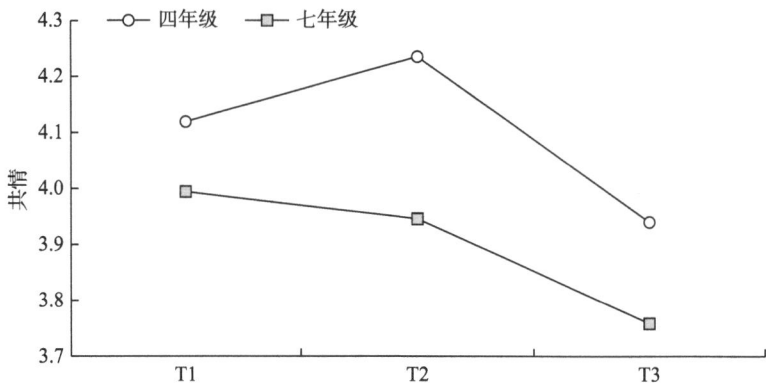

图 5-2 时间与年级对共情的交互作用

（3）感恩

对感恩来说，①时间因素的主效应显著（$F_{(2,656)}$ = 4.80，$p < 0.01$，η^2 = 0.01），说明感恩有随时间变化的趋势。具体来说，T1 和 T2 感恩得分显著高于 T3，而 T1 和 T2 的差异并不显著；②时间、年级与儿童留守状态交互作用显著（$F_{(2,656)}$ = 6.07，$p < 0.01$，η^2 = 0.02），说明时间因素对感恩的作用随着年级与儿童留守状态的交互作用而不同（见图 5-3）。进一步简单效应分析发现，对初始年级是四年级的儿童来说，时间与儿童留守状态交互作用显著（$F_{(2,181)}$ = 5.81，$p < 0.01$，η^2 = 0.06）。具体来说，对于初始年级是四年级的留守儿童，三个时间点之间存在显著变化（$F_{(2,53)}$ = 3.99，$p < 0.05$，η^2 = 0.13），即 T2 感恩显著高于 T1 和 T3，而 T1 和 T3 的差异并不显著；对于初始年级是四年级的非留守儿童来说，三个时间点之间的变化并不显著（$F_{(2,127)}$ = 3.51，$p > 0.05$）。对初始年级是七年级的儿童来说，时间与儿童留守状态的交互作用不显著（$F_{(2,474)}$ = 0.92，$p > 0.05$）；③其他主效应和交互作用均不显著（$p > 0.05$）。

（4）责任感

对责任感来说，①时间因素的主效应显著（$F_{(2,563)}$ = 10.03，$p < 0.01$，η^2 = 0.03），说明责任感有随时间变化的趋势。成对比较表明，T1 和 T2 的责任感得分显著高于 T3，而 T1 和 T2 的差异并不显著；②其他主效应或交互作用均不显著（$p > 0.05$）。

（5）马基雅维利主义

对于马基雅维利主义来说，①时间因素有统计学意义（$F_{(2,498)}$ = 3.92，$p <$

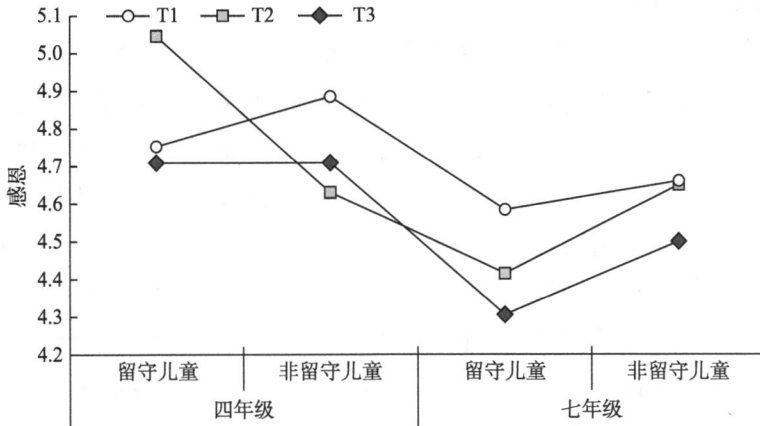

图5-3　时间、年级与儿童留守状态对感恩的交互作用

0.05，$\eta^2 = 0.02$），说明马基雅维利主义有随时间变化的趋势。成对比较表明，T3 的得分显著高于 T1，T2 与 T1、T3 的差异并不显著；②时间与性别的交互作用显著（$F_{(2,476)} = 5.94$，$p < 0.05$，$\eta^2 = 0.02$），这说明时间对马基雅维利主义的影响随着性别的不同而不同。进一步简单效应分析表明，对女生来说，三个时间点的变化不显著（$F_{(2,237)} = 0.78$，$p > 0.05$）；对男生来说，三个时间点的变化显著（$F_{(2,238)} = 6.31$，$p < 0.01$，$\eta^2 = 0.05$），T2 和 T3 的得分显著高于 T1，而 T2 与 T3 的差异并不显著。时间与性别的交互作用见图5-4；③其他主效应或交互作用均不显著（$p > 0.05$）。

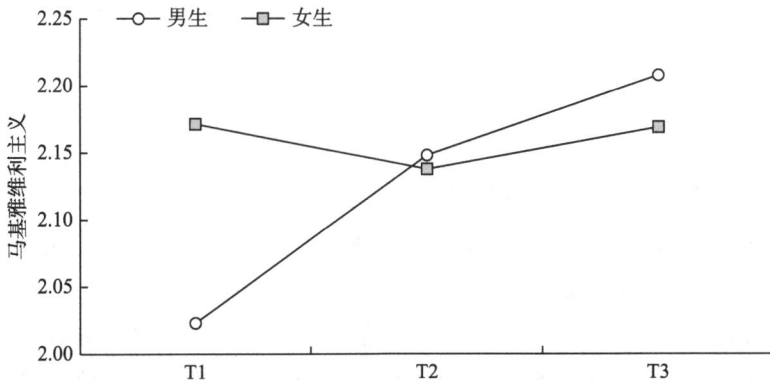

图5-4　时间与性别对马基雅维利主义的交互作用

（6）冷漠无情

在冷漠无情上，①时间因素有统计学意义（$F_{(2,626)}$ = 25.12，$p < 0.01$，$\eta^2 = 0.07$），说明冷漠无情有随时间变化的趋势。成对比较表明，T3 冷漠无情显著高于 T1 和 T2，而 T1 和 T2 的差异不显著；②时间与年级交互作用显著（$F_{(2,626)}$ = 17.77，$p < 0.01$，$\eta^2 = 0.05$），这说明时间因素对冷漠无情的作用随着年级的不同而不同（见图 5-5）。进一步简单效应分析表明，对四年级儿童来说，三个时间点的变化显著（$F_{(2,175)}$ = 7.54，$p < 0.01$，$\eta^2 = 0.08$），成对比较表明，T3 冷漠无情显著高于 T2，T1 与 T2 和 T3 点的差异并不显著；对七年级儿童来说，三个时间点的变化显著（$F_{(2,450)}$ = 46.47，$p < 0.01$，$\eta^2 = 0.17$），成对比较表明，T3 显著高于 T1 和 T2，T2 显著高于 T1 点；③其他主效应或交互作用均不显著（$p > 0.05$）。

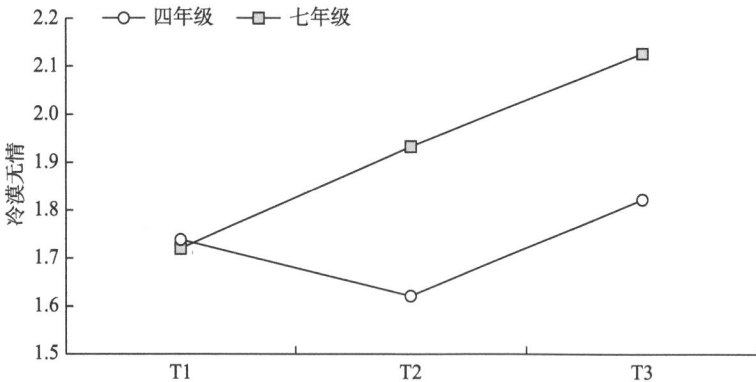

图 5-5　时间与年级对冷漠无情的交互作用

2. 被试间效应检验

（1）自我控制

被试间效应表明，对自我控制来说，①年级差异显著（$F_{(1,620)}$ = 169.20，$p < 0.01$，$\eta^2 = 0.21$），即四年级儿童自我控制的得分显著高于七年级儿童；②儿童留守状态主效应显著（$F_{(1,620)}$ = 3.61，$p < 0.05$，$\eta^2 = 0.01$），即留守儿童在自我控制上的得分显著高于非留守儿童；③儿童留守状态与年级的交互作用显著（$F_{(1,620)}$ = 4.53，$p < 0.05$，$\eta^2 = 0.01$）。进一步简单效应分析表明，对四年级儿童来说，不同留守状态在自我控制上差异显著（$F_{(1,180)}$ = 6.95，$p < 0.01$，$\eta^2 = 0.04$），即留守儿童在自我控制上的得分显著高于非留

守儿童；对七年级儿童来说，留守状态差异不显著（$F_{(1,440)} = 0.03$，$p > 0.05$）；④年级与性别的交互作用显著（$F_{(1,620)} = 6.24$，$p < 0.05$，$\eta^2 = 0.01$）。进一步简单效应分析表明，对四年级儿童来说，性别差异显著（$F_{(1,180)} = 4.89$，$p < 0.05$，$\eta^2 = 0.03$），即四年级男生在自我控制上的得分总体来说高于四年级女生；对七年级儿童来说，性别差异显著（$F_{(1,440)} = 3.87$，$p < 0.05$，$\eta^2 = 0.01$），成对比较表明，七年级女生在自我控制上的得分总体高于七年级男生；⑤其他主效应或交互作用均不显著（$p > 0.05$）。

（2）共情

对共情来说，①年级差异显著（$F_{(1,664)} = 18.33$，$p < 0.01$，$\eta^2 = 0.03$），即四年级儿童在共情上的得分显著高于七年级儿童；②儿童留守状态主效应显著（$F_{(1,664)} = 5.60$，$p < 0.05$，$\eta^2 = 0.01$），即留守儿童在共情上的得分显著高于非留守儿童；③年级与儿童留守状态的交互作用显著（$F_{(1,664)} = 5.47$，$p < 0.05$，$\eta^2 = 0.01$）。进一步简单效应分析表明，对四年级儿童来说，留守状态在共情上的差异显著（$F_{(1,195)} = 7.17$，$p < 0.01$，$\eta^2 = 0.04$），即四年级留守儿童在共情上的得分显著高于四年级非留守儿童；对七年级儿童来说，不同留守状态在共情上的差异并不显著（$F_{(1,469)} = 0.01$，$p > 0.05$）；④年级与性别的交互作用显著（$F_{(1,664)} = 12.22$，$p < 0.01$，$\eta^2 = 0.02$），进一步简单效应分析表明，对四年级儿童来说，性别差异并不显著（$F_{(1,195)} = 1.17$，$p > 0.05$）；对七年级儿童来说，性别在共情上的差异显著（$F_{(1,469)} = 18.78$，$p < 0.01$，$\eta^2 = 0.04$），即女生在共情上的得分显著高于男生；⑤其他主效应或交互作用均不显著（$p > 0.05$）。

（3）感恩

对感恩来说，①年级差异显著（$F_{(1,657)} = 16.75$，$p < 0.01$，$\eta^2 = 0.03$），即四年级儿童在感恩上的得分显著高于七年级儿童；②年级与儿童留守状态交互作用显著（$F_{(1,657)} = 3.86$，$p < 0.05$，$\eta^2 = 0.01$），即四年级留守儿童在感恩上的得分显著高于四年级非留守儿童，而七年级非留守儿童在感恩上的得分显著高于七年级留守儿童；③年级与性别交互作用显著（$F_{(1,657)} = 5.53$，$p < 0.05$，$\eta^2 = 0.01$）；④其他主效应或交互作用均不显著（$p > 0.05$）。

（4）责任感

对责任感来说，①年级差异显著（$F_{(1,564)} = 105.67$，$p < 0.01$，$\eta^2 = 0.16$），即四年级儿童在责任感上的得分显著高于七年级儿童；②年级与儿童留守状态的交互作用显著（$F_{(1,564)} = 6.01$，$p < 0.01$，$\eta^2 = 0.01$）。进一步简单效应分析表明，对四年级儿童来说，留守状态在责任感上差异显著（$F_{(1,145)} = 4.41$，$p < 0.05$，$\eta^2 = 0.02$），即四年级留守儿童在责任感上的得分显著高于四年级非留守儿童；对七年级儿童来说，留守状态在责任感上差异也显著（$F_{(1,419)} = 3.76$，$p < 0.05$，$\eta^2 = 0.01$），但非留守儿童责任感的得分显著高于留守儿童；③其他主效应或交互作用均不显著（$p > 0.05$）。

（5）马基雅维利主义

对马基雅维利主义来说，①年级差异显著（$F_{(1,499)} = 107.55$，$p < 0.01$，$\eta^2 = 0.18$），成对比较表明，七年级儿童在马基雅维利主义上的得分显著高于四年级儿童；②年级与性别的交互作用显著（$F_{(1,499)} = 12.54$，$p < 0.01$，$\eta^2 = 0.03$）。进一步简单效应分析表明，对七年级儿童来说，性别差异显著（$F_{(1,357)} = 7.58$，$p < 0.01$，$\eta^2 = 0.04$）。成对比较发现，七年级男生在马基雅维利主义上的得分显著高于七年级女生；对四年级儿童来说，性别差异也显著（$F_{(1,142)} = 7.99$，$p < 0.01$，$\eta^2 = 0.05$），即四年级女生在马基雅维利主义上的得分显著高于四年级男生；③年级与儿童留守状态的交互作用显著（$F_{(1,499)} = 3.96$，$p < 0.05$，$\eta^2 = 0.01$）。进一步简单效应分析表明，对四年级儿童来说，不同留守状态在马基雅维利主义上差异显著（$F_{(1,142)} = 5.23$，$p < 0.05$，$\eta^2 = 0.04$），成对比较表明，非留守儿童在马基雅维利主义上的得分显著高于留守儿童；对七年级儿童来说，不同留守状态差异并不显著（$F_{(1,357)} = 0.11$，$p > 0.05$）；④其他主效应或交互作用均不显著（$p > 0.05$）。

（6）冷漠无情

对冷漠无情来说，①年级差异显著（$F_{(1,627)} = 29.46$，$p < 0.01$，$\eta^2 = 0.05$），成对比较表明，七年级儿童在冷漠无情上的得分显著高于四年级儿童；②年级与性别的交互作用显著（$F_{(1,627)} = 10.69$，$p < 0.01$，$\eta^2 = 0.02$）。进一步简单效应分析表明，对四年级儿童来说，四年级女生在冷漠无情上的得分显著高于四年级男生（$F_{(1,175)} = 3.15$，$p < 0.05$，$\eta^2 = 0.04$）；对于七年级儿童来说，七年级男生在冷漠无情上的得分显著高于七

年级女生（$F_{(1,451)} = 10.80$，$p < 0.01$，$\eta^2 = 0.02$）；③其他主效应或交互作用均不显著（$p > 0.05$）。

四　农村留守儿童品格特质发展总体状况

研究发现，随着时间的推移，儿童在自我控制、共情、感恩和责任感上的发展似乎有下降的趋势，尤其是在 T2 到 T3；而对于马基雅维利主义和冷漠无情两种不良品格，T3 在 T1 的基础上有明显的增加。从时间与年级的交互作用来看，四年级儿童的自我控制在三个时间点之间没有显著变化，但对七年级儿童有明显的下降；而七年级儿童在冷漠无情上的发展截然相反，随着时间有明显的增加。这一结果可能在一定程度上支持了人格发展的中断假说（Disruption Hypothesis）[1]。

中断假说认为，从童年期到青春期，个体在生理、社会和心理方面的转变也伴随着积极人格特质的暂时性下降。该假设已得到横断研究、追踪研究和元分析的验证。例如，Soto 等采用了超过一百万被试提供的关于人格的自我报告，结果发现，宜人性、责任感和开放性的平均水平从童年晚期到青春期早期有所下降，而在青春期晚期到成人初期迅速下降，最后从成人初期到中年之间则是逐渐下降[2]。Götz 等发现马基雅维利主义在儿童后期向青春期过渡的过程中呈强烈的上升趋势，并在此期间达到高峰；在整个成年期，这一数字呈稳步下降趋势，在 65 岁时达到最低水平；在整个生命周期中，男性和高收入参与者的马基雅维利主义倾向更高[3]。与马基雅维利主义相比，和蔼可亲的年龄趋势和自觉性的年龄趋势几乎呈现出完全相反的模式。恶意人格的年龄趋势符合既定规范的变化模式，显示出青春期的暂时性中断和成年后的

① Brandes C M., Kushner S C, Herzhoff K., et al., "Facet-level Personality Development in the Transition to Adolescence: Maturity, Disruption, and Gender Differences", *Journal of Personality and Social Psychology*, 121 (5), 2021, pp. 1095–1111; Soto C. J., & Tackett J. L., "Personality Traits in Childhood and Adolescence: Structure, Development, and Outcomes", *Current Directions in Psychological Science*, 24 (5), 2015, pp. 358–362.

② Soto C. J., John O. P., Gosling S. D., et al., "Age Differences in Personality Traits from 10 to 65: Big Five Domains and Facets in a Large Cross-sectional Sample", *Journal of Personality & Social Psychology*, 100 (2), 2011, pp. 330–348.

③ Götz F. M., Bleidorn W., & Rentfrow P. J., "Age Differences in Machiavellianism across the Life Span: Evidence from a Large-scale Cross-sectional Study", *Journal of Personality*, 88 (5), 2020, pp. 978–992.

社会成熟。

从特定的品格特质来说，本章发现，四年级儿童在自我控制上的得分显著高于七年级儿童。这可能是因为七年级儿童比四年级儿童经历了更多的消极事件，这些消极事件可能会阻碍他们自我控制的发展。同时，与七年级儿童相比，四年级儿童在感恩上的性别差异显著，这可能是因为男生大多认为感恩是弱势情感，所以减少了在人际交往中的表达；另外，女生中存在更少的同伴欺凌行为，这或许会导致更高水平的感恩[①]。冷漠无情上的评分也存在明显的年级和年龄差异，这与以往研究结果一致。Essau 等发现，15—16 岁组的青少年在冷漠无情上的得分明显高于 13—14 岁和 17—18 岁这两个年龄段[②]。这种与年龄相关的变化模式与这些特征规范水平的发展变化是一致的。此外，在青春期初期和中期，一定程度的叛逆心理和反社会态度也是很常见的，但在青春期后期会逐渐下降。

时间、年级与儿童留守状态在感恩上交互作用显著。具体来说，四年级留守儿童在 T2 时间点上（即五年级时）得分最高，在四年级和六年级差异并不显著；四年级非留守儿童以及七年级留守/非留守儿童在三个时间点上差异均不显著。在其他五种品格特质上，儿童留守状态的影响并不明显。这似乎表明，在多种不同的品格特质上，农村留守儿童与非留守儿童仅在感恩的发展上存在显著的不同。小学阶段，农村留守儿童随着年龄的增长和心理的成熟，愈发体会到父母外出务工的艰辛和监护人照顾的辛劳，因而心怀感恩[③]，我们的访谈研究也发现了同样的结果（具体见本书第二章）。但青春期的到来似乎打断了这种增长，或者说被青春期出现的心理冲突和矛盾所掩蔽，感恩之情随之下降。因此，家长和教师应通过多元的途径，如采用主题活动、发挥榜样示范、参与公益活动、撰写感恩日记等，帮助儿童尤其是留守儿童养成良好的感恩品质。

---

① García-Vázquez F. I., Valdés-Cuervo A. A., & Parra-Pérez L. G., "The Effects of Forgiveness, Gratitude, and Self-control Reactive and Proactive Aggression in Bullying", *International Journal of Environmental Research and Public Health*, 17 (16), 2020, pp. 57–60.

② Essau C. A., Sasagawa S., & Frick, P. J., "Callous-Unemotional Traits in a Community Sample of Adolescents", *Assessment*, 13, 2006, pp. 454–469.

③ 张更立：《农村留守儿童孤独感与社会适应的关系：感恩的中介作用》，《教育研究与实验》2017 年第 3 期。

尽管留守是儿童成长中的不利处境，但留守儿童在品格特质上的表现并不必然比非留守儿童差，甚至在某些特质上表现更好。从 T1、T2 和 T3 三个时间点来看，四年级留守儿童在自我控制、共情、责任感、感恩上的发展显著好于非留守儿童，马基雅维利主义上的得分显著低于非留守儿童；而七年级留守儿童在自我控制、共情及马基雅维利主义上的得分与非留守儿童相比差异并不显著，但在责任感与感恩上的得分却显著低于非留守儿童。这提示我们，留守儿童并不是问题儿童，他们的发展并不必然会因为父母（或一方）外出打工，无法陪伴在身边而受到不良影响。但另一方面，我们也要意识到，留守儿童与非留守儿童在四年级和七年级的发展差异是有明显不同的。这意味着，儿童到达青春期时，其良好的品格可能会受到影响。未来纵向研究需要从更长时程、更短追踪间隔来考察品格的发展，以澄清品格核心成分的变化情况及稳定性，尤其是从学龄期（小学）到青少年期（初中）的转折阶段。

第三节　农村留守儿童品格类别转变的特点

基于前人关于留守儿童人格的实证研究及品格相关理论的思考，本章选取了多种具体的品格特质，运用潜在剖面分析和潜在转变分析的统计方法，考察农村留守儿童与非留守儿童潜在品格类别的发展轨迹，这种分析方法为对品格进行系统和比较研究提供了良好的开端。基于此，我们深入挖掘采集的纵向数据，对农村留守儿童品格类别及时间节点变化予以更为深刻、详尽的分析，考察不同类别农村留守儿童品格在不同时间点的稳定性和发展变化情况。在本章中，以父母（或一方）外出打工至少 6 个月作为留守儿童的界定标准时，不同品格潜在类别之间的转变人数较少甚至为 0，因此在后面的分析中，研究者也以父母（或一方）是否外出打工作为界定留守儿童的标准，从而对两种界定标准进行比较。

一　各品格特质潜在类别数的确定

为探索各品格特质的潜在类别，以研究对象在各具体品格变量上得分的平均分标准化后作为外显变量，建立潜在剖面模型。分别将品格特质的潜在类别依次分成 1 类别、2 类别、3 类别、4 类别和 5 类别，从类别数为 1 的基准模型开始，对品格特质进行潜在剖面分析的模型拟合性估计。因为本书有三次测量的数据，也会考虑三次结果的一致性。

（一）潜在类别分析的结果

三次测试数据的潜在剖面分析模型拟合度结果见表5-6。

表5-6 农村儿童品格的潜在剖面分析模型拟合情况

潜在类别个数		AIC	BIC	aBIC	LMRT (p)	BLRT (p)	Entropy	最小亚组占比
T1	1	13832.78	13890.58	13852.47	—	—	—	—
	2	13036.01	13127.52	13067.18	< 0.01	< 0.01	0.72	44.7%
	3	12833.45	12958.45	12875.88	0.22	< 0.01	0.79	7.2%
	4	12752.23	12911.18	12806.38	0.21	< 0.01	0.76	3.8%
	5	12683.06	12875.53	12748.50	< 0.01	< 0.01	0.74	2.2%
T2	1	13302.10	13359.70	13321.59	—	—	—	—
	2	12355.34	12446.54	12386.20	< 0.01	< 0.01	0.73	51.1%
	3	12048.53	12173.32	12090.76	< 0.01	< 0.01	0.77	20.8%
	4	11950.15	12108.56	12003.76	< 0.05	< 0.01	0.73	4.8%
	5	11886.23	12078.03	11951.02	0.32	< 0.01	0.72	0.2%
T3	1	14077.71	14235.18	14097.07	—	—	—	—
	2	13089.78	13180.77	13120.43	< 0.01	< 0.01	0.74	41.1%
	3	12803.86	12928.37	12845.80	< 0.01	< 0.01	0.78	17.6%
	4	12736.59	12894.62	12789.82	0.46	< 0.01	0.76	2.4%
	5	12680.20	12871.73	12744.69	0.48	< 0.01	0.75	2.3%

综合以上标准，从模型拟合度分析，三个时间点的分类结果我们均取三类别模型。在T1，根据拟合指标，AIC、BIC和aBIC随着类别数目的增加逐渐下降，当模型达到三类别时，AIC、BIC和aBIC的下降程度较高，且Entropy值较大。当模型达到四类别和五类别时，AIC、BIC和aBIC虽然有所下降，但是在四类别和五类别模型中，最小亚组包含的样本量过小，有1类别所占比例小于5%。综合多方面考虑，在T1时最终确定三类别模型为最佳模型。

在 T2 时，AIC、BIC 和 aBIC 随着类别数目的增多不断减少，模型达到三类别时，Entropy 值较大，达到四类别、五类别时，最小亚组包含的样本量太少（< 5%），最终选择三类别为 T2 时的最佳拟合模型。同样，在 T3 时三类别模型拟合最好。综合模型的一致性、简洁性与实用性，本研究选择三类别潜在剖面模型。

（二）潜在类别的命名及特征

确定了三类别潜在剖面分析模型作为最终模型后，接下来对三个时间点的结果做深入分析，以描述和命名不同品格的类别模式。自我控制、共情、感恩、责任感、马基雅维利主义和冷漠无情六个因素作为外显反应指标变量，以上六个项目的得分是进行类别命名的重要统计值，它指出每一类个体使用每一个项目的程度，3 类别模型在 T1、T2 和 T3 各项目上的得分情况如图 5-17 到图 5-19 所示，三种类别模式的指标特征见表 5-7。

结合图表可知，农村儿童按品格特质的不同而划分的 3 个潜在类别中，在 T1、T2 和 T3 时间点，类别 C1 在马基雅维利主义和冷漠无情的得分大幅高于 C2 和 C3，而在自我控制、共情、感恩和责任感的得分显著低于 C2 和 C3。这说明 C1 类别的儿童马基雅维利主义水平最高，更加冷漠，自制力差，不能站在他人角度看问题，不太懂得感恩，社会责任感较差。可将其命名为"低品格组"。

类别 C3 在自我控制、共情、感恩和责任感的得分均高于类别 C1 和 C2，而马基雅维利主义和冷漠无情的得分比 C1 和 C2 显著降低，可将其命名为"高品格组"。类别 C2 在自我控制、共情、感恩、责任感、马基雅维利主义及冷漠无情上的得分均介于 C1 和 C3 之间。因此，可将 C2 命名为"中间组"。

在三次测试中，自我控制、共情、感恩、责任感、马基雅维利主义和冷漠无情以大约 1.5 个标准差（SDs）及以上将低品格组和高品格组区分开。这一结果表明，有道德的个体有更强的自我控制能力、善于抵制诱惑、体谅他人、富有同情心、懂得感恩、社会责任感强。而且他们尊重和信任他人，不擅长欺骗和操纵，关爱和负责。基于最有可能的潜在类别组，将个体分成不同的组别，研究者可以考察所属类别的预测因素及影响结果。

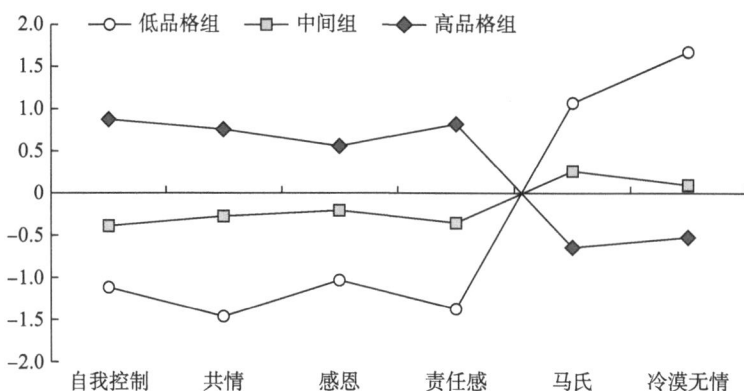

图 5-17　T1 六种品格特质在三类别模型上的得分

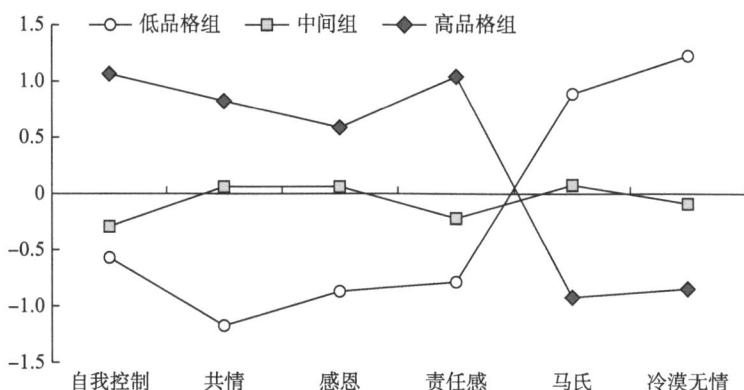

图 5-18　T2 六种品格特质在三类别模型上的得分

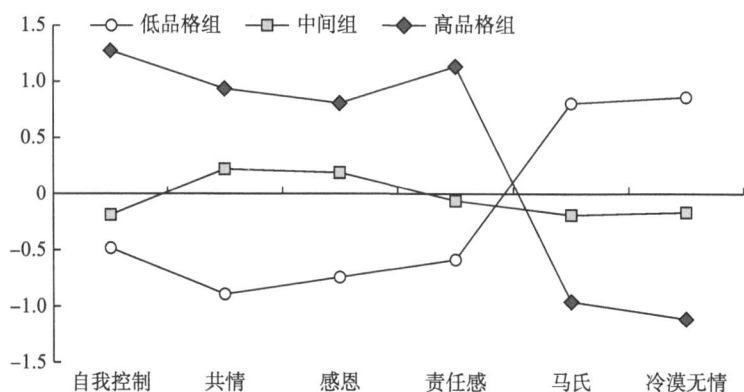

图 5-19　T3 六种品格特质在三类别模型上的得分

表5-7呈现了在三个不同的时间点,低品格组、中间组和高品格组分别在六种不同品格特质上的平均分和标准差。

表5-7 三种不同品格类别模式的指标特征

变量			自我控制	共情	感恩	责任感	马基雅维利主义	冷漠无情
T1	C1 (N=69)	M	2.86	3.06	3.74	2.58	2.74	2.47
		SD	0.23	0.23	0.61	0.35	0.18	0.14
	C2 (N=531)	M	3.33	3.81	4.47	3.41	2.34	1.76
		SD	0.23	0.23	0.61	0.35	0.18	0.14
	C3 (N=313)	M	4.14	4.45	5.16	4.36	1.90	1.48
		SD	0.23	0.23	0.61	0.35	0.18	0.14
T2	C1 (N=196)	M	3.01	3.23	3.80	3.01	2.67	2.51
		SD	0.25	0.22	0.66	0.38	0.15	0.14
	C2 (N=483)	M	3.18	4.04	4.68	3.47	2.27	1.79
		SD	0.25	0.22	0.66	0.38	0.15	0.14
	C3 (N=219)	M	4.08	4.53	5.16	4.52	1.76	1.39
		SD	0.25	0.22	0.66	0.38	0.15	0.14
T3	C1 (N=291)	M	2.94	3.23	3.81	3.04	2.66	2.60
		SD	0.25	0.22	0.58	0.41	0.14	0.19
	C2 (N=438)	M	3.12	3.94	4.69	3.46	2.19	1.96
		SD	0.25	0.22	0.58	0.41	0.14	0.19
	C3 (N=159)	M	4.08	4.39	5.25	4.40	1.82	1.37
		SD	0.25	0.22	0.58	0.41	0.14	0.19

二 农村留守儿童潜在转变分析结果

(一)潜在品格类别在三个时间点的潜在状态概率

在进行潜在转变分析前,首先呈现三个时间点上三种品格潜在类别中被试的比例,见表5-8。结果显示,在三个时间点上,"中间组"占有最大量的被试,在T1,C1低品格组占比最小,而在T3,C3高品格组占比最少。三组的相对比例均处于变化中，具体来说，C1 低品格组的比例在逐渐增加，C3 高品格组的比例在逐渐减少，C2 中间组的比例也在有所下降。

表 5-8　T1、T2 和 T3 的潜在状态概率

类别	T1	T2	T3
C1	0.08	0.22	0.33
C2	0.58	0.54	0.49
C3	0.34	0.24	0.18

接下来，我们进一步考察了留守儿童和非留守儿童在三个时间点上三种品格潜在类别中被试的比例，见表 5-9。

1. 以父母（或一方)外出打工至少半年作为留守的界定标准

由表 5-9 可知，对农村留守儿童（LBC6）来说，在 T1 和 T2 时间点，C1 低品格组占比最小，C2 中间组占比最大；在 T3 时间点，C2 中间组占比最大；三组的相对比例均处于不断变化中。具体来说，C1 低品格组的比例从 T1 的 10.1%分别增至 T2 和 T3 的 20.7%和 33.1%，C2 中间组和 C3 高品格组随时间不断下降。对非留守儿童来说，在三个时间点上，C2 中间组占比最大，但随时间有所下降；C3 高品格组不断下降；而 C1 低品格组不断增加。

2. 以父母（或一方)外出打工作为留守的界定标准

结果显示，对农村留守儿童（LBC0）来说，在 T1 和 T2 时间点，C1 低品格组占比最小，C2 中间组占比最大；在 T3 时间点，C3 高品格组占比最小；三组的相对比例均处于变化中，具体来说，在三个时间点，C1 低品格组占比逐渐增加，而 C2 中间组和 C3 高品格组的比例则在逐渐下降。对父母从未外出打工的非留守儿童来说，在 T1 时间点上，C1 低品格组占比最小，而 C2 中间组占比最大；在 T3 时间点上，C2 中间组占比最大，C3 高品格组占比最小；三组的比例也在不断变化中，具体来说，C1 低品格组一直处于不断增加，C2 中间组和 C3 高品格组则是在不断下降。

表 5-9　留守儿童/非留守儿童在 T1、T2 和 T3 时间点的潜在状态概率

界定标准	儿童群体	类别	时间点 1	时间点 2	时间点 3
父母（或一方）外出打工至少 6 个月	留守儿童（LBC6）	C1	10.1%	20.7%	33.1%
		C2	51.5%	44.4%	42.0%
		C3	38.5%	34.9%	24.9%
	非留守儿童（NLBC6）	C1	10.7%	23.3%	37.0%
		C2	59.9%	53.3%	48.1%
		C3	29.4%	23.3%	14.8%
以父母（或一方）外出打工	留守儿童（LBC0）	C1	11.6%	22.3%	38.6%
		C2	56.6%	50.5%	43.4%
		C3	31.8%	27.3%	18.0%
	非留守儿童（NLBC0）	C1	9.7%	23.6%	34.2%
		C2	60.0%	52.5%	50.3%
		C3	30.2%	23.8%	15.5%

　　为了更清晰地了解以父母（或一方）外出打工以及外出打工至少 6 个月作为留守儿童界定标准时，三种潜在类别在 T1、T2 和 T3 三个时间点的概率分布情况，我们分别以两种界定标准下的农村留守儿童和非留守儿童在三种潜在类别的概率作图。由图 5-20 和图 5-21 可知，留守儿童的界定标准不同，品格的三种潜在类别随时间变化的趋势大致相同。

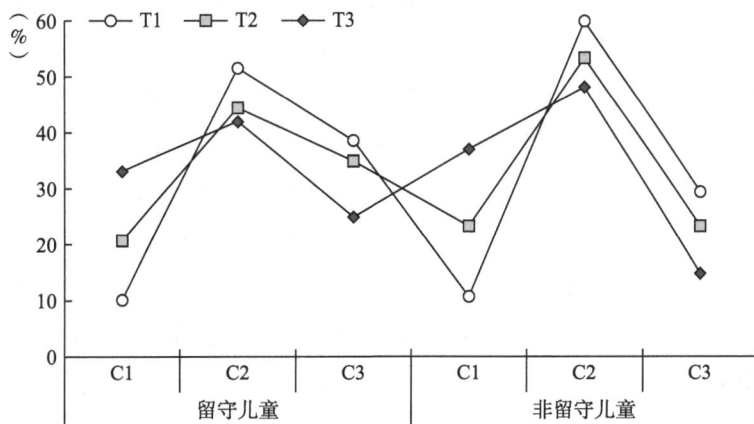

图 5-20　儿童不同留守状态下（LBC6 vs. NLBC6）三种品格潜在类别随时间的变化

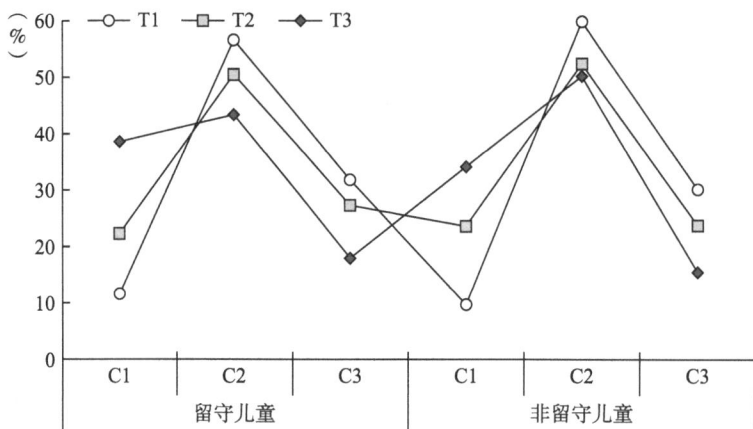

图 5-21 儿童不同留守状态下（LBC0 vs. NLBC0）三种品格潜在类别随时间的变化

（二）农村留守儿童品格潜在转变分析结果

以不添加任何协变量的潜在转变模型来分析三种品格类型的变化状况。LTA 分析的基础是条件概率，能够展现三类品格类型在不同时间点的变化情况，表 5-10 和表 5-11 列出了 LTA 的条件概率结果。从结果可以看出，低品格组、中间组和高品格组的稳定性都比较高，三组在 T1 到 T2 时间点留在原组的比率分别是 77.4%、72.8% 和 77.1%，T2 到 T3 时间点分别是 86.7%、71.8% 和 63.4%。结合两次转变来看，低品格组的儿童很有可能留在低品格组，并且这种比率似乎有增加的趋势；高品格组的儿童留在原组的比率有下降的趋势。品格不同类别间的转变模式主要为：低品格组向高品格组转变，T1 到 T2 转变概率为 5.4%，T2 到 T3 转变概率分别为 0.5%；高品格组向中间组转变，T1 到 T2 转变概率是 22.9%，T2 到 T3 是 27.3%。此外，中间组更有可能向低品格组转变，从 T1 到 T2 以及从 T2 到 T3 的转变概率分别是 25.2% 和 27.1%。结合三个时间点、两次转变来看，当中间组发生转变时，更有可能转向低品格组，而非高品格组；高品格组更可能向中间组转变，但中间组难以转向高品格组；高、低品格组相互转变的概率都很低。

表 5-10　T1 到 T2 潜在转变概率

时间点 1	时间点 2		
	低品格组	中间组	高品格组
低品格组	77.4%	17.2%	5.4%
中间组	25.2%	72.8%	1.9%
高品格组	0	22.9%	77.1%

表 5-11　T2 到 T3 潜在转变概率

时间点 2	时间点 3		
	低品格组	中间组	高品格组
低品格组	86.7%	12.8%	0.5%
中间组	27.1%	71.8%	1.1%
高品格组	9.3%	27.3%	63.4%

基于最优潜在类别模型对个体在三个时间点进行分类，结果表明，三个时间点均处于低品格组的被试共 68 人（占 7.7%），均处于中间组的被试共 271 人（占 30.6%），均处于高品格组的被试共 135 人（占 15.2%）。也就是说，在三个时间点，有 53.5% 的被试处于稳定状态，均在同一品格类别组。同时，有 46.5% 的被试在三个时间点之间发生了流动，例如，有 102 人（11.5%）在 T1 和 T2 处于中间组，但 T3 转变成了低品格组；108 人（12.2%）在 T1 处于中间组，但 T2 转变成了低品格组，T3 仍处于低品格组；59 人（6.7%）在 T1 和 T2 位于高品格组，而在 T3 变成了中间组；也有 46 人（5.2%）在 T1 位于高品格组，而在 T2 转变成了中间组，T3 人留在中间组。因此，通过潜在转变分析这种以人为中心的统计方法，可以关注个体在品格类别上的变动，很好地呈现个体品格的变化模式。

接下来，我们分别以父母（或一方）外出打工或外出打工至少 6 个月作为留守儿童的界定标准，探讨农村留守儿童和非留守儿童两个群体品格类别的转变情况。

1. 以父母（或一方）外出打工至少 6 个月作为留守儿童的界定标准

表 5-12、表 5-13 列出了两种留守儿童界定标准下，农村留守儿童和非

留守儿童潜在转变分析的条件概率结果。当以父母（或一方）外出打工至少6个月作为留守儿童的界定标准时，从结果可以看出，对农村留守儿童来说，低品格组、中间组和高品格组在T1到T2稳定性都比较高，分别是82.4%、75.9%和89.2%；但在T2到T3，中间组和高品格组留在原组的比率只有66.7%和67.8%，低品格组留在原组的概率仍达到85.7%。结合两次转变来看，低品格组的儿童很有可能留在低品格组；中间组和高品格组的儿童随着时间的推移留在原组的比率明显下降。农村留守儿童在品格的不同类别中也存在一定的发展变化。由表5-12、表5-13可知，不同类别间的转变模式主要为：低品格组向中间组转变，T1到T2时间点以及T2到T3时间点的转变概率分别为11.8%和14.3%；中间组在T1到T2时间点向低品格组转变，转变概率是24.1%。此外，在T2到T3时间点，高品格组有27.1%的被试转变为中间组，而中间组也有30.7%的被试转变为低品格组。结合三个时间点、两次转变来看，留守儿童的品格在T1到T2时间点相对稳定，而在T2到T3时间点容易发生波动，尤其是对于处在中间组和高品格组的留守儿童，更可能向下转变，即分别转到低品格组和中间组。

对非留守儿童来说，低品格组、中间组和高品格组在T1到T2时间点的稳定性相似，留在原组的比率分别是75.7%、72.1%和72.5%，但在T2到T3时间点，高品格组留在原组的比率仅有61.1%，低品格组和中间组留在原组的比率分别达到86.4%和72.4%。结合两次转变来看，低品格组和中间组的儿童很有可能留在原组；高品格组的儿童随着时间的推移留在原组的比率下降。非留守儿童在品格的不同类别中也存在一定的发展变化。由表5-12、表5-13可知，不同类别间的转变模式主要为：低品格组在T1到T2时间点以及T2到T3时间点向中间组转变，转变概率为18.9%和13.0%；高品格组向中间组转变，T1到T2时间点以及T2到T3时间点的转变概率分别是27.5%和27.8%。此外，中间组在T1到T2时间点有25.5%的被试转变为低品格组，在T2到T3时间点这一比率为26.8%；同时高品格组在T2到T3时间点也有11.1%的被试转变为低品格组。结合三个时间点、两次转变来看，在两次转变中，保留在低品格和中间组的概率较为稳定，但高品格组在第二次转变时留在原组的概率降低；低品格组和中间组可以相互转变；高品格组倾向于向中间组转变，并在第二次转变时，也会向低品格组转变。

2. 以父母（或一方）外出打工作为留守儿童的界定标准

当以父母（或一方）外出打工作为留守儿童的界定标准，对农村留守儿童来说，低品格组、中间组和高品格组在 T1 到 T2 时间点稳定性比较高，分别是 79.6%、75.3% 和 82.1%，在 T2 到 T3 时间点，低品格组留在原组的比率是 90.4%，中间组和高品格组留在原组的比率分别是 67.1%、63.5%。结合两次转变来看，低品格组的儿童很有可能留在低品格组，并且这种比率有所增加；高品格组和中间组的儿童随着时间的推移留在原组的比率有较大下降。留守儿童在品格的不同类别中也存在一定的发展变化。如表所示，品格不同类别间的转变模式主要为：低品格组有 18.4% 的被试在 T2 转为中间组，9.6% 在 T3 转为中间组；中间组在 T1 到 T2 时间点、T2 到 T3 时间点转为低品格组的概率分别是 23.0% 和 31.5%；高品格组在 T1 到 T2 时间点转为中间组以及 T2 到 T3 时间点转为低品格组和中间组的概率分别为 17.9%、9.6%、27.0%。结合三个时间点、两次转变来看，留守儿童的品格在 T1 到 T2 时间点相对稳定；但在 T2 到 T3 时间点，尤其是中间组和高品格组波动较大，中间组倾向于向低品格组转变，高品格组向中间组转变，少数转向低品格组。

对非留守儿童（父母从未外出打工）来说，低品格组、中间组和高品格组在 T1 到 T2 时间点留在原组的比率分别是 75.0%、70.6%、71.5%，在 T2 到 T3 这一比率分别变为 83.2%、75.6%、62.0%。结合两次转变来看，低品格组和中间组留在原组的概率增加，高品格组留在原组的概率下降。非留守儿童在品格不同类别中也存在一定的发展变化。如表所示，不同类别间的转变模式主要为：低品格组在 T1 到 T2 时间点以及 T2 到 T3 时间点转为中间组的比率均为 15.9%，中间组在两次转变中转为低品格组的概率分别是 27.2%、23.5%；高品格组在 T1 到 T2 时间点以及 T2 到 T3 时间点转为低品格组的概率分别为 0%、9.3%；中间组在 T1 到 T2 时间点以及 T2 到 T3 时间点转为高品格组的概率分别是 2.2%、0.8%，高品格组 T1 到 T2 时间点以及 T2 到 T3 时间点转为中间组的概率分别为 28.5%、28.7%。结合三个时间点、两次转变来看，非留守儿童的品格在两次转变中，留在低品格组和中间组的概率都有所增加；第二次转变时，留在高品格组的概率有所降低；在两次转变中，低品格组更倾向于向中间组转变，中间组更倾向于向低品格组转变，高品格组更倾向于向中间组转变。

表 5-12 农村留守儿童 T1 到 T2 品格类别潜在转变概率

留守儿童界定标准		时间点 1	时间点 2		
			低品格组	中间组	高品格组
父母（或一方）外出打工至少 6 个月	留守儿童 LBC6	低品格组	82.4%	11.8%	5.9%
		中间组	24.1%	75.9%	0
		高品格组	0	10.8%	89.2%
	非留守儿童 NLBC6	低品格组	75.7%	18.9%	5.4%
		中间组	25.5%	72.1%	2.4%
		高品格组	0	27.5%	72.5%
父母（或一方）外出打工	留守儿童 LBC0	低品格组	79.6%	18.4%	2.0%
		中间组	23.0%	75.3%	1.7%
		高品格组	0	17.9%	82.1%
	非留守儿童 NLBC0	低品格组	75.0%	15.9%	9.1%
		中间组	27.2%	70.6%	2.2%
		高品格组	0	28.5%	71.5%

表 5-13 农村留守儿童 T2 到 T3 品格潜在类别转变概率

留守儿童界定标准		时间点 2	时间点 3		
			低品格组	中间组	高品格组
父母（或一方）外出打工至少 6 个月	留守儿童 LBC6	低品格组	85.7%	14.3%	0
		中间组	30.7%	66.7%	2.7%
		高品格组	5.1%	27.1%	67.8%
	非留守儿童 NLBC6	低品格组	86.4%	13.0%	0.6%
		中间组	26.8%	72.4%	0.8%
		高品格组	11.1%	27.8%	61.1%
父母（或一方）外出打工	留守儿童 LBC0	低品格组	90.4%	9.6%	0
		中间组	31.5%	67.1%	1.4%
		高品格组	9.6%	27.0%	63.5%

续表

留守儿童界定标准		时间点 2	时间点 3		
			低品格组	中间组	高品格组
父母（或一方）外出打工	非留守儿童 NLBC0	低品格组	83.2%	15.9%	0.9%
		中间组	23.5%	75.6%	0.8%
		高品格组	9.3%	28.7%	62.0%

三　品格潜在类别转变模式在不同年级、性别及儿童留守状态上的差异

根据 T1 到 T2 以及 T2 到 T3 品格类别是否发生转变，将不同品格类别组分为 9 种稳定组或转变组（括号内数字分别表示 T1 到 T2 以及 T2 到 T3 留在原组或发生转变的概率）：①一直是中间组（44.2%/36.2%）；②由中间组转变为高品格组（1.5%/1.5%）；③由中间组转变为低品格组（14.1%/13.2%）；④由高品格组转变为中间组（7.3%/6.1%）；⑤一直是高品格组（22.1%/16.3%）；⑥由高品格组转为低品格组（0.2%/3.3%）；⑦由低品格组转变为中间组（2.0%/3.8%）；⑧由低品格组转变为高品格组（0.7%/0.1%）；⑨一直是低品格组（7.9%/19.5%）。本研究重点考察留在低品格组或高品格组、品格变好组及品格变差组的影响因素及在社会适应方面的差异，因此将这 9 组又进一步划分为 5 类：（1）持续低品格组（⑨）；（2）品格变好组（②+⑦+⑧）；（3）品格变差组（③+④+⑥）；（4）持续中间组（①）；（5）持续高品格组（⑤）。具体见表 5-14。接下来，采用非参数检验和卡方分析法进一步考察年级、性别及儿童留守状态对品格潜在类别间转变的影响。

（一）T1 到 T2 不同品格类别转变模式在年级、性别及儿童留守状态上的差异

首先，我们考察了不同年级、性别和儿童留守状态在 T1 到 T2 两个时间点品格类别转变模式上的差异，如图 5-22 所示。结果表明，不同品格类别的年级差异显著（$\chi^2_{(4)}$ = 128.19，$p < 0.01$），即七年级在持续低品格组（9.8/3.4%）、品格变差组（25.8%/11.8%）、持续中间组（48.8%/33.2%）显著高于四年级儿童，但四年级儿童在持续高品格组（44.7%/12.6%）和品格变好组（6.9%/3.0%）显著高于七年级儿童；性别与不同品格类别转变并没有

显著关联（$\chi^2_{(4)}$ = 6.90，$p > 0.05$）；不同品格类别在儿童留守状态（LBC6 vs. NLBC6）上存在显著的差异（$\chi^2_{(4)}$ = 15.76，$p < 0.01$），即留守儿童在持续高品格组的比例（32.5%）显著高于非留守儿童（19.5%）；不同品格类别的转变比率在父母是否外出打工（LBC0 vs. NLBC0）上差异并不显著（$\chi^2_{(4)}$ = 7.73，$p > 0.05$）。

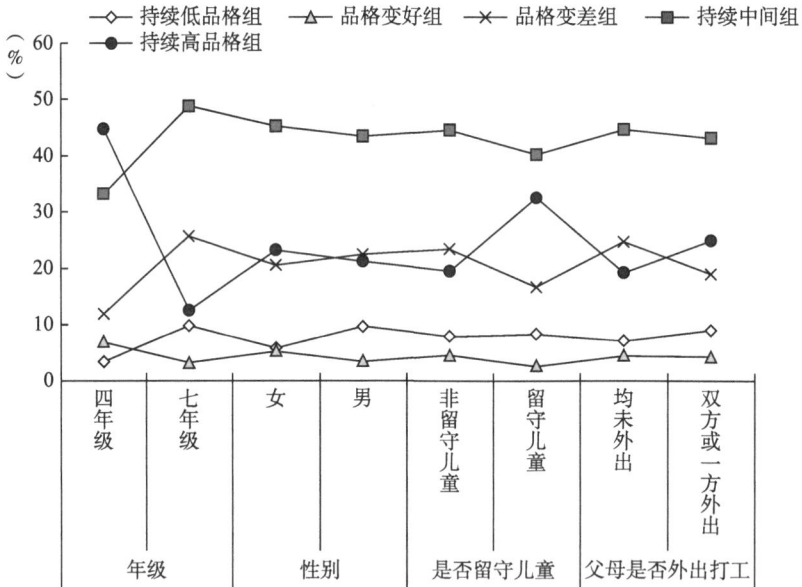

图 5-22　T1 到 T2 不同品格类别转变模式在年级、性别、儿童留守状态上的差异

（是否留守是以父母外出打工至少 6 个月作为留守儿童的界定标准）

接下来，我们进一步计算了年级、性别、儿童留守状态对 T1 到 T2 品格类别转变模式的交互作用。结果发现，①对于四年级儿童（$\chi^2_{(4)}$ = 16.31，$p < 0.01$），留守儿童在品格变差组的比例（4.3%）显著低于非留守儿童（15.6%）；②性别和留守状态（LBC6 vs. NLBC6）与不同品格类别的转变模式之间没有显著关联（$\chi^2_{(4)}$ = 5.68，$p > 0.05$）；③性别和留守状态（LBC0 vs. NLBC0）与不同品格类别的转变模式没有显著关联（$\chi^2_{(4)}$ = 6.65，$p > 0.05$）；④年级和留守状态（LBC6 vs. NLBC6）与不同品格类别的转变模式有显著关联（$\chi^2_{(4)}$ = 15.76，$p < 0.01$），结果如图 5-23 所示。具体表现为四年级非留守儿童在品格变差组的比例（15.6%）显著高于留守儿童（4.3%），

而在持续高品格组的比例（38.9%）显著低于留守儿童（61.4%）；⑤年级和留守状态（LBC0 vs. NLBC0）与不同品格类别的转变模式有显著关联（$\chi^2_{(4)}$ = 10.94，$p < 0.05$），具体表现为，在四年级，留守儿童在品格变差组的比例（7.7%）显著低于非留守儿童（17:2%），留守儿童在持续高品格组的比例（50.3%）显著高于非留守儿童（37.1%）；⑥年级、性别和儿童留守状态（LBC6 vs. NLBC6）三者的交互作用与不同品格类别的转变模式有显著的关联（$\chi^2_{(4)}$ = 11.49，$p < 0.05$），即对四年级男生，留守儿童在持续高品格组的比例（70.0%）显著高于非留守儿童（42.3%）；⑦年级、性别及儿童留守状态（LBC0 vs. NLBC0）三者的交互作用不显著。

（二）T2 到 T3 不同品格类别转变模式在年级、性别及儿童留守状态上的差异

我们考察了不同年级、性别和儿童留守状态在 T2 到 T3 品格类别转变模式的差异，结果见图 5-23。结果表明，①年级对不同品格类别转变模式有显著影响（$\chi^2_{(4)}$ = 123.64，$p < 0.01$），即八年级儿童在持续低品格组（23.8%/9.2%）、持续中间组（39.8%/27.5%）的比例显著高于五年级儿童，但在持续高品格组的比例显著低于五年级儿童（7.8%/36.6%），两个年级在品格变好组、品格变差组上没有显著差异；②性别与不同品格类别转变模式存在显著关联（$\chi^2_{(4)}$ = 13.70，$p < 0.01$），即男生在持续中间组的比例（32.1%）显著低于女生（40.6%），但在持续低品格组的比例（23.5%）显著高于女生（14.8%）；③儿童留守状态（LBC6 vs. NLBC6）对不同品格类别转变模式有显著影响（$\chi^2_{(4)}$ = 12.94，$p < 0.01$），即留守儿童在持续中间组的比例（28.4%）显著低于非留守儿童（38.2%），但在持续高品格组的比例（24.3%）显著高于非留守儿童（14.3%）；④儿童留守状态（LBC0 vs. NLBC0）对不同品格类别的转变模式有显著影响（$\chi^2_{(4)}$ = 11.12，$p < 0.05$），即留守儿童在品格变好组（3.8%）和持续中间组（32.7%）上的比例显著低于非留守儿童（分别为6.8%、39.7%）。

接下来，我们进一步计算了年级、性别、儿童留守状态对 T2 到 T3 品格类别转变的交互作用。结果发现：①性别与年级的交互作用与 T2 到 T3 品格类别转变模式存在显著关联。具体表现为，对五年级儿童，性别与 T2 到 T3

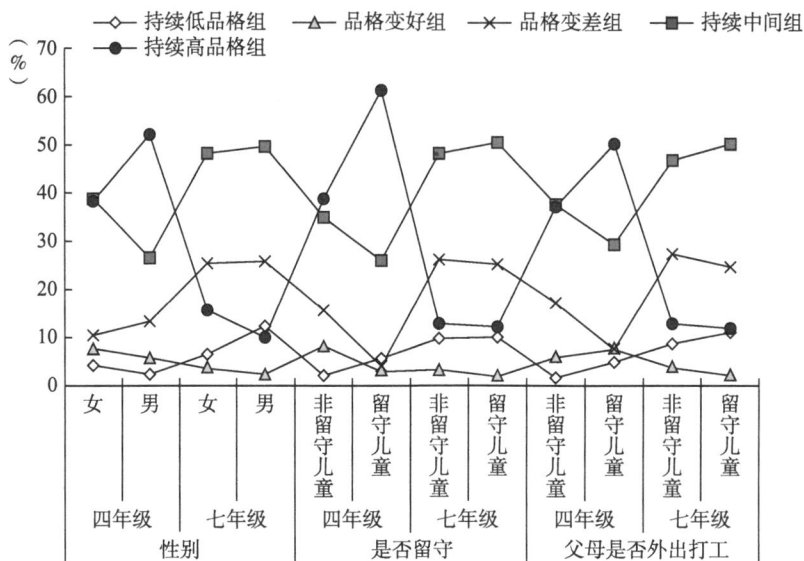

图 5-23 T2 到 T3 不同品格类别转变模式在年级、性别及儿童留守状态上的差异

不同品格类别的转变模式之间并无显著关联，但对八年级儿童，性别与品格类别转变模式有明显关联，即八年级女生在持续低品格组的比例（17.2%）显著低于八年级男生（28.0%），在持续中间组的比例（44.8%）显著高于八年级男生（35.6%）；②性别与儿童留守状态（LBC6 vs. NLBC6）的交互作用与 T2 到 T3 不同品格类别的转变模式存在显著关联（$\chi^2_{(4)}$ = 11.20，p < 0.05），对女生来说，留守状态（LBC6 vs. NLBC6）与不同品格类别的转变模式之间存在显著关联，即非留守女生在持续低品格组的比例（15.0%）显著低于非留守男生（24.1%）；③性别和儿童留守状态（LBC0 vs. NLBC0）与不同品格类别的转变模式之间存在显著关联（$\chi^2_{(4)}$ = 13.55，p < 0.05），即在非留守儿童中，女生在持续低品格组的比例（13.3%）显著低于男生（24.0%）；④年级与儿童留守状态（LBC6 vs. NLBC6）的交互作用与不同品格类别的转变模式之间存在显著关联（$\chi^2_{(4)}$ = 12.94，p < 0.05），具体来说，在五年级中，留守儿童在持续高品格组的比例（48.6%）显著高于非留守儿童（32.8%）；⑤年级与儿童留守状态（LBC0 vs. NLBC0）的交互作用与不同品格类别的转变模式之间不存在显著关联（$\chi^2_{(4)}$ = 7.32，p > 0.05）；⑥年级、性别与儿童留守状态（LBC6 vs. NLBC6）三者的交互作用与不同品格类别的转变模式之间存在显著关联（$\chi^2_{(4)} = 12.97$，$p < 0.05$）。具体来说，在五年级男生中，留守儿童在持续中间组的比例（10.0%）显著低于非留守儿童（29.5%）；⑦年级、性别和儿童留守状态（LBC0 vs. NLBC0）三者的交互作用与不同品格类别转变模式存在显著关联（$\chi^2_{(4)} = 11.03$，$p < 0.05$）。具体来说，在五年级男生中，留守儿童在品格变差组的比例（30.8%）显著高于非留守儿童（9.5%），而在持续中间组的比例（16.7%）显著低于非留守儿童（33.3%）。

表 5-14　不同年级、性别及儿童留守状态在 T1-T2、T2-T3 品格类别
转变模式上的人数（比例）

		年级		性别		是否留守儿童		父母是否外出打工	
		四	七	女	男	非留守儿童	留守儿童	均未外出	双方或一方外出
T1-T2	持续低品格组	9a (3.4%)	61b (9.8%)	25a (5.8%)	44b (9.7%)	55a (7.9%)	14a (8.3%)	32a (7.1%)	38a (9.0%)
	品格变好组	18a (6.9%)	19b (3.0%)	22a (5.1%)	15a (3.3%)	32a (4.6%)	4a (2.4%)	20a (4.4%)	17a (4.0%)
	品格变差组	31a (11.8%)	161b (25.8%)	89a (20.6%)	101a (22.3%)	163a (23.5%)	28a (16.6%)	112a (24.7%)	80b (19.0%)
	持续中间组	87a (33.2%)	305b (48.8%)	195a (45.2%)	196a (43.4%)	309a (44.5%)	68a (40.2%)	202a (44.6%)	182a (43.1%)
	持续高品格组	117a (44.7%)	79b (12.6%)	100a (23.2%)	96a (21.2%)	135a (19.5%)	55b (32.5%)	87a (19.2%)	105b (24.9%)
T2-T3	持续低品格组	24a (9.2%)	149b (23.8%)	64a (14.8%)	106b (23.5%)	138a (19.9%)	30a (17.8%)	85a (18.8%)	86a (20.4%)
	品格变好组	10a (3.8%)	38a (6.1%)	22a (5.1%)	26a (5.8%)	39a (5.6%)	8a (4.7%)	31a (6.8%)	16b (3.8%)
	品格变差组	60a (22.9%)	140a (22.4%)	95a (22.0%)	105a (23.2%)	153a (22.0%)	42a (24.9%)	91a (20.1%)	107a (25.4%)
	持续中间组	72a (27.5%)	249b (39.8%)	175a (40.6%)	145b (32.1%)	265a (38.2%)	48b (28.4%)	180a (39.7%)	138b (32.7%)

续表

		年级		性别		是否留守儿童		父母是否外出打工	
		四	七	女	男	非留守儿童	留守儿童	均未外出	双方或一方外出
T2-T3	持续高品格组	96a (36.6%)	49b (7.8%)	75a (17.4%)	70a (15.5%)	99a (14.3%)	41b (24.3%)	66a (14.6%)	75a (17.8%)
合计		262	625	431	452	694	169	453	422

备注：数字下标相同，表示在此行比率之间没有显著差异，若不同，则表明差异显著。

四　讨论

本节根据三次追踪测试的结果，采用潜在转变分析对农村留守儿童品格特质进行探索并考察其随时间的变化趋势，同时与非留守儿童进行比较，结果表明不同品格潜在类别随时间发生转变且受多种因素的影响。儿童的品格特征确实呈现出明显的群体异质性，可以分为 3 种潜在类别：低品格组、中间组和高品格组。根据 T1 到 T2 时间点以及 T2 到 T3 时间点品格潜在类别是否发生转变，将不同品格类别组分为持续低品格组、品格变好组、品格变差组、持续中间组和持续高品格组；结合三个时间点、两次转变来看，高品格组保持原潜在状态的概率逐渐减少，而低品格组在逐渐增加；中间组更可能转到低品格组，高品格组更可能转到中间组，中间组和低品格组转到高品格组的概率很低；性别、年级、儿童留守状态以及留守标准的界定是品格类别转变的影响因素。

品格呈多维动态发展，体现在个体与其人际、社会文化背景所构建的特定互惠关系中[①]。研究发现，就潜在状态概率而言，低品格组的比例随时间推移不断上升，而高品格组的比例则不断下降。这一现象可以通过人格的中断假说来解释，即从学龄期到青春期，个体在生理、社会和心理上发生转变时，也伴随着积极特质的暂时性下降。从理论层面而言，这一变化趋势可以归因于品格发展的分化理论和关系发展系统理论。根据品格发展的分化理论，在

---

① Lerner R. M., & Callina K. S., "The Study of Character Development: Towards Tests of a Relational Developmental Systems Model", *Human Development*, 57, 2014, pp. 322-346.

低年龄阶段（如四年级），个体的品格结构呈现出相对整体、弥散的状态，品格特质具有显著的全局性特征，使得不同个体在这一阶段的品格差异并不明显；但随着年龄的增长，品格特质呈现出分化和极化的趋势[1]。同时，依据关系发展系统理论，随着时间的推移，个体与环境的互动过程促使个体在认知、情感、行为等诸多方面发生适应性的改变，个体被视为具有自我调节能力、可塑性强的复杂适应系统[2]。在小学阶段，年幼儿童刚发展出连贯的自我意识，对事物的看法相对积极；随着年龄的增长，他们逐渐步入青春期早期，开始探索多种可能的自我特征[3]，这一过程可能导致原有高品格状态的不稳定性。

我们还发现，留守儿童的界定标准不同，留守儿童品格潜在类别随时间的发展转变有所不同。当以父母（或一方）外出打工六个月界定留守儿童时，结果发现，T1 至 T2、T2 至 T3 时间点，留守儿童在持续高品格组的比例显著高于非留守儿童，同时，T2 至 T3 时间点，在持续中间组的比例显著低于非留守儿童。当以父母（或一方）外出打工界定留守儿童时，留守儿童 T2 至 T3 时间点在品格变好组和持续中间组的比例显著低于非留守儿童。当父母（或一方）外出务工超过六个月时，儿童经历了较长时间的家庭角色重构与适应过程。在这一过程中，他们通常由祖父母或其他监护人照料，养育环境相对稳定。同时，由于父母长期不在身边，留守儿童需要承担比同龄非留守儿童更多的责任，例如照顾自己、料理家务、照顾弟弟/妹妹等，这些经历不仅让他们有更多时间适应家庭分离的状态，还促使他们形成更强的责任感和更能关爱他人等品质[4]，进而有助于其品格维持在较高水平。当以父母（或一方）外出务工来界定留守儿童时，儿童的留守经历可能较为短期或不稳定，从而

①　Soto C. J., John O. P., Gosling S. D., et al., "The Developmental Psychometrics of Big Five Self-reports: Acquiescence, Factor Structure, Coherence, and Differentiation from Ages 10 to 20", *Journal of Personality and Social Psychology*, 94（4），2008，pp. 718-737.

②　Lerner R. M., Lerner J. V., et al., "Positive Youth Development and Relational-Developmental-Systems", In W. F. Overton, P. C. M. Molenaar, & R. M. Lerner（Eds.），*Handbook of Child Psychology and Developmental Science: Theory and Method*, John Wiley & Sons, Inc., 2015.

③　Harter S., *The Construction of the Self: Developmental and Sociocultural Foundations*, The Guilford Press, 2012.

④　高永金，张瑜，余欣欣等：《初中留守儿童积极心理品质发展现状调查》，《中国特殊教育》2020 年第 8 期。

带来一定的适应性挑战。在这种情况下，留守儿童可能面临养育环境的频繁变化，且情感支持的不确定性更大，这可能对其品格发展产生干扰，使其品格变好的可能性低于非留守儿童。此外，尤其要注意的是，父母长期外出也可能给孩子带来情感缺失、教育引导不足等问题，对其道德发展产生负面影响。因此，在研究留守儿童的品格发展时，需综合考虑多种因素，以更准确地理解其品格发展的动态变化。

同时，关于品格潜在转变的影响因素，在 T1 向 T2 时间点转变时，性别、年级及儿童留守状态的交互作用显著，进一步分析发现，对于七年级儿童，留守状态对品格类别的转变影响不大，但对四年级儿童，非留守儿童品格变差的趋势大于留守儿童，该差异仅出现在四年级男生群体中。在第一阶段，四年级、非留守男生品格变差的趋势明显更高。虽然父母外出打工，会使留守儿童处于相对不利的处境，但是同样也可能激发儿童自身积极发展的潜能，不会使留守儿童的品格向差的方向发展。相较于小学阶段，中学阶段呈现出了截然不同的发展态势。一方面，根据皮亚杰的认知发展理论，初中生正处于形式运算阶段，他们开始从关注外部规则转向关注内在的道德原则；另一方面，在这一时期，同伴之间的相互影响甚至超过了家庭环境的部分影响。因此，个体在七年级认知发展上的共性及同伴群体的重要作用在一定程度上弱化了留守经历对他们品格变化的影响。同时，有些留守儿童并没有因为亲子分离而出现心理行为问题，甚至某些方面比非留守儿童表现得更为出色[1]。这种品格上的波动也反映了儿童青少年人格发展的复杂性和挑战性，强调了在这一关键时期为儿童青少年提供适当支持和引导的重要性。

基于以上分析，针对不同品格组的儿童采取相应的干预措施具有重要意义。对于低品格组的儿童，应注重早期识别和干预，帮助其建立积极的行为模式；而对于高品格组的儿童，虽然其表现出良好的行为习惯和内在信念，但这些特质尚未完全稳固，容易受到外部环境的负面影响，因此及时识别并强化其优良品格与行为习惯显得尤为重要。此外，无论以何种标准界定留守儿童，留守状态与七年级儿童品格类别的转变没有明显关联，但对四年级儿

---

[1] Zhao X., Fu F., & Zhou L., "The Mediating Mechanism between Psychological Resilience and Mental Health among Left-Behind Children in China", *Children and Youth Services Review*, 110, 2020.

童有明显的影响。换句话说，如果父母（或一方）外出打工，无论外出时间长短，对七年级儿童的影响相较于四年级儿童会减少。在小学阶段，父母高度参与孩子的教育有助于增强其社会功能并减少行为问题①。对年幼儿童来说，父母的陪伴对其健康发展极为关键，不可或缺。基于这一发现，我们建议，若家庭经济状况迫使父母外出打工，应尽量推迟至孩子升入初中之后，以最大限度地减少外出务工对儿童发展的影响。

① Nokali N. E., Bachman H. J., & Votruba-Drzal E., "Parental Involvement and Children's Academic and Social Development in Elementary School", *Child Development*, 81 (3), 2010, pp. 988-1005.

第六章　农村留守儿童品格发展
转变的影响因素

在本书中，我们将品格看作是与道德有关的人格特质，如感恩、自私、共情、责任感、冷漠、谦逊等。关系发展系统理论认为，品格是个体与所处情境交互作用的结果。父母、教师以及社会氛围等环境因素会影响儿童品格特质的发展，某一环境氛围不大可能单独地影响单一特质，因此通过关注不同类型个体的活动轨迹，可以看出是否存在可预测性的模式以及可能面临的潜在身心健康风险。良好的亲子关系、高质量的家庭沟通、积极温暖的家庭氛围和学校氛围等都有利于培养个体良好的品质。在个体成长的过程中，如果可以较好地塑造他们所处的生态环境（例如，家庭、学校、同伴群体以及相应的社会氛围和社会结构），提供促进发展的适宜条件，那么在整个青少年期，个体就有较大可能苗壮成长，并表现出积极健康的发展变化态势[1]。但由于每个个体所接触的父母支持、教师支持、同伴支持以及社会氛围不同，其品格发展会存在较大差异。

由于以变量为中心的研究主要探讨变量之间的关系，重点关注个体间的共性，试图揭示个体间的普遍发展规律，但这一思路在考察个体心理和行为的异质性发展时具有一定的局限性。针对该问题，有研究者提出以个体为中心的研究思路，强调相对可塑性以及"个体↔情境"的相互影响[2]。以个体为中心的研究思路主要针对个体发展过程进行分析，强调关注个体间的差异，

①　Lerner R. M., & Callina K. S., "The Study of Character Development: Towards Tests of a Relational Developmental Systems Model", *Human Development*, 57, 2014, pp. 322-346.

②　Overton W. F., "Processes, Relations, and Relational-Developmental-Systems", in W. F. Overton, P. C. M. Molenaar, & R. M. Lerner (Eds.), *Handbook of Child Psychology and Developmental Science: Theory and Method*, John Wiley & Sons, Inc., 2015.

基于个体差异分析并揭示个体在环境中的积极发展与促进①。总之，个体中心和变量中心两种思路相结合兼顾了个体发展的普遍性和特异性，能够更加深入地揭示和描绘儿童发展中个体与情境的相互作用，从而促进儿童更加积极、健康地发展。

在缺乏父母情感支持和教养监管等因素的作用下，相较于非留守儿童，留守儿童在品格的建立健全方面存在比较大的问题和隐患，这可能对他们的健康成长带来不良后果。因此，近年来社会各界更加关注农村留守儿童品格发展变化的影响因素。根据 T1 到 T2 以及 T2 到 T3 儿童品格潜在类别是否发生转变，将品格类别转变模式分为五类（详见本书第五章）：（1）持续低品格组；（2）品格变好组；（3）品格变差组；（4）持续中间组；（5）持续高品格组。据此，本书在探讨农村留守儿童品格发展特点及品格类别转变的基础上，进一步分析农村留守儿童父母教养方式、亲子互动、亲子冲突、学校氛围、社区氛围等变量与品格潜在类别转变模式的关系，并与非留守儿童进行比较，从而为后续相关研究提供理论指导，并为有关部门制定帮扶政策以及农村留守儿童的长期心理干预提供科学指导依据。

研究目的主要包括：（1）考察父母教养方式、亲子互动、亲子冲突、学校氛围、社区氛围等生态环境变量在不同追踪时间、年级、性别及儿童留守状态上的发展特点；（2）探讨以上生态环境变量对农村留守儿童品格转变类别的影响，并与非留守儿童进行比较。

第一节　研究方法

在纵向研究中，父母教养方式、学校氛围（教师支持、同伴支持）、社区氛围在 T1、T2、T3 均进行了施测，亲子冲突在 T1 和 T3 进行了施测，亲子互动在 T1 和 T2 进行了施测。

---

① Lerner R. M., Agans J. P., Desouza L. M., et al., "Describing, Explaining, and Optimizing within-individual Change across the Life Span: A Relational Developmental Systems Perspective", *Review of General Psychology*, 17 (2), 2013, pp. 179–183.

一　研究对象

请参考本书第五章内容。

二　研究工具

请参考本书第三章内容。

三　数据处理

在数据处理时，主要包括以下步骤：

首先，采用 SPSS 20.0 统计分析软件，对父母教养方式、亲子互动、亲子冲突、学校氛围（教师支持、同伴支持）、社区氛围等生态环境变量的基本特点进行重复测量方差分析，考察其在不同时间（T1、T2 和 T3）、不同年级（四年级和七年级）、不同性别（男生 vs. 女生）及儿童留守状态（采用两种留守儿童界定标准，父母双方或一方外出打工 vs. 父母双方或一方外出打工至少六个月）上存在的差异情况；采用多元方差分析对每一时间点不同生态环境变量的特点进行分析。

其次，考察以上多种生态环境变量与不同品格特质的相关情况。

再次，检验各具体变量的测量不变性，依次对各变量的形态等值模型、弱等值模型和强等值模型进行验证[①]。

最后，分别以本书第五章得到的 T1 转向 T2 以及 T2 转向 T3 时五种品格类别的转变模式为结果变量，将前一时间点的影响因素，如父母教养方式、学校氛围、社区氛围等纳入模型中，采用多元逻辑回归方程对其影响进行分析，从而考察生态环境变量对品格转变类别的影响。

四　共同方法偏差检验

由于采用问卷调查法来收集数据，因此研究结果可能会受到共同方法偏差（Common Method Bias）的影响，所以需要首先进行共同方法偏差检验。根

---

① Wickrama K. K., Lee T. K., O' Neal C. W., et al., *Highe-Order Growth Curves and Mixture Modeling with Mplus: A Practical Guide*, New York, NY: Routledge, 2016.

据前人的研究建议，采用 Harman 单因素分析（Harman's One-factor Test）进行共同方法偏差检验。结果发现，T1/T2/T3 在未旋转时，共生成 15/15/14 个公因子，解释了 47%/53%/60% 的变异，第一个公因子解释的变异量只有16.4%/21.6%/24.5%，小于 40% 的判断标准，说明共同方法偏差不明显。因此，没有进一步采用统计方法对共同方法偏差效应进行控制。

第二节 农村留守儿童所处生态环境的发展特点

儿童是在与周围环境的相互作用和人的交往中不断发展的，儿童的交往对象主要有家庭和家庭外（主要为学校、社区等）两大系统，其中亲子关系、同伴关系和师生关系是儿童主要的社会关系，对其发展起着至关重要的作用。这三种关系的重要性随儿童发展阶段的不同而有所侧重。同时，社区也是儿童和青少年日常活动的重要场所之一，在儿童青少年成长过程中发挥着重要作用。

本节通过考察农村留守儿童感知到的父母教养方式、亲子互动、亲子冲突、学校氛围（教师支持、同伴支持）以及社区氛围等在不同追踪时间、不同年级、不同性别、儿童留守状态上是否存在差异来探究农村留守儿童所处生态环境的特点。

一 各生态环境变量的信度分析

由于研究中各品格特质的信度分析在第五章已完成，因此本部分只呈现各生态环境变量在不同时间点的信度。各变量的信度系数均在 0.70 及以上，如表 6-1 所示。

表 6-1 三个时间点各生态环境变量的信度系数

	T1	T2	T3
父母拒绝	0.87	0.88	0.90
父母情感温暖	0.89	0.92	0.91
父母过度保护	0.75	0.76	0.89
亲子冲突	0.80	—	0.90
亲子互动（家长评）	0.70	0.84	—

	T1	T2	T3
教师支持	0.77	0.84	0.90
同伴支持	0.85	0.88	0.94
社区氛围	0.83	0.88	0.96

二 纵向测量的不变性分析

为了确保父母教养方式、教师支持、同伴支持、亲子互动、亲子冲突、社区氛围等变量可以进行跨时间的比较，因此在本节对测量等价性进行检验。采用 Mplus 7.4 软件对以上变量在 3 个时间点或 2 个时间点上的测量等价性进行验证性因素分析（CFA），结果见表 6-2。由表 6-2 可知，在三个时间点或两个时间点上施测的变量其弱等值检验的拟合结果显示 △CFI 均小于 0.01，表明这些变量的因子载荷等价性成立。参照提出的标准，本书在 3 个或 2 个测量时间点上所使用的父母教养方式量表、学校支持量表、社区氛围量表、亲子冲突量表、亲子互动量表基本满足测量不变性。

表 6-2 各生态环境变量纵向测量不变性检验拟合结果

		χ^2/df	CFI	RMSEA	SRMR	△CFI	AIC	BIC
父母 温暖	形态等值模型	2425.96/753	0.934	0.050	0.038		70809.93	71730.71
	弱等值模型	2484.43/778	0.933	0.049	0.042	0.001	70816.40	71612.49
	强等值模型	2575.66/807	0.931	0.050	0.047		70851.64	71513.45
父母 拒绝	形态等值模型	1142.37/522	0.947	0.036	0.049		65076.45	65939.68
	弱等值模型	1192.02/544	0.945	0.037	0.051	0.002	65082.10	65839.83
	强等值模型	1616.41/571	0.911	0.045	0.073		65452.49	66080.73
父母 过度 保护	形态等值模型	2863.32/1006	0.920	0.045	0.053		89163.35	90208.81
	弱等值模型	2930.91/1036	0.918	0.045	0.053	0.002	89170.93	90072.53
	强等值模型	3073.44/1068	0.913	0.046	0.055		89249.47	89997.60
教师 支持	形态等值模型	400.62/158	0.962	0.041	0.038		38776.21	39227.22
	弱等值模型	434.96/170	0.958	0.042	0.046	0.004	38786.55	39179.98
	强等值模型	565.36/184	0.940	0.048	0.060		38888.96	39215.21

续表

		χ^2/df	CFI	RMSEA	SRMR	△CFI	AIC	BIC
同伴支持	形态等值模型	1415.61/608	0.945	0.039	0.065		67714.84	68727.20
	弱等值模型	1470.42/632	0.943	0.038	0.069	0.002	67721.65	68618.87
	强等值模型	1661.37/658	0.932	0.041	0.075		67860.60	68633.06
社区氛围	形态等值模型	555.24/211	0.966	0.043	0.037		71225.36	71767.14
	弱等值模型	595.63/225	0.964	0.043	0.043	0.002	71237.74	71712.41
	强等值模型	760.45/240	0.949	0.049	0.046		71372.56	71775.31
亲子互动	形态等值模型	232.68/69	0.954	0.052	0.038		19442.00	19679.97
	弱等值模型	246.72/75	0.952	0.052	0.045	0.002	19444.03	19653.44
	强等值模型	268.26/82	0.948	0.051	0.044		19451.60	19627.67
亲子冲突	形态等值模型	28.57/15	0.995	0.032	0.025		9739.40	9925.77
	弱等值模型	47.56/19	0.990	0.041	0.035	0.005	9750.40	9917.65
	强等值模型	71.10/25	0.984	0.046	0.040		9761.93	9900.52

三　农村留守儿童生态环境变量的特点

我们考察了各生态环境变量在不同时间、年级、性别及儿童留守状态上的特点。

（一）各生态环境变量的平均数和标准差

表6-3给出了T1、T2和T3的父母温暖、父母拒绝、父母过度保护、亲子互动、亲子冲突、教师支持、同伴支持及社区氛围的平均数和标准差。

表6-3　不同时间点的各变量在不同年级、性别及儿童留守状态上的均值和标准差

	年级				性别				儿童留守状态				总计	
	4		7		男		女		留守		非留守			
	M	SD	M	SD	M	SD	M	SD	M	SD	M	SD	M	SD
T1父母温暖	3.38	0.65	3.02	0.55	3.11	0.58	3.06	0.59	3.20	0.73	3.05	0.54	3.09	0.58
T2父母温暖	3.34	0.66	3.05	0.56	3.12	0.61	3.09	0.58	3.13	0.68	3.10	0.57	3.06	0.66

	年级				性别				儿童留守状态				总计	
	4		7		男		女		留守		非留守			
	M	SD	M	SD	M	SD	M	SD	M	SD	M	SD	M	SD
T3 父母温暖	3.22	0.75	2.86	0.65	2.99	0.67	2.86	0.68	2.82	0.76	2.95	0.65	2.88	0.69
T1 父母拒绝	1.44	0.49	1.49	0.44	1.54	0.48	1.43	0.40	1.40	0.40	1.50	0.45	1.60	0.53
T2 父母拒绝	1.26	0.23	1.48	0.44	1.50	0.45	1.39	0.38	1.32	0.28	1.47	0.44	1.54	0.53
T3 父母拒绝	1.32	0.31	1.45	0.48	1.50	0.51	1.37	0.39	1.34	0.42	1.45	0.47	1.53	0.54
T1 父母过度保护	2.33	0.50	2.20	0.47	2.30	0.49	2.16	0.45	2.15	0.52	2.24	0.46	2.26	0.44
T2 父母过度保护	2.12	0.31	2.15	0.45	2.21	0.43	2.09	0.42	2.10	0.40	2.15	0.43	2.25	0.46
T3 父母过度保护	2.04	0.36	2.11	0.46	2.17	0.47	2.04	0.41	2.13	0.44	2.10	0.45	2.17	0.46
T1 亲子互动	3.18	0.69	2.57	0.60	2.60	0.65	2.73	0.66	2.76	0.73	2.65	0.64	2.61	0.63
T2 亲子互动	2.90	0.50	2.61	0.63	2.58	0.63	2.72	0.60	2.61	0.69	2.67	0.60	2.62	0.61
T1 亲子冲突	1.20	0.36	1.30	0.38	1.26	0.38	1.31	0.39	1.32	0.45	1.28	0.36	1.34	0.50
T3 亲子冲突	1.08	0.17	1.25	0.40	1.26	0.46	1.19	0.29	1.36	0.62	1.19	0.29	1.28	0.49
T1 教师支持	3.30	0.73	3.08	0.47	3.16	0.54	3.09	0.51	3.12	0.67	3.12	0.49	3.10	0.54
T2 教师支持	3.18	0.63	2.97	0.54	2.99	0.65	3.02	0.47	2.97	0.71	3.01	0.51	3.04	0.60
T3 教师支持	3.20	0.70	2.87	0.57	3.00	0.63	2.86	0.57	2.80	0.67	2.95	0.58	2.90	0.66

续表

	年级				性别				儿童留守状态				总计	
	4		7		男		女		留守		非留守			
	M	SD	M	SD	M	SD	M	SD	M	SD	M	SD	M	SD
T1 同伴支持	3.43	0.55	3.40	0.45	3.36	0.51	3.45	0.43	3.43	0.46	3.40	0.48	3.35	0.48
T2 同伴支持	3.69	0.37	3.41	0.43	3.36	0.48	3.54	0.36	3.54	0.39	3.44	0.44	3.40	0.52
T3 同伴支持	3.64	0.41	3.30	0.48	3.34	0.54	3.37	0.45	3.38	0.42	3.35	0.51	3.30	0.53
T1 社区氛围	5.42	1.50	4.90	1.14	4.97	1.19	5.00	1.25	4.90	1.36	5.01	1.18	5.03	1.21
T2 社区氛围	5.32	1.34	4.74	1.26	4.87	1.41	4.80	1.18	4.98	1.41	4.80	1.26	4.96	1.35
T3 社区氛围	5.52	1.45	4.77	1.25	4.97	1.50	4.83	1.13	4.73	1.37	4.93	1.30	4.81	1.39

（二）主要变量之间的相关分析

对主要预测变量与各品格特质变量的关系进行皮尔逊相关分析。表 6-4 给出了各时间点上主要预测变量与品格变量之间关系的皮尔逊相关分析值。相关分析结果表明：（1）三个时间点的父母温暖之间呈显著正相关，相关系数在 0.34—0.46。T1 父母温暖与 T1、T2 和 T3 的自我控制、共情、感恩及责任感呈显著正相关，相关系数在 0.16—0.41；与 T1、T2 和 T3 的马基雅维利主义及冷漠无情呈显著负相关，相关系数在 -0.30—-0.16。T2 的父母温暖与 T1、T2 和 T3 的自我控制、共情、感恩及责任感呈显著正相关，相关系数在 0.21—0.48；与 T1、T2 和 T3 的马基雅维利主义及冷漠无情呈显著负相关，相关系数在 -0.48—-0.24。T3 的父母温暖与 T1、T2 和 T3 的自我控制、共情、感恩及责任感呈显著正相关，相关系数在 0.24—0.50；与 T1、T2 和 T3 的马基雅维利主义及冷漠无情呈显著负相关，相关系数在 -0.48—-0.14。

（2）三个时间点的父母拒绝之间呈显著正相关，相关系数在 0.26—0.34。

T1 父母拒绝与 T1、T2 和 T3 的自我控制、共情、感恩及责任感呈显著负相关，相关系数在-0.34—-0.12；与 T1、T2 和 T3 的马基雅维利主义及冷漠无情呈显著正相关，相关系数在 0.12—0.32。T2 父母拒绝与 T1、T2 和 T3 点的自我控制、共情、感恩及责任感呈显著负相关，相关系数在-0.30—-0.11；与 T1、T2 和 T3 的马基雅维利主义及冷漠无情呈显著正相关，相关系数在 0.13—0.34。T3 父母拒绝与 T1、T2 和 T3 的自我控制、共情、感恩及责任感呈显著负相关，相关系数在-0.31—-0.13；与 T1、T2 和 T3 的马基雅维利主义及冷漠无情呈显著正相关，相关系数在 0.11—0.40。

（3）三个时间点的教师支持之间呈显著正相关，相关系数在 0.32—0.44。T1 教师支持与 T1、T2 和 T3 的自我控制、共情、感恩及责任感呈显著正相关，相关系数在 0.18—0.54，与 T1、T2 和 T3 的马基雅维利主义及冷漠无情呈显著负相关，相关系数在-0.39—-0.18。T2 教师支持与 T1、T2 和 T3 的自我控制、共情、感恩及责任感均呈显著正相关，相关系数在 0.24—0.51；与 T1、T2 和 T3 的马基雅维利主义及冷漠无情均呈显著负相关，相关系数在-0.54—-0.21。T3 教师支持与 T1、T2 和 T3 的自我控制、共情、感恩及责任感呈显著正相关，相关系数在 0.18—0.48；与 T1、T2 和 T3 的马基雅维利主义及冷漠无情呈显著负相关，相关系数在-0.51—-0.14。

（4）三个时间点的同伴支持之间呈显著正相关，相关系数在 0.37—0.44。T1 同伴支持与 T1、T2 和 T3 的自我控制、共情、感恩及责任感呈显著正相关，相关系数在 0.24—0.52，与 T1、T2 和 T3 的马基雅维利主义及冷漠无情呈显著负相关，相关系数在-0.45—-0.21。T2 同伴支持与 T1、T2 和 T3 的自我控制、共情、感恩及责任感呈显著正相关，相关系数在 0.23—0.52；与 T1、T2 和 T3 的马基雅维利主义及冷漠无情呈显著负相关，相关系数在-0.52—-0.19。T3 同伴支持与 T1、T2 和 T3 的自我控制、共情、感恩及责任感呈显著正相关，相关系数在 0.20—0.51；与 T1、T2 和 T3 的马基雅维利主义及冷漠无情呈显著负相关，相关系数在-0.59—-0.12。

（5）三个时间点的社区氛围之间呈显著正相关，相关系数在 0.27—0.33。T1 社区氛围与 T1、T2 和 T3 的自我控制、共情、感恩及责任感呈显著正相关，相关系数在 0.13—0.50，与 T1、T2 和 T3 的马基雅维利主义及冷漠无情

表 6-4 主要预测变量与品格变量的相关分析

	T1 自我控制	T2 自我控制	T3 自我控制	T1 共情	T2 共情	T3 共情	T1 感恩	T2 感恩	T3 感恩	T1 责任感	T2 责任感	T3 责任感	T1 马氏	T2 马氏	T3 马氏	T1 冷漠无情	T2 冷漠无情	T3 冷漠无情
T1 父母温暖1	0.26**	0.19**	0.16**	0.34**	0.28**	0.20**	0.37**	0.29**	0.20**	0.41**	0.27**	0.18**	-0.30**	-0.25**	-0.18**	-0.28**	-0.29**	-0.16**
T2 父母温暖2	0.29**	0.38**	0.26**	0.31**	0.48**	0.22**	0.33**	0.41**	0.21**	0.37**	0.47**	0.28**	-0.33**	-0.40**	-0.24**	-0.24**	-0.48**	-0.28**
T3 父母温暖3	0.28**	0.26**	0.39**	0.24**	0.26**	0.45**	0.24**	0.26**	0.43**	0.29**	0.31**	0.50**	-0.21**	-0.25**	-0.46**	-0.14**	-0.26**	-0.48**
T1 父母拒绝1	-0.34**	-0.19**	-0.12**	-0.34**	-0.26**	-0.18**	-0.22**	-0.28**	-0.21**	-0.18**	-0.21**	-0.13**	0.32**	0.22**	0.19**	0.17**	0.12**	0.12**
T2 父母拒绝2	-0.26**	-0.26**	-0.18**	-0.23**	-0.30**	-0.18**	-0.15**	-0.29**	-0.16**	-0.11**	-0.21**	-0.18**	0.22**	0.34**	0.23**	0.13**	0.27**	0.15**
T3 父母拒绝3	-0.17**	-0.19**	-0.31**	-0.17**	-0.15**	-0.29**	-0.13**	-0.18**	-0.25**	-0.14**	-0.18**	-0.15**	0.13**	0.22**	0.40**	0.11**	0.15**	0.25**

续表

	T1 自我控制	T2 自我控制	T3 自我控制	T1 共情	T2 共情	T3 共情	T1 感恩	T2 感恩	T3 感恩	T1 责任感	T2 责任感	T3 责任感	T1 马氏	T2 马氏	T3 马氏	T1 冷漠无情	T2 冷漠无情	T3 冷漠无情
T1 父母过度保护	-0.16**	-0.16**	-0.07	-0.15**	-0.18**	-0.10**	-0.11**	-0.22**	-0.08*	-0.02	-0.09*	-0.03	0.13**	0.12**	0.17**	0.03	0.14**	0.10*
T2 父母过度保护	-0.07	-0.08*	-0.04	-0.07	0.004	-0.03	-0.01	-0.04	0.01	0.02	-0.02	-0.05	-0.01	0.09*	0.01	0.07	0.06	0.04
T3 父母过度保护	-0.04	-0.10*	-0.20**	-0.02	-0.01	0.01	-0.02	-0.08*	-0.05	-0.03	-0.08*	-0.01	0.02	0.10*	0.14**	-0.004	0.05	0.01
T1 亲子互动1	0.28**	0.30**	0.27**	0.15**	0.17**	0.11**	0.15**	0.08	0.11**	0.32**	0.28**	0.21**	-0.18**	-0.17**	-0.16**	-0.13**	-0.02	-0.10*
T2 亲子互动2	0.18**	0.24**	0.17**	0.10*	0.18**	0.13**	0.14**	0.14**	0.11**	0.28**	0.26**	0.17**	-0.11*	-0.12**	-0.06	-0.10*	-0.14**	-0.13**
T1 亲子冲突1	-0.25**	-0.23**	-0.23**	-0.18**	-0.15**	-0.09*	-0.13**	-0.25**	-0.14**	-0.25**	-0.22**	-0.16**	0.19**	0.21**	0.15**	0.09*	0.15**	0.14**

续表

	T1 自我控制	T2 自我控制	T3 自我控制	T1 共情	T2 共情	T3 共情	T1 感恩	T2 感恩	T3 感恩	T1 责任感	T2 责任感	T3 责任感	T1 马氏	T2 马氏	T3 马氏	T1 冷漠无情	T2 冷漠无情	T3 冷漠无情
T3 亲子冲突3	-0.14**	-0.17**	-0.28**	-0.10**	-0.10**	-0.11**	-0.03	-0.07	-0.13**	-0.15**	-0.14**	-0.20**	0.13**	0.17**	0.20**	0.07	0.11**	0.11**
T1 教师支持1	0.43**	0.34**	0.27**	0.45**	0.34**	0.18**	0.42**	0.30**	0.26**	0.54**	0.40**	0.28**	-0.39**	-0.29**	-0.23**	-0.35**	-0.31**	-0.18**
T2 教师支持2	0.27**	0.41**	0.35**	0.31**	0.47**	0.28**	0.24**	0.41**	0.27**	0.38**	0.51**	0.33**	-0.35**	-0.46**	-0.30**	-0.21**	-0.54**	-0.34**
T3 教师支持3	0.24**	0.29**	0.41**	0.18**	0.24**	0.47**	0.18**	0.23**	0.44**	0.29**	0.34**	0.48**	-0.26**	-0.25**	-0.45**	-0.14**	-0.27**	-0.51**
T1 同伴支持1	0.47**	0.30**	0.24**	0.52**	0.36**	0.27**	0.41**	0.31**	0.31**	0.45**	0.34**	0.25**	-0.45**	-0.34**	-0.31**	-0.29**	-0.29**	-0.21**
T2 同伴支持2	0.24**	0.40**	0.27**	0.36**	0.52**	0.24**	0.30**	0.39**	0.27**	0.24**	0.40**	0.23**	-0.34**	-0.49**	-0.32**	-0.19**	-0.52**	-0.27**

续表

	T1 自我控制	T2 自我控制	T3 自我控制	T1 共情	T2 共情	T3 共情	T1 感恩	T2 感恩	T3 感恩	T1 责任感	T2 责任感	T3 责任感	T1 马氏	T2 马氏	T3 马氏	T1 冷漠无情	T2 冷漠无情	T3 冷漠无情
T3 同伴支持3	0.24**	0.29**	0.43**	0.20**	0.27**	0.51**	0.22**	0.24**	0.51**	0.26**	0.33**	0.40**	-0.24**	-0.29**	-0.59**	-0.12**	-0.27**	-0.49**
T1 社区氛围1	0.40**	0.25**	0.23**	0.40**	0.25**	0.13**	0.40**	0.32**	0.21**	0.50**	0.31**	0.23**	-0.36**	-0.25**	-0.20**	-0.36**	-0.28**	-0.15**
T2 社区氛围2	0.24**	0.35**	0.22**	0.27**	0.45**	0.18**	0.23**	0.44**	0.18**	0.29**	0.48**	0.22**	-0.35**	-0.39**	-0.19**	-0.17**	-0.46**	-0.22**
T3 社区氛围3	0.17**	0.20**	0.34**	0.23**	0.21**	0.42**	0.21**	0.20**	0.37**	0.24**	0.26**	0.42**	-0.17**	-0.20**	-0.36**	-0.11**	-0.20**	-0.42**

注：* $p<0.05$，** $p<0.01$。

呈显著负相关，相关系数在-0.36—-0.15。T2 社区氛围与 T1、T2 和 T3 的自我控制、共情、感恩及责任感呈显著正相关，相关系数在 0.18—0.48；与T1、T2 和 T3 的马基雅维利主义及冷漠无情呈显著负相关，相关系数在-0.46—-0.17。T3 社区氛围与 T1、T2 和 T3 的自我控制、共情、感恩及责任感呈显著正相关，相关系数在 0.17—0.42；与 T1、T2 和 T3 的马基雅维利主义及冷漠无情之间呈显著负相关，相关系数在-0.42—-0.11。

以上结果表明，父母温暖、父母拒绝、父母过度保护、教师支持、同伴支持以及社区氛围等在 T1、T2 和 T3 三年内表现出一定的稳定性。相关分析结果也表明，不管是 T1、T2 还是 T3 的测试，父母温暖、父母拒绝、教师支持、同伴支持及社区氛围与自我控制、共情、感恩、责任感、马基雅维利主义及冷漠无情之间的同时性相关显著。同时，父母温暖、父母拒绝、教师支持、同伴支持及社区氛围与自我控制、共情、感恩、责任感、马基雅维利主义及冷漠无情之间的继时性相关显著。

（三）各生态环境变量的发展特点

为了考察各生态环境变量在三次测查间的发展变化及在年级、性别和儿童留守状态上是否存在差异，以年级、性别和儿童留守状态为被试间变量，以测试时间为被试内变量，分别进行重复测量方差分析。为方便读者阅读，本节将综合各次的重复测量方差分析结果，并将其划分为多变量检验（或被试内检验）与主体间效应检验两部分介绍，保留显著的结果，不显著的主效应或交互作用将不再具体呈现。

1. 多变量检验

（1）父母温暖

在重复测量方差分析中，多变量检验表明，对父母温暖来说，①三个时间点的变化显著（$F_{(2,547)} = 13.18$，$p < 0.01$，$\eta^2 = 0.05$）。成对比较表明，农村儿童在 T3 感知到的父母温暖显著低于 T1 和 T2，T1 和 T2 感知到的父母温暖没有显著差异；②时间与年级的交互作用显著（$F_{(2,547)} = 4.51$，$p < 0.05$，$\eta^2 = 0.16$），如图 6-1 所示。进一步分析发现，对四年级儿童来说，三个时间点之间的父母温暖差异显著（$F_{(2,568)} = 5.36$，$p < 0.05$，$\eta^2 = 0.02$）。具体来说，T2 父母温暖上的得分显著高于 T3，T1 与 T2、T3 之间差异均不显著；对

七年级儿童来说，三个时间点之间的父母温暖差异也显著（$F_{(2,568)} = 20.63$，$p < 0.01$，$\eta^2 = 0.07$）。具体来说，T3 父母温暖上的得分显著低于 T1 和 T2，T1、T2 之间的差异不显著。

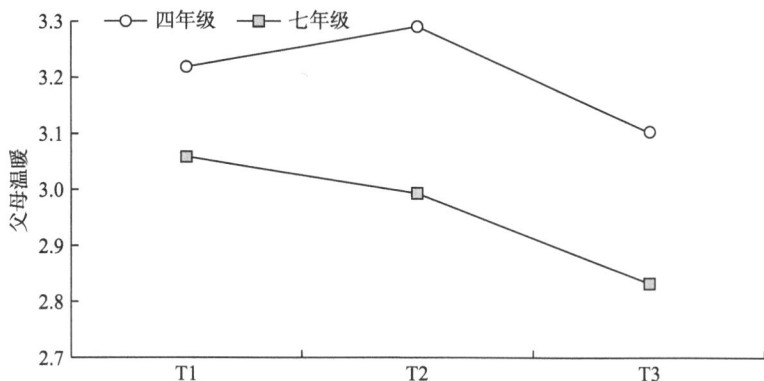

图 6-1　时间与年级对父母温暖的交互作用

（2）父母拒绝

多变量检验结果表明，对父母拒绝来说，三个时间点的变化显著（$F_{(2,560)} = 3.34$，$p < 0.05$，$\eta^2 = 0.01$），即儿童在 T1 感知到的父母拒绝显著高于 T2，T3 与 T1、T2 之间的差异不显著。

（3）父母过度保护

多变量检验结果表明，对父母过度保护来说，①时间与年级的交互作用显著（$F_{(2,532)} = 3.56$，$p < 0.05$，$\eta^2 = 0.01$），如图 6-2 所示。进一步分析发现，对四年级儿童来说，三个时间点之间的父母过度保护差异显著（$F_{(2,539)} = 5.63$，$p < 0.01$，$\eta^2 = 0.02$）。具体来说，T2、T3 的父母过度保护差异显著。对七年级儿童来说，三个时间点之间的父母过度保护差异不显著（$F_{(2,539)} = 0.24$，$p > 0.05$）；②时间与儿童留守状态的交互作用显著（$F_{(2,532)} = 3.28$，$p < 0.05$，$\eta^2 = 0.01$），如图 6-3 所示。进一步分析发现，对留守儿童来说，三个时间点之间的父母过度保护差异不显著（$F_{(2,539)} = 1.15$，$p > 0.05$）；对非留守儿童来说，三个时间点之间的父母过度保护差异显著（$F_{(2,539)} = 10.59$，$p < 0.01$，$\eta^2 = 0.04$），具体来说，T1、T3 与 T2、T3 的父母过度保护得分差异显著。

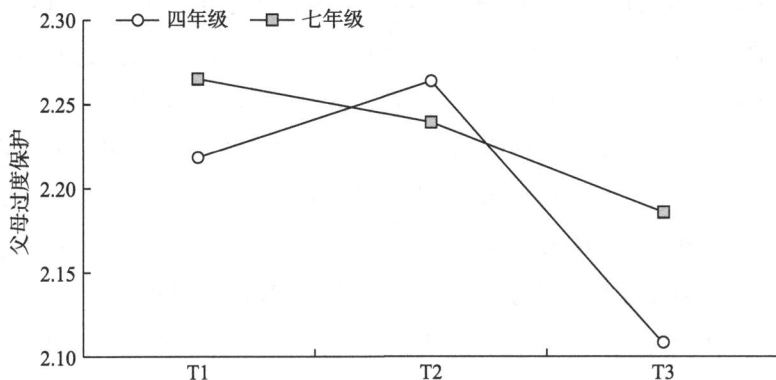

图 6-2　时间与年级对父母过度保护的交互作用

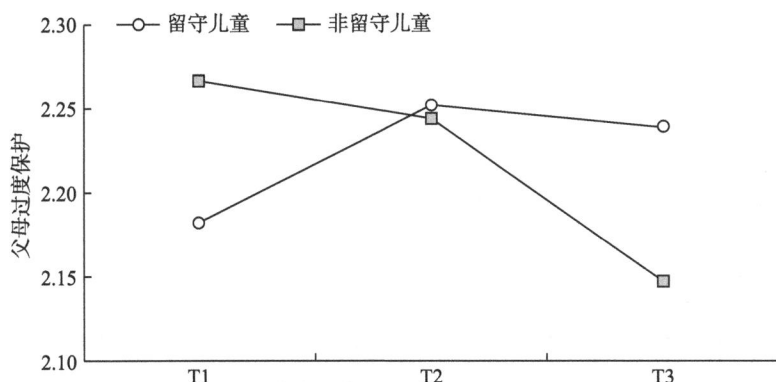

图 6-3　时间与儿童留守状态对父母过度保护的交互作用

（4）亲子互动

多变量检验结果表明，主效应和交互作用均不显著。

（5）亲子冲突

多变量检验结果表明，主效应和交互作用均不显著。

（6）教师支持

多变量检验结果表明，对教师支持来说，①三个时间点上的变化显著（$F_{(2,661)}$ = 13.97，$p < 0.01$，$\eta^2 = 0.04$），成对比较表明，T1 和 T2 教师支持显著高于 T3，T1 和 T2 的差异不显著；②时间与年级在教师支持上的交互作用显著（$F_{(2,661)}$ = 5.15，$p < 0.01$，$\eta^2 = 0.02$），如图 6-4 所示。进一步简单效应检验表明，对四年级儿童来说，T1、T2、T3 三个时间点之间没有显著的

变化（$F_{(2,686)} = 1.02$，$p > 0.05$）。对七年级儿童来说，T1、T2、T3 之间出现显著的变化（$F_{(2,686)} = 32.49$，$p < 0.01$，$\eta^2 = 0.09$），具体来说，T1 教师支持显著高于 T2 和 T3，T2 显著高于 T3；③时间与儿童留守状态的交互作用显著（$F_{(2,661)} = 4.11$，$p < 0.05$，$\eta^2 = 0.01$），如图 6-5 所示。进一步的简单效应分析表明，对于留守儿童来说，T1、T2 和 T3 有显著的变化（$F_{(2,670)} = 11.01$，$p < 0.01$，$\eta^2 = 0.03$），T3 教师支持显著低于 T1 和 T2，T1 和 T2 之间的差异不显著；对于非留守儿童来说，T1、T2 和 T3 有显著的变化（$F_{(2,670)} = 19.48$，$p < 0.01$，$\eta^2 = 0.06$），即 T1 教师支持显著高于 T2 和 T3，T2 显著高于 T3。

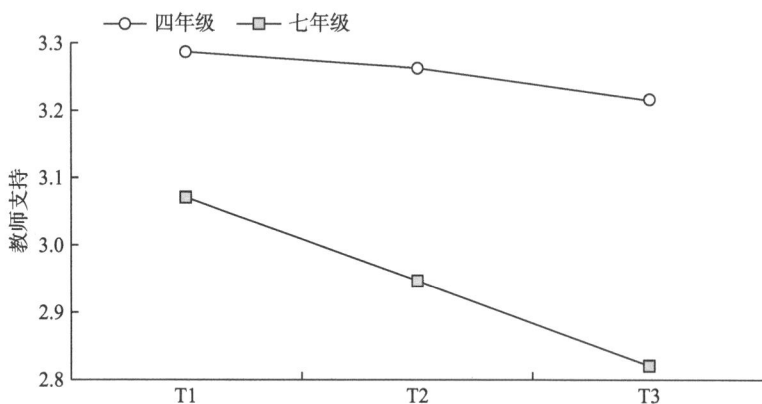

图 6-4 时间与年级对教师支持的交互作用

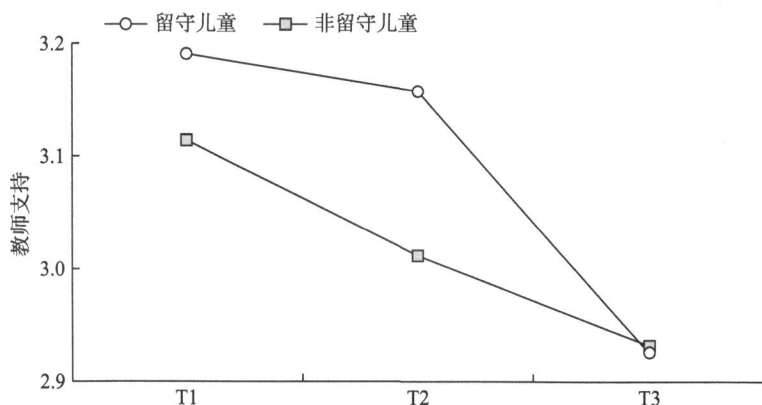

图 6-5 时间与儿童留守状态对教师支持的交互作用

（7）同伴支持

多变量检验结果表明，在同伴支持上，①三个时间点的变化显著（$F_{(2,631)}$ = 9.26，$p < 0.01$，$\eta^2 = 0.03$），成对比较表明，T2 同伴支持显著高于 T1 和 T3，T1 和 T3 的差异并不显著；②时间与年级的交互作用显著（$F_{(2,631)}$ = 6.17，$p < 0.01$，$\eta^2 = 0.02$），如图 6-6 所示。对四年级儿童来说，同伴支持在三个时间点的变化显著（$F_{(2,653)}$ = 9.87，$p < 0.01$，$\eta^2 = 0.03$），即 T2 和 T3 的同伴支持显著高于 T1 的，T2 和 T3 的差异并不显著；对七年级儿童来说，同伴支持在三个时间点的变化也显著（$F_{(2,653)}$ = 6.89，$p < 0.01$，$\eta^2 = 0.02$），即 T3 同伴支持显著低于 T1 和 T2，T1 和 T2 的差异并不显著；③时间与儿童留守状态的交互作用显著（$F_{(2,631)}$ = 4.77，$p < 0.01$，$\eta^2 = 0.02$），如图 6-7 所示。对留守儿童来说，三个时间点之间的变化显著（$F_{(2,640)}$ = 8.38，$p < 0.01$，$\eta^2 = 0.03$），即 T2 同伴支持显著高于 T1 和 T3，而 T1 和 T3 的差异并不显著；对非留守儿童来说，三个时间点的变化并不显著（$F_{(2,640)}$ = 1.28，$p > 0.05$）。

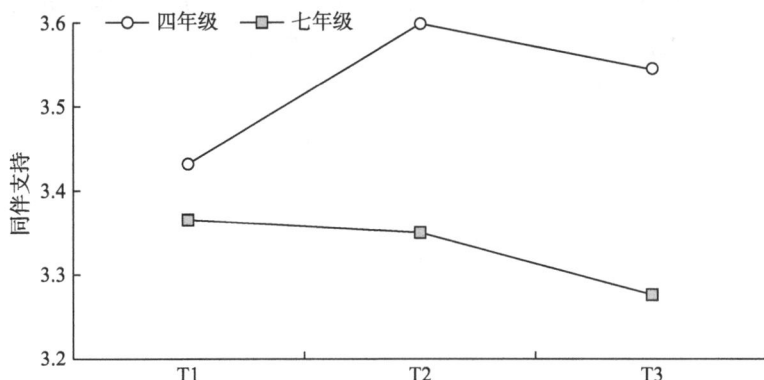

图 6-6　时间与年级对同伴支持的交互作用

（8）社区氛围

多变量检验结果表明，在社区氛围上，主效应和交互作用均不显著。

2. 被试间效应检验

（1）父母温暖

被试间效应检验表明，对父母温暖来说，①性别主效应显著（$F_{(1,548)}$ = 6.02，$p < 0.05$，$\eta^2 = 0.01$），即男生感知到的父母温暖显著高于女生；②年级主效应显著（$F_{(1,548)}$ = 36.08，$p < 0.01$，$\eta^2 = 0.06$），小学儿童感知到的父母温

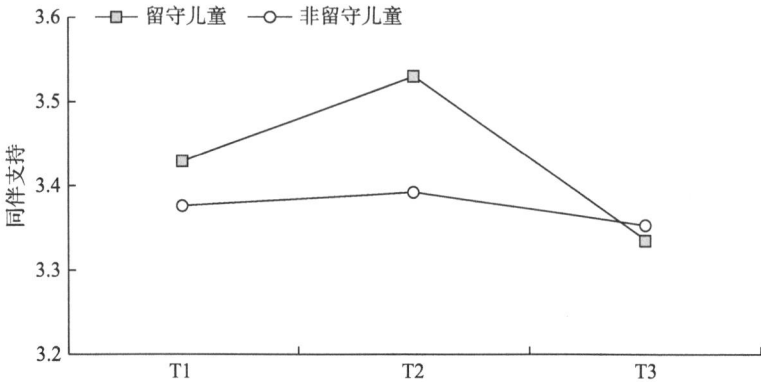

图6-7 时间与儿童留守状态对同伴支持的交互作用

暖显著高于初中儿童；③年级与儿童留守状态的交互作用显著（$F_{(1, 548)}$ = 6.17，$p < 0.05$，$\eta^2 = 0.01$），如图6-8所示。简单效应分析表明，对四年级儿童来说，留守状态在父母温暖上差异显著（$F_{(1, 555)}$ = 6.83，$p < 0.05$，$\eta^2 = 0.01$），具体来说，四年级留守儿童总体感知到的父母温暖显著高于四年级非留守儿童；对七年级学生来说，留守状态主效应不显著（$F_{(1, 555)}$ = 2.44，$p > 0.05$）。

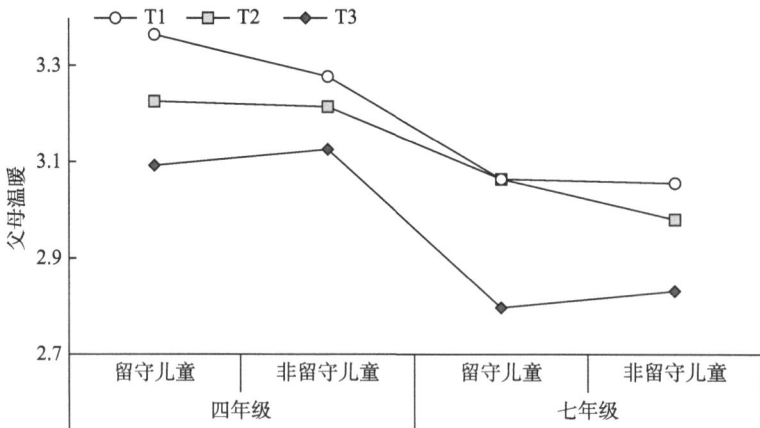

图6-8 年级与儿童留守状态对父母温暖的交互作用

（2）父母拒绝

被试间效应检验表明，对于父母拒绝来说，①年级主效应显著（$F_{(1, 557)}$ = 21.26，$p < 0.01$，$\eta^2 = 0.04$），即七年级儿童感知到的父母拒绝显著高于四年级儿童；②年级与儿童留守状态的交互作用显著（$F_{(1, 557)}$ = 10.24，$p < 0.05$，

$\eta^2 = 0.02$），如图 6-9 所示。简单效应分析表明，对四年级儿童来说，留守状态存在显著差异（$F_{(1,564)} = 6.73$，$p < 0.05$，$\eta^2 = 0.01$），具体来说，非留守儿童在 T1 感知到的父母拒绝显著高于留守儿童，在其他时间点的差异并不显著；对七年级儿童来说，不同留守状态差异并不显著（$F_{(1,564)} = 3.66$，$p > 0.05$）。

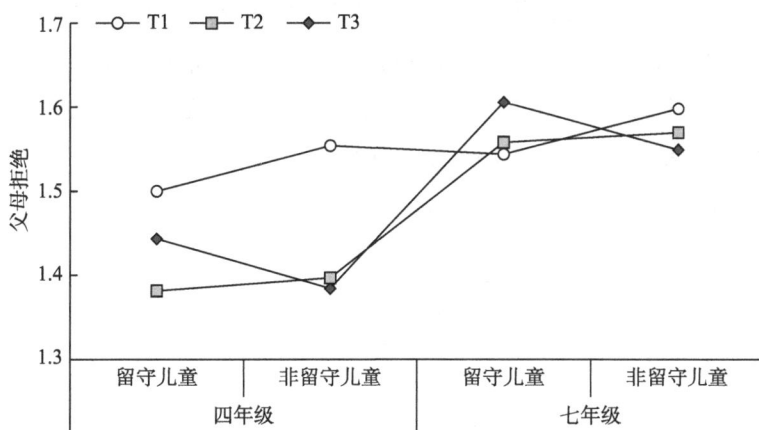

图 6-9　年级与儿童留守状态对父母拒绝的交互作用

（3）父母过度保护

被试间效应检验表明，对父母过度保护来说，性别主效应显著（$F_{(1,533)} = 6.97$，$p < 0.05$，$\eta^2 = 0.01$），即相较于男生，女生感知到更多的父母过度保护。

（4）亲子互动

被试间效应检验表明，对亲子互动来说，年级主效应显著（$F_{(1,398)} = 22.08$，$p < 0.01$，$\eta^2 = 0.05$），即四年级儿童感知到的亲子互动显著多于七年级儿童。

（5）亲子冲突

被试间效应检验表明，对亲子冲突来说，年级主效应显著（$F_{(1,739)} = 38.14$，$p < 0.01$，$\eta^2 = 0.05$），即七年级儿童感知到的亲子冲突显著多于四年级儿童。

（6）教师支持

被试间效应检验表明，对教师支持来说，①年级主效应显著（$F_{(1,662)} = 77.76$，$p < 0.01$，$\eta^2 = 0.11$），即四年级儿童感知到的教师支持显著多于七年级儿童；②年级与性别的交互作用显著（$F_{(1,662)} = 4.84$，$p < 0.05$，$\eta^2 = 0.01$），如图 6-10 所示。进一步简单效应分析表明，对四年级儿童来说，教师支持的

性别主效应显著（$F_{(1, 682)}$ = 10.48，$p < 0.05$，$\eta^2 = 0.02$），即男生总体感知到的教师支持显著多于女生；对七年级儿童来说，教师支持的性别主效应不显著（$F_{(1, 682)}$ = 0.27，$p > 0.05$）；③年级与儿童留守状态的交互作用显著（$F_{(1, 662)}$ = 9.18，$p < 0.01$，$\eta^2 = 0.01$），如图6-11所示。进一步简单效应分析表明，对四年级儿童来说，不同留守状态在教师支持上存在显著差异（$F_{(1, 669)}$ = 9.28，$p < 0.01$，$\eta^2 = 0.014$），即四年级留守儿童总体感知到的教师支持显著多于四年级非留守儿童；对七年级儿童来说，留守儿童与非留守儿童差异不显著（$F_{(1, 669)}$ = 2.43，$p > 0.05$）。

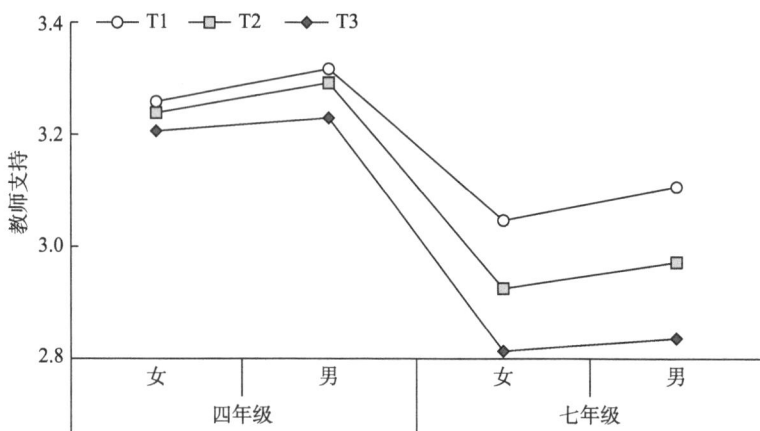

图 6-10　年级与性别对教师支持的交互作用

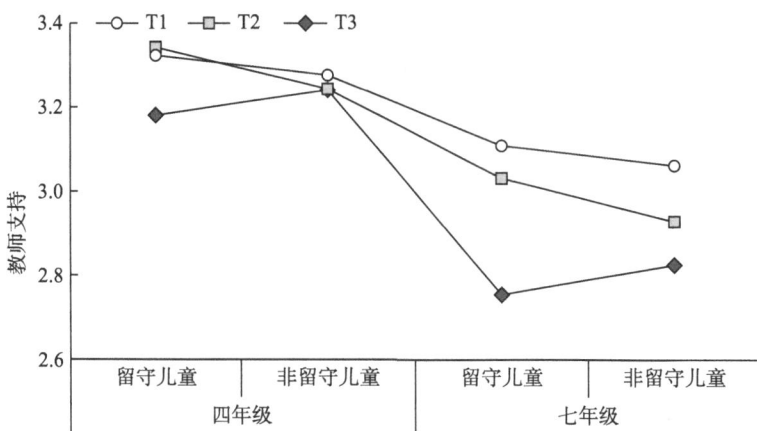

图 6-11　年级与儿童留守状态对教师支持的交互作用

（7）同伴支持

被试间效应检验表明，对同伴支持来说，①年级主效应显著（$F_{(1,632)}$ = 35.94，$p < 0.01$，$\eta^2 = 0.05$），即四年级儿童感知到的同伴支持显著多于七年级儿童；②年级与儿童留守状态的交互作用显著（$F_{(1,632)} = 5.39$，$p < 0.05$，$\eta^2 = 0.01$），如图6-12所示。进一步简单效应分析表明，对四年级儿童来说，不同留守状态在同伴支持上存在显著差异（$F_{(1,639)} = 5.18$，$p < 0.05$，$\eta^2 = 0.01$），即留守儿童感知到的同伴支持要高于非留守儿童；对七年级儿童来说，留守状态在同伴支持上差异并不显著（$F_{(1,639)} = 1.00$，$p > 0.05$）；③年级与性别的交互作用显著（$F_{(1,632)} = 11.23$，$p < 0.01$，$\eta^2 = 0.02$），如图6-13所示。进一步简单效应分析表明，对四年级儿童来说，性别差异并不显著（$F_{(1,649)} = 1.59$，$p > 0.05$）；对七年级儿童来说，性别在同伴支持上差异显著（$F_{(1,649)} = 26.64$，$p < 0.01$，$\eta^2 = 0.04$），即七年级女生感知到的同伴支持显著高于七年级男生。

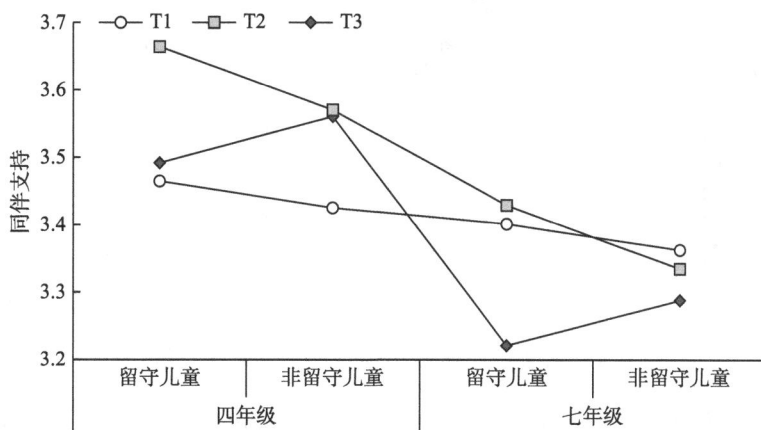

图6-12　年级与儿童留守状态对同伴支持的交互作用

（8）社区氛围

被试间效应检验表明，对社区氛围来说，①年级主效应显著（$F_{(1,673)}$ = 32.13，$p < 0.01$，$\eta^2 = 0.05$），即四年级儿童感知到的社区氛围显著好于七年级儿童；②性别主效应显著（$F_{(1,673)} = 4.40$，$p < 0.05$，$\eta^2 = 0.01$），即男生感知到的社区氛围显著好于女生；③年级与儿童留守状态的交互作用显著

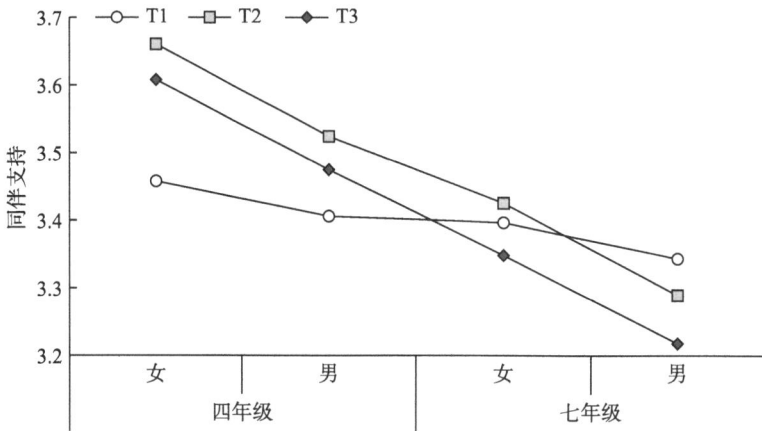

图 6-13   年级与性别对同伴支持的交互作用

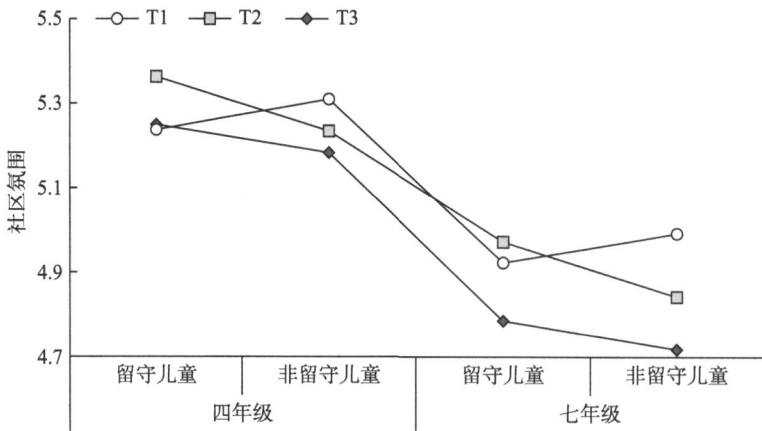

图 6-14   年级与儿童留守状态对社区氛围的交互作用

（$F_{(1, 673)}$ = 7.46，$p < 0.01$，$\eta^2 = 0.01$），如图 6-14 所示。进一步简单效应分析表明，四年级留守儿童与非留守儿童在社区氛围上差异显著（$F_{(1, 680)}$ = 7.24，$p < 0.01$，$\eta^2 = 0.01$），即留守儿童感知到的社区氛围显著好于非留守儿童；对七年级儿童来说，留守儿童与非留守儿童在社区氛围上差异不显著（$F_{(1, 680)}$ = 2.37，$p > 0.05$）；④年级与性别的交互作用显著（$F_{(1, 673)}$ = 9.25，$p < 0.01$，$\eta^2 = 0.01$），如图 6-15。进一步简单效应分析表明，对四年级儿童来说，同伴支持的性别差异显著（$F_{(1, 695)}$ = 14.23，$p < 0.01$，η^2 = 0.02），即四年级男生感知到的社区氛围显著好于四年级女生；对七年级儿童

来说，性别差异并不显著（$F_{(1,695)} = 0.92$，$p > 0.05$）。

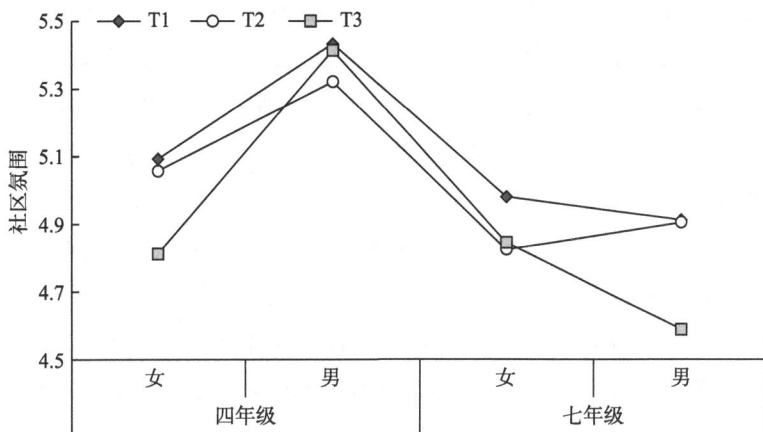

图 6-15　年级与性别对社区氛围的交互作用

四　讨论

生态系统理论认为，个体处于一系列相互嵌套和交互影响的系统环境结构中，而环境则直接或间接地以各种方式和途径影响个体发展[①]。父母是个体成长过程中的重要他人，对儿童发展的影响主要体现为提供情感支持和工具性支持，并与之建立心理连接。教师和同伴是影响儿童青少年发展的两种重要支持来源，社区是青少年社会化的重要外部环境。本章尝试以生态系统理论的视角，探讨留守状态对儿童感知到的父母教养方式、教师支持、同伴支持及社区氛围等生态环境因素的影响。

重复测量方差分析结果表明，四年级儿童所感知到的父母温暖和亲子互动都显著多于七年级儿童，而七年级儿童所感知到的父母拒绝和亲子冲突显著多于四年级。这可能说明儿童感知到家庭交往中的积极因素在减少，消极因素在增加。同时，四年级儿童感知到的教师支持和同伴支持都显著多于七年级儿童，四年级儿童感知到的社区氛围显著好于七年级儿童。这可能是因为七年级儿童处于初中阶段，学业任务加重，较之前相比更少参与到社区活动与邻里交往中，也可能与七年级儿童进入青春期情绪波动较

---

① Bronfenbrenner U., *The Ecology of Human Development*, Harvard University Press, 1979.

大等因素有关。

父母教养方式是父母在教育、抚养孩子时所表现出来的一种相对稳定的行为方式和倾向，是其教育观念和教育行为的综合体现。关于父母教养方式上存在的性别差异，结果表明，女生在父母过度保护上的得分显著高于男生。大量研究发现，父母对待男孩与女孩的方式不同[①]。例如，与男孩相比，母亲对女孩的冒险行为有更多限制。女孩一出生，人们就期望她们自幼便展现出安静、体贴的特质，并且习惯性地将她们视为容易受到伤害、亟需被保护的弱势群体。因此对女孩就更为宽容，父母对女儿的支持也显著多于儿子；但对于男性，社会则期待他们自立、取得成就，因此父母对儿子的要求往往更加严格，在养育男孩时更多采用指责、限制的教养方式。因此，与男生相比，女生可能更多感受到父母的过度保护。

研究表明，年级和留守状态显著影响儿童感知到的父母温暖和父母拒绝。具体来说，四年级留守儿童感知到的父母温暖显著高于非留守儿童，但感知到的父母拒绝显著低于非留守儿童。这可能是因为在低年级时，亲子关系仍在儿童的成长环境中占据主导地位，并且七年级儿童在生理与心理上都发生了巨大的变化，情绪波动较大。在孩子留守的情境下，为了弥补不能陪伴孩子的缺憾，父母（或一方）通常会通过打电话或微信等媒介实现亲子沟通，关心孩子的学习和生活，指导孩子的成长，为满足孩子的需求提供心理上的可及性。外出打工的父母给予子女以更多的物质和情感支持，使得留守儿童更多感受到来自父母的温暖，更少地感受到父母的拒绝[②]。要减少留守现象对儿童成长的影响，父母关爱是必不可少的。

同时，年级和儿童留守状态的交互作用显著影响儿童感知到的教师支持和同伴支持。具体来说，四年级留守儿童感知到的教师支持和同伴支持显著多于非留守儿童。尽管如此，留守仍可能对儿童发展产生潜在影响。学校是留守儿童在家庭之外最重要的社会化场所，而教师和同伴是留守儿童社会网络的重要组成部分。为减少留守经历对儿童带来的不良影响，学校师生应更多地关

---

① Mascaro J. S., Rentscher K. E., Hackett P. D., et al., "Child Gender Influences Paternal Behavior, Language, and Brain Function", *Behavioral Neuroscience*, 131, 2017, pp. 262-273.

② 刘霞等：《初中留守儿童社会支持与问题行为的关系》，《心理发展与教育》2007年第3期。

心他们并给予支持和帮助。相较于低年级较为轻松的学习氛围，进入小学六年级或初中三年级，儿童面临着升学的压力，教师或同伴的注意力更多是在学习上，其他方面的交流和沟通减少。因此，无论是对留守儿童还是非留守儿童，他们在 T3 时间点感知到的教师支持和同伴支持可能会显著减少。

此外，我们也发现，年级与留守状态的交互作用显著影响儿童感知到的社区氛围。与非留守儿童相比，四年级留守儿童感知到的社区氛围更好；但七年级留守儿童和非留守儿童在感知到的社区氛围上并没有明显不同。一方面，可能是因为七年级儿童处于初中阶段，青春期来临，学业任务加重，较之前相比更少参与农村活动与邻里交往中；另一方面，我国农村社区一般以村庄聚集为基本特点，居民彼此间在情感、血缘、生活习惯和文化传统等方面具有紧密关联性，此种紧密关联有利于农村居民群体人际关系网络的建构与优化，从而有利于促进留守儿童与他人互动关系的改善。

第三节　农村留守儿童品格类别转变的影响因素

在本部分，研究者采用多元逻辑回归分析，分别探讨 T1 生态环境因素对 T1 至 T2 （T1-T2）品格类别转变模式的预测作用，以及 T2 生态环境因素对 T2 至 T3 （T2-T3）品格类别转变模式的预测作用。研究以持续低品格组作为参照组，并进一步考察儿童留守状态在生态环境因素与品格类别转变模式之间的调节作用。由于亲子冲突仅在 T1 和 T3 时间点进行施测，因此本节仅考察了 T1 亲子冲突对 T2-T3 品格类别转变模式的作用。

一　T1 生态环境因素对 T1-T2 品格类别转变模式的预测

（一）以父母（或一方）外出打工至少 6 个月作为留守儿童的界定标准

以父母（或一方）外出打工至少 6 个月作为留守儿童的界定标准，采用多元逻辑回归分析考察 T1 生态环境因素对 T1-T2 不同品格类别转变模式的预测作用，结果见表 6-5。

由表 6-5 可知，以持续低品格组作为参照组时，性别对品格变好组（B=1.81，OR=6.13，$p < 0.05$）、品格变差组（B=1.69，OR=5.40，$p < 0.01$）、持续中间组（B=1.48，OR=4.39，$p < 0.05$）以及持续高品格组（B=1.86，

OR = 6. 41，p < 0. 01）均具有显著正向预测作用。这一结果表明，在 T1 到 T2 的变化过程中，男生较女生更可能发生品格的转变。此外，年级对持续高品格组具有显著的正向预测作用（B = 2. 88，OR = 17. 73，p < 0. 05），即四年级儿童相较于七年级儿童，更可能保持在高品格组。

在生态环境因素方面，父母情感温暖对持续中间组具有显著的正向预测作用（B = 0. 64，OR = 1. 90，p < 0. 05），这表明，儿童感知到的父母情感温暖越多，他们越可能保持在中间组，而非持续处于低品格组。同时，教师支持能够显著正向预测品格变差组（B = 0. 97，OR = 2. 63，p < 0. 01）、持续中间组（B = 0. 80，OR = 2. 22，p < 0. 05）和持续高品格组（B = 1. 66，OR = 5. 26，p < 0. 001），即当儿童感知到的教师支持越多，他们越不可能留在低品格组。此外，同伴支持和社区氛围分别显著预测持续高品格组（B = 0. 82，OR = 2. 28，p < 0. 05；B = 0. 92，OR = 2. 51，p < 0. 05），即当儿童感知到的同伴支持越多，所处的社区氛围越好时，他们越有可能留在高品格组。

（二）以父母（或一方）外出打工作为留守儿童的界定标准

以父母（或一方）是否外出打工作为留守儿童的界定标准，研究采用多元逻辑回归分析探讨 T1 生态环境因素对 T1-T2 不同品格类别转变模式的预测作用，以持续低品格组作为参照组，结果见表 6-5。

由表 6-5 可知，以持续低品格组作为参照组，性别能够显著正向预测品格变好组（B = 1. 74，OR = 5. 70，p < 0. 05）、品格变差组（B = 1. 60，OR = 4. 97，p < 0. 01）、持续中间组（B = 1. 42，OR = 4. 13，p < 0. 05）和持续高品格组（B = 1. 79，OR = 5. 98，p < 0. 01）。这一结果进一步表明，相较于女生，男生更可能发生品格类别的转变。此外，年级显著正向预测持续高品格组（B = 2. 86，OR = 17. 39，p < 0. 05），表明四年级儿童比七年级儿童更倾向于保持在高品格组。

父母情感温暖能够显著正向预测持续中间组（B = 0. 55，OR = 1. 73，p < 0. 05），表明当儿童感受到更多来自父母的情感温暖时，他们更可能留在中间组，而不是低品格组。同时，教师支持显著预测品格变差组（B = 1. 02，OR = 2. 78，p < 0. 01）、持续中间组（B = 0. 86，OR = 2. 37，p < 0. 05）和持续高品

表6-5　T1 生态环境因素对 T1~T2 不同品格类别转变模式的预测结果

以父母（或一方）外出打工至少6个月界定留守儿童	品格变好组			品格变差组			持续中间组			持续高品格组		
	B (SE)	OR	95%CI	B (SE)	OR	95%CI	B (SE)	OR	95%CI	B (SE)	OR	95%CI
性别	1.81*(0.86)	6.13	[1.13, 33.23]	1.69**(0.59)	5.40	[1.69, 17.25]	1.48*(0.58)	4.39	[1.42, 13.55]	1.86**(0.65)	6.41	[1.81, 22.79]
年级	2.22(1.35)	9.21	[0.65, 130.52]	0.72(1.17)	2.05	[0.21, 20.39]	1.01(1.13)	2.73	[0.30, 25.06]	2.88*(1.20)	17.73	[1.71, 184.30]
儿童留守状态	-0.30(0.90)	0.74	[0.13, 4.36]	0.04(0.62)	1.04	[0.31, 3.49]	0.07(0.58)	1.07	[0.35, 3.31]	-0.40(0.70)	0.67	[0.17, 2.64]
父母拒绝	0.53(0.61)	1.71	[0.52, 5.61]	0.16(0.37)	1.17	[0.57, 2.39]	0.53(0.35)	1.70	[0.86, 3.36]	-0.26(0.44)	0.77	[0.33, 1.82]
父母情感温暖	0.12(0.43)	1.13	[0.48, 2.62]	0.25(0.29)	1.28	[0.73, 2.25]	0.64*(0.28)	1.90	[1.11, 3.27]	0.57(0.33)	1.77	[0.92, 3.39]
父母过度保护	-0.74(0.52)	0.49	[0.18, 1.32]	-0.22(0.30)	0.80	[0.45, 1.44]	-0.50(0.29)	0.61	[0.35, 1.07]	-0.29(0.34)	0.75	[0.39, 1.45]
亲子冲突	0.29(0.35)	1.34	[0.68, 2.64]	-0.43(0.25)	0.65	[0.40, 1.05]	-0.30(0.22)	0.74	[0.48, 1.14]	-0.45(0.34)	0.64	[0.33, 1.23]
亲子互动	0.64(0.44)	1.89	[0.80, 4.47]	0.25(0.32)	1.28	[0.69, 2.40]	0.04(0.31)	1.04	[0.57, 1.91]	0.31(0.34)	1.37	[0.70, 2.68]
教师支持	0.79(0.53)	2.12	[0.78, 6.27]	0.97**(0.36)	2.63	[1.29, 5.36]	0.80*(0.34)	2.22	[1.13, 4.36]	1.66**(0.42)	5.26	[2.30, 12.06]
同伴支持	0.05(0.56)	1.06	[0.36, 3.14]	0.09(0.36)	1.09	[0.55, 2.20]	0.15(0.34)	1.16	[0.60, 2.26]	0.82*(0.41)	2.28	[1.01, 5.13]
社区氛围	0.43(0.58)	1.54	[0.49, 4.84]	0.65(0.39)	1.92	[0.89, 4.14]	0.45(0.38)	1.57	[0.75, 3.30]	0.92*(0.43)	1.57	[1.09, 5.80]

续表

以父母（或一方）外出打工界定留守儿童	品格变好组			品格变差组			持续中间组			持续高品格组		
留守儿童	B (SE)	OR	95%CI	B (SE)	OR	95%CI	B (SE)	OR	95%CI	B (SE)	OR	95%CI
性别	1.74*(0.86)	4.06	[1.05, 31.0]	1.60**(0.59)	7.36	[1.56, 15.8]	0.57*(6.13)	6.13	[1.34, 12.7]	1.79**(0.65)	7.67	[1.69, 21.1]
年级	2.28(1.36)	2.82	[0.68, 140.73]	0.74(1.18)	0.40	[0.21, 21.1]	1.14(0.88)	0.88	[0.31, 26.8]	2.86*(1.20)	5.65	[1.65, 183.41]
儿童留守状态	-0.21(0.79)	0.07	[0.17, 3.84]	-0.24(0.50)	0.23	[0.30, 2.10]	0.47(1.12)	1.12	[0.24, 1.53]	-0.67(0.56)	1.41	[0.17, 1.54]
父母拒绝	0.44(0.60)	0.53	[0.48, 4.99]	0.09(0.36)	0.06	[0.54, 2.20]	0.44(0.34)	1.67	[0.80, 3.04]	-0.38(0.43)	0.79	[0.29, 1.59]
父母情感温暖	0.05(0.42)	0.01	[0.46, 2.41]	0.19(0.28)	0.45	[0.70, 2.09]	0.55*(0.27)	4.17	[1.02, 2.93]	0.48(0.33)	2.19	[0.86, 3.07]
父母过度保护	-0.71(0.51)	1.95	[0.18, 1.33]	-0.18(0.30)	0.36	[0.47, 1.50]	-0.44(0.29)	2.40	[0.37, 1.13]	-0.22(0.34)	0.43	[0.42, 1.55]
亲子冲突	0.32(0.35)	0.82	[0.69, 2.74]	-0.43(0.25)	2.96	[0.40, 1.06]	-0.31(0.22)	1.90	[0.48, 1.14]	-0.43(0.34)	1.66	[0.34, 1.25]
亲子互动	0.64(0.44)	2.11	[0.80, 4.54]	0.25(0.32)	0.62	[0.69, 2.41]	0.04(0.31)	0.02	[0.57, 1.91]	0.33(0.35)	0.90	[0.70, 2.74]
教师支持	0.84(0.53)	2.52	[0.82, 6.55]	1.02**(0.36)	7.95	[1.37, 5.65]	0.34*(6.27)	6.27	[1.21, 4.65]	1.73**(0.42)	16.64	[2.46, 12.96]
同伴支持	0.03(0.55)	0.00	[0.35, 3.04]	0.10(0.35)	0.09	[0.56, 2.21]	0.34(0.15)	0.15	[0.59, 2.20]	0.81*(0.41)	3.89	[1.01, 5.03]
社区氛围	0.42(0.58)	0.53	[0.49, 4.71]	0.64(0.39)	2.79	[0.89, 4.05]	0.37(1.85)	1.85	[0.80, 3.44]	0.95*(0.42)	5.01	[1.13, 5.91]

注：* p < 0.05，** p < 0.01；男生、七年级和留守儿童作为参照组。

格组（B＝1.73，OR＝5.64，p＜0.01），结果表明当儿童感知到的教师支持越多，儿童更有可能向其他组转变或留在中间组与高品格组，而不是留在低品格组。此外，同伴支持（B＝0.81，OR＝2.25，p＜0.05）和社区氛围（B＝0.95，OR＝2.58，p＜0.05）均显著正向预测持续高品格组，这表明，当儿童感知到的同伴支持越多，所处的社区氛围越好，越有可能留在高品格组而不是低品格组，进一步证明良好的社会支持系统有助于儿童维持较高的品格水平。

二　T2 生态环境因素对 T2-T3 品格类别转变模式的预测作用

（一）以父母（或一方）外出打工至少 6 个月作为留守儿童的界定标准

以父母（或一方）外出打工至少 6 个月作为留守儿童的界定标准，考察 T2 生态环境因素对 T2-T3 不同品格类别转变模式的预测作用，结果见表6-6。

由表 6-6 可知，以持续低品格组作为参照组，年级显著预测品格变差组（B＝1.55，OR＝4.69，p＜0.01）和持续高品格组（B＝2.67，OR＝14.40，p＜0.01），表明四年级儿童相较于七年级儿童，更可能经历品格下降或保持在高品格组。

同时，父母情感温暖显著预测品格变差组（B＝1.17，OR＝3.22，p＜0.01）、持续中间组（B＝1.04，OR＝2.82，p＜0.01）和持续高品格组（B＝1.89，OR＝6.60，p＜0.01），结果表明，当儿童感知到越多的父母情感温暖，他们越不可能留在低品格组，而是向其他组转变或留在中间组与高品格组。相反，亲子冲突则对儿童品格发展产生消极影响。亲子冲突显著预测品格变差组（B＝-0.58，OR＝0.56，p＜0.05），即当儿童与父母产生的冲突越多，儿童越有可能留在低品格组。此外，教师支持与同伴支持显著预测持续中间组（B＝0.73，OR＝2.07，p＜0.01；B＝0.79，OR＝2.20，p＜0.01）和持续高品格组（B＝0.98，OR＝2.67，p＜0.05；B＝0.89，OR＝2.43，p＜0.05），这表明，当儿童感知到的教师支持和同伴支持越多，他们越有可能在T2 到 T3 时留在中间组和高品格组。社区氛围显著预测持续高品格组（B＝0.96，OR＝2.60，p＜0.05），即当儿童所处的社区氛围越好，越有可能留在高品格组而不是低品格组。同伴支持显著预测品格变差组（B＝0.92，OR＝

2.51，$p < 0.01$），即当儿童感知到更多的同伴支持时，他们从 T2 到 T3 时的品格水平反而更有可能变差。

（二）以父母（或一方）外出打工作为留守儿童的界定标准

以父母（或一方）外出打工作为留守儿童的界定标准，采用多元逻辑回归分析考察 T2 生态环境因素对 T2-T3 不同品格类别转变模式的预测作用，以持续低品格组作为参照组，结果见表 6-6。

由表 6-6 可知，性别显著预测持续中间组（B = 0.95，OR = 2.60，$p < 0.05$），即与男生相比，女生更有可能在 T2 到 T3 时留在中间组。此外，年级显著正向预测品格变差组（B = 1.46，OR = 4.29，$p < 0.05$）和持续高品格组（B = 2.55，OR = 12.78，$p < 0.01$），这表明，四年级儿童相较于七年级儿童，更可能处于品格变差组和持续高品格组，而不是留在低品格组。

同时，父母情感温暖显著预测品格变差组（B = 1.11，OR = 3.02，$p < 0.01$）、持续中间组（B = 0.96，OR = 2.62，$p < 0.01$）和持续高品格组（B = 1.89，OR = 6.60，$p < 0.01$），这表明，当儿童感知到更多的父母情感温暖，他们在 T2 到 T3 时越不可能留在低品格组；另一方面，亲子冲突显著预测品格变差组（B = −0.67，OR = 0.51，$p < 0.05$），即当儿童与父母间的冲突越多，儿童在 T2 到 T3 时越有可能留在低品格组，表明较高的亲子冲突会增加儿童留在低品格组的可能性。

此外，教师支持和同伴支持均显著预测持续中间组（B = 0.72，OR = 2.06，$p < 0.05$；B = 0.80，OR = 2.22，$p < 0.01$）和持续高品格组（B = 1.00，OR = 2.73，$p < 0.05$；B = 0.86，OR = 2.36，$p < 0.05$），这表明，在 T2 到 T3 的时间跨度内，儿童感知到的教师支持和同伴支持越多，越可能留在中间组和高品格组；然而，同伴支持显著预测品格变差组（B = 0.89，OR = 2.44，$p < 0.05$），表明当儿童感知到的同伴支持越多，在 T2 到 T3 时反而更可能处于品格变差组，而不是留在低品格组。此外，社区氛围显著正向预测品格变差组（B = 0.96，OR = 2.61，$p < 0.01$）和持续高品格组（B = 1.08，OR = 2.95，$p < 0.01$），即儿童所处的社区氛围越好，其越不可能留在低品格组。

表6-6　T2 生态环境因素对 T2-T3 不同品格类别转变组的预测结果

以父母（或一方）外出打工至少6个月界定留守儿童	品格变好组			品格变差组			持续中间组			持续高品格组		
	B (SE)	OR	95%CI	B (SE)	OR	95%CI	B (SE)	OR	95%CI	B (SE)	OR	95%CI
性别	-0.10 (0.69)	0.16	[0.23, 3.49]	0.46 (0.49)	0.87	[0.61, 4.12]	0.83 (0.44)	3.54	[0.97, 5.49]	0.59 (0.54)	1.21	[0.63, 5.19]
年级	1.04 (0.78)	0.54	[0.62, 13.01]	1.55** (0.59)	6.80	[1.47, 15.00]	0.98 (0.57)	2.98	[0.88, 8.04]	2.67** (0.64)	17.61	[4.14, 50.06]
儿童留守状态	0.12 (0.80)	2.07	[0.23, 5.41]	-0.16 (0.58)	0.07	[0.28, 2.66]	0.37 (0.54)	0.47	[0.50, 4.20]	0.10 (0.63)	0.02	[0.32, 3.78]
父母拒绝	0.16 (0.41)	0.60	[0.53, 2.63]	0.27 (0.30)	0.78	[0.72, 2.37]	-0.01 (0.27)	0.00	[0.58, 1.67]	-0.24 (0.38)	0.41	[0.37, 1.66]
父母情感温暖	0.30 (0.40)	0.13	[0.61, 2.97]	1.17** (0.31)	14.25	[(1.7, -5.9)]	1.04** (0.28)	13.76	[(1.6, -4.8)]	1.89*** (0.39)	23.14	[3.06, 14.24]
父母过度保护	-0.64 (0.45)	3.03	[0.22, 1.26]	-0.13 (0.30)	0.19	[0.49, 1.57]	-0.13 (0.27)	0.23	[0.52, 1.49]	-0.43 (0.33)	1.68	[0.34, 1.24]
亲子冲突	0.25 (0.33)	0.17	[0.68, 2.46]	0.33* (0.25)	1.78	[0.86, 2.25]	0.18 (0.23)	0.62	[0.76, 1.88]	0.47 (0.27)	2.98	[0.94, 2.72]
亲子互动	0.13 (0.36)	0.13	[0.57, 2.29]	-0.58 (0.29)	4.00	[0.32, 0.99]	-0.07 (0.25)	0.07	[0.58, 1.52]	-0.40 (0.31)	1.59	[0.36, 1.25]
教师支持	0.75 (0.43)	0.02	[0.91, 4.87]	0.60 (0.31)	3.60	[0.98, 3.36]	0.73** (0.29)	6.52	[1.19, 3.63]	0.98** (0.39)	6.22	[1.23, 5.79]
同伴支持	0.19 (0.45)	1.79	[0.50, 2.93]	0.92** (0.35)	6.97	[1.27, 4.96]	0.79*** (0.31)	6.51	[1.20, 4.03]	0.89** (0.41)	4.65	[1.08, 5.46]
社区氛围	-0.15 (0.42)	0.02	[0.38, 1.97]	0.80* (0.33)	6.00	[1.17, 4.24]	0.20 (0.29)	0.46	[0.69, 2.16]	0.96*** (0.38)	6.38	[1.24, 5.47]

续表

	品格变好组			品格变差组			持续中间组			持续高品格组		
	B (SE)	OR	95%CI	B (SE)	OR	95%CI	B (SE)	OR	95%CI	B (SE)	OR	95%CI
以父母（或一方）外出打工至少6个月界定留守儿童												
以父母（或一方）外出打工界定留守儿童												
性别	-0.02 (0.69)	0.00	[0.26, 3.79]	0.55 (0.48)	1.28	[0.67, 4.47]	0.95* (0.44)	4.78	[1.10, 6.10]	0.69 (0.53)	1.67	[0.70, 5.68]
年级	0.88 (0.77)	1.31	[0.54, 10.84]	1.46* (0.57)	6.53	[1.40, 13.12]	0.91 (0.54)	2.85	[0.86, 7.10]	2.55** (0.61)	17.19	[3.83, 42.61]
儿童留守状态	-0.03 (0.64)	0.00	[0.28, 3.40]	-0.39 (0.46)	0.72	[0.27, 1.67]	-0.17 (0.42)	0.16	[0.37, 1.92]	-0.10 (0.52)	0.04	[0.33, 2.48]
父母拒绝	0.24 (0.41)	0.35	[0.57, 2.83]	0.30 (0.30)	0.99	[0.75, 2.40]	0.07 (0.26)	0.07	[0.64, 1.78]	-0.15 (0.37)	0.17	[0.41, 1.79]
父母情感温暖	0.24 (0.40)	0.37	[0.58, 2.79]	1.11** (0.31)	13.18	[(1.6, 5.49]	0.96** (0.27)	12.56	[1.54, 4.47]	1.89** (0.39)	23.41	[3.07, 14.17]
父母过度保护	-0.67 (0.44)	2.30	[0.22, 1.22]	-0.11 (0.29)	0.14	[0.51, 1.58]	-0.14 (0.26)	0.29	[0.52, 1.45]	-0.43 (0.32)	1.80	[0.35, 1.22]
亲子冲突	0.23 (0.32)	0.54	[0.68, 2.34]	0.26* (0.24)	1.20	[0.81, 2.09]	0.11 (0.22)	0.26	[0.73, 1.73]	0.40 (0.27)	2.23	[0.88, 2.51]
亲子互动	0.04 (0.36)	0.02	[0.52, 2.11]	-0.67 (0.28)	5.62	[0.29, 0.89]	-0.18 (0.24)	0.54	[0.53, 1.34]	-0.50 (0.31)	2.61	[0.33, 1.11]

续表

	品格变好组			品格变差组			持续中间组			持续高品格组		
	B (SE)	OR	95%CI	B (SE)	OR	95%CI	B (SE)	OR	95%CI	B (SE)	OR	95%CI
以父母（或一方）外出打工至少6个月界定留守儿童												
以父母（或一方）外出打工界定留守儿童												
教师支持	0.71 (0.43)	2.79	[0.88, 4.70]	0.57 (0.31)	3.29	[0.96, 3.24]	0.72 * (0.28)	6.58	[1.19, 3.58]	1.00 * (0.39)	6.54	[1.26, 5.89]
同伴支持	0.18 (0.46)	0.15	[0.49, 2.93]	0.89 * (0.35)	6.67	[1.24, 4.81]	0.80 ** (0.31)	6.74	[1.22, 4.05]	0.86 * (0.41)	4.40	[1.06, 5.26]
社区氛围	-0.02 (0.41)	0.00	[0.44, 2.19]	0.96 ** (0.32)	9.02	[1.40, 4.88]	0.31 (0.28)	1.23	[0.79, 2.36]	1.08 ** (0.37)	8.53	[1.43, 6.08]

注：* $p < 0.05$，** $p < 0.01$；男生、七年级和留守儿童作为参照组。

三 儿童留守状态在 T1 生态环境因素与 T1-T2 不同品格类别转变模式关系中的调节作用

（一）以父母（或一方）外出打工至少 6 个月作为留守儿童的界定标准

以父母（或一方）外出打工至少 6 个月作为留守儿童的界定标准，并将 T1 时间点的各生态环境因素作为自变量，T1-T2 不同品格类别转变模式作为因变量，儿童留守状态作为调节变量，探讨儿童留守状态在 T1 生态环境因素和 T1-T2 不同品格类别转变模式之间的调节作用，以持续低品格组为参照组，结果见表 6-7。

由表 6-7 可知，儿童留守状态与父母拒绝的交互作用显著预测持续高品格组（$B = 2.85$，$OR = 17.26$，$p < 0.05$）。进一步分析表明，在留守儿童中，父母拒绝负向预测持续高品格组（$B = -1.61$，$OR = 0.20$，$p < 0.01$）；在非留守儿童中，父母拒绝同样负向预测持续高品格组（$B = -1.00$，$OR = 0.37$，$p < 0.01$）。然而，父母拒绝对持续高品格组留守儿童的负面作用大于对非留守儿童的影响，表明留守儿童良好品格的发展更易受父母拒绝行为的负面影响。为更直观地理解儿童留守状态在父母拒绝与持续高品格组的调节作用，以父母拒绝的平均分为标准，将父母拒绝分为高、低两组，做出儿童留守状态与父母拒绝对持续高品格组的交互作用图，如图 6-16 所示。

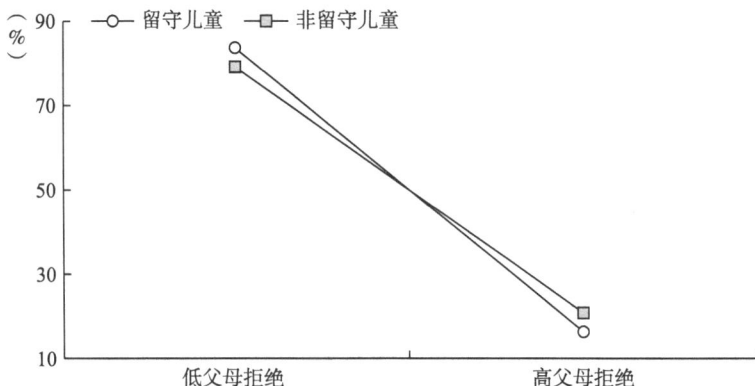

图 6-16　儿童留守状态与父母拒绝对持续高品格组的交互作用

此外，儿童留守状态与父母过度保护的交互作用显著负向预测高品格组（B=−2.36，OR=0.09，$p < 0.05$）。进一步分析表明，在留守儿童中，父母过度保护无法预测持续高品格组（B=0.06，OR=1.06，$p=0.85$）；但在非留守儿童中，父母过度保护负向预测持续高品格组（B=−0.58，OR=0.56，$p < 0.01$）。由此可见，父母过度保护对非留守儿童的品格发展存在显著的负面影响，而在留守儿童中该效应并不显著。为更直观地理解儿童留守状态在父母过度保护与持续高品格组之间的调节作用，以父母过度保护的平均分为标准，将父母过度保护分为高、低两组，做出儿童留守状态与父母过度保护对持续高品格组的交互作用图，如图 6-17 所示。

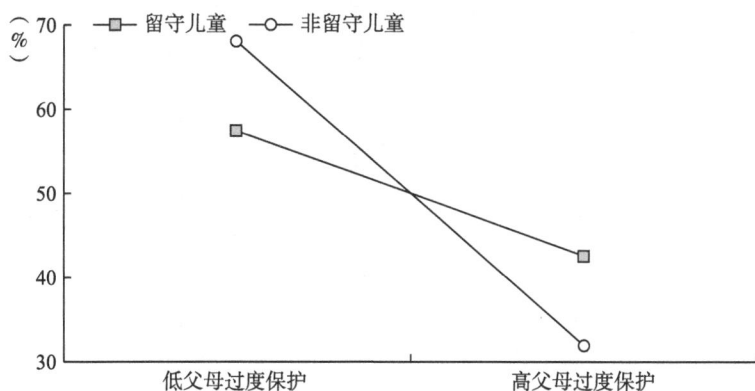

图 6-17　儿童留守状态与父母过度保护对持续高品格组的交互作用

（二）以父母（或一方）外出打工作为留守儿童的界定标准

本部分采用父母（或一方）外出打工作为留守儿童的界定标准，以 T1 时间点的生态环境因素为自变量，T1−T2 不同品格类别转变模式为因变量，儿童留守状态作为调节变量，考察儿童留守状态在 T1 生态环境因素和 T1−T2 不同品格类别转变模式之间的调节作用。以持续低品格组为参照组，结果见表 6-7。

由表 6-7 可知，儿童留守状态与各生态环境因素的交互作用均不显著。

表6-7 儿童留守状态在T1生态环境因素和T1-T2不同品格类别转变模式之间的调节作用

以父母（或一方）外出打工至少6个月界定留守儿童	品格变好组			品格变差组			持续中间组			持续高品格组		
	B (SE)	OR	95%CI	B (SE)	OR	95%CI	B (SE)	OR	95%CI	B (SE)	OR	95%CI
父母拒绝*留守状态	-0.15 (1.59)	0.01	[0.04, 19.33]	0.37 (0.87)	0.18	[0.27, 7.89]	0.20 (0.79)	0.07	[0.26, 5.79]	2.85* (1.29)	4.89	[1.38, 215.82]
父母情感温暖*留守状态	0.27 (0.93)	0.08	[0.21, 8.01]	0.27 (0.62)	0.19	[0.39, 4.46]	0.05 (0.61)	0.01	[0.32, 3.48]	1.20 (0.75)	2.57	[0.77, 14.43]
父母过度保护*留守状态	0.74 (1.52)	0.24	[0.11, 41.12]	-0.97 (0.80)	1.46	[0.08, 1.83]	-1.08 (0.76)	2.00	[0.08, 1.52]	-2.36* (0.92)	6.57	[0.02, 0.57]
亲子冲突*留守状态	-0.51 (0.78)	0.42	[0.13, 2.78]	-0.38 (0.53)	0.52	[0.24, 1.92]	0.74 (0.56)	1.76	[0.70, 6.24]	-0.55 (0.71)	0.60	[0.14, 2.32]
亲子互动*留守状态	1.28 (1.07)	1.43	[0.44, 29.03]	0.72 (0.68)	1.13	[0.55, 7.69]	-0.05 (0.63)	0.01	[0.28, 3.28]	-0.08 (0.71)	0.01	[0.23, 3.73]
教师支持*留守状态	-0.20 (0.95)	0.05	[0.13, 5.26]	-0.16 (0.59)	0.08	[0.27, 2.69]	0.82 (0.54)	2.28	[0.78, 6.55]	0.22 (0.69)	0.11	[0.33, 4.81]
同伴支持*留守状态	0.65 (0.90)	0.51	[0.33, 11.19]	-0.03 (0.53)	0.00	[0.34, 2.75]	-0.52 (0.49)	1.11	[0.23, 1.56]	-0.30 (0.65)	0.22	[0.21, 2.63]

续表

	品格变好组			品格变差组			持续中间组			持续高品格组		
	B (SE)	OR	95%CI	B (SE)	OR	95%CI	B (SE)	OR	95%CI	B (SE)	OR	95%CI
以父母（或一方）外出打工至少6个月界定留守儿童												
社区氛围*留守状态	-0.32 (0.82)	0.16	[0.15, 3.57]	0.90 (0.49)	3.33	[0.94, 6.43]	0.47 (0.45)	1.13	[0.67, 3.85]	0.50 (0.60)	0.69	[0.51, 5.41]
以父母（或一方）外出打工界定留守儿童												
父母拒绝*留守状态	0.47 (1.04)	0.20	[0.21, 12.26]	0.06 (0.59)	0.01	[0.34, 3.37]	-0.02 (0.56)	0.00	[0.33, 2.90]	0.60 (0.70)	0.74	[0.46, 7.17]
父母情感温暖*留守状态	0.03 (0.67)	0.00	[0.28, 3.85]	0.14 (0.46)	0.09	[0.46, 2.83]	-0.28 (0.45)	0.37	[0.31, 1.84]	-0.20 (0.55)	0.13	[0.28, 2.43]
父母过度保护*留守状态	-1.17 (0.84)	1.93	[0.06, 1.62]	-0.57 (0.57)	1.00	[0.19, 1.73]	-0.66 (0.55)	1.45	[0.18, 1.51]	-1.10 (0.62)	3.19	[0.10, 1.11]
亲子冲突*留守状态	0.70 (0.68)	1.08	[0.54, 7.57]	-0.30 (0.45)	0.46	[0.31, 1.77]	0.56 (0.41)	1.85	[0.78, 3.93]	0.71 (0.61)	1.38	[0.62, 6.72]
亲子互动*留守状态	0.09 (0.74)	0.01	[0.26, 4.64]	-0.38 (0.53)	0.54	[0.24, 1.91]	-0.34 (0.51)	0.44	[0.26, 1.94]	-0.07 (0.56)	0.02	[0.31, 2.78]

续表

以父母（或一方）外出打工至少6个月界定留守儿童	品格变好组			品格变差组			持续中间组			持续高品格组		
	B (SE)	OR	95%CI	B (SE)	OR	95%CI	B (SE)	OR	95%CI	B (SE)	OR	95%CI
教师支持*留守状态	-0.50 (0.64)	0.62	[0.17, 2.12]	-0.74 (0.45)	2.63	[0.20, 1.17]	0.00 (0.42)	0.00	[0.44, 2.27]	-0.91 (0.55)	2.75	[0.14, 1.18]
同伴支持*留守状态	-0.79 (0.64)	1.49	[0.13, 1.61]	-0.37 (0.43)	0.77	[0.30, 1.59]	-0.59 (0.40)	2.21	[0.26, 1.21]	-0.93 (0.51)	3.42	[0.15, 1.06]
社区氛围*留守状态	0.22 (0.63)	0.12	[0.36, 4.23]	0.82 (0.43)	3.64	[0.98, 5.23]	0.19 (0.40)	0.23	[0.55, 2.64]	0.66 (0.49)	1.81	[0.74, 5.11]

注：* $p < 0.05$；男生、七年级和留守儿童作为参照组。为了简化，本表仅包括交互项，而未列出主效应。

四 儿童留守状态在 T2 生态环境因素与 T2-T3 不同品格类别转变模式关系中的调节作用

（一）以父母（或一方）外出打工至少 6 个月作为留守儿童的界定标准

当以父母（或一方）外出打工至少 6 个月作为留守儿童的界定标准时，以 T2 生态环境因素为自变量，T2-T3 不同品格类别转变模式作为因变量，儿童留守状态作为调节变量，探讨儿童留守状态在 T2 生态环境因素与 T2-T3 不同品格类别转变模式之间的调节作用。以持续低品格组为参照组，结果见表 6-8。

由表 6-8 可知，儿童留守状态与各生态环境因素的交互作用均不显著。

（二）以父母（或一方）外出打工作为留守儿童的界定标准

当以父母（或一方）外出打工作为留守儿童的界定标准时，以 T2 的生态环境因素为自变量，T2-T3 不同品格类别转变模式为因变量，儿童留守状态作为调节变量，探讨儿童留守状态在 T2 生态环境因素与 T2-T3 不同品格类别转变模式之间的调节作用。以持续低品格组为参照组，结果见表 6-8。

由表 6-8 可知，儿童留守状态与各生态环境因素的交互作用均不显著。

五 讨论

本节基于生态系统理论和关系发展系统理论，探讨了家庭、学校、社区等不同生态环境因素对农村儿童品格类别转变模式的影响，并考察了儿童留守状态在其中的调节作用。研究结果不仅对父母成为农村留守儿童发展的"旁观者"等相关论点提出修正，而且为培养农村留守儿童良好品格的教育干预提供了重要启示。

由于以父母（或一方）外出打工至少 6 个月作为留守儿童的界定标准时，不同品格潜在类别之间的转变人数较少甚至为 0，因此在本节，研究者也以父母（或一方）外出打工作为留守儿童的界定标准。通过比较这两种不同界定标准下农村儿童所处生态环境因素对其品格类别转变模式的影响，以及儿童留守状态的调节作用，本节力求更全面地理解农村留守儿童品格发展机制。

表6-8 儿童留守状态在T2生态环境因素和T2—T3不同品格类别转变组之间的调节作用

以父母（或一方）外出打工至少6个月界定留守儿童	品格变好组			品格变差组			持续中间组			持续高品格组		
	B (SE)	OR	95%CI	B (SE)	OR	95%CI	B (SE)	OR	95%CI	B (SE)	OR	95%CI
父母拒绝*留守状态	-0.51 (1.53)	0.60	[0.03, 12.05]	-1.10 (1.25)	0.33	[0.03, 3.88]	-0.45 (1.20)	0.64	[0.06, 6.73]	-0.76 (1.38)	0.47	[0.03, 7.04]
父母情感温暖*留守状态	-0.18 (1.42)	0.84	[0.05, 13.55]	-0.47 (1.02)	0.63	[0.09, 4.60]	-1.29 (0.98)	0.28	[0.04, 1.88]	-0.84 (1.29)	0.43	[0.04, 5.37]
父母过度保护*留守状态	-1.20 (1.44)	0.30	[0.02, 5.04]	0.34 (1.16)	1.40	[0.15, 13.5]	0.65 (1.13)	1.92	[0.21, 17.70]	-0.31 (1.23)	0.74	[0.07, 8.13]
亲子冲突*留守状态	0.52 (1.15)	1.69	[0.18, 16.06]	1.23 (0.94)	3.41	[0.54, 21.39]	1.19 (0.90)	3.27	[0.56, 19.12]	0.43 (1.02)	1.53	[0.21, 11.37]
亲子互动*留守状态	-0.42 (1.04)	0.66	[0.09, 5.01]	0.29 (0.77)	1.34	[0.29, 6.10]	0.07 (0.75)	1.07	[0.25, 4.70]	-0.96 (0.86)	0.39	[0.07, 2.08]
教师支持*留守状态	-2.94 (1.99)	0.05	[0.00, 2.63]	-0.78 (1.43)	0.46	[0.03, 7.58]	-1.19 (1.40)	0.31	[0.02, 4.70]	-1.28 (1.57)	0.28	[0.01, 6.01]
同伴支持*留守状态	-2.38 (1.82)	0.09	[0.00, 3.27]	-1.20 (1.37)	0.30	[0.02, 4.46]	-0.05 (1.31)	0.95	[0.07, 12.42]	-0.51 (1.52)	0.60	[0.03, 11.68]

续表

	品格变好组			品格变差组			持续中间组			持续高品格组		
	B (SE)	OR	95%CI	B (SE)	OR	95%CI	B (SE)	OR	95%CI	B (SE)	OR	95%CI
以父母（或一方）外出打工至少6个月界定留守儿童												
社区氛围*留守状态	-0.65 (1.80)	0.52	[0.02, 17.61]	-0.94 (1.47)	0.39	[0.02, 6.94]	-0.64 (1.44)	0.53	[0.03, 8.78]	-0.95 (1.55)	0.39	[0.02, 8.10]
以父母（或一方）外出打工界定留守儿童												
父母拒绝*留守状态	1.29 (0.94)	3.63	[0.58, 22.94]	0.38 (0.64)	1.46	[0.42, 5.11]	0.43 (0.58)	1.53	[0.50, 4.72]	0.75 (0.79)	2.12	[0.45, 9.94]
父母情感温暖*留守状态	0.40 (0.92)	1.49	[0.24, 9.07]	1.06 (0.67)	2.88	[0.78, 10.62]	0.60 (0.60)	1.81	[0.56, 5.90]	1.17 (0.84)	3.23	[0.62, 16.80]
父母过度保护*留守状态	-0.06 (1.02)	0.94	[0.13, 6.92]	0.14 (0.65)	1.15	[0.32, 4.06]	0.41 (0.60)	1.50	[0.47, 4.86]	0.07 (0.72)	1.07	[0.26, 4.36]
亲子冲突*留守状态	-0.40 (0.74)	0.67	[0.16, 2.84]	0.17 (0.58)	1.19	[0.38, 3.71]	0.49 (0.50)	1.63	[0.62, 4.31]	-0.33 (0.65)	0.72	[0.20, 2.57]

续表

以父母（或一方）外出打工至少6个月界定留守儿童	品格变好组			品格变差组			持续中间组			持续高品格组		
	B (SE)	OR	95%CI	B (SE)	OR	95%CI	B (SE)	OR	95%CI	B (SE)	OR	95%CI
亲子互动*留守状态	-0.41 (0.69)	0.66	[0.17, 2.55]	-0.01 (0.52)	0.99	[0.35, 2.75]	0.28 (0.49)	1.32	[0.51, 3.43]	-0.78 (0.59)	0.46	[0.14, 1.46]
教师支持*留守状态	-1.33 (0.98)	0.26	[0.04, 1.81]	-0.62 (0.70)	0.54	[0.14, 2.13]	-0.97 (0.65)	0.38	[0.11, 1.35]	-0.45 (0.87)	0.64	[0.12, 3.53]
同伴支持*留守状态	0.03 (0.97)	1.03	[0.15, 6.91]	0.30 (0.68)	1.34	[0.35, 5.11]	0.62 (0.61)	1.86	[0.56, 6.18]	-0.19 (0.83)	0.83	[0.16, 4.21]
社区氛围*留守状态	-0.71 (0.88)	0.49	[0.09, 2.75]	-0.04 (0.69)	0.96	[0.25, 3.67]	-0.14 (0.61)	0.87	[0.27, 2.85]	-0.08 (0.80)	0.92	[0.19, 4.45]

注：*$p < 0.05$；男生、七年级和留守作为参照组；为了简化，本表仅包括交互项，而未列出主效应。

（一）生态环境因素与农村儿童品格类别转变模式的关系

研究发现，无论是 T1 至 T2 阶段，还是 T2 至 T3 阶段，儿童所处的生态环境与其品格类别转变模式的关系似乎并未受留守儿童界定标准的影响，这可能是因为研究首先是将儿童留守状态作为控制变量进行分析。具体来说，如果儿童感受到更多来自父母的情感温暖，他们的品格更可能向积极方向发展；如果儿童与父母有良好的互动，并感知到高水平的教师支持和同伴支持以及良好的社区氛围，即便其初始品格水平较低，也仍有改善的可能。以下将分别从家庭、学校及社区三个层面对这些影响因素进行深入讨论。

1. 家庭环境因素对农村儿童品格类别转变模式的影响

研究发现，无论是在 T1 至 T2 阶段，还是 T2 至 T3 阶段，儿童从父母那里感知到的情感温暖越多，他们越不可能留在低品格组，越有可能在品格转变类别的其他组，例如留在中间组或高品格组。以往研究表明，父母的情感温暖与儿童价值观的树立及内化密切相关，并且在不同文化背景下均表现出较强的一致性[①]。此外，父母采取情感温暖等积极的教养方式还会影响儿童的移情能力和感恩品质[②]。情感温暖与理解是父母教养方式中一种重要的积极养育方式，在儿童品格形成和发展中起着重要的作用。采用这种养育方式的父母往往能够理解和接纳孩子，对孩子做出积极的回应，从而有助于他们品格的发展。

以父母（或一方）外出打工至少 6 个月作为留守儿童的界定标准，如果留守儿童和非留守儿童在 T1 时间点感知到更多的父母拒绝，他们在 T1 至 T2 阶段更可能留在低品格组。然而，在 T2 至 T3 阶段，父母拒绝与不同品格类别转变模式并无显著关联。这表明，父母拒绝与留守儿童和非留守儿童品格类别转变模式的关系可能受儿童发展阶段的影响。以往研究也发现，父母的严厉惩罚、拒绝否认往往引发儿童缺乏归属感和安全感，缺失稳定的依恋关

① Wraylake L. , "The Development of Social Responsibility in Adolescence: Dynamic Socialization, Values, and Action", *Dissertations & Theses-Gradworks*, *the Pennsylvania State University*, 2010.

② 王亚丹、孔繁昌、赵改等：《父母教养方式影响青少年感恩：心理特权和观点采择的中介作用》，《心理发展与教育》2020 年第 4 期。

系，从而影响其正确道德观念的树立，容易形成极端、偏狭的人格特征，而这种人格的偏离可能在儿童发展的早期已经出现①。

肖文娥等（2002）根据品德发展问卷平均分一个标准差上下，将被试分为四个等级，结果发现，在控制了不同群体的性别、来源、是否独生子女后，不同品德发展等级组在父母教养方式上存在显著差异②。具体来说，儿童的品德发展水平越高，感受到的父母情感温暖越多，父母严厉惩罚和母亲拒绝否认越少。因此，作者指出，"优势父母教养方式"包括父母充分的情感温暖、不严厉惩罚和过度保护，有利于儿童品德发展。本节也再次强调，温暖的家庭氛围对儿童品格发展具有重要的影响。

总的来说，在三个时间点、两次转变中，父母情感温暖始终是促进农村儿童良好品格发展的重要因素，而父母拒绝对留守儿童和非留守儿童两个群体的负面影响以及父母过度保护对非留守儿童的负面作用主要体现在 T1 至 T2 阶段。家庭作为儿童接受教育最早和最基本的单位，对其品格的形成与发展起着至关重要的作用。这与积极青少年发展相关研究的结果一致，即促进儿童青少年积极发展的关键性的生态资源在家庭，而其中最重要的因素是良好的亲子关系，其特征之一是父母情感温暖。

2. 教师支持和同伴支持对农村儿童品格类别转变模式的影响

研究表明，如果儿童感知到高水平的教师支持和同伴支持，他们越不可能留在低品格组。学校是儿童尤其是留守儿童在家庭之外最重要的社会化场所，而教师和同伴是他们社会网络的重要组成部分，教师支持和同伴支持在儿童的健康成长中发挥着重要作用。对于留守儿童来说，因父母外出打工，不能及时得到父母的关爱，来自学校方面的支持尤其是教师支持对他们的学业适应和人格成长起到至关重要的作用③。

近年来的研究也表明，儿童与成长环境中那些守承诺、关爱他人的成人

---

① 黄悦勤、云淑梅、石立红等：《中学生人格偏离与父母养育方式及相关因素的研究》，《中国心理卫生杂志》2000 年第 2 期。

② 肖文娥、邢玉凤、梁金辉：《初中学生品德发展状况与父母教养方式的相关研究》，《教育研究》2002 年第 10 期。

③ 崔伟、徐夫真、陈佩佩等：《留守初中生教师支持与学业适应：人格的调节作用》，《中国特殊教育》2017 年第 2 期。

建立良好的关系，是预测高水平积极品质和低水平风险行为的最重要资源①。这些重要成人对儿童的影响尤其重要，因为他们需要建立家庭之外的认同。虽然父母养育和亲子关系是儿童健康成长的重要发展资源，但来自其他重要成人的支持（即父母之外成人的支持，如教师、邻居、教练等）也能提升他们积极品质的水平。

此外，同伴支持水平越高的儿童越可能处于品格变差组而不是持续低品格组。这可能是由于，在儿童成长的过程中，归属感和群体认同非常重要。在群体压力下，个体往往会遵循群体道德规范，即使这些规范可能包含不道德行为。当群体的道德规范允许或鼓励此类行为时，个体往往更倾向于通过展示这些行为来获得"良好"或"适当"群体成员的认可与尊重②。这种对群体认同的追求，反而可能导致品格水平下降。

根据关系发展系统理论，发展是嵌套于包含跨情境关系的生态系统中。因此，考虑教师支持和同伴支持对儿童品格发展转变的影响非常重要。当儿童感受到教师和同学的支持与关心，这有助于他们建立良好的师生和同伴关系，形成一种安全、温暖的氛围。因此，当儿童感知到高水平的教师支持和同伴支持时，他们更不可能留在低品格组。

3. 社区氛围对农村儿童品格类别转变模式的影响

研究发现，在 T1 至 T2 阶段，良好的社区氛围有助于儿童维持较高的品格水平；而在 T2 转向 T3 时，如果农村儿童感知到良好的社区氛围，那么他们的品格更有可能变好。随着儿童年龄的增长，社区对他们的影响就变得越来越明显。社区作为社会组织单位，应整合各类资源，为困境儿童搭建社会支持网络，为有需要的儿童提供有针对性的关爱保护服务。金小红等（2017）的研究明确指出，社区是影响农村儿童学习成绩和心理品质的独特因素③。而对于农村留守儿童来说，社区是他们生活的空间场域，社区中的人际关系、

---

① Li J., & Julian M., "Developmental Relationships as the Active Ingredient: A Unifying Working Hypothesis of 'What Works' across Intervention Settings", *the American Journal of Orthopsychiatry*, 82 (2), 2012.

② Ellemers N., Pagliaro S., & Barreto M., "Morality and Behavioural Regulation in Groups: A Social Identity Approach", *European Review of Social Psychology*, 24 (1), 2013, pp. 160-193.

③ 金小红、徐晓华、太小杰：《乡村结构变迁背景下农村儿童的生存现状：一项比较研究》，《教育研究与实验》2017 年第 2 期。

文化氛围、基础设施等都是影响儿童成长发育的重要因素。社区也可以为留守儿童提供多方面的资源，如建设留守儿童工作机构，开展公益性的亲子交流，这对儿童的健康发展做出了很大的贡献①。

到目前为止，相关研究往往假设生态资源对儿童有一种普遍且累积的影响作用。家庭、学校和社区环境对不同的发展结果有全方位的影响，例如家庭中的集体活动、上学以及社区中的人力资源等都起到一定的作用②。但是，这一领域的相关理论也明确指出，有大量的路径指向儿童积极的发展结果。但是研究往往将不同生态层面的促进因素分开单独考察，如果将这些因素结合起来会对儿童的品格发展产生怎样的效力，这是未来值得深入挖掘的问题。事实上，只关注单一或少数积极因素的做法并不符合儿童青少年的生活实际。在个体发展的过程中，是多类积极因素并存。如果能够将多领域、多类别的积极因素加以综合考察，研究者有望深入揭示农村儿童良好品格的提升机制。

（二）儿童留守状态在生态环境因素与品格类别转变模式关系中的调节作用

本节进一步探讨了儿童留守状态在生态环境因素与品格类别转变模式之间的调节作用，结果表明，留守儿童的界定标准不同，留守状态与生态环境因素的交互作用对品格类别转变模式的影响也有所差异。

当以父母（或一方）外出打工至少6个月作为留守儿童的界定标准，考察儿童留守状态在T1生态环境因素与T1—T2品格类别转变模式之间的调节作用。研究发现，父母拒绝会对儿童的品格发展产生负面效应，且对持续高品格组留守儿童的负面影响更大。这一现象可以从依恋理论的角度解释，由于留守儿童长期与父母分离，他们更容易形成不安全依恋，而父母的拒绝可能强化其被忽视和被排斥的感知，使其在面对道德困境时缺乏足够的心理支持，从而影响其高品格特质的维持③。

其次，父母的过度保护可能会在一定程度上阻碍非留守儿童持续高品格

---

① 邓纯考：《农村留守儿童社区支持的资源与路径——基于西部地区四省两区的调研》，《教育发展研究》2013年第1期。

② Theokas C., & Lerner R. M., "Observed Ecological Assets in Families, Schools, and Neighborhoods: Conceptualization, Measurement and Relations with Positive and Negative Developmental Outcomes", *Applied Developmental Science*, 10 (2), 2006.

③ 赵金霞、李振：《亲子依恋与农村留守青少年焦虑的关系：教师支持的保护作用》，《心理发展与教育》2017年第3期。

的形成。然而，在留守儿童群体中，父母过度保护的负面效应可能被削弱。一方面，这可能是因为在实际生活中，留守儿童往往需要在较少直接依赖父母的情况下自主决策和管理日常事务。这种现实环境对独立性的要求弱化了过度保护的消极影响，从而降低了其对品格发展的负面作用；另一方面，由于留守儿童长期与父母分离，缺乏亲情陪伴和情感交流，因此当父母表现出过度保护的行为时，他们会将其视为父母对自己的关注与重视，感受为父母依然在乎自己，这种感知在一定程度上能够缓解留守儿童内心的孤独感和被遗弃感，从而在一定程度上促进其健康成长。

总体来看，品格的发展具有较强的动态性，受到个体经历和环境因素的共同塑造。对留守儿童而言，其品格的塑造不仅受家庭教养方式的影响，还受到社会支持系统和个人适应策略的调节。尽管留守经历可能对儿童品格带来一定的挑战，但在特定条件下，也可能激发儿童在某些品格特质上的积极成长。例如，父母外出打工，留守儿童需要自己面对生活中的很多问题，他们明白了父母的辛苦和付出，学会了感恩、独立和坚强。

（三）研究不足与建议

虽然本节考察了家庭、教师、同伴及社区等多种发展资源对农村儿童品格发展转变模式的影响，并探讨了留守状态的调节作用，但本节还存在一些不足。首先，与教师、同伴等儿童生活中重要他人的良好关系似乎对儿童有保护作用，并有助于促进他们的健康发展。这些重要的关系可能作为补充资源，仅在儿童有良好的家庭关系时才能促进品格的积极发展。关系发展系统理论强调，同一情境内的发展嵌套于包含在跨情境关系的系统中。但很少有研究从嵌套视角考察父母、教师、同伴、社区等与儿童品格发展的关系，并探讨这些不同的发展资源对儿童品格发展的累积效应和协同作用。未来研究需要从生态嵌套、相互影响的个体-情境关系等视角更充分地阐述这些因素对儿童品格发展的重要性。其次，研究采用了间隔一年的三次追踪设计，可能并未充分考察各变量的发展特点以及发展资源对农村儿童品格发展转变的长期影响，因此未来研究可考虑延长对被试的追踪时间，从而更充分、更全面地考察影响农村儿童品格发展转变的因素。

基于本章节的研究结果，提出如下几条建议：（1）家庭的关爱是培养儿童良好品格不可或缺的重要因素。父母要注意采用积极的家庭教养方式，建立良好的亲子关系，为儿童提供健康发展的家庭氛围；（2）来自教师和同伴的支持是保持儿童良好品格的重要一环。学校作为儿童社会化的重要场所，要着力于提升教师的学科素养及其与儿童互动的能力，敏锐捕捉儿童心理和行为问题，成为儿童品行发展的引路人；同时要注意培养学生的道德品质，为儿童品格发展和社会化提供良好保障；（3）良好的社区氛围对儿童品格发展有积极的促进作用。在实践中要注意发挥农村儿童尤其是农村留守儿童周边社区的积极效应，让儿童感受到来自社会的关注和善意，并推动儿童积极参与社区相关活动中。

第七章 农村留守儿童品格类别转变对其社会适应的影响

2021年"中央一号"文件《中共中央 国务院关于全面推进乡村振兴加快农业农村现代化的意见》明确要求,"加强对农村留守儿童和妇女、老年人以及困境儿童的关爱服务"[①]。因此,近年来,社会和学术界高度关注农村留守儿童这一群体的社会适应状况。

良好的品格被认为是社会适应尤其是幸福感的核心成分,是快乐、健康和道德生活的基石。有人说,一个具有良好品格的人过着一种对自己和对社会都好的生活[②]。农村留守儿童具有的良好品格对其积极发展的潜在促进和保护作用值得目前及未来研究的广泛关注,因为早期的良好品格对未来繁荣发展的连锁效应是重要的发展现象,对个体和社会都有长期的影响。例如,Jeličić等评估了五年级儿童的积极发展指标(即5C,具体包括能力、自信、联结、品格和关爱)是否随着时间的推移而与预期结果的关系发生变化,结果表明,五年级儿童的积极发展指标能够预测他们在六年级时对社会更大的贡献及更少的风险行为和抑郁[③]。

尽管整体来看,积极青少年发展与风险/问题行为存在负向关系,但采用4-H研究数据的结果表明,二者的关系还远不完美,有些儿童在两个领域同

---

① 中共中央 国务院:《关于全面推进乡村振兴加快农业农村现代化的意见》,https://www.gov.cn/zhengce/2021-02/21/content_5588098.htm。

② Narvaez D., "Human Flourishing and Moral Development: Cognitive and Neurobiological Perspectives of Virtue Development", in L. Nucci & D. Narvaez (Eds.), *Handbook of Moral and Character Education*, New York, NY: Routledge, 2008.

③ Jeličić H., Bobek D., Phelps E., et al., "Using Positive Youth Development to Predict Contribution and Risk Behaviors in Early Adolescence: Findings from the First Two Waves of the 4-H Study of Positive Youth Development", *International Journal of Behavioral Development*, 31 (3), 2007, pp. 263-273.

时增加，而另一些儿童则同时下降。Lewin-Bizan 等人采用以个体为中心的分析方法考察了 5—10 年级儿童青少年的积极品质与问题行为，结果发现，积极品质和问题行为存在多种复杂的发展轨迹，积极品质得分高的儿童青少年也可能具有较多的问题行为[1]。另外，也有研究表明，积极青少年发展指标与风险/问题行为存在多种变化模式，一些儿童青少年（如女生）同时表现出了高水平的积极品质发展轨迹以及问题行为与抑郁症状的发展轨迹[2]。这一结果要求学者对结论的普遍性在种族多样性的群体进行评价和交叉验证。

在本章中，我们以农村留守儿童这一特殊群体为研究对象探讨品格发展转变与社会适应关系的一致性或多样性。这样的研究有助于我们依据品格发展与社会适应的关联，深入区分不同类别儿童的特征，帮助我们更好地理解儿童时期占主导地位的变化模式及其多样性。详细阐述发展理论和解释个体与情境关系的发展进程是怎样同时导致积极品质与风险/问题行为同样的发展方向，这需要更多关于两类变量联合发展轨迹的证据。

基于此，本书将在探讨农村留守儿童品格发展特点及品格类别转变的基础上，进一步分析不同品格类别的转变模式对农村留守儿童社会适应的影响，并与非留守儿童进行比较。具体来说，本书将在探讨农村留守儿童社会适应基本特点的基础上，考察品格潜在类别转变模式与农村儿童良好社会适应变量（如亲社会行为、自尊）和不良适应变量（如欺凌/受欺凌行为、非自杀性自伤行为、网络成瘾及抑郁、孤独情绪等）的关系，同时探讨儿童留守状态的调节作用，从而揭示农村留守儿童品格潜在类别及其转变模式与社会适应的关系。

研究目的主要包括：（1）考察良好社会适应变量（如亲社会行为、自尊）和不良适应变量（如欺凌/受欺凌行为、非自杀性自伤行为、网络成瘾及抑郁、孤独情绪等）两类变量在年级、性别、儿童留守状态与时间上的发展特点；（2）探讨农村留守儿童品格潜在类别转变模式对不同社会适应指标的

① Lewin-Bizan S., Lynch A. D., Fay K., et al., "Trajectories of Positive and Negative Behaviors from Early-to Middle-Adolescence", *Journal of Youth and Adolescence*, 39 (7), 2010, pp. 751-763.

② Phelps E., Balsano A. B., Fay K., etal., "Nuances in Early Adolescent Developmental Trajectories of Positive and Problematic/Risk Behaviors: Findings from the 4-H Study of Positive Youth Development", *Child & Adolescent Psychiatric Clinics of North America*, 16 (2), 2007, pp. 473-496.

影响，并与非留守儿童进行比较。

第一节　研究方法

在纵向研究中，亲社会行为、自尊、欺凌/受欺凌行为、自伤行为、网络成瘾、抑郁、孤独等社会适应变量在 T1、T2、T3 三个时间点均进行了施测。

一　研究对象

请参考本书第五章内容。

二　研究工具

请参考本书第四章内容。

三　研究程序及数据处理

本书采用 SPSS 22.0 对数据进行录入和管理。由于 Mplus 7.4 版本对 LTA 采用极大似然估计方法进行参数估计，能够有效地对缺失值进行估计，因此在本书中并未进行缺失值处理。在数据处理时，主要包括以下步骤：

首先，采用 SPSS 20.0 统计分析软件，对良好社会适应和不良社会适应的基本特点进行重复测量方差分析，考察其在不同时间（T1、T2 和 T3）、不同年级（四年级 vs. 七年级）、不同性别（男生 vs. 女生）及儿童留守状态上存在的差异情况。

其次，考察以上社会适应多种不同指标的相关情况。

再次，分别以本书第五章得到的 T1 至 T2 以及 T2 至 T3 的品格潜在类别的五种转变模式为自变量，将后一时间点的社会适应指标作为结果变量，并控制前一时间点同一社会适应指标，采用协方差分析（ANCOVA）考察不同品格潜在类别的转变模式对社会适应的影响。

最后，采用潜在转变分析（LTA）考察农村留守儿童所属品格潜在类别转变模式与其社会适应的关系。将性别、年级作为协变量加入方程，采用多项逻辑回归（Multinomial Logistic Regression）提供 Logit 系数和似然比（Odds Ratios，ORS），用以评价品格潜在类别转变模式是怎样预测社会适应各具体变量的。接下来，将留守状态加入模型，考察留守状态在品格类别转变模式与农村儿童社会适应关系中可能的调节作用。为使模型简洁，本章节将品格潜在类别转变模式与社会适应各具体指标分别建模。

四 共同方法偏差检验

由于本章采用问卷调查来收集数据，因此研究结果可能会受到共同方法偏差的影响，所以需要首先进行共同方法偏差检验。根据前人的研究建议，采用 Harman 单因素分析进行共同方法偏差检验。结果发现，T1/T2/T3 三个时间点，未旋转时，共生成 13/13/14 个因子，解释了 43%/55%/63% 的变异，第一个公因子解释的变异量为 18.7%/24.1%/24.5%，小于 40% 的判断标准，说明共同方法偏差不明显。因此，本章没有进一步采用统计方法对共同方法偏差效应进行控制。

第二节 农村留守儿童社会适应的基本特点

相较于与父母住在一起的农村同龄人，留守儿童更易遭受欺凌，面临更高的抑郁风险，有更多社会心理问题，甚至出现自杀未遂的概率也相对更大[1]。但是，并不是所有的研究都发现留守对儿童的社会适应产生不利影响。例如，范兴华与方晓义发现，留守儿童与一般儿童在问题行为上没有显著差异[2]。本部分主要考察社会适应各指标在不同年级、不同性别、儿童留守状态（LBC6 vs. NLBC6）及时间发展上的特点。

一 社会适应各指标的信度分析

由于研究中品格特质各指标的信度分析在第五章已完成，因此本部分只呈现了社会适应各变量在不同时间点的信度，如表 7-1 所示。各变量的信度

---

① Tang, W., Wang, G., Hu, T., et al., "Mental Health and Psychosocial Problems among Chinese Left-behind Children: A Cross-sectional Comparative Study", *Journal of Affective Disorders*, 241, 2018, pp. 133-141.

② 范兴华、方晓义：《不同监护类型留守儿童与一般儿童问题行为比较》，《中国临床心理学杂志》2010 年第 2 期。

系数均在 0.77 及以上。

表7-1　三个时间点各社会适应变量的信度系数

	T1	T2	T3
亲社会行为	0.87	0.94	0.96
自尊	0.77	0.86	0.95
欺凌行为	0.86	0.92	0.97
受欺凌行为	0.90	0.91	0.96
非自杀性自伤	—	0.94	0.97
网络成瘾	0.80	—	0.96
抑郁	0.87	0.90	0.95
孤独感	0.88	0.91	0.96

二　纵向测量的不变性分析

为了确保亲社会行为、自尊、欺凌/受欺凌行为、非自杀性自伤行为、网络成瘾、抑郁、孤独感等社会适应各变量可以进行跨时间的比较，因此在本章中，对测量等价性进行检验。采用 Mplus 软件对以上变量在 3 个时间点或 2 个时间点上的测量等价性进行验证性因素分析。在三个时间点或两个时间点上施测的变量其弱等值检验的拟合结果显示△CFI 均小于 0.01，表明这些变量的因子载荷等价性成立[1]。参照这一标准，本章在 3 次或 2 次测量时间点上所使用的社会适应各指标基本满足测量不变性，除了在亲社会行为、受欺凌行为和孤独感量表上接近 0.01，结果见表7-2。

表7-2　各生态环境变量纵向测量不变性检验拟合结果

		χ^2/df	CFI	RMSEA	SRMR	△CFI	AIC	BIC
亲社会行为	形态等值模型	3.07	0.91	0.05	0.08	0.01	125422.88	126420.38
	弱等值模型	3.29	0.90	0.05	0.16		125646.66	126529.07

① Liang L., Yang J., & Yao S., "Measurement Equivalence of the SDQ in Chinese Adolescents: A Horizontal and Longitudinal Perspective", *Journal of Affective Disorders*, 257, 2019, pp. 439-444.

续表

		χ^2/df	CFI	RMSEA	SRMR	$\triangle$CFI	AIC	BIC
自尊	形态等值模型	2.41	0.94	0.04	0.06	0.00	53692.81	54407.21
	弱等值模型	2.52	0.94	0.04	0.07		53742.71	54370.80
欺凌行为	形态等值模型	4.99	0.97	0.07	0.04	0.00	13754.41	14056.19
	弱等值模型	4.92	0.97	0.07	0.05		13767.97	14041.01
受欺凌行为	形态等值模型	3.46	0.98	0.05	0.05	0.01	21212.28	21499.68
	弱等值模型	4.11	0.97	0.06	0.06		21259.18	21349.58
非自杀性自伤	形态等值模型	4.93	0.97	0.07	0.03	0.00	12765.93	13096.68
	弱等值模型	4.83	0.97	0.07	0.04		12775.87	13068.27
网络成瘾	形态等值模型	2.73	0.94	0.04	0.04	0.00	11232.22	11587.18
	弱等值模型	2.75	0.94	0.04	0.04		11242.48	11554.27
抑郁	形态等值模型	1.85	0.87	0.04	0.07	0.00	57938.27	59026.04
	弱等值模型	1.84	0.87	0.04	0.08		57924.91	58856.69
孤独感	形态等值模型	2.90	0.91	0.05	0.07	0.01	72980.77	74026.72
	弱等值模型	3.04	0.90	0.05	0.08		73112.35	74043.15

三 农村留守儿童社会适应各变量的基本特点

（一）社会适应各变量的平均数和标准差

表7-3给出了T1、T2和T3社会适应各具体指标的平均数和标准差。

表7-3 社会适应各变量在不同年级、性别及儿童留守状态上的平均数和标准差

	初始年级				性别				儿童留守状态				M	SD
	4		7		男		女		留守儿童 LBC6		非留守 NLBC6			
	M	SD	M	SD	M	SD	M	SD	M	SD	M	SD		
T1 亲社会行为	6.14	1.01	5.49	0.95	5.71	1.06	5.74	0.98	5.95	1.10	5.66	0.99	5.73	1.02
T2 亲社会行为	6.23	0.94	5.34	1.17	5.63	1.25	5.69	1.08	5.79	1.28	5.6	1.14	5.65	1.18

续表

	初始年级				性别				儿童留守状态				M	SD
	4		7		男		女		留守儿童 LBC6		非留守 NLBC6			
	M	SD	M	SD	M	SD	M	SD	M	SD	M	SD		
T3 亲社会行为	5.88	1.11	5.2	1.12	5.37	1.21	5.52	1.10	5.62	1.20	5.37	1.16	5.43	1.17
T1 自尊	1.58	0.48	1.88	0.41	1.78	0.48	1.81	0.42	1.70	0.45	1.82	0.45	1.80	0.45
T2 自尊	1.81	0.62	2.07	0.57	1.99	0.64	1.99	0.55	1.84	0.64	2.04	0.57	2.00	0.59
T3 自尊	2.04	0.6	2.13	0.5	2.09	0.56	2.12	0.51	2.09	0.55	2.12	0.53	2.11	0.53
T1 欺凌行为	0.14	0.41	0.23	0.42	0.23	0.42	0.18	0.41	0.21	0.48	0.2	0.39	0.21	0.48
T2 欺凌行为	0.19	0.5	0.16	0.48	0.18	0.45	0.16	0.52	0.21	0.50	0.17	0.49	0.18	0.49
T3 欺凌行为	1.11	0.41	1.10	0.48	1.15	0.59	1.05	0.29	1.15	0.55	1.08	0.41	1.10	0.44
T1 受欺凌行为	0.23	0.55	0.38	0.63	0.37	0.62	0.31	0.6	0.33	0.61	0.34	0.61	0.34	0.61
T2 受欺凌行为	0.24	0.51	0.25	0.61	0.25	0.57	0.22	0.59	0.31	0.55	0.22	0.59	0.24	0.58
T3 受欺凌行为	1.17	0.44	1.13	0.54	1.21	0.63	1.08	0.37	1.22	0.57	1.13	0.51	1.15	0.52
T2 自伤行为	1.07	0.39	1.15	0.5	1.09	0.34	1.15	0.55	1.07	0.31	1.17	0.56	1.12	0.46
T3 自伤行为	1.10	0.43	1.15	0.52	1.14	0.55	1.12	0.42	1.14	0.51	2.12	0.47	1.13	0.48
T1 网络成瘾	0.06	0.15	0.22	0.23	0.2	0.24	0.15	0.20	0.15	0.24	0.18	0.22	0.18	0.22
T3 网络成瘾	1.88	0.23	1.77	0.26	1.77	0.27	1.83	0.24	1.79	0.26	1.80	0.25	1.80	0.26
T1 抑郁	1.6	0.46	1.87	0.46	1.79	0.49	1.78	0.46	1.70	0.47	1.81	0.47	1.79	0.47
T2 抑郁	1.52	0.45	1.85	0.52	1.75	0.53	1.75	0.52	1.64	0.56	1.79	0.51	1.76	0.53

续表

	初始年级				性别				儿童留守状态				M	SD
	4		7		男		女		留守儿童 LBC6		非留守 NLBC6			
	M	SD	M	SD	M	SD	M	SD	M	SD	M	SD		
T3 抑郁	1.65	0.50	1.94	0.53	1.88	0.55	1.84	0.52	1.83	0.52	1.88	0.54	1.87	0.54
T1 孤独感	1.49	0.46	1.65	0.45	1.60	0.45	1.61	0.47	1.55	0.49	1.62	0.45	1.61	0.46
T2 孤独感	1.42	0.45	1.72	0.52	1.67	0.54	1.60	0.49	1.60	0.55	1.65	0.52	1.64	0.52
T3 孤独感	1.53	0.52	1.83	0.53	1.79	0.58	1.70	0.5	1.71	0.57	1.76	0.54	1.75	0.55

（二）社会适应各指标之间的相关分析

对主要变量的关系进行 Pearson 相关分析，相关分析结果如表 7-4 所示。（1）三个时间点的亲社会行为呈显著正相关，相关系数在 0.31—0.43（$p < 0.01$）。三个时间点的亲社会行为与三个时间点的自尊呈显著正相关，相关系数在 0.15—0.40（$p < 0.01$）；T1 亲社会行为与三个时间点的抑郁和孤独感呈显著负相关，相关系数在 -0.47—-0.25（$p < 0.01$）；与 T1 欺凌和受欺凌行为都呈显著负相关，相关系数分别为 -0.19 和 -0.23（$p < 0.01$）；与其他时间点的变量相关不显著。T2 和 T3 的亲社会行为与网络成瘾以及自伤行为、欺凌行为、受欺凌行为、抑郁和孤独感呈显著负相关，相关系数在 -0.58—-0.09（$p < 0.01$）。

（2）三个时间点的自尊呈显著正相关，相关系数在 0.20—0.38（$p < 0.01$）。T1 自尊与 T1 欺凌行为和受欺凌行为、T1 和 T3 的网络成瘾、T2 和 T3 的自伤行为以及抑郁和孤独感呈显著负相关，相关系数在 -0.50—-0.09（$p < 0.05$）；与三个时间点的亲社会行为呈显著正相关，相关系数在 0.24—0.40（$p < 0.01$）；与其他时间点的变量相关不显著。T2 自尊与 T1 欺凌行为、T1 和 T3 的网络成瘾、T2 自伤行为、T1 和 T3 的受欺凌行为以及三个时间点的抑郁和孤独感呈显著负相关，相关系数在 -0.50—-0.08（$p < 0.05$）；与三

表 7-4 社会适应各指标之间的相关分析

	1	2	3	4	5	6	7	8	9	10	11	12	13	14	15	16	17	18	19	20	21	22
1.T1亲社会行为	1																					
2.T2亲社会行为	0.43**																					
3.T3亲社会行为	0.31**	0.38**																				
4.T1自尊	0.40**	0.34**	0.24**																			
5.T2自尊	0.28**	0.26**	0.22**	0.38**																		
6.T3自尊	0.15**	0.15**	0.26**	0.20**	0.28**																	
7.T1欺凌行为	-0.19**	-0.15**	-0.11**	0.24**	0.11**	0.08*																
8.T2欺凌行为	-0.03	-0.16**	-0.16**	0.01	0.01	0.01	0.11**															

续表

	1	2	3	4	5	6	7	8	9	10	11	12	13	14	15	16	17	18	19	20	21	22
9.T3 欺凌行为	-0.01	-0.09**	-0.13**	0.05	0.07	0.04	0.09**	0.12**														
10.T1 受欺凌行为	-0.23**	-0.16**	-0.17**	0.30**	0.17**	0.10**	0.66**	0.16**	0.09*													
11.T2 受欺凌行为	-0.07	-0.11**	-0.15**	0.06	0.03	0.04	0.11**	0.79**	0.09*	0.21**												
12.T3 受欺凌行为	-0.03	-0.11**	-0.18**	0.04	0.08*	0.05	0.10**	0.23**	0.61**	0.17**	0.21**											
13.T2 自伤行为	-0.08	-0.17**	-0.15**	0.10**	0.15**	0.05	0.08**	0.61**	0.05	0.13**	0.52**	0.16**										
14.T3 自伤行为	-0.07	-0.12**	-0.23**	0.09**	0.05	0.16**	0.10**	0.14**	0.27**	0.17**	0.12**	0.35**	0.23**									
15.T1 网络成瘾	-0.35	-0.27**	-0.19**	0.32**	0.22**	0.08**	0.40**	0.10**	0.04	0.38**	0.16**	0.08**	0.13**	0.13**								

续表

	1	2	3	4	5	6	7	8	9	10	11	12	13	14	15	16	17	18	19	20	21	22
6. T3 网络成瘾	0.19**	0.20**	0.30**	-0.15**	-0.11**	-0.21**	-0.11**	-0.13**	-0.13**	-0.16**	-0.12**	-0.12**	-0.10**	-0.19**	-0.31**							
17. T1 抑郁	-0.36**	-0.32**	-0.18**	0.50**	0.35**	0.15**	0.33**	0.01	0.05	0.38**	0.07	0.07	0.13**	0.15**	0.34**	0.14**						
18. T2 抑郁	-0.29**	-0.39**	-0.28**	0.35**	0.50**	0.21**	0.20**	0.25**	0.07	0.22**	0.30**	0.12**	0.37**	0.15**	0.31**	0.25**	0.41**					
19. T3 抑郁	-0.25**	-0.28**	-0.42**	0.23**	0.25**	0.49**	0.17**	0.10**	0.16**	0.21**	0.13**	0.23**	0.15**	0.32**	0.27**	0.38**	0.31**	0.39**				
20. T1 孤独感	-0.47**	-0.32**	-0.25**	0.39**	0.31**	0.20**	0.19**	0.06	0.07**	0.25**	0.09**	0.08**	0.11**	0.06	0.23**	0.14**	0.46**	0.31**	0.31**			
21. T2 孤独感	-0.31**	-0.58**	-0.29**	0.29**	0.32**	0.19**	0.10**	0.12**	0.09**	0.15**	0.14**	0.15**	0.14**	0.11**	0.29**	0.20**	0.32**	0.43**	0.31**	0.43**		
22. T3 孤独感	-0.28**	-0.29**	-0.52**	0.30**	0.24**	0.34**	0.14**	0.09*	0.13**	0.24**	0.15**	17**	0.10**	0.24**	0.24**	0.30**	0.32**	0.39**	0.58**	0.33**	0.41**	

个时间点的亲社会行为呈显著正相关，相关系数在 0.22—0.28（$p < 0.05$）；与其他时间点的变量相关不显著。T3 自尊与 T1 的欺凌与受欺凌行为、T3 自伤行为、T1 和 T3 的网络成瘾以及三个时间点的抑郁和孤独感呈显著负相关，相关系数在 -0.49—-0.08（$p < 0.05$）；与三个时间点的亲社会行为呈显著正相关，相关系数在 0.15—0.26（$p < 0.01$）；与其他时间点的变量相关不显著。

（3）三个时间点的欺凌行为呈显著正相关，相关系数在 0.09—0.12（$p < 0.01$）。T1 欺凌行为与三个时间点的受欺凌行为、T2 和 T3 的自伤行为、T1 和 T3 的网络成瘾以及三个时间点的抑郁和孤独感呈显著正相关，相关系数在 0.08—0.66（$p < 0.05$）；与三个时间点的亲社会行为、自尊呈显著负相关，相关系数在 -0.08—-0.24（$p < 0.01$）；与其他时间点的变量相关不显著。T2 欺凌行为与三个时间点的受欺凌行为、T2 和 T3 的自伤行为、T1 和 T3 的网络成瘾以及 T2 和 T3 的抑郁和孤独感呈显著正相关，相关系数在 0.09—0.79（$p < 0.01$）；与 T2 和 T3 的亲社会行为呈显著负相关，相关系数在 -0.16—-0.13（$p < 0.01$）；与其他时间点的变量相关不显著。T3 欺凌行为与三个时间点的受欺凌行为、T3 自伤行为、T3 抑郁以及三个时间点的孤独感呈显著正相关，相关系数在 0.09—0.61（$p < 0.05$）；与 T2 和 T3 的亲社会行为及 T2 自尊呈显著负相关，相关系数在 -0.13—-0.09（$p < 0.01$）；与其他变量相关不显著。

（4）三个时间点的受欺凌行为呈显著正相关，相关系数在 0.17—0.21（$p < 0.01$）。T1 受欺凌行为与 T2 和 T3 的自伤行为、T1 和 T3 的网络成瘾以及三个时间点的欺凌行为、抑郁和孤独感呈显著正相关，相关系数在 0.09—0.66（$p < 0.05$）；与三个时间点的亲社会行为及自尊呈显著负相关，相关系数在 -0.30—-0.10（$p < 0.01$）；与其他时间点的变量相关不显著。T2 受欺凌行为与 T2 和 T3 的自伤行为和抑郁、T1 和 T3 的网络成瘾、以及三个时间点的欺凌行为和孤独感呈显著正相关，相关系数在 0.09—0.79（$p < 0.05$）；与 T2 和 T3 的亲社会行为呈显著负相关，相关系数在 -0.15—-0.11（$p < 0.01$）；与其他时间点的变量相关不显著。T3 受欺凌行为与 T1 和 T3 的网络成瘾、T2 和 T3 的自伤行为与抑郁以及三个时间点的欺凌行为和孤独感呈显著正相关，相关系数在 0.08—0.61（$p < 0.05$）；与 T2 和 T3 的亲社会行为呈显

著负相关，相关系数在-0.18—-0.11（$p < 0.01$）；与其他时间点的变量相关不显著。

（5）T2 和 T3 的自伤行为呈显著正相关，相关系数为 0.23（$p < 0.01$）。T2 自伤行为与 T1 和 T3 的网络成瘾、T1 和 T2 的欺凌行为以及三个时间点的孤独感和受欺凌行为呈显著正相关，相关系数在 0.08—0.61（$p < 0.01$）；与 T2 和 T3 的亲社会行为以及 T1 和 T2 的自尊呈显著负相关，相关系数在-0.17—-0.10（$p < 0.01$）；与其他时间点的变量相关不显著。T3 的自伤行为与 T2 和 T3 的孤独感以及三个时间点的欺凌行为、受欺凌行为、抑郁及网络成瘾呈显著正相关，相关系数在 0.09—0.35（$p < 0.05$）；与 T2 和 T3 的亲社会行为以及 T1 和 T3 的自尊呈显著负相关，相关系数在-0.23—-0.09（$p < 0.01$）；与其他时间点的变量相关不显著。

（6）T1 和 T3 的网络成瘾呈显著正相关，相关系数为 0.31（$p < 0.01$）。T1 和 T3 的网络成瘾与自伤行为、T1 和 T2 的欺凌行为以及三个时间点的抑郁和孤独感呈显著正相关，相关系数在 0.08—0.40（$p < 0.01$）；与三个时间点的自尊以及 T2 和 T3 的亲社会行为呈显著负相关，相关系数为-0.32—-0.08（$p < 0.01$）；与其他时间点的变量相关不显著。

（7）三个时间点的抑郁呈显著正相关，相关系数在 0.31—0.41（$p < 0.01$）。T1 抑郁与 T1 欺凌行为和受欺凌行为、T1 和 T3 的网络成瘾、T2 和 T3 的自伤行为以及三个时间点的孤独感呈显著正相关，相关系数在 0.14—0.46（$p < 0.01$）；与三个时间点的亲社会行为及自尊呈显著负相关，相关系数在-0.50—-0.15（$p < 0.01$）；与其他时间点的变量相关不显著。T2 抑郁与 T1 和 T3 的网络成瘾、T1 和 T2 的欺凌行为以及三个时间点受欺凌行为和孤独感呈显著正相关，相关系数在 0.12—0.43（$p < 0.01$）；与三个时间点的亲社会行为呈显著负相关，相关系数在-0.39—-0.28（$p < 0.01$）；与其他时间点的变量相关不显著。T3 抑郁与 T1 和 T3 的网络成瘾、T2 和 T3 的自伤行为以及三个时间点的欺凌和受欺凌行为、孤独感呈显著正相关，相关系数在 0.10—0.58（$p < 0.05$）；与三个时间点的亲社会行为及自尊呈显著负相关，相关系数在-0.49—-0.23（$p < 0.05$）。

（8）三个时间点的孤独感水平呈显著正相关，相关系数在 0.33—0.43（$p < 0.01$）。T1 孤独感与 T1 和 T3 的网络成瘾、T2 自伤、T1 和 T3 的欺凌行

为以及三个时间点的抑郁和受欺凌行为呈显著正相关,相关系数在 0.08—0.46（$p < 0.05$）；与三个时间点的亲社会行为及自尊呈显著负相关,相关系数在 -0.47—-0.20（$p < 0.01$）；与其他时间点的变量相关不显著。T2 点的孤独感与 T1 和 T3 的网络成瘾、T2 和 T3 的自伤行为以及三个时间点的欺凌行为、受欺凌行为和抑郁呈显著正相关,相关系数在 0.09—0.43（$p < 0.01$）；与三个时间点的亲社会行为及自尊呈显著负相关,相关系数在 -0.58—-0.19（$p < 0.01$）。T3 孤独感与 T1 和 T3 的网络成瘾、T2 和 T3 的自伤行为以及三个时间点的欺凌与受欺凌行为、抑郁呈显著正相关,相关系数在 0.09—0.58（$p < 0.05$）；与三个时间点的亲社会行为及自尊呈显著负相关,相关系数在 -0.52—-0.24（$p < 0.01$）。

以上结果表明,亲社会行为、自尊、欺凌行为、受欺凌行为、自伤行为、网络成瘾、抑郁以及孤独感在 T1、T2 和 T3 三年内表现出一定的稳定性。相关分析结果也表明,不管是 T1、T2 还是 T3 时间点的测试,亲社会行为和自尊与网络成瘾、抑郁以及孤独感之间的同时性相关显著,继时性相关也显著。

（三）社会适应各指标的特点

为考察社会适应各指标随时间的发展变化及在年级、性别与儿童留守状态（LBC6 vs. NLBC6）上是否存在差异,以年级、性别与儿童留守状态为被试间变量,以三次测试时间为被试内变量,分别进行重复测量方差分析。

1. 亲社会行为

多变量检验表明,①时间主效应不显著,三个时间点的亲社会行为并没有明显的变化（$F_{(2,886)} = 0.62$, $p > 0.05$, $\eta^2 = 0.12$）；②年级主效应显著（$F_{(1,886)} = 84.43$, $p < 0.05$, $\eta^2 = 0.14$）,结果见图 7-1,进一步分析发现,四年级儿童在亲社会行为上的得分显著高于七年级儿童；③年级与性别的交互效应显著（$F_{(1,886)} = 8.01$, $p < 0.05$, $\eta^2 = 0.02$）,结果见图 7-2,具体表现为四年级男生在亲社会行为上的得分显著高于四年级女生,而七年级男生在亲社会行为上的得分显著低于七年级女生；④其他主效应和交互效应均不显著。

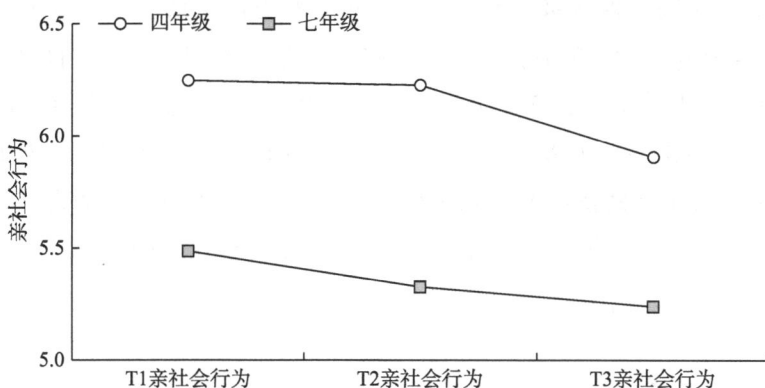

图 7-1　亲社会行为的年级差异

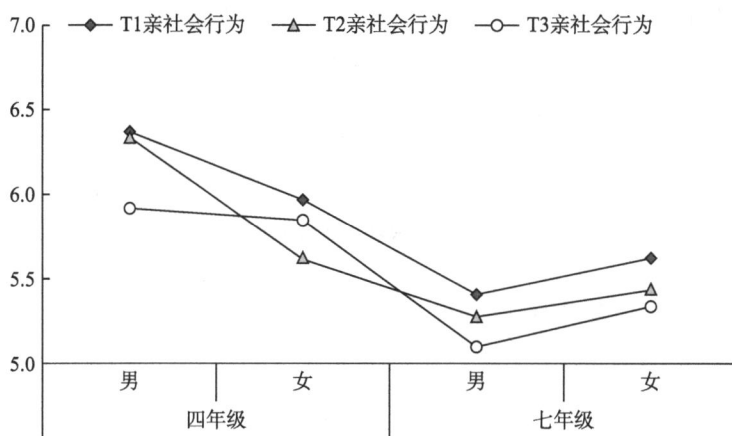

图 7-2　年级与性别对亲社会行为的交互作用

2. 自尊

多变量检验结果表明：①自尊在三个时间点上差异显著（$F_{(2,629)}$ = 4.05，$p < 0.05$，$\eta2 = 0.01$）；②时间与年级的交互效应显著（$F_{(2,629)}$ = 10.32，$p < 0.01$，$\eta2 = 0.03$）。对于四年级儿童来说，各时间点的自尊得分存在显著差异（$F_{(2,629)}$ = 10.07，$p < 0.01$，$\eta^2 = 0.03$），T1 自尊得分显著低于 T2 和 T3 的自尊得分，T2 自尊得分又显著低于 T3 自尊得分；而七年级儿童的自尊得分情况差异并不显著（$F_{(2,629)}$ = 1.33，$p > 0.05$，$\eta^2 = 0.004$）；③年级主效应显著（$F_{(1,630)}$ = 45.0，$p < 0.01$，$\eta^2 = 0.07$），结果见图 7-3，即七年级儿童在自尊

上的得分显著高于四年级儿童；④儿童留守状态的主效应显著（$F_{(1,630)}$ = 5.47，$p < 0.05$，$\eta^2 = 0.01$），结果见图 7-4，表现为留守儿童在自尊上的得分显著低于非留守儿童；⑤年级与儿童留守状态的交互效应显著（$F_{(1,630)}$ = 5.70，$p < 0.05$，$\eta^2 = 0.01$），结果见图 7-5。四年级留守儿童在自尊上的得分与非留守儿童有显著差异，表现为四年级留守儿童在自尊上的得分显著低于非留守儿童，而七年级留守儿童在自尊上的得分与非留守儿童无显著差异。

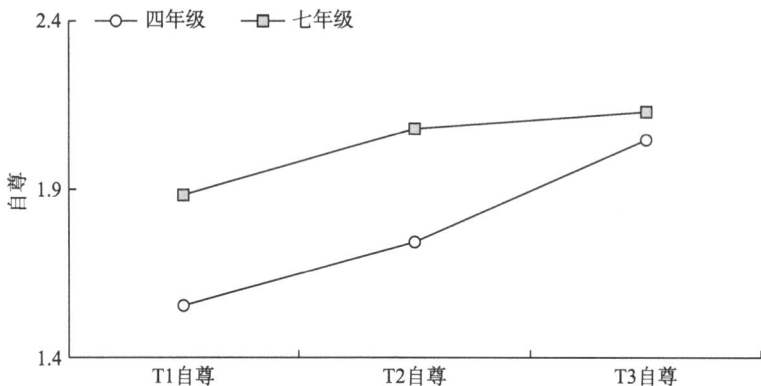

图 7-3 自尊的年级差异

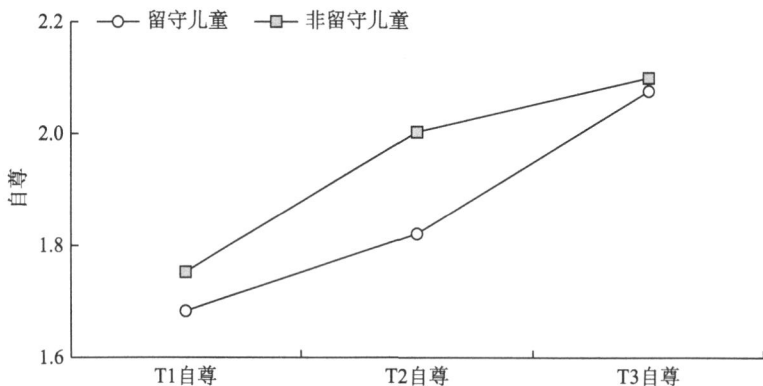

图 7-4 儿童留守状态在自尊上的差异

3. 欺凌行为

多变量检验表明，①欺凌行为在 3 个时间点上的得分有显著差异（$F_{(2,685)}$ = 3.06，$p < 0.05$，$\eta^2 = 0.01$），表现为 T1 欺凌行为得分显著低于 T2 和 T3 的得分，而 T2 和 T3 的欺凌行为差异不显著；②时间与年级的交互效应

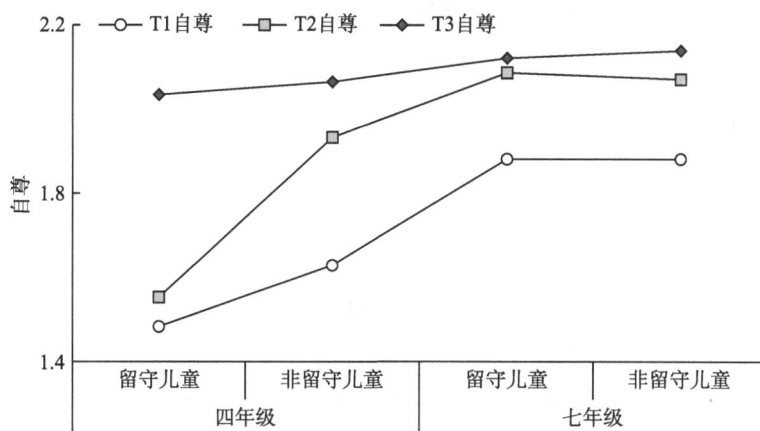

图 7-5　年级与儿童留守状态对自尊的交互作用

显著（$F_{(2,685)} = 5.72$，$p < 0.01$，$\eta^2 = 0.02$），结果见图 7-6；③性别的主效应显著（$F_{(1,686)} = 6.17$，$p < 0.05$，$\eta^2 = 0.01$），男生在欺凌行为上的得分显著高于女生；④性别与年级的交互效应显著（$F_{(1,686)} = 9.07$，$p < 0.01$，$\eta^2 = 0.01$），结果见图 7-7。简单效应分析表明，对于七年级儿童来说，男女生存在显著差异（$F_{(1,686)} = 12.48$，$p < 0.01$，$\eta^2 = 0.02$），具体来说，男生在欺凌行为上的得分显著高于女生；而对于四年级儿童来说，不同性别在欺凌行为上没有显著差异（$F_{(1,686)} = 0.34$，$p > 0.05$）；⑤性别与儿童留守状态的交互效应显著（$F_{(1,686)} = 4.37$，$p < 0.05$，$\eta^2 = 0.001$），结果见图 7-8。简单效应分析表明，对于男生来说，儿童留守状态存在显著差异（$F_{(1,686)} = 9.22$，$p < 0.01$，$\eta^2 = 0.01$），具体表现为留守男生在欺凌行为上的得分显著高于非留守男生；留守女生与非留守女生在欺凌行为上的差异并不显著。

4. 受欺凌行为

多变量检验结果表明，对于受欺凌行为来说，①三个时间点的欺凌行为得分存在显著差异（$F_{(2,689)} = 3.43$，$p < 0.05$，$\eta^2 = 0.001$），具体表现为 T1 受欺凌行为得分显著低于 T3，T2 与 T1 和 T3 时间点的受欺凌行为没有显著差异；②时间与年级的交互作用显著（$F_{(2,689)} = 5.22$，$p < 0.01$，$\eta^2 = 0.01$），结果见图 7-9。简单效应分析表明，四年级儿童在不同时间点的受欺凌行为得分具有显著差异（$F_{(2,717)} = 5.24$，$p < 0.01$，$\eta^2 = 0.01$），具体来说，四年

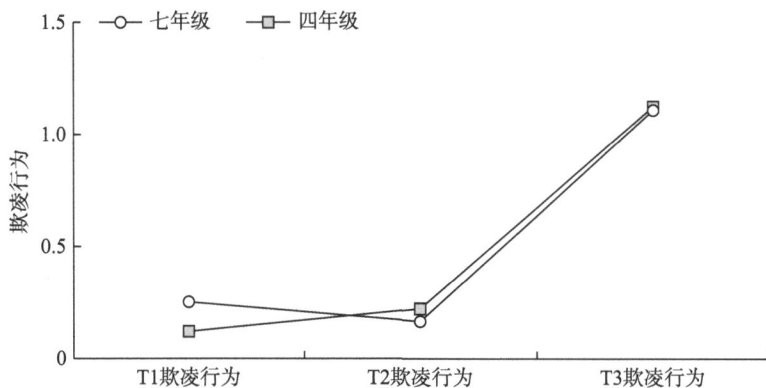

图 7-6　时间与年级对欺凌行为的交互作用

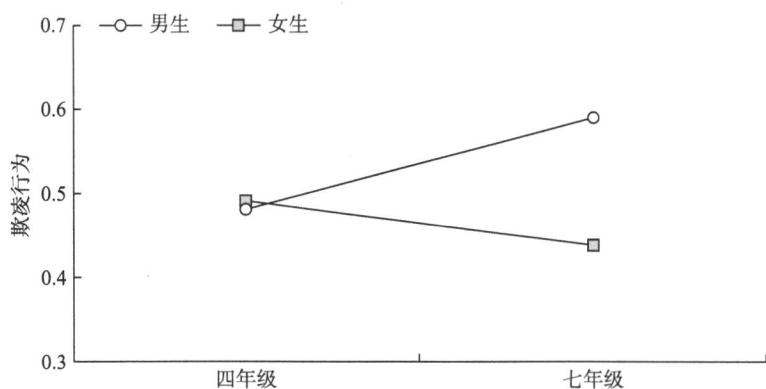

图 7-7　性别与年级对欺凌行为的交互作用

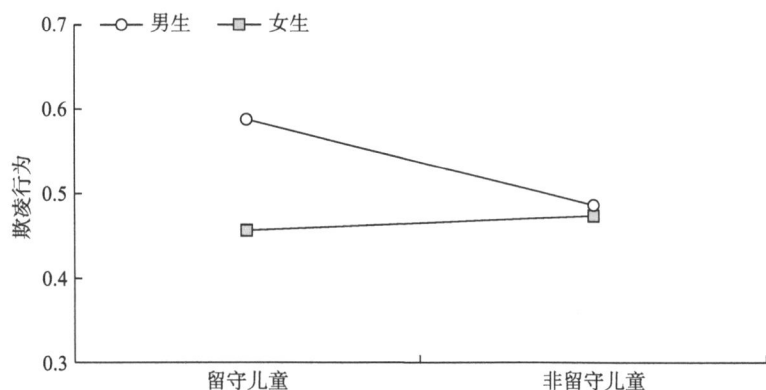

图 7-8　性别与儿童留守状态对欺凌行为的交互作用

级儿童在 T1 和 T2 时间点的受欺凌行为得分显著低于 T3，七年级儿童在 T3 时间点的受欺凌行为得分显著高于 T1，T2 得分显著低于 T1；③其他主效应和交互效应均不显著。

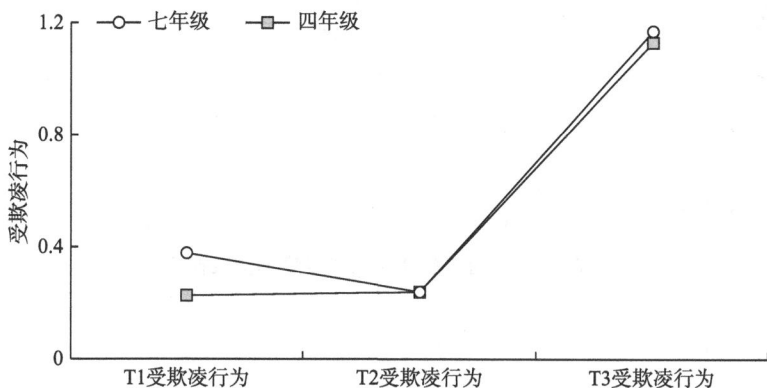

图 7-9　时间与年级对受欺凌行为的交互作用

5. 自伤行为

对儿童自伤行为进行检验发现，不同时间点的自伤行为得分不存在显著差异，且各主效应和交互效应均不显著。

6. 网络成瘾

对儿童网络成瘾进行多变量检验发现，①不同时间点的网络成瘾得分差异显著（$F_{(1,751)} = 10.07$，$p < 0.01$，$\eta^2 = 0.01$）；②时间与性别的交互作用显著（$F_{(1,751)} = 15.55$，$p < 0.01$，$\eta^2 = 0.02$），结果见图 7-10，具体表现为男生在 T1 网络成瘾上的得分高于女生，但在 T3 低于女生；③时间与年级的交互作用显著（$F_{(1,751)} = 60.03$，$p < 0.01$，$\eta^2 = 0.07$），结果见图 7-11，具体表现为四年级儿童在 T1 网络成瘾上的得分低于七年级儿童，而在 T3 网络成瘾上的得分高于七年级儿童；④时间、性别与年级的交互作用显著（$F_{(1,751)} = 7.09$，$p < 0.01$，$\eta^2 = 0.01$），结果见图 7-12。简单效应分析表明，对于七年级儿童，不同时间点的网络成瘾具有性别差异（$F_{(1,751)} = 13.30$，$p < 0.01$，$\eta^2 = 0.02$），具体来说，七年级男生在 T1 网络成瘾上的得分显著高于女生，在 T3 差异不显著；四年级儿童在不同时间点的性别差异不显著。

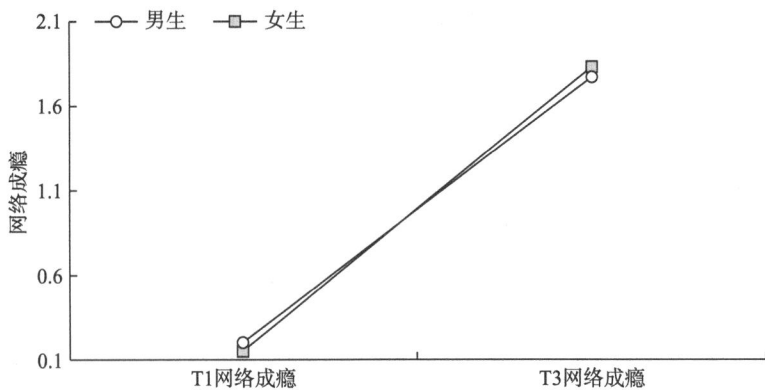

图 7-10 时间与性别对网络成瘾的交互作用

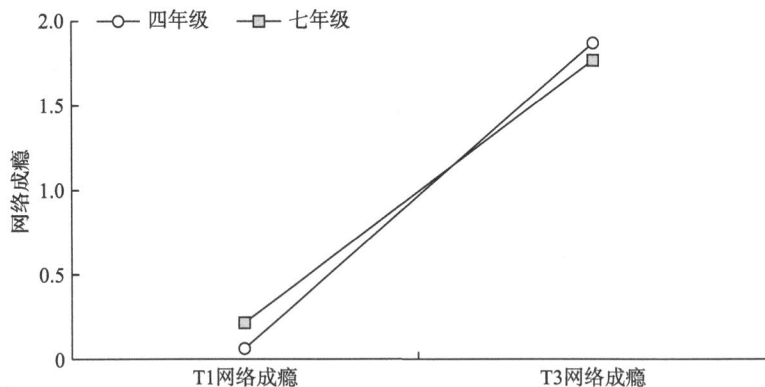

图 7-11 时间与年级对网络成瘾的交互作用

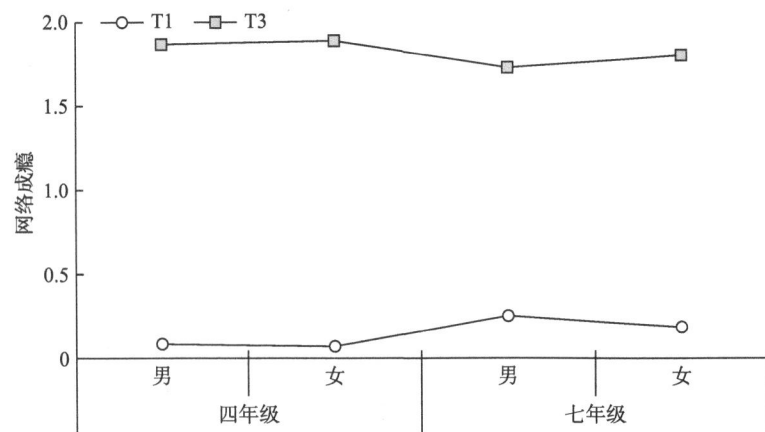

图 7-12 时间、性别与年级对网络成瘾的交互作用

7. 抑郁

对于抑郁来说，①年级主效应显著（$F_{(1, 564)}$ = 80.57，$p < 0.01$，η^2 = 0.13），即四年级儿童在抑郁上的得分显著低于七年级儿童；②性别与年级的交互作用显著（$F_{(1, 564)}$ = 14.89，$p < 0.001$，$\eta^2 = 0.03$），结果见图 7-13。简单效应检验发现，对于四年级儿童来说，不同性别之间存在显著差异（$F_{(1, 564)}$ = 9.14，$p < 0.01$，$\eta^2 = 0.02$），具体来说，女生在抑郁上的得分显著高于男生；对于七年级儿童来说，男女生在抑郁上的得分不存在显著差异；③其他主效应和交互效应不显著。

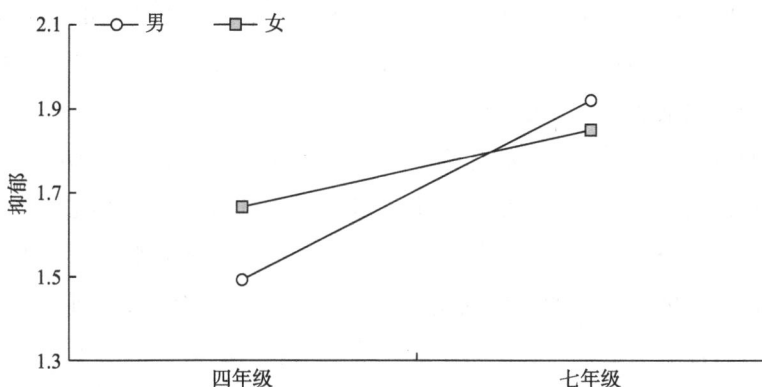

图 7-13　性别与年级对抑郁的交互作用

8. 孤独感

对儿童孤独感进行检验发现，不同时间点的孤独感得分不存在显著差异，且各主效应和交互效应均不显著。

四　讨论

本章从良好适应（如亲社会行为、自尊）和不良社会适应（如欺凌行为、受欺凌行为、自伤行为、网络成瘾、抑郁、孤独感）等多个指标考察了农村留守儿童社会适应的发展趋势，以及在年级和性别上的差异，并与非留守儿童进行比较。研究发现，社会适应各指标随时间的发展趋势不同，性别、年级和留守状态对其影响不同。下面我们将具体展开讨论。

（一）亲社会行为基本特点

研究结果表明，亲社会行为在三个时间点上没有显著变化。这与以往部分研究结果一致。周欣然等对 13 所中学的初一学生进行连续三年追踪测查，结果发现，初中生的亲社会行为在三年间保持相对稳定，差异并不显著①。但这一结果与儿童的亲社会行为会随着年龄的增长而增加的结论不同。同时，我们发现，四年级儿童在亲社会行为上的得分显著高于七年级儿童。一方面，这可能是因为四年级儿童年龄更小，对规则更为遵从，对于社会规范所倡导的乐于助人等良好品质具有更高的认同和遵守；另一方面，随着个体进入青春期，他们认同的亲社会行为的范畴有了很大扩展，较之传统的亲社会行为不同②。此外，随着年级的升高，强调竞争的校园环境和转变的社会支持网络也可能会导致亲社会行为的下降。

我们也发现，性别和年级在亲社会行为上存在显著的交互作用。具体来说，四年级男生比四年级女生表现出更多亲社会行为，而七年级男生在亲社会行为上的得分显著低于七年级女生。这种性别和年级的交互作用表明，与女生相比，男生在小学四年级时更有可能表现出亲社会行为，而初中阶段，女生更有可能表现出亲社会行为。这些结果可能预示着小学四年级到初中一年级是亲社会行为发展的关键时期。当然，这还需要进一步的验证。未来研究需要对亲社会行为的表现方式和类型进行具体探讨，考察其在不同性别、年级与留守状态上的差异情况。

（二）自尊的基本特点

研究发现，自尊不仅在三个时间点上发生了明显的变化，并且时间和年级的交互作用对自尊也有显著的影响。具体来说，对于初始年级是四年级的儿童来说，自尊在三个时间点上出现了明显的增长，而七年级儿童自尊发展相对稳定。这可能是因为在小学阶段，年龄的增长所带来的对自我的认识不断加深，更加关注自我形象和他人对自己的评价。但这一结果与前人研究结

---

① 周欣然、胡思远、梁丽婵等：《初中生亲社会行为与主观幸福感的三年交叉滞后分析》，《中国临床心理学杂志》2020 年第 3 期。

② 张梦圆、杨莹、寇彧：《青少年的亲社会行为及其发展》，《青年研究》2015 年第 4 期。

果并不一致①。例如，潘颖秋对三所普通中学初中一年级学生进行了纵向追踪，结果表明，从初一到初三，学生的自尊水平呈现稳中有升的趋势②。Robins 和 Trzesniewski 总结了前人关于自尊发展方面的研究，指出在 9—18 岁，男生和女生的自尊水平呈现稳定的下降趋势③。既有研究在儿童自尊发展趋势上的不一致，在一定程度上反映了儿童自尊发展趋势的复杂性和多样性，而不同研究在研究对象、研究设计及采用的测量工具等方面存在的差异则进一步增加了不同研究结果之间的分歧。未来需要采用更长期的纵向研究以探测农村留守儿童自尊的发展特点及其个体差异。

我们也发现，年级和儿童留守状态的交互作用对自尊有显著的影响。具体来说，四年级留守儿童在自尊上的得分显著低于非留守儿童，而七年级留守儿童在自尊上的得分与非留守儿童没有显著差异。一方面，这可能是因为当留守儿童年龄较小时，更容易受到监护人的照顾和关爱；另一方面，可能是因为高年级的留守儿童已经进入了青春期，开始意识到父母（或一方）外出打工对自己带来的诸多不利影响，内心挫折感增强。因此，留守儿童在进入高年级后，在各种矛盾心理的冲击下，自尊有所下降。

（三）欺凌行为/受欺凌行为的基本特点

研究发现，随着儿童年龄的增长，欺凌行为不断增多，这可能是因为随着儿童体格的发展和体力的增长，欺凌者越来越有能力做出欺凌行为。男生的欺凌行为显著多于女生，这与以往研究结论相符，即与女生相比，男生往往表现出更明显的攻击倾向。黎亚军以 889 名初中和高中学生为研究对象发现，男生在网络欺凌上的发生率（21.2%）显著高于女生（11.6%)④。首先，男生在体格上强于女生，女生一般体格娇小、身形柔弱。另外，父母或其他养育者对不同性别的孩子有着不同的抚养方式和角色期望。例如，允许男生调皮好动，要求其坚强、果断、有竞争力，期待男性成为家庭的经济支柱和

---

① 魏晓娟：《青少年自尊的发展特点及家庭影响因素研究》，《青少年学刊》2016 年第 3 期。

② 潘颖秋：《初中青少年自尊发展趋势及影响因素的追踪分析》，《心理学报》2015 年第 6 期。

③ Robins R. W., & Trzesniewski K. H., "Self-Esteem Development Across the Lifespan", *Current Directions in Psychological Science*, 14 (3), 2005, pp. 158-162.

④ 黎亚军：《河南省中小学生欺凌行为及其与早餐食用的关联性》，《中国学校卫生》2020 年第 12 期。

事业的成功者；要求女生温柔、文静、善解人意，期待女性成为贤妻良母。另一种可能是男生对欺凌的态度比女生更积极。此外，小学阶段欺凌行为在性别上的差异不显著，这可能是因为小学期间男生和女生在体格和心理上差距不明显；而进入青春期后，男生和女生不管是在身体发育还是在心理变化上都有了较明显的不同，从而产生了显著的性别差异。

与非留守男生相比，留守男生表现出更多欺凌行为。一方面，这可能是源于因父母（一方）外出打工造成的安全感降低；另一方面，留守男生因为父母家庭教育的缺失，未得到正确价值观的引导，再加上留守儿童在生活中比非留守儿童可能遇到更多困难，但没有学会更合理的情绪宣泄方式。由于校园欺凌的严重危害已经得到广泛证实，因此需要社会、学校、家长等各方面高度重视，并充分采取有效措施防治留守男生的校园欺凌行为。

研究也发现，对于四年级儿童来说，受欺凌行为随时间有明显的变化。这可能是因为随着年龄的增长，欺凌者体力不断增强，且欺凌行为一直未得到有效的阻止，从而进一步加剧并扩大，反过来造成受欺凌者受到更多的欺凌行为。四年级儿童的受欺凌行为显著低于他们升入五年级和六年级时，而七年级儿童的受欺凌行为在他们升入八年级和九年级时并没有显著变化。这似乎说明，五、六年级是儿童受欺凌行为发生的转折点。蔡春凤、周宗奎对 522 名小学二、三、四年级的儿童进行间隔一年的纵向追踪研究，考察了儿童受欺凌行为的稳定性及其社会能力的关系，结果发现，受欺凌行为在小学儿童中十分常见，只是一种短暂的经历，而不是稳定的受欺凌现象①。以上研究结果不仅有助于我们全面理解农村儿童尤其是农村留守儿童欺凌行为/受欺凌行为的发展规律及基本特点，而且能够为建立有效的欺凌干预策略提供有价值的参考。

（四）网络成瘾的基本特点

研究发现，时间、性别与年级的交互作用对网络成瘾有明显的影响，即七年级男生在网络成瘾上的得分显著高于女生，而当他们升入九年级时（T3点），性别差异变得不再显著；四年级儿童在不同时间点性别差异均不显著。这可能是因为儿童在成长过程中不断接触网络世界，开始对网络世界产生好

---

① 蔡春凤、周宗奎：《童年中期儿童受欺凌地位稳定性与社会能力的关系》，《心理发展与教育》2009 年第 5 期。

奇和兴趣，当他们在生活中遇到学业困难或生活问题时，网络就会成为他们的一个重要的庇护所和宣泄地。当他们升入九年级时，由于面临中考压力，所以将更多的注意放在学习上，从而减少了上网时间。

网络成瘾的性别差异也与以往研究结论是一致的[①]，这可能是因为初中男生更富有好奇心和冒险精神，敢于尝试新鲜事物，寻求新异刺激，而女生更为稳健保守，面对网络这一新鲜事物时，男生往往更容易被吸引。此外，男生自制力相比女生较弱，独立性较强，女生可能会把时间更多用在学习上，而男生可能会被网络所吸引，如对网络游戏产生依赖，在虚拟空间中更容易体验到优越感。

（五）抑郁的基本特点

研究表明，七年级儿童在抑郁上的得分显著高于四年级儿童，这可能是因为进入中学后，相较于小学阶段，初中生学业压力有所增长，压力易感性水平也越来越高，从而使得七年级儿童对自己的要求也越来越高，当自己的能力达不到自己和他人的期望时便可能陷入抑郁。同时，四年级女生比男生更可能陷入抑郁情绪，这可能是因为女生性格文静且心思柔软细腻，思虑更多，中国传统文化要求女生温柔恬静，当遇到问题时她们更多会放在心里，久而久之产生了抑郁情绪。

总的来说，社会适应各指标在不同时间、不同年级、不同性别以及留守/非留守儿童群体上各有不同的特点。但要注意的是，本章发现，留守男生在欺凌行为上的得分显著高于非留守男生，四年级留守儿童在自尊上的得分显著低于四年级非留守儿童；留守儿童与非留守儿童在亲社会行为、受欺凌行为、网络成瘾、抑郁、孤独感等社会适应指标上并没有显著差异。本章结果表明，留守儿童在社会适应的不同指标上结果有所不同，在某些方面留守儿童比非留守儿童的社会适应更差，但在另一些方面，留守儿童与非留守儿童在社会适应上并没有显著不同。因此，在对留守儿童的社会适应进行干预时，必须考虑所采用具体指标的差异，以提升干预效果。

---

① Baloğlu M., Şahin R., & Arpaci I., "A Review of Recent Research in Problematic Internet Use: Gender and Cultural Differences", *Current Opinion in Psychology*, 36, 2020, pp. 124-129.

第三节　农村留守儿童品格类别转变对社会适应的长期影响

以往研究多聚焦单一品格特质对社会适应特定指标或少数指标的影响，且以横断研究为主，鲜少探讨多种品格特质在个体年龄增长过程中对社会适应的动态作用。本章采用追踪设计，探讨农村留守儿童品格类别转变模式与社会适应常用指标的关系，并与非留守儿童进行比较。鉴于此，本书综合考虑了多种品格特质，并将亲社会行为和自尊作为良好适应变量，将欺凌行为、受欺凌行为、非自杀性自伤行为、网络成瘾、抑郁与孤独感作为不良适应变量。本章基于第五章识别出的品格类别转变模式，通过三次追踪调查，进一步探讨了 T1 至 T2 品格类别转变模式对 T2 社会适应的影响，以及 T2 至 T3 品格类别转变模式对 T3 社会适应的影响。

根据 T1 至 T2 以及 T2 至 T3 儿童品格潜在类别是否发生转变，将转变模式分为五类（详见第五章）：（1）持续低品格组；（2）品格变好组；（3）品格变差组；（4）持续中间组；（5）持续高品格组。鉴于以父母（或一方）外出打工 6 个月及以上作为留守儿童的界定标准时，不同品格潜在类别间的转变人数较少，甚至部分类别转变人数为零，后续分析同时采用"父母（或一方）是否外出打工"作为界定标准，以便对两种界定方法进行比较。

一　品格潜在类别转变模式在社会适应各指标上的描述性统计分析

表 7-5 呈现了 T1 至 T2（T1-T2）品格类别转变模式在 T2 社会适应上的平均数和标准差。

表 7-5　T1-T2 品格类别转变模式在 T2 社会适应各指标上的平均数和标准差

			自尊	亲社会行为	欺凌行为	受欺凌行为	抑郁	孤独感
年级	四	M	1.83	6.20	0.19	0.24	1.54	1.42
		SD	0.62	1.00	0.51	0.52	0.46	0.46
	七	M	2.07	5.34	0.17	0.24	1.85	1.74
		SD	0.56	1.17	0.49	0.6	0.52	0.54

续表

			自尊	亲社会行为	欺凌行为	受欺凌行为	抑郁	孤独感
性别	男	M	1.99	5.64	0.19	0.26	1.76	1.69
		SD	0.63	1.25	0.46	0.57	0.53	0.58
	女	M	2.00	5.66	0.16	0.23	1.75	1.60
		SD	0.55	1.12	0.53	0.59	0.52	0.50
父母（或一方）是否外出	是	M	1.92	5.71	0.23	0.25	1.73	1.62
		SD	0.59	1.16	0.53	0.56	0.52	0.55
	否	M	2.07	5.57	0.17	0.24	1.78	1.67
		SD	0.58	1.21	0.49	0.60	0.53	0.53
父母（或一方）是否外出打工至少6个月	是	M	1.86	5.79	0.18	0.29	1.64	1.62
		SD	0.64	1.27	0.50	0.53	0.55	0.58
	否	M	2.04	5.59	0.17	0.23	1.79	1.65
		SD	0.57	1.16	0.49	0.59	0.51	0.53
T1-T2品格潜在类别转变模式	1	M	2.37	4.19	0.37	0.49	2.21	2.37
		SD	0.47	1.00	0.87	1.01	0.54	0.47
	2	M	1.96	6.43	0.08	0.36	1.44	1.96
		SD	0.57	0.71	0.36	0.77	0.44	0.57
	3	M	2.20	4.81	0.30	0.37	1.86	2.20
		SD	0.52	1.26	0.71	0.78	0.55	0.52
	4	M	2.08	5.59	0.12	0.19	1.65	2.08
		SD	0.48	0.86	0.33	0.48	0.48	0.48
	5	M	1.62	6.60	0.12	0.15	1.25	1.62
		SD	0.68	0.61	0.32	0.33	0.27	0.68

表7-6给出了T2至T3（T2-T3）品格类别转变模式在T3社会适应上的平均数和标准差。

表 7-6 T2-T3 品格类别转变模式在 T3 社会适应各指标上的平均数和标准差

			自尊	亲社会行为	自伤	欺负行为	受欺负行为	网络成瘾	抑郁	孤独感
年级	五	M	2.06	5.86	1.10	1.11	1.16	1.88	1.67	1.50
		SD	0.62	1.13	0.43	0.40	0.43	0.21	0.51	0.50
	八	M	2.12	5.24	1.15	1.09	1.14	1.77	1.95	1.83
		SD	0.50	1.10	0.52	0.44	0.56	0.26	0.53	0.53
性别	男	M	2.07	5.39	1.14	1.14	1.20	1.77	1.88	1.77
		SD	0.57	1.19	0.55	0.53	0.60	0.27	0.55	0.57
	女	M	2.13	5.49	1.12	1.05	1.09	1.83	1.85	1.69
		SD	0.51	1.10	0.42	0.28	0.42	0.23	0.53	0.50
父母（或一方）是否外出打工	是	M	2.10	5.42	1.17	1.10	1.23	1.79	1.91	1.69
		SD	0.53	1.19	0.56	0.44	0.63	0.26	0.55	0.56
	否	M	2.11	5.44	1.10	1.08	1.12	1.80	1.83	1.74
		SD	0.54	1.11	0.43	0.42	0.49	0.25	0.52	0.53
父母（或一方）外出打工至少6个月	是	M	2.06	5.56	1.17	1.15	1.17	1.78	1.82	1.75
		SD	0.56	1.23	0.56	0.54	0.56	0.27	0.53	0.55
	否	M	2.12	5.4	1.12	1.08	1.12	1.82	1.89	1.71
		SD	0.53	1.13	0.47	0.40	0.49	0.24	0.54	0.52
T2-T3 品格潜在类别转变模式	1	M	2.30	4.54	1.39	1.20	1.32	1.67	2.19	2.17
		SD	0.39	1.02	0.85	0.66	0.78	0.31	0.51	0.45
	2	M	2.13	6.02	1.12	1.02	1.07	1.88	1.70	1.52
		SD	0.59	0.75	0.43	0.15	0.25	0.17	0.50	0.49
	3	M	2.22	4.88	1.15	1.15	1.18	1.77	2.06	2.00
		SD	0.39	1.07	0.53	0.57	0.58	0.29	0.51	0.50
	4	M	2.10	5.58	1.05	1.05	1.08	1.82	1.86	1.69
		SD	0.46	0.89	0.19	0.34	0.40	0.22	0.50	0.46
	5	M	1.76	6.49	1.07	1.06	1.07	1.92	1.42	1.25
		SD	0.75	0.59	0.43	0.31	0.39	0.17	0.35	0.36

二　品格潜在类别转别模式在社会适应各指标上的差异

分别以"父母（或一方）外出打工至少6个月"和"父母（或一方）外出打工"作为留守儿童的界定标准，采用协方差分析，在控制前一时间点同一社会适应指标的基础上，分别检验 T1-T2 品格类别转变模式与 T2 社会适应，以及 T2-T3 品格类别转变模式与 T3 社会适应的关系。为提高可读性，分析结果按照社会适应的不同指标分类呈现。

（一）自尊作为结果变量

1. 以父母（或一方）外出打工至少6个月作为留守儿童的界定标准

（1）T1-T2 品格潜在类别转变模式在 T2 自尊上的差异

当以父母（或一方）外出打工至少6个月作为留守儿童的界定标准时，探讨 T1-T2 品格类别转变模式在 T2 自尊上的差异。协方差分析结果表明，①品格类别转变模式的主效应显著（$F_{(4, 639)} = 6.83$，$p < 0.01$，$\eta^2 = 0.04$），即持续低品格组在自尊上的得分显著高于其他四个组别，持续高品格组在自尊上的得分显著低于其他四个组别，品格变好组的得分显著低于品格变差组和持续中间组；②其他主效应和交互作用均不显著。

（2）T2-T3 品格类别转变模式在 T3 自尊上的差异

当以父母（或一方）外出打工至少6个月作为留守儿童的界定标准时，探讨 T2-T3 品格类别转变模式在 T3 自尊上的差异。协方差分析结果表明：①品格类别转变模式的主效应显著（$F_{(4, 676)} = 9.31$，$p < 0.01$，$\eta^2 = 0.05$），即持续高品格组的自尊显著低于其他四个组别，持续中间组的自尊显著低于持续低品格组和品格变差组；②其他主效应和交互作用均不显著。

2. 以父母（或一方）外出打工作为留守儿童的界定标准

（1）T1-T2 品格潜在类别转变模式在 T2 自尊上的差异

以父母（或一方）外出打工作为留守儿童的界定标准，探讨 T1-T2 品格潜在类别转变模式在 T2 自尊上的差异。协方差分析结果表明，①品格类别转变模式的主效应显著（$F_{(4, 644)} = 13.83$，$p < 0.01$，$\eta^2 = 0.08$），即持续高品格组在自尊上的得分显著低于其他四组，持续低品格组和品格变差组的得分均显著高于品格变好组和持续中间组；②年级与品格类别转变模

式的交互作用显著（$F_{(4, 644)}$ = 2.44，$p < 0.05$，$\eta^2 = 0.02$），结果见图 7-14。具体来说，持续高品格组的四年级儿童在自尊上的得分显著低于同组七年级儿童；对于四年级儿童，持续高品格组在自尊上的得分显著低于其他四组；对于七年级儿童，持续高品格组的得分显著低于持续低品格组、品格变差组和持续中间组，品格变好组的得分显著低于持续低品格组和品格变差组，品格变差组得分显著高于持续中间组；③其他主效应和交互作用均不显著。

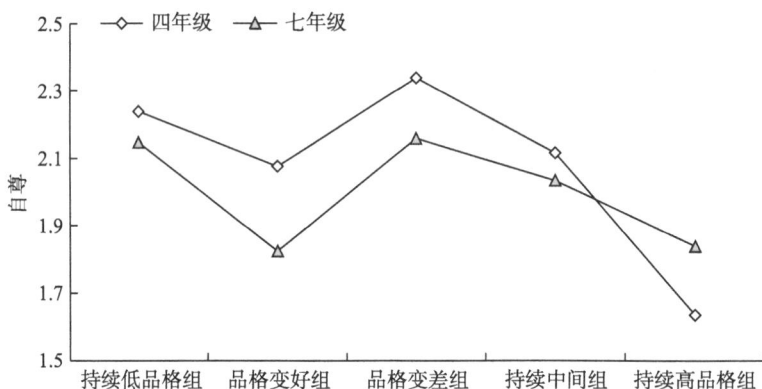

图 7-14　年级与品格类别转变模式对自尊的交互作用

（2）T2-T3 品格潜在类别转变模式在 T3 自尊上的差异

当以父母（或一方）外出打工作为留守儿童的界定标准时，探讨 T2-T3 品格潜在类别转变模式在 T3 自尊上的差异。协方差分析结果表明，①品格类别转变模式的主效应显著（$F_{(4, 685)}$ = 12.13，$p < 0.01$，$\eta^2 = 0.07$），即持续低品格组在自尊上的得分显著高于其他四组，品格变差组的得分显著高于品格变好组和持续高品格组；②儿童留守状态与品格类别转变模式的交互作用显著（$F_{(4, 685)}$ = 3.07，$p < 0.05$，$\eta^2 = 0.02$），结果见图 7-15。具体来说，在持续低品格组和持续高品格组，留守儿童在自尊上的得分均显著低于非留守儿童；对于留守儿童，持续高品格组的得分均显著低于其他四组，品格变差组的得分显著高于持续低品格组、持续中间组；对于非留守儿童，持续低品格组和品格变差组的得分均显著高于品格变好组、持续中间组和持续高品格组；③其他主效应和交互作用均不显著。

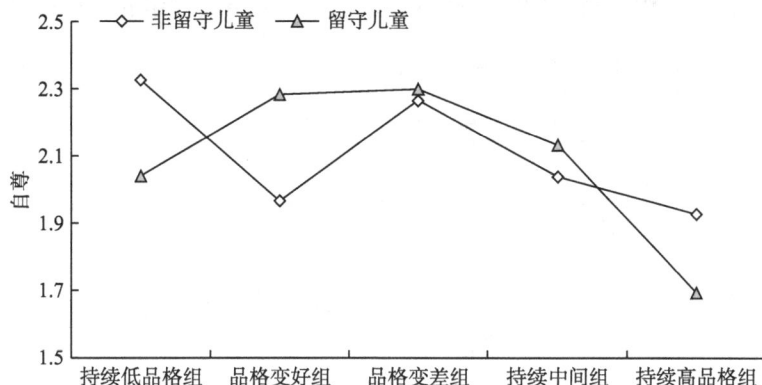

图 7-15　儿童留守状态与品格类别转变模式对自尊的交互作用

（二）亲社会行为作为结果变量

1. 以父母（或一方）外出打工至少 6 个月作为留守儿童的界定标准

（1）T1-T2 品格潜在类别转变模式在 T2 亲社会行为上的差异

当以父母（或一方）外出打工至少 6 个月作为留守儿童的界定标准时，探讨 T1-T2 品格类别转变模式在 T2 亲社会行为上的差异。协方差分析结果表明，①品格类别转变模式的主效应显著（$F_{(4, 509)} = 16.02$，$p < 0.01$，$\eta^2 = 0.11$），即持续低品格组在亲社会行为上的得分显著低于其他四组；品格变好组的得分显著高于品格变差组和持续中间组，但低于持续高品格组；持续高品格组的得分显著高于品格变差组和持续中间组；②年级、儿童留守状态与品格类别转变模式的交互作用显著（$F_{(4, 509)} = 2.27$，$p < 0.05$，$\eta^2 = 0.02$），结果见图 7-16。具体来说，在品格变差组，四年级留守儿童在亲社会行为上的得分显著高于七年级留守儿童；对于四年级留守儿童，持续低品格组的得分显著低于其他四组，持续中间组的得分显著低于持续高品格组；对于四年级非留守儿童，品格变好组的得分显著高于品格变差组和持续中间组，品格变差组的得分显著低于持续中间组和持续高品格组，持续中间组的得分显著低于持续高品格组；对于七年级留守儿童，持续低品格组在亲社会行为上的得分显著低于品格变好组和持续高品格组，品格变差组的得分也显著低于其他四组，持续中间组的得分显著低于持续高品格组；对于七年级非留守儿童，持续低品格组和品格变差组在亲社会行为上的得分均显著低于品格变好组、持续中间

组和持续高品格组，持续中间组的得分显著低于品格变好组和持续高品格组。

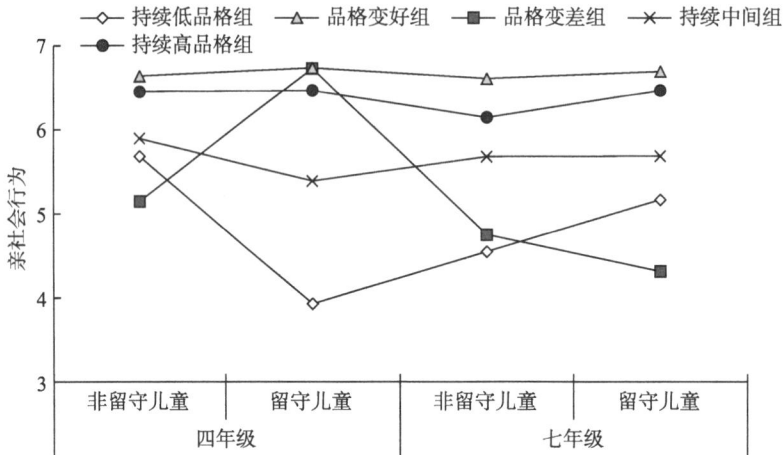

图7-16 年级、留守状态与品格类别转变模式对亲社会行为的交互作用

（2）T2-T3品格潜在类别转变模式在T3亲社会行为上的差异

当以父母（或一方）外出打工至少6个月作为留守儿童的界定标准时，探讨T2-T3品格类别转变模式在T3亲社会行为上的差异。协方差分析结果表明，①品格类别转变模式的主效应显著（$F_{(1,590)}$ = 35.58，$p < 0.01$，η^2 = 0.19），即持续低品格组在亲社会行为上的得分显著低于其他四组，品格变好组显著高于品格变差组和持续中间组，但显著低于持续高品格组；②性别的主效应显著（$F_{(4,590)}$ = 5.32，$p < 0.05$，η^2 = 0.01），即女生在亲社会行为上的得分显著高于男生；③性别与年级的交互作用显著（$F_{(1,590)}$ = 9.04，$p < 0.01$，η^2 = 0.02），结果见图7-17。具体来说，五年级女生在亲社会行为上的得分显著高于五年级男生和八年级女生；④性别与品格类别转变模式的交互作用显著（$F_{(4,590)}$ = 3.80，$p < 0.01$，η^2 = 0.03），结果见图7-18。具体来说，在持续低品格组，男生在亲社会行为上的得分显著低于女生；对于男生，持续低品格组在亲社会行为上的得分显著低于其他四组，品格变差组的得分显著低于品格变好组、持续中间组和持续高品格组，持续中间组的得分显著低于持续高品格组；对于女生，持续低品格组和品格变差组在亲社会行为上的得分显著低于品格变好组、持续中间组和持续高品格组，持续中间组的得分显著低于品格变好组和持续高品格组；⑤性别、年级与品格类别转变模式

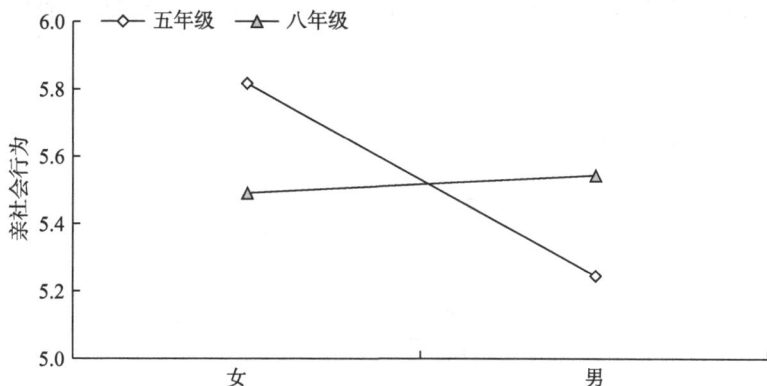

图 7-17　性别与年级对亲社会行为的交互作用

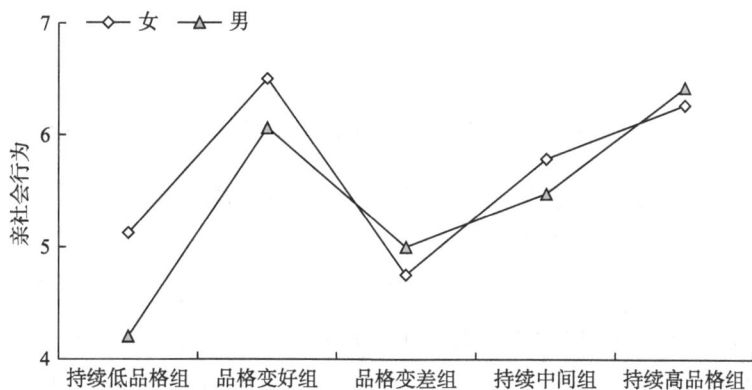

图 7-18　性别与品格类别转变模式对亲社会行为的交互作用

的交互作用显著（$F_{(4, 590)} = 2.80$，$p < 0.05$，$\eta^2 = 0.02$），结果见图 7-19。具体来说，在持续低品格组，五年级女生在亲社会行为上的得分显著高于八年级女生；对于五年级儿童，持续低品格组和品格变好组的男生在亲社会行为上的得分显著低于女生；对于五年级男生，持续低品格组在亲社会行为上的得分显著低于其他四组，持续高品格组的得分显著高于品格变差组和持续中间组；对于五年级女生，品格变好组在亲社会行为上的得分显著高于持续低品格组、品格变差组和持续中间组，品格变差组的得分显著低于持续中间组和持续高品格组；对于八年级男生，持续低品格组和品格变差组在亲社会行为上的得分显著低于品格变好组、持续中间组和持续高品格组，持续中间组的得分显著低于持续高品格组；对于八年级女生，持续低品格组和品格变差

组在亲社会行为上的得分均显著低于品格变好组、持续中间组和持续高品格组；⑥其他主效应和交互作用均不显著。

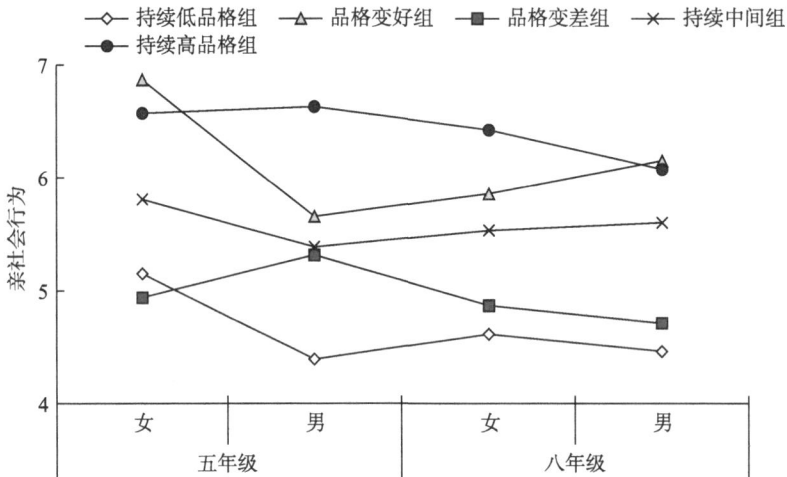

图 7-19　性别、年级与品格类别转变模式对亲社会行为的交互作用

2. 以父母双方或一方外出打工作为留守儿童的界定标准

（1）T1-T2 品格潜在类别转变模式在 T2 亲社会行为上的差异

当以父母（或一方）外出打工作为留守儿童的界定标准时，探讨 T1-T2 品格类别转变模式在 T2 亲社会行为上的差异。协方差分析结果表明，①品格类别转变模式的主效应显著（$F_{(4, 515)} = 41.10$，$p < 0.01$，$\eta^2 = 0.24$），即持续低品格组在亲社会行为上的得分显著低于其他四组，品格变好组的得分显著高于品格变差组、持续中间组，但低于持续高品格组，持续高品格组的得分显著高于品格变差组和持续高品格组；②年级与品格类别转变模式的交互作用显著（$F_{(4, 515)} = 2.98$，$p < 0.05$，$\eta^2 = 0.02$），结果见图 7-20。具体来说，在品格变差组，四年级儿童亲社会行为的得分显著高于七年级儿童；对于四年级儿童，持续低品格组在亲社会行为上的得分显著低于其他四组，品格变好组和持续高品格组的得分显著高于品格变差组和持续中间组；对于七年级儿童，持续低品格组和品格变差组在亲社会行为上的得分显著低于品格变好组、持续中间组和持续高品格组，持续中间组的得分显著低于品格变好组和持续高品格组；③年级与儿童留守状态的交互作用显著（$F_{(1, 515)} = 7.19$，$p < 0.01$，$\eta^2 = 0.01$），结果见图 7-21。具体来说，四年级留守儿童在亲社会行为

上的得分显著高于七年级留守儿童；④儿童留守状态与品格类别转变模式的交互作用显著（$F_{(4,515)}$ = 3.06，$p < 0.05$，$\eta^2 = 0.02$），结果见图7-22。具体来说，在品格变差组，留守儿童在亲社会行为上的得分显著高于非留守儿童；对于留守儿童，持续低品格组在亲社会行为上的得分显著低于其他四组，持续中间组的得分显著低于品格变好组和持续高品格组但高于品格变差组；对于非留守儿童，持续中间组的得分显著低于品格变好组和持续高品格组，但显著高于持续低品格组和品格变差组；⑤年级、儿童留守状态与品格类别转变模式的交互作用显著（$F_{(4,515)}$ = 4.25，$p < 0.01$，$\eta^2 = 0.02$），结果见图7-23。具体来说，在品格变差组，四年级留守儿童在亲社会行为上的得分显著高于四年级非留守儿童和七年级儿童；对于品格变好组，七年级留守儿童在亲社会行为上的得分显著低于七年级非留守儿童；对于四年级留守儿童，持续低品格组在亲社会行为上的得分显著低于其他四组，品格变好组的得分显著高于品格变差组和持续中间组，持续高品格组的得分显著高于持续中间组；对于四年级非留守儿童，品格变差组在亲社会行为上的得分显著低于品格变好组、持续中间组和持续高品格组；对于七年级留守儿童，持续低品格组和品格变差组在亲社会行为上的得分显著低于品格变好组、持续中间组和持续高品格组，持续中间组的得分显著低于持续高品格组；对于七年级非留守儿童，持续中间组和持续高品格组的得分显著低于品格变好组，但显著高于持续低品格组和品格变差组；⑥其他主效应和交互作用均不显著。

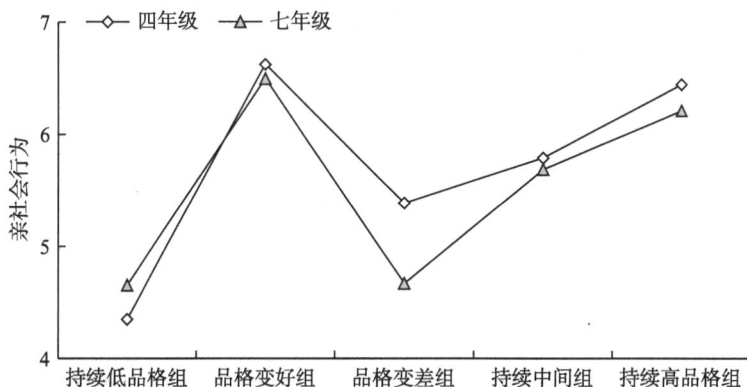

图7-20 年级与品格类别转变模式对亲社会行为的交互作用

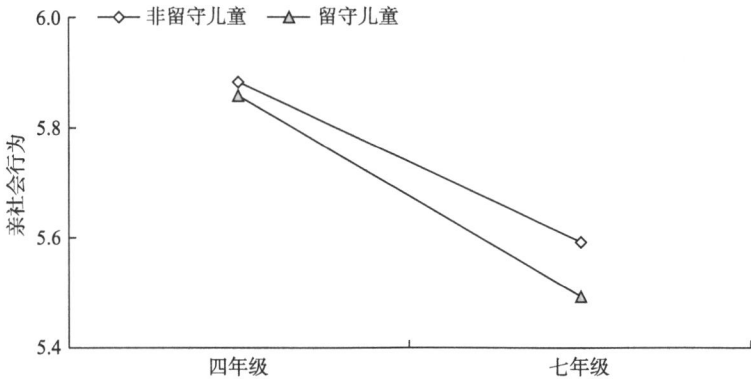

图7-21 年级与留守状态对亲社会行为的交互作用

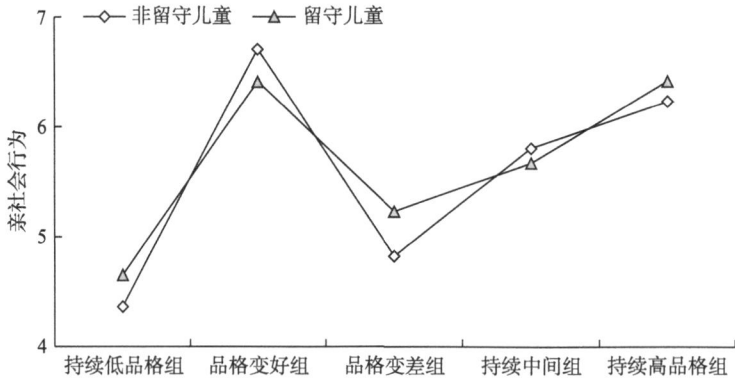

图7-22 留守状态与品格类别转变模式对亲社会行为的交互作用

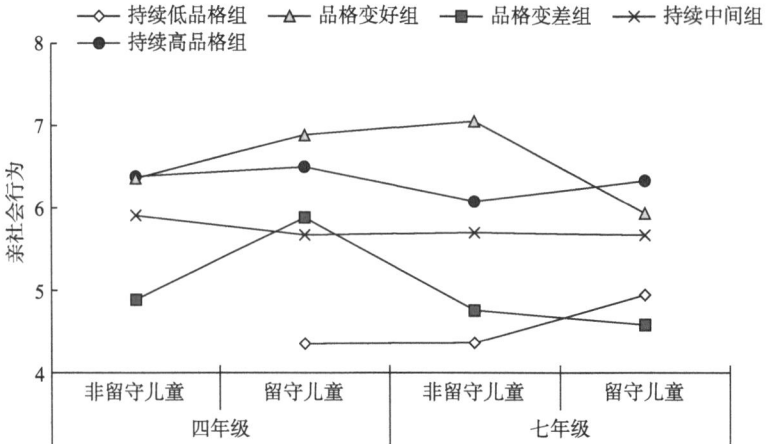

图7-23 年级、留守状态与品格类别转变模式对亲社会行为的交互作用

（2）T2-T3 品格潜在类别转变模式在 T3 亲社会行为上的差异

当以父母（或一方）外出打工作为留守儿童的界定标准时，探讨 T2-T3 品格类别转变模式在 T3 亲社会行为上的差异。协方差分析结果表明，①品格类别转变模式的主效应显著（$F_{(4, 598)} = 38.15$，$p < 0.01$，$\eta^2 = 0.20$）。具体来说，持续低品格组在亲社会行为上的得分显著低于其他四组，品格变好组的得分显著高于品格变差组和持续中间组，但低于持续高品格组；②性别与年级的交互作用显著（$F_{(1, 598)} = 5.81$，$p < 0.05$，$\eta^2 = 0.01$），结果见图 7-24。五年级女生在亲社会行为上的得分显著高于五年级男生和八年级女生；③性别、年级与品格类别转变模式的交互作用显著（$F_{(4, 598)} = 3.03$，$p < 0.05$，$\eta^2 = 0.02$），结果见图 7-25。具体来说，对于持续低品格组和持续中间组，五年级男生在亲社会行为上的得分显著低于五年级女生；在持续低品格组，五年级女生在亲社会行为上的得分显著高于八年级女生；对于五年级男生，持续低品格组在亲社会行为上的得分显著低于其他四组，品格变差组和持续中间组的得分显著低于持续高品格组；对于五年级女生，持续低品格组在亲社会行为上的得分显著低于品格变好组和持续高品格组，持续中间组的得分显著低于品格变好组和持续高品格组，但高于品格变差组；对于八年级男生，持续中间组的得分显著低于品格变好组和持续高品格组，但显著高于持续低品格组和品格变差组；对于八年级女生，持续低品格组和品格变差组在亲社会行为上的得分显著低于品格变好组、持续中间组和持续高品格组，持续中间组的得分显著低于持续高品格组；④其他主效应和交互作用均不显著。

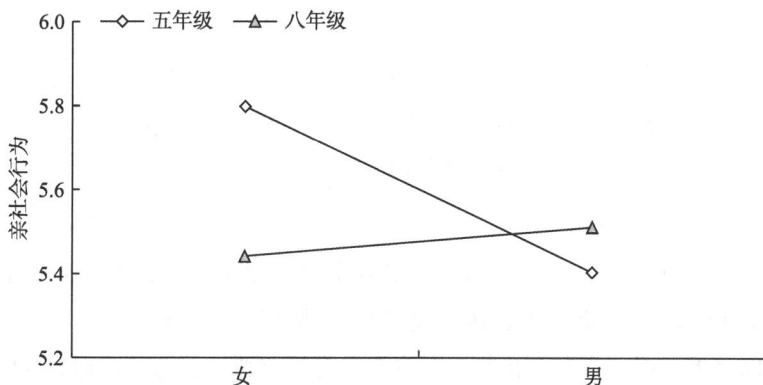

图 7-24　性别与年级对亲社会行为的交互作用

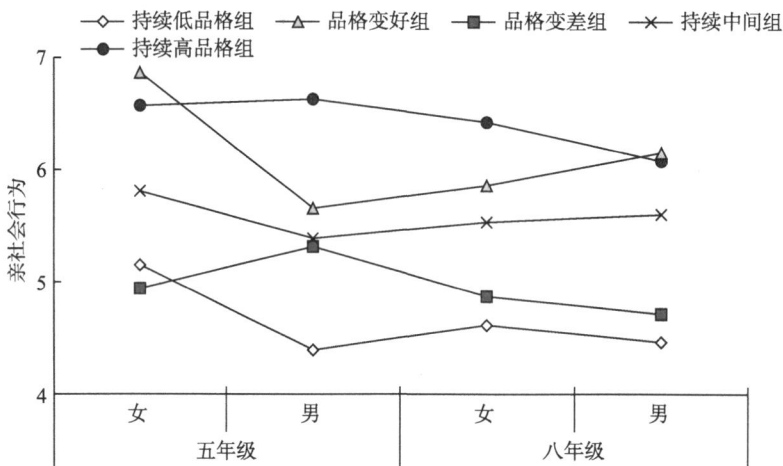

图7-25 性别、年级与品格类别转变模式对亲社会行为的交互作用

（三）非自杀性自伤行为作为结果变量

1. 以父母（或一方）外出打工至少6个月作为留守儿童的界定标准

当以父母（或一方）外出打工至少6个月作为留守儿童的界定标准时，探讨T2-T3品格潜在类别转变模式在T3非自杀性自伤行为上的差异。协方差分析结果表明，①品格类别转变模式的主效应显著（$F_{(4, 725)} = 5.87$，$p < 0.01$，$\eta^2 = 0.03$），即持续低品格组在非自杀性自伤行为上的得分显著高于其他四组，品格变差组的得分显著高于持续中间组；②其他主效应和交互作用均不显著。

2. 以父母（或一方）外出打工作为留守儿童的界定标准

当以父母（或一方）外出打工作为留守儿童的界定标准时，探讨T2-T3品格类别转变模式在T3非自杀性自伤行为上的差异。协方差分析结果表明，①品格类别转变模式的主效应显著（$F_{(4, 736)} = 5.37$，$p < 0.01$，$\eta^2 = 0.03$），即持续低品格组在非自杀性自伤行为上的得分显著高于其他四组，品格变差组得分显著高于持续中间组；②其他主效应和交互作用均不显著。

（四）抑郁作为结果变量

1. 以父母（或一方）外出打工至少6个月作为留守儿童的界定标准

（1）T1-T2品格潜在类别转变模式在T2抑郁上的差异

当以父母（或一方）外出打工至少6个月界定留守儿童时，探讨T1-T2品格潜在类别转变模式在T2抑郁得分上的差异。协方差分析结果表明，①品格类别转变模式的主效应显著（$F_{(4, 593)}$ = 9.37，$p < 0.01$，$\eta^2 = 0.06$），即持续低品格组在抑郁上的得分显著高于其他四组，品格变好组得分显著低于品格变差组和持续中间组，但高于持续高品格组；②其他主效应和交互作用均不显著。

（2）T2-T3 品格潜在类别转变模式在 T3 抑郁上的差异

当以父母（或一方）外出打工至少 6 个月界定留守儿童时，探讨 T2-T3 品格类别转变模式在 T3 抑郁上的差异。协方差分析结果表明，①品格类别转变模式的主效应显著（$F_{(4, 624)}$ = 13.24，$p < 0.01$，$\eta^2 = 0.08$），即持续低品格组在抑郁上的得分显著高于其他四组，品格变差组的得分显著高于品格变好组、持续中间组和持续高品格组，持续中间组的得分显著高于品格变好组和持续高品格组，品格变好组的得分显著高于持续高品格组；②其他主效应和交互作用均不显著。

2. 以父母（或一方）外出打工作为留守儿童的界定标准

（1）T1-T2 品格潜在类别转变模式在 T2 抑郁上的差异

当以父母（或一方）外出打工作为留守儿童的界定标准时，探讨 T1-T2 品格类别转变模式在 T2 抑郁上的差异。协方差分析结果表明，①品格类别转变模式的主效应显著（$F_{(4, 600)}$ = 15.10，$p < 0.01$，$\eta^2 = 0.09$），即持续低品格组在抑郁上的得分显著高于其他四组，品格变好组的得分显著低于品格变差组和持续中间组，但显著高于持续高品格组；②其他主效应和交互作用均不显著。

（2）T2-T3 品格潜在类别转变模式在 T3 抑郁上的差异

当以父母（或一方）外出打工作为留守儿童的界定标准时，探讨 T2-T3 品格类别转变模式在 T3 抑郁上的差异。协方差分析结果表明，①品格类别转变模式的主效应显著（$F_{(4, 633)}$ = 20.98，$p < 0.01$，$\eta^2 = 0.12$），即持续低品格组在抑郁上的得分显著高于其他四组，品格变差组的得分显著高于品格变好组、持续中间组和持续高品格组，持续中间组的得分显著高于品格变好组和持续高品格组，品格变好组的得分显著高于持续高品格组；②性别、年级、留守状态与品格转变类别模式的交互作用显著（$F_{(4, 633)}$ = 3.54，$p < 0.05$，$\eta^2 = 0.02$），结果见图 7-26。具体来说，在持续低品格组和品格变差组，五年级留守男生和非留守女生在抑郁上的得分分别低于八年级留守男生和非留守女生；对于留守男生，无论初始年级是五年级还是八年级，持续中间组在抑郁上的得分显著高于非留守男生；对于非留守男生，品格变差组的五年级儿童在抑郁上的得分显著高于

持续中间组和持续高品格组的八年级儿童;对于初始年级是五年级的留守男生,持续低品格组和持续高品格组在抑郁上的得分显著低于持续中间组,品格变差组的得分显著高于持续高品格组;对于初始年级是五年级的留守女生,品格变差组和持续中间组在抑郁上的得分显著高于持续高品格组;对于八年级留守女生,持续低品格组、品格变差组和持续中间组在抑郁上的得分显著高于品格变好组和持续高品格组;对于八年级非留守女生,持续低品格组和品格变差组在抑郁上的得分显著高于品格变好组、持续中间组和持续高品格组,持续中间组的得分显著高于持续高品格组;对于八年级留守男生,持续高品格组在抑郁上的得分显著低于持续低品格组、品格变差组和持续中间组,品格变差组的得分显著高于持续中间组;③其他主效应和交互作用均不显著。

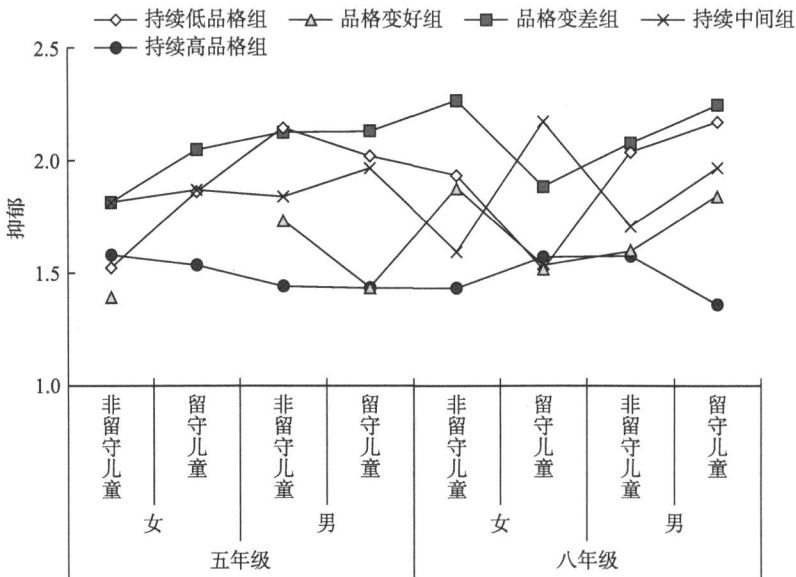

图7-26 性别、年级、留守状态与品格类别转变模式对抑郁的交互作用

(五)欺凌行为

1. 以父母(或一方)外出打工至少 6 个月作为留守儿童的界定标准

(1)T1-T2 品格潜在类别转变模式在 T2 欺凌行为上的差异

当以父母(或一方)外出打工至少 6 个月作为留守儿童的界定标准时,探讨 T1-T2 品格类别转变模式在 T2 欺凌行为上的差异。协方差分析结果表明,①品格类别转变模式的主效应显著($F_{(4, 692)}$ = 6.72,p < 0.01,η^2 =

0.04），即持续低品格组和品格变差组在欺凌行为上的得分显著高于品格变好组、持续中间组和持续高品格组；②性别与儿童留守状态的交互作用显著（$F_{(1, 692)} = 10.99$，$p < 0.01$，$\eta^2 = 0.02$），结果见图7-27。具体来说，留守女生在欺凌行为上的得分显著低于留守男生，留守男生的得分显著高于非留守男生；③性别与品格类别转变模式的交互作用显著（$F_{(4, 692)} = 4.13$，$p < 0.01$，$\eta^2 = 0.02$），结果见图7-28。具体来说，在品格变差组，男生在欺凌行为上的得分显著高于同组的女生以及其他四组的男生；④年级与儿童留守状态的交互作用显著（$F_{(1, 692)} = 4.12$，$p < 0.05$，$\eta^2 = 0.01$），结果见图7-29。具体来说，四年级留守儿童在欺凌行为上的得分有高于四年级非留守儿童的倾向（$p = 0.06$）和七年级留守儿童的倾向（$p = 0.07$）；⑤年级与品格类别转变模式的交互作用显著（$F_{(4, 692)} = 2.98$，$p < 0.05$，$\eta^2 = 0.02$），结果见图7-30。具体来说，在品格变差组和持续高品格组，四年级儿童在欺凌行为上的得分显著高于七年级儿童；对于四年级儿童，品格变差组在欺凌行为上的得分显著高于其他四组；对于七年级儿童，品格变差组在欺凌行为上的得分显著高于品格变好组、持续中间组和持续高品格组，持续高品格组的得分显著低于持续低品格组；⑥儿童留守状态与品格类别转变模式的交互作用显著（$F_{(4, 692)} = 2.93$，$p < 0.05$，$\eta^2 = 0.02$），结果见图7-31。具体来说，在品格变差组，留守儿童在欺凌行为上的得分显著高于非留守儿童；对于留守儿童，品格变差组在欺凌行为上的得分显著高于其他四组；对于非留守儿童，品格变差组的得分显著高于品格变好组、持续中间组和持续高品格组；⑦性别、儿童留守状态与品格类别转变模式的交互作用显著（$F_{(4, 692)} = 7.04$，$p < 0.01$，$\eta^2 = 0.03$），结果见图7-32。具体来说，对于品格变差组，留守男生在欺凌行为上的得分显著高于同组的留守女生和同组的非留守男生；对于留守男生，品格变差组在欺凌行为上的得分显著高于持续低品格组、持续中间组和持续高品格组；对于非留守女生，持续低品格组在欺凌行为上的得分显著高于品格变好组和持续高品格组，品格变差组的得分显著高于品格变好组、持续中间组和持续高品格组；⑧性别、年级、儿童留守状态与品格类别转变模式的交互作用显著（$F_{(4, 692)} = 3.12$，$p < 0.05$，$\eta^2 = 0.01$），结果见图7-33。具体来说，无论是在四年级还是在七年级，品格变差组的留守男生在欺凌行为上的得分显著高于同组的非留守男生和同组的留守女生以及持续低品格组、持续中间组和持

续高品格组的留守男生；对于留守男生，品格变差组的四年级儿童在欺凌行为上的得分显著高于同组的七年级儿童；对于非留守女生，持续低品格组的四年级儿童在欺凌行为上的得分显著低于同组的七年级儿童，但品格变差组的四年级儿童在欺凌行为上的得分显著高于同组的七年级儿童；对于四年级的非留守女生，品格变差组的欺凌行为显著高于品格变好组、持续中间组和持续高品格组；对于七年级男生，持续低品格组的留守儿童在欺凌行为上的得分显著高于同组的非留守儿童；对于七年级非留守儿童，持续低品格组的男生在欺凌行为上的得分显著低于同组的女生，品格变差组的男生在欺凌行为上的得分显著高于持续高品格组的男生，持续低品格组的女生在欺凌行为上的得分显著高于其他四组的女生；⑨其他主效应和交互作用均不显著。

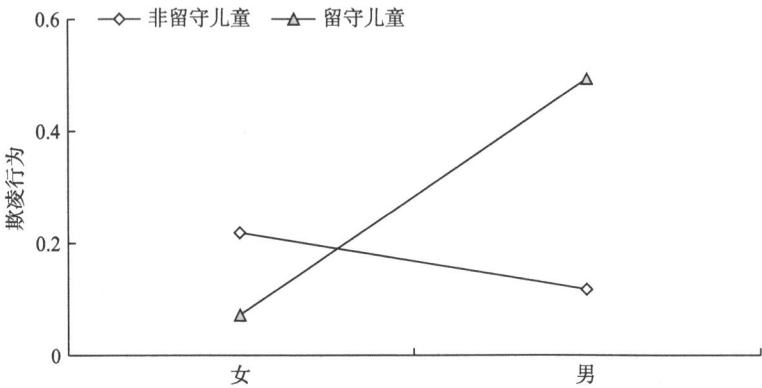

图 7-27　性别与儿童留守状态对欺凌行为的交互作用

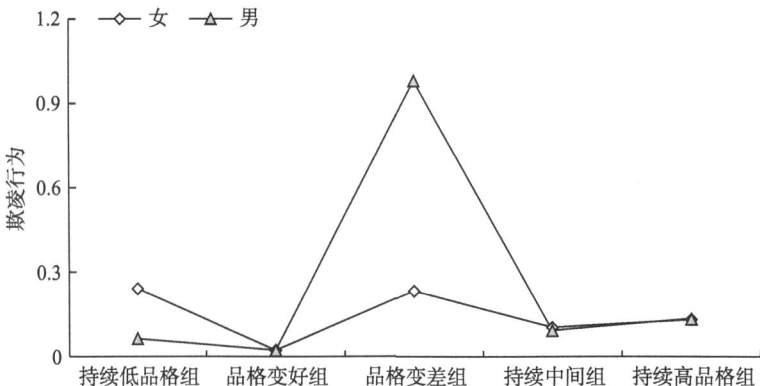

图 7-28　性别与品格类别转变模式对欺凌行为的交互作用

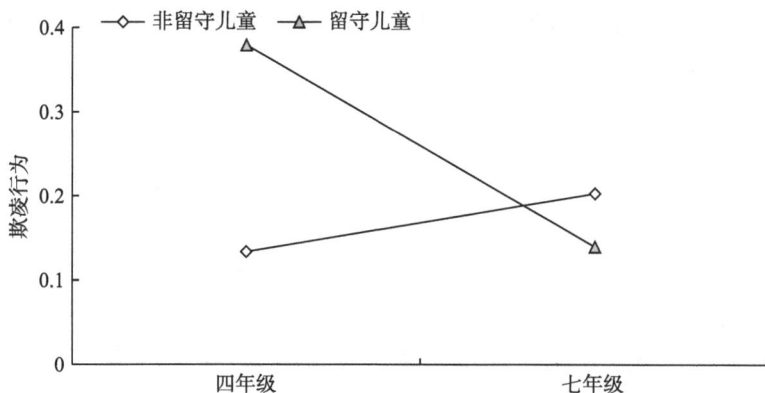

图 7-29　年级与儿童留守状态对欺凌行为的交互作用

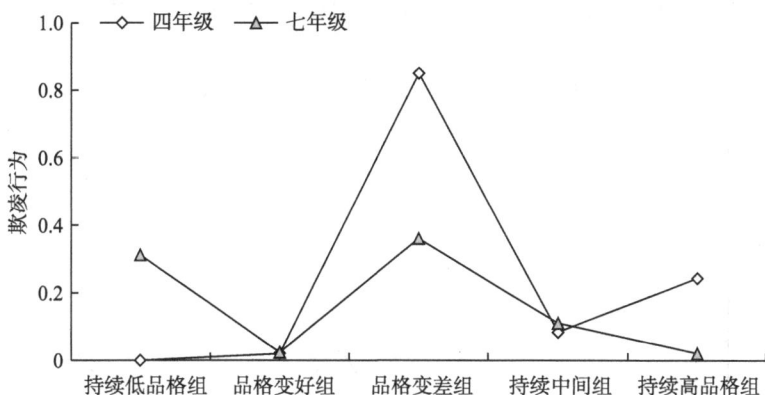

图 7-30　年级与品格类别转变模式对欺凌行为的交互作用

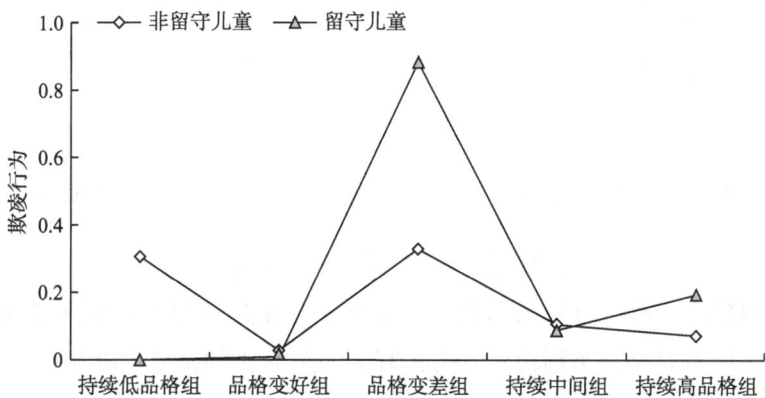

图 7-31　儿童留守状态与品格类别转变模式对欺凌行为的交互作用

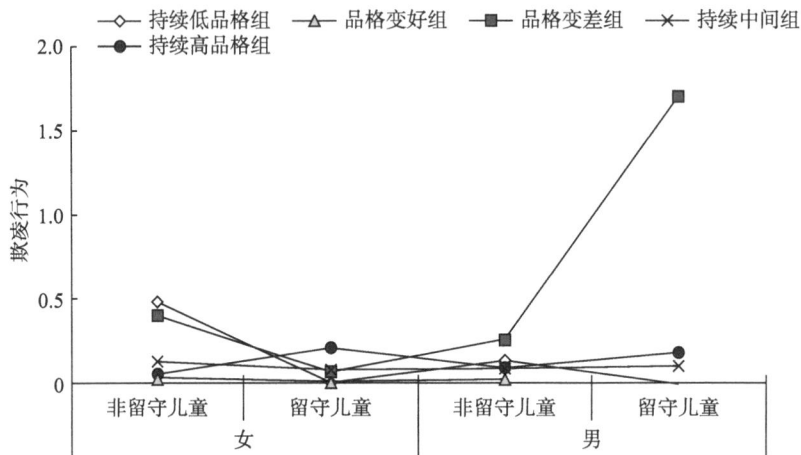

图 7-32 性别、儿童留守状态与品格类别转变模式对欺凌行为的交互作用

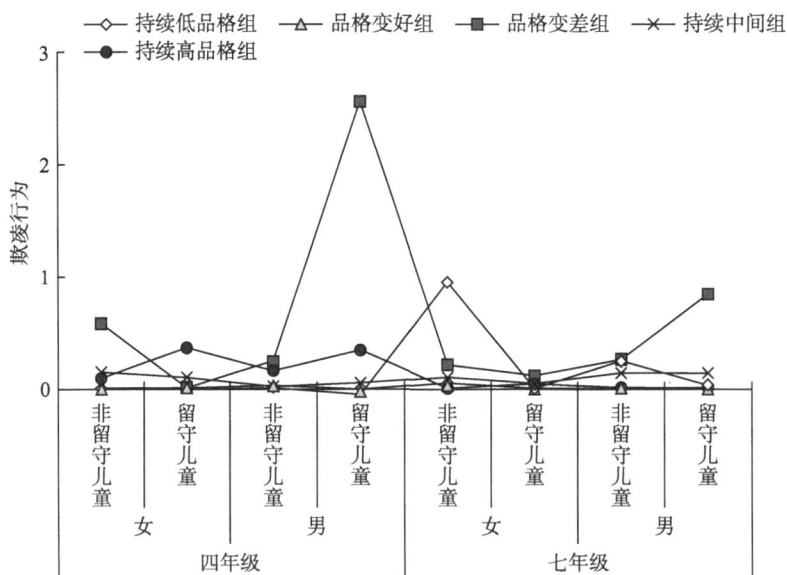

图 7-33 性别、年级、儿童留守状态与品格类别转变模式对欺凌行为的交互作用

（2）T2-T3 品格潜在类别转变模式在 T3 欺凌行为上的差异

当以父母（或一方）外出打工至少 6 个月作为留守儿童的界定标准时，探讨 T2-T3 品格潜在类别转变模式在 T3 欺凌行为上的差异。协方差分析结果表明，①品格类别转变模式的主效应显著（$F_{(4, 715)}$ = 2.65，$p < 0.05$，η^2 =

0.01），即持续低品格组在欺凌行为上的得分显著高于品格变好组、持续中间组和持续高品格组，品格变差组的得分显著高于持续中间组；②性别、年级、儿童留守状态与品格类别转变模式的交互作用显著（$F_{(4,715)}$ = 4.23，$p <$ 0.01，η^2 = 0.01），结果见图 7-34。具体来说，对于品格变差组，五年级留守男生在欺凌行为上的得分显著低于八年级留守男生，五年级留守女生的得分显著高于八年级留守女生，五年级非留守男生的得分显著高于八年级非留守男生；对于五年级儿童，品格变差组的留守女生在欺凌行为上的得分显著高于同组的非留守女生及持续中间组、持续高品格组的留守女生，品格变差组的非留守男生得分显著高于同组的留守男生及持续中间组、持续高品格组的非留守男生；对于八年级儿童，品格变差组的留守男生在欺凌上的得分显著高于同组的留守女生、同组的非留守男生以及品格变好组和持续中间组的留守男生，持续低品格组的留守男生得分显著高于同组的非留守男生、同组的女生以及品格变好组、持续中间组和持续高品格组的留守男生，持续低品格组的非留守男生得分显著高于同组的女生及品格变好组、持续中间组和持续高品格组的非留守男生；③其他主效应和交互作用均不显著。

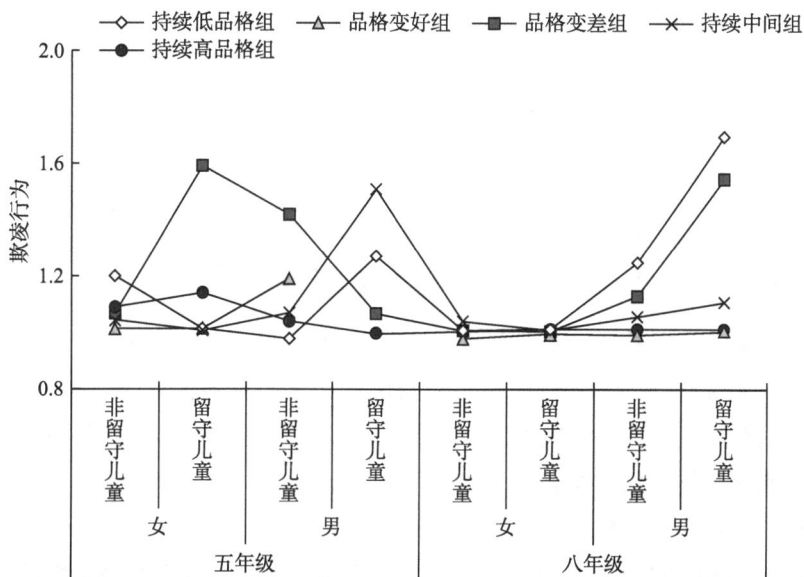

图 7-34　性别、年级、儿童留守状态与品格类别转变模式对欺凌行为的交互作用

2. 以父母双方或一方外出打工作为留守儿童的界定标准

（1）T1-T2 品格潜在类别转变模式在 T2 欺凌行为上的差异

当以父母（或一方）外出打工作为留守儿童的界定标准时，探讨 T1-T2 品格类别转变模式在 T2 欺凌行为上的差异。协方差分析结果表明，①品格类别转变模式的主效应显著（$F_{(4, 702)}$ = 5.10，$p < 0.01$，$\eta^2 = 0.03$），即持续低品格组和品格变差组在欺凌行为上的得分显著高于品格变好组、持续中间组和持续高品格组；②年级与品格类别转变模式的交互作用显著（$F_{(4, 702)}$ = 3.21，$p < 0.05$，$\eta^2 = 0.02$），结果见图 7-35。具体来说，在持续低品格组，四年级儿童在欺凌行为上的得分显著低于七年级儿童；在持续高品格组，四年级儿童的得分显著高于七年级儿童；对于四年级儿童，品格变差组的得分显著高于品格变好组和持续中间组；对于七年级儿童，持续低品格组的得分显著高于其他四组，品格变差组的得分显著高于品格变好组、持续中间组和持续高品格组。

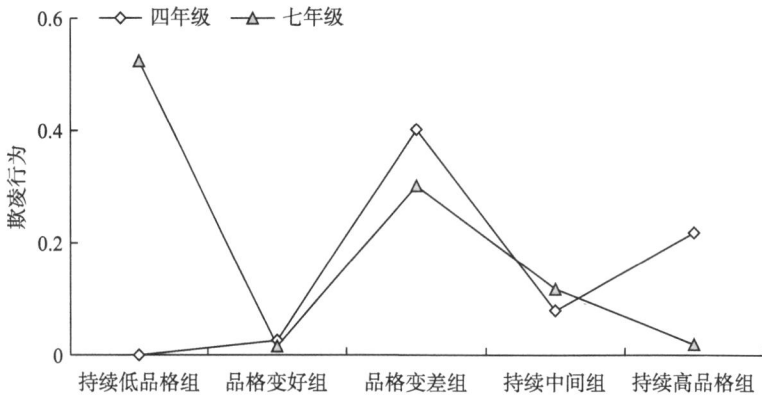

图 7-35　年级与品格类别转变模式对欺凌行为的交互作用

（2）T2-T3 品格潜在类别转变模式在 T3 欺凌行为上的差异

当以父母（或一方）外出打工作为留守儿童的界定标准时，探讨 T2-T3 品格类别转变模式在 T3 欺凌行为上的差异。协方差分析结果表明，各变量的主效应和交互作用均不显著。

（六）受欺凌行为

1. 以父母（或一方）外出打工至少 6 个月作为留守儿童的界定标准

（1）T1-T2 品格潜在类别转变模式在 T2 受欺凌行为上的差异

当以父母（或一方）外出打工至少 6 个月作为留守儿童的界定标准时，

探讨 T1-T2 品格潜在类别转变模式在 T2 受欺凌行为上的差异。协方差分析结果表明，①性别与儿童留守状态的交互作用显著（$F_{(1, 693)} = 4.79$，$p < 0.05$，$\eta^2 = 0.01$），结果见图 7-36。具体来说，非留守女生在受欺凌行为上的得分有高于非留守男生的倾向；②各变量的主效应和交互作用均不显著。

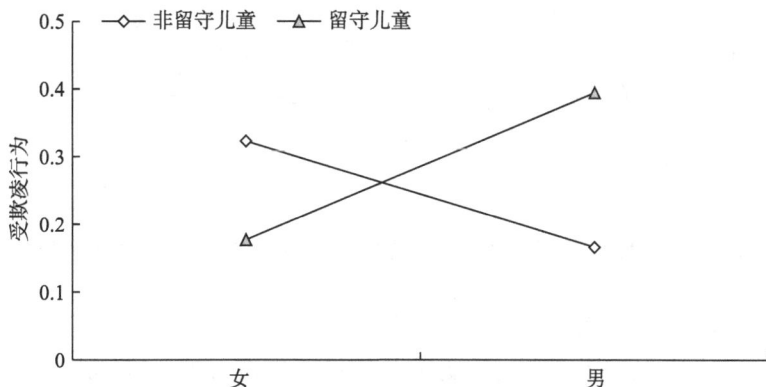

图 7-36　性别与儿童留守状态对受欺凌行为的交互作用

（2）T2-T3 品格潜在类别转变模式在 T3 受欺凌行为上的差异

当以父母（或一方）外出打工至少 6 个月作为留守儿童的界定标准时，探讨 T2-T3 品格潜在类别转变模式在 T3 受欺凌行为上的差异。协方差分析结果表明，①品格类别转变模式的主效应显著（$F_{(4, 717)} = 3.49$，$p < 0.01$，$\eta^2 = 0.02$），即持续低品格组在受欺凌行为上的得分显著高于其他四组，品格变差组的得分显著高于持续中间组；②性别、年级与品格类别转变模式的交互作用显著（$F_{(4, 717)} = 3.10$，$p < 0.05$，$\eta^2 = 0.02$），结果见图 7-37。具体来说，对于持续中间组，五年级男生在受欺凌行为上的得分显著高于八年级男生；对于五年级儿童，持续中间组的男生在受欺凌行为上的得分显著高于同组的女生及品格变差组和持续高品格组的男生，持续低品格组的女生得分显著高于持续中间组和持续高品格组的女生；对于八年级儿童，持续低品格组的男生在欺凌行为上的得分显著高于同组的女生以及品格变好组、持续中间组和持续高品格组的男生，品格变差组的男生得分显著高于持续中间组的男生；③其他主效应或交互作用均不显著。

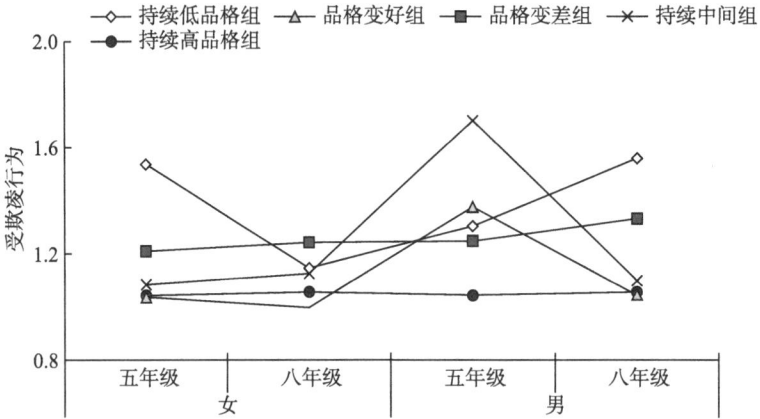

图 7-37 性别、年级与品格类别转变模式在受欺凌行为上的交互作用

2. 以父母（或一方）外出打工作为留守儿童的界定标准

（1）T1-T2 品格潜在类别转变模式在 T2 受欺凌行为上的差异

当以父母（或一方）外出打工作为留守儿童的界定标准时，探讨 T1-T2 品格类别转变模式在 T2 受欺凌行为上的差异。协方差分析结果表明，①年级与品格类别转变模式的交互作用显著（$F_{(4, 703)}$ = 2.83，$p < 0.05$，$\eta^2 = 0.02$），结果见图 7-38。具体来说，对于品格变好组，四年级儿童在受欺凌行为上的得分显著低于七年级儿童；对于持续高品格组，四年级儿童在受欺凌行为上的得分显著高于七年级儿童；对于七年级儿童，持续低品格组、品格变好组和品格变差组在受欺凌行为上的得分显著高于持续中间组和持续高品格组；②其他主效应和交互作用均不显著。

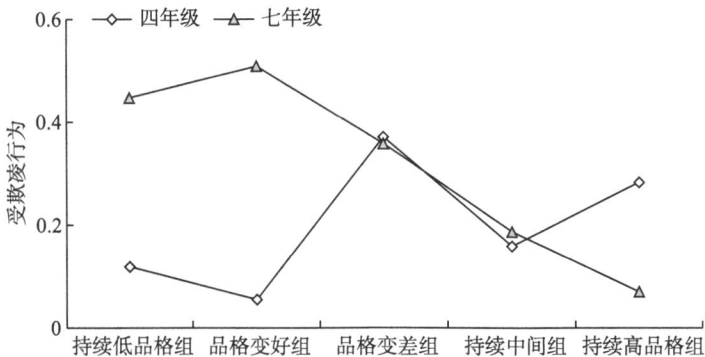

图 7-38 年级与品格类别转变模式对受欺凌行为的交互作用

（2）T2-T3 品格潜在类别转变模式在 T3 受欺凌行为上的差异

当以父母（或一方）外出打工作为留守儿童的界定标准时，探讨 T2-T3 品格潜在类别转变模式在 T3 受欺凌行为上的差异。协方差分析结果表明，①年级的主效应显著（$F_{(1, 728)} = 5.02$，$p < 0.05$，$\eta^2 = 0.01$），即五年级儿童在受欺凌行为上的得分显著高于八年级儿童；②性别的主效应显著（$F_{(1, 728)} = 4.54$，$p < 0.05$，$\eta^2 = 0.01$），即女生在受欺凌行为上的得分显著低于男生；③品格类别转变模式的主效应显著（$F_{(4, 728)} = 3.71$，$p < 0.01$，$\eta^2 = 0.01$）。具体来说，持续低品格组在受欺凌行为上的得分显著高于其他四组；品格变好组的得分显著低于持续低品格组；品格变差组和持续中间组的得分显著低于持续低品格组，但高于持续高品格组；④其他主效应和交互作用均不显著。

（七）网络成瘾

1. 以父母（或一方）外出打工至少 6 个月作为留守儿童的界定标准

因研究只测量了 T1 和 T3 两个时间点的网络成瘾，因此本章只考察 T2-T3 品格潜在类别转变模式在 T3 网络成瘾上的差异。当以父母（或一方）外出打工至少 6 个月作为留守儿童的界定标准时，探讨 T2-T3 品格类别转变模式在 T3 网络成瘾上的差异。协方差分析结果表明，①品格类别转变模式的主效应显著（$F_{(4, 719)} = 4.84$，$p < 0.01$，$\eta^2 = 0.03$），即持续低品格组在网络成瘾上的得分显著低于其他四组，品格变差组的得分显著低于品格变好组、持续中间组和持续高品格组，持续中间组的得分显著低于持续高品格组；②性别、儿童留守状态与品格类别转变模式的交互作用显著（$F_{(4, 719)} = 2.52$，$p < 0.05$，$\eta^2 = 0.01$），结果见图 7-39。具体来说，对于持续中间组，留守男生在网络成瘾上的得分显著低于同组的留守女生和同组的非留守男生；对于留守女生，持续低品格组在网络成瘾上的得分显著低于品格变好组、持续中间组和持续高品格组；对于非留守女生，持续低品格组和品格变差组的网络成瘾得分显著低于持续高品格组；对于非留守男生，持续低品格组和品格变差组在网络成瘾上的得分显著低于品格变好组、持续中间组和持续高品格组；③其他主效应和交互作用均不显著。

2. 以父母（或一方）外出打工作为留守儿童的界定标准

当以父母（或一方）外出打工作为留守儿童的界定标准时，探讨 T2-T3

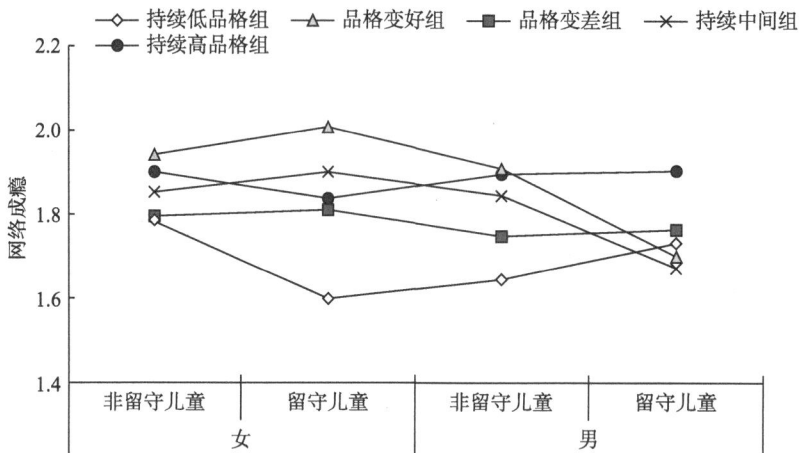

图7-39 性别、儿童留守状态与品格类别转变模式对网络成瘾的交互作用

品格潜在类别转变模式在 T3 网络成瘾上的差异。协方差分析结果表明，①品格类别转变模式的主效应显著（$F_{(4, 729)}$ = 8.11，$p < 0.01$，$\eta^2 = 0.04$），即持续低品格组在网络成瘾上的得分显著低于其他四组，品格变差组的得分显著低于品格变好组、持续中间组和持续高品格组，持续中间组的得分显著低于持续高品格组；②其他主效应和交互作用均不显著。

（八）孤独感

1. 以父母双方或一方外出打工至少 6 个月作为留守儿童的界定标准

（1）T1-T2 品格潜在类别转变模式在 T2 孤独感上的差异

当以父母（或一方）外出打工至少 6 个月作为留守儿童的界定标准时，探讨 T1-T2 品格潜在类别转变模式在 T2 孤独感上的差异。协方差分析结果表明，①年级的主效应显著（$F_{(1, 708)}$ = 8.33，$p < 0.01$，$\eta^2 = 0.01$），即四年级儿童在孤独感上的得分显著低于七年级儿童；②品格类别转变模式的主效应显著（$F_{(4, 708)}$ = 8.64，$p < 0.01$，$\eta^2 = 0.05$）。具体来说，持续低品格组在孤独感上的得分显著高于其他四组；品格变好组的得分显著低于品格变差组和持续中间组，但高于持续高品格组；持续高品格组的得分显著低于品格变差组和持续中间组，品格变差组的得分显著高于持续中间组；③其他主效应和交互作用均不显著。

（2）T2-T3 品格潜在类别转变模式在 T3 孤独感上的差异

当以父母（或一方）外出打工至少6个月作为留守儿童的界定标准时，探讨 T2-T3 品格潜在类别转变模式在 T3 孤独感上的差异。协方差分析结果表明，①品格类别转变模式主效应显著（$F_{(4, 669)}$ = 29.36，$p < 0.01$，$\eta^2 = 0.15$）。具体来说，持续低品格组在孤独感上的得分显著高于其他四组；品格变好组的得分显著低于品格变差组和持续中间组，但高于持续高品格组；持续高品格组的得分显著低于品格变差组和持续中间组，持续中间组的得分显著低于品格变差组；②年级与品格类别转变模式的交互作用显著（$F_{(4, 669)}$ = 2.86，$p < 0.05$，$\eta^2 = 0.02$），结果见图 7-40。具体来说，对于持续中间组，五年级儿童在孤独感上的得分显著低于八年级儿童；对于五年级儿童，持续低品格组和品格变差组在孤独感上的得分显著高于持续中间组和持续高品格组；对于八年级儿童，持续低品格组和品格变差组在孤独感上的得分显著高于品格变好组、持续中间组和持续高品格组，品格变好组的得分显著低于持续中间组；③其他主效应和交互作用均不显著。

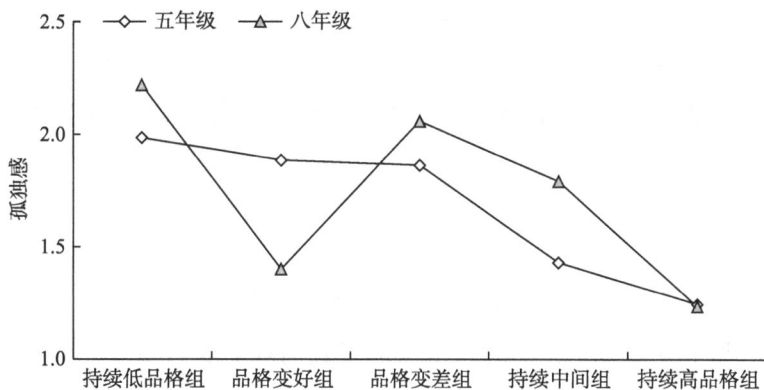

图 7-40　年级与品格类别转变模式对孤独感的交互作用

2. 以父母（或一方）外出打工作为留守儿童的界定标准

（1）T1-T2 品格潜在类别转变模式在 T2 孤独感上的差异

当以父母（或一方）外出打工作为留守儿童的界定标准时，探讨 T1-T2 品格潜在类别转变模式在 T2 孤独感上的差异。协方差分析结果表明：①品格类别转变模式的主效应显著（$F_{(4, 640)}$ = 15.29，$p < 0.01$，$\eta^2 = 0.09$）。具体来说，持续低品格组在孤独感上的得分显著高于其他四组；品格变好组的得分

显著低于品格变差组和持续中间组，但高于持续高品格组；品格变差组的得分显著高于持续中间组；②其他主效应和交互作用均不显著。

（2）T2-T3 品格潜在类别转变模式在 T3 孤独感上的差异

当以父母（或一方）外出打工作为留守儿童的界定标准时，探讨 T2-T3 品格类别转变模式在 T3 孤独感上的差异。协方差分析结果表明，①品格类别转变模式的主效应显著（$F_{(4, 678)}$ = 37.83，$p < 0.01$，$\eta^2 = 0.18$）。具体来说，持续低品格组在孤独感上的得分显著高于其他四组，品格变好组的得分显著低于品格变差组和持续中间组，但高于持续高品格组；持续高品格组的得分显著低于品格变差组和持续中间组；持续中间组的得分显著低于品格变差组；②其他主效应和交互作用均不显著。

三 讨论

农村留守儿童的良好品格对其自身发展具有不容忽视的促进和保护作用，这在当下及未来的研究中都极具价值，亟待广泛关注。根据前人的研究结果，促进个体发展的保护性因素，如良好品格，具有较强的级联效应（Cascade Effects），因此其积极作用可能会扩展到其他发展领域[①]。从品格发展转变的角度探讨品格与社会适应的关系，对于农村留守儿童未来的积极发展具有重要的意义。

本章采用协方差分析来检验五种品格类别转变模式在良好社会适应（自尊、亲社会行为）与不良社会适应（欺凌行为/受欺凌行为、非自杀性自伤行为、网络成瘾、抑郁和孤独感）各指标的差异。在此基础上，引入儿童留守状态这一调节变量。相关研究结果有助于我们理解农村留守儿童积极品质与社会适应关系的内在性质。国外少数学者尝试采用潜变量增长模型分析积极青少年发展指标（如品格）对儿童青少年发展结果的影响，而国内学者更多聚焦于单个或少量指标，考察具体品格特质与社会适应的关系。本章将尝试分析并深入探讨农村留守儿童品格类别转变模式与社会适应常用指标的关系。

---

① Masten A. S., & Cicchetti D., "Developmental Cascades", *Development & Psychopathology*, 22 (03), 2010, pp. 491-495.

（一）农村留守儿童品格潜在类别转变模式与亲社会行为的关系

结果发现，在 T1 向 T2 转变时，当以父母（或一方）外出打工至少 6 个月作为留守儿童的界定标准，对于四年级留守儿童，持续低品格组在亲社会行为上的得分显著低于其他各组，持续高品格组的得分高于持续中间组；对于七年级留守儿童，持续低品格组在亲社会行为上的得分显著低于品格变好组和持续高品格组，品格变好组的得分显著高于品格变差组，而持续高品格组的得分也显著高于持续中间组。这说明，品格的持续发展有助于增强亲社会行为，而品格下降则可能削弱儿童的亲社会倾向。良好的品格对儿童亲社会行为的促进作用已得到诸多研究的证实，例如，共情、责任感等良好的品格特质，能够显著增强个体的亲社会行为。即便在青春初期，优良品格对亲社会行为的积极效应同样存在①。品格下降可能导致儿童在面对社会情境时，缺乏必要的道德判断力和自我约束能力，或者引发社会规范的弱化，从而削弱其亲社会行为。

此外，无论以何种方式界定留守儿童，在 T1 向 T2 转变时，对于品格变差组，七年级留守儿童在亲社会行为上的得分显著低于四年级留守儿童。这提示我们，青春初期可能是品格影响亲社会行为的关键时间节点。根据 Eccles 的阶段-环境适应理论②，由于社会环境（如同伴竞争、学业压力增加）和个体自身变化（如自主需求增加）与其发展需求若无法匹配，将会导致刚刚进入中学阶段的儿童原有保护性特质（如高品格）的作用减弱。换言之，七年级、品格变差组的留守儿童在亲社会行为上的得分显著低于同组的四年级留守儿童，可能与七年级学生正处在一种环境剧烈改变的适应期有关，他们更易因外部环境压力（如学业竞争）降低对品格内化价值观和内心道德信念的依赖，从而放大品格变差对亲社会行为的负面影响。这一发现也拓展了品格发展的年龄敏感期理论，提示在对儿童青少年进行干预时，需针对不同发展

---

① Lerner R. M., Alberts A. E., Jelicic H., et al., "Young People are Resources to Be Developed: Promoting Positive Youth Development through Adult-Youth Relationships and Community Assets", *Applied Developmental Science*, 10 (2), 2006, pp. 61-63.

② Eccles J. S., Midgley C., Wigfield A., et al., "Development during Adolescence: The Impact of Stage-Environment Fit on Young Adolescents' Experiences in Schools and Families", *American Psychologist*, 48 (2), 1993, pp. 90-101.

阶段调整重心——学龄期（如四年级）应侧重品格培养，而青春初期则需要重点帮助他们去应对由环境变化带来的、可能出现的价值观上的冲突。

（二）农村留守儿童品格潜在类别转变模式与欺凌行为/受欺凌行为的关系

结果发现，总体来看，当以父母（或一方）外出打工至少6个月作为留守儿童的界定标准，持续低品格组的儿童在欺凌行为和受欺凌行为上得分较高，而持续高品格组的儿童在欺凌行为和受欺凌行为上得分较低。这可能是因为品格良好的儿童往往具有同理心、责任感等优良品质，这些特质促使其内化了正确的价值观和行为规范，使其明白欺凌行为的不当性，因此不会欺凌他人；与此同时，因其构建了友善、支持性的人际关系，也不易成为欺凌的对象。相较于没有卷入欺凌行为的儿童，欺凌者和欺凌—受害者往往报告更低的道德品格和公民品格，然而在受欺凌者群体中，道德品格并无显著差异[1]。如果儿童在坚持性、自律和自我调节等能力上表现较弱，他们的欺凌行为可能反映出其学业能力不足和成绩差的消极影响[2]。随着这些儿童进入青春期后期，他们可能会逐渐适应，并找到更符合自身优势的社交角色。

其次，当留守男生品格变差时，欺凌行为得分呈现出随年级变化的显著差异：四年级时，其得分显著高于七年级；时隔一年后，升入五年级的留守男生其得分相较于八年级留守男生却明显偏低。这种差异体现了不同年级留守男生在品格下滑情况下行为表现的阶段性特点。这可能是由于四年级学生尚处于认知和道德的逐步发展但尚未完善阶段，留守儿童又长期缺乏父母的直接管教和关爱，使得他们难以充分理解欺凌行为的后果，一旦品格下滑，在缺乏正确引导的情况下，就容易出现欺凌行为。然而，随着年龄的增长，青少年的自我意识逐步增强，更在意他人的看法和评价。相较于八年级学生，五年级学生对此关注程度稍低。部分留守男生因品格下滑，又缺乏正确的引导与有效的压力宣泄途径，可能会通过欺凌他人来获取满足感。

最后，留守女生在欺凌行为上的得分普遍低于留守男生，例如，T1至T2时间点，品格变差组的留守男生在欺凌行为上的得分显著高于同组的留守女生；

---

[1]　Hilliard L. J., Bowers E. P., Greenman K. N., et al., "Beyond the Deficit Model: Bullying and Trajectories of Character Virtues in Adolescence", *Journal of Youth and Adolescence*, 43 (6), 2014, pp. 991-1003.

[2]　Ma L., Phelps E., Lerner J. V., et al., "The Development of Academic Competence among Adolescents Who Bully and Who Are Bullied", *Journal of Applied Developmental Psychology*, 30, 2009, pp. 628-644.

时隔一年后，升入五年级的留守儿童中，品格变差组的女生在欺凌行为上的得分显著高于男生。人们普遍认为，男生比女生更容易卷入欺凌行为，这可能与社会性别角色期待差异有关。社会主流文化着重塑造男性的竞争、支配气质，提倡女生温柔懂事，使得女生行为更内敛克制，从而降低了卷入欺凌的比例①。当五年级留守女生品格下滑时，部分个体可能采取欺凌他人的方式，试图展示自身力量和与众不同，以此作为处理人际关系、提升自己在群体中地位的手段。同时，五年级学生自我意识渐强，情绪起伏比较大，因父母外出打工、陪伴缺失、安全感匮乏、自卑等问题凸显。当面对学业、人际等压力时，内心的负面情绪易转化为攻击行为宣泄出来，以获取心理平衡与他人关注。

（三）农村留守儿童品格类别转变模式与孤独感的关系

研究发现，年级与品格类别转变模式对孤独感有显著影响。留在低品格组和品格变差的个体在孤独感上的得分较高，持续高品格组和持续中间组的得分较低。相较于四年级儿童，七年级儿童普遍体验到更高的孤独感。此外，当七年级儿童升入八年级时，品格变好组在孤独感上的得分显著低于持续中间组。品格类别转变模式与孤独感的关系表明，积极品格特质与孤独感体验存在紧密关联。

当个体留在高品格组或品格呈现正向发展趋势时，即表现出共情、感恩、责任感等良好特质，其在孤独感上的得分更低。这可能是因为良好的品格有助于个体构建并维护良好的人际关系网络，并帮助他们获得有效的压力应对策略，得到父母、教师等他人的积极关注和反馈，进而降低内心的孤独感受②。相反，留在低品格组或品格变差的儿童出现自私、冷漠、不懂得感恩等消极特质，难以与他人建立深度且持久的联系，尤其是在跨越学龄期到青春期的关键转折期，他们的社交需求显著增加。在面对生活的挑战与压力时，由于缺乏良好的人格特质，可能容易遭受同伴的排斥，缺少有效的缓冲，从

---

① Hilliard L. J., Bowers E. P., Greenman K. N., et al., "Beyond the Deficit Model: Bullying and Trajectories of Character Virtues in Adolescence", *Journal of Youth and Adolescence*, 43 (6), 2014, pp. 991-1003.

② Martínez-Martí M. L., & Ruch W., "Character Strengths Predict Resilience over and above Positive Affect, Self-efficacy, Optimism, Social Support, Self-esteem, and Life Satisfaction", *Journal of Positive Psychology*, 12 (2), 2017, pp. 110-119.

而深陷高程度的孤独体验。

(四) 农村留守儿童品格潜在类别转变模式与自尊的关系

结果表明，在全部样本群体中，持续高品格组的儿童在自尊上的得分较低，而持续低品格组的儿童自尊水平较高。这一结果表明，尽管相较于低品格，优良品格通常被认为有助于个体发展，但在特定的成长环境下，儿童在维持高品格的过程中可能面临更高的心理成本，因为品格良好的孩子可能来自注重纪律和行为规范的家庭，往往被家庭和社会寄予较高的期望，这可能导致他们感受到更大的压力，这种压力可能使得他们在自我评价时过于严格，更倾向于自我约束和自我批评，从而降低自尊水平。

另外，在 T1 转向 T2 时，当以父母（或一方）外出打工作为留守儿童的界定标准，年级与品格类别转变模式的交互作用对自尊产生了显著影响。具体而言，留在高品格组的七年级儿童在自尊上的得分显著高于留在高品格组的四年级儿童。这一现象可能与自我意识和心理成熟度的提升有关。随着年龄增长，步入七年级的儿童，其认知能力逐渐成熟，自我意识显著增强[1]，能够更深入且合理地整合自我评价和外界反馈。同时，七年级儿童可能掌握更为丰富的情绪调节策略[2]，面对压力时能更有效地应对，从而维持较高的自尊水平。

更重要的是，留守经历显著改变了 T2 至 T3 时品格类别转变模式与自尊的关系，具体来说，无论是留在低品格组的儿童还是留在高品格组的儿童，留守儿童在自尊上的得分显著低于非留守儿童。这可能有以下解释：一方面，因父母外出务工致使亲子分离，留守儿童家庭情感支持匮乏，即便品格良好，父母的陪伴缺失也使儿童难以获得足够的鼓励和肯定，而这对于自尊的形成起着关键作用；另一方面，由于父母不在身边，留守儿童往往需要承担更多责任以迎合长辈或社会的期待，这易引发日常焦虑或自我认同冲突[3]，且缺乏父母的情感支持可能进一步加剧了这一现象；此外，外界对留守儿童的刻板

---

① Demetriou A., Kazi S., Makris N., et al., "Cognitive Ability, Cognitive Self-awareness, and School Performance: From Childhood to Adolescence", *Intelligence*, 79, 2020, pp. 101-432.

② Zimmermann P., & Iwanski A., "Emotion Regulation from Early Adolescence to Emerging Adulthood and Middle Adulthood: Age Differences, Gender Differences, and Emotion-Specific Developmental Variations", *International Journal of Behavioral Development*, 38 (2), 2014, pp. 182-194.

③ 张明皓：《留守儿童的日常焦虑与自我认同——基于结构二重性视角的考察》，《北京社会科学》2017 年第 3 期。

偏见，也干扰了具有良好品格的留守儿童对自身积极品质的认同，社会对具有不良品格的留守儿童常有负面评价，在一定程度上加重了他们的自我否定，不利于自尊的提升。

（五）农村留守儿童品格类别转变模式与抑郁的关系

研究发现，持续低品格组和品格变差组的儿童在抑郁上的得分较高，而持续高品格组的儿童得分较低。这与既有研究结果一致。Lee等人指出，在积极品质上（如自我控制和责任感）表现较好的个体，更有可能处于非问题组，即内化问题水平最低的组[1]。这表明，良好的品格能够作为保护性因素，帮助个体抵御负性情绪和心理困扰，从而降低抑郁风险。这一保护机制可能源于高品格特质在心理调节和社会适应方面的积极作用。具体而言，良好品格不仅有助于个体进行情绪管理和压力应对，还可以促进个体履行社会义务并构建支持网络。相反，品格不良的儿童由于缺乏情绪管理能力和相应的社会支持，心理困扰易于累积，抑郁水平较高，反映了品格在心理健康维护中的重要作用。

当父母（或一方）外出打工时，升入八年级的留守男生在持续低品格组和品格变差组上体验到的抑郁水平高于升入五年级的同组留守男生。这可能是因为，在五年级，留守男生尽管面临较多社会适应挑战，但尚未完全暴露于青春期的压力，抑郁水平相对较低。然而，从五年级到八年级，学业压力增大和人际关系变化致使其心理负担加重[2]。此外，社会对男生的期待（如强势、独立、果断）可能促使留守男生抑制情感表达，面对困扰时更多隐忍和压抑[3]。随着情感需求和压力的积累，其抑郁水平在八年级时显著上升。

同样，八年级非留守女生在持续低品格组和品格变差组上体验到的抑郁水平高于同组的五年级非留守女生。在小学五年级，非留守女生通常依赖父母的情感支持，父母的陪伴对其在日常生活和学习中的情绪稳定性具有重要作用。然而，进入八年级，步入青春期，她们开始转向同伴群体寻求认可和

① Lee J. R., Kim G., Yi Y., et al., "Classifying Korean Children's Behavioral Problems and Their Influencing Factors: A Latent Profile Analysis", *International Journal of Child Care and Education Policy*, 11, 2017, pp. 1-17.

② Zhang J., Yan L., Qiu H., et al., "Social Adaptation of Chinese Left-Behind Children: Systematic Review and Meta-Analysis", *Children and Youth Services Review*, 95, 2018, pp. 308-315.

③ Zhao J., Li Q., Wang L. et al., "Latent Profile Analysis of Left-behind Adolescents' Psychosocial Adaptation in Rural China", *Journal of Youth and Adolescence*, 48, 2019, pp. 1146-1160.

支持，但由于品格发展存在不足，其社交需求未能充分满足，且青春期情绪更加敏感，导致她们的抑郁水平较五年级时显著上升。

总体而言，维持较高的品格水平有助于缓解抑郁，而品格的积极转变则能够进一步降低抑郁风险，尤其是在八年级学生和留守儿童群体中，这一作用更为显著。

（六）农村留守儿童品格类别转变模式与网络成瘾的关系

结果显示，当以父母（或一方）外出打工至少6个月作为留守儿童的界定标准，性别、儿童留守状态和品格类别转变模式的交互作用对网络成瘾有显著影响。具体而言，对于持续中间组，留守男生在网络成瘾上的得分显著低于留守女生；对于留守女生，持续低品格组在网络成瘾上的得分显著低于品格变好组、持续中间组和持续高品格组；在非留守男生和非留守女生中，持续低品格组和品格变差组在网络成瘾上的得分显著低于持续高品格组。

研究发现，留在低品格组的儿童网络成瘾得分较低；而留在高品格组的儿童，网络成瘾得分相对较高。这一结果与大众认知中良好品格与网络成瘾的负向关联相悖，其背后的影响因素错综复杂。我们尝试去解释这一结果。一方面，儿童因其品格不良受到较多的限制和监督，减少了接触网络的机会和时间，进而降低了网络成瘾的风险[1]；另一方面，持续高品格的儿童常承载着家庭、学校等的多重期望，背负较大心理压力，当现实生活难以提供充足的情绪宣泄途径时，他们可能转向网络世界寻求慰藉，这使得网络使用时间延长，进而导致网络成瘾得分较高。此外，品格较低是一个多维度概念，涉及感恩、共情等多方面，而这些维度并非都与网络成瘾这一指标有关[2]。这提醒我们，品格与网络成瘾的关系是复杂且多维的，不能仅从单一角度简单地去评估和衡量。网络成瘾是一个复杂的心理行为问题，涉及多因素的交互作用。在理解与应对时，应综合考量个体的品格、行为模式以及家庭、学校、社会环境等因素，以实现有效预防与干预。

品格始终处于中等水平的留守男生，在网络成瘾得分上，显著低于同组

---

[1]　Gentile D. A., et al., "Mediators and Moderators of Long-term Effects of Violent Video Games on Aggressive Behavior", *JAMA Pediatrics*, 168 (5), 2014, pp. 450-457.

[2]　Peterson C., & Seligman M. E. P., *Character Strengths and Virtues: A Handbook and Classification*, NewYork: Oxford University Press Washington, 2004.

的留守女生。这一现象可能与男女生在成长进程中的性别角色社会化有关，女生在情感表达上更为细腻，社交需求也相对更高。一旦现实无法满足这些需求，她们就容易转向网络寻求情感寄托和社交满足。相比之下，男生在此类情境下，通常会选择参加体育活动等来释放情绪、满足社交需要。因此，留守环境下情感支持匮乏，留守女生较留守男生更倾向于借助网络寻求情感慰藉，由此导致其网络使用时长增加，网络成瘾上得分也更高。

　　总的来说，我们的研究结果与 Phelps 等的发现相似，验证了变量关系的多样性[1]。该研究采用以人为中心的取向评价积极青少年发展相关指标（能力、自信、联结、品格和关心）的变化轨迹和风险行为/问题行为轨迹的一致性或多样性，结果发现随着时间的推移，只有 1/6 的被试表现出了积极品质的上升和风险/问题行为的减少，其他青少年则表现出了稳定性、积极品质和风险行为的增加以及积极品质的下降等不同的发展轨迹。Lewin-Bizan 等人采用以个体为中心的分析方法对五到十年级青少年的积极品质与问题行为进行考察，同样验证了积极品质和问题行为的多种发展轨迹，积极品质得分高的青少年也可能有较多问题行为[2]。

　　然而，发展科学指出，在儿童青少年发展的过程中，积极品质与风险/问题行为的指标之间存在负性关联；预防儿童问题行为的一个有效策略是促进其积极品质的发展。然而，本章的结果与这一观点并不完全一致，可能源于研究方法的差异。先前研究往往采用的是以变量为中心的分析方法，这些研究往往过于强调被试群体中的整体关联，而忽视了儿童青少年时期风险/问题行为轨迹间的多样性。相比之下，采用以人为中心的分析方法探讨不同年级个体内的变化模式时，可以识别出多种类型的发展轨迹。积极品质（即本节中的品格潜在类别）和社会适应发展模式关系的多样化，对发展科学和旨在提升儿童积极发展的应用实践带来了巨大的挑战，这提示我们，在研究和应用中应更多关注个体差异和发展轨迹的多元性。

---

　　[1]　Phelps E., Balsano A. B., Fay K., et al., "Nuances in Early Adolescent Developmental Trajectories of Positive and Problematic/Risk Behaviors: Findings from the 4-H Study of Positive Youth Development", *Child & Adolescent Psychiatric Clinics of North America*, 16 (2), 2007, pp. 473-496.

　　[2]　Lewin-Bizan S., Bowers E., & Lerner R. M., "One Good Thing Leads to Another: Cascades of Positive Youth Development among American Adolescents", *Development and Psychopathology*, 22, 2010, pp. 759-770.

品格潜在类别转变模式与社会适应的相关研究结果揭示了理解儿童期发展多样化的重要性，并对行为与品格关系的传统假设提出了新的思考。这一结果表明，积极发展与问题行为发展轨迹的反向关系只是儿童青少年发展变化中的一种模式①，积极品质与问题行为或风险行为的变化方向之间存在多种不同的关联。农村留守儿童积极和消极发展轨迹的复杂关系与发展系统观相一致，即儿童和环境之间动态的相互作用在决定进入哪种轨迹模式时起着关键的作用。这进一步提醒我们，在研究和实践中，应综合考虑个体特征与环境因素的交互作用，以更全面地理解儿童发展轨迹的多样性。

虽然本节在样本性质（农村留守儿童）、样本量（分配到具体品格潜在类别的样本量少）、样本研究的起始年龄（小学四年级和初中七年级）、追踪间隔时间（间隔一年）等方面存在一定的局限性，但本节仍具有重要的理论价值与实践意义。到目前为止，我们的研究首次采用以人为中心的取向来探讨品格潜在类别转变模式与农村留守儿童积极和消极发展结果之间的关系。通过评估个体内的发展变化模式，能够识别积极和问题性发展指标的多种发展关系，从而提供了人和情境随时间变化的更细致的分析结果。研究结果表明，品格的发展转变与社会适应的变化之间的关系远比现有理论所描述的更为复杂。然而，这种探索有助于进一步区分不同类别的品格发展与社会适应共同变化的特征，帮助我们更好地理解儿童时期占主导的变化模式的多样性。

第四节　农村留守儿童品格类别转变对欺凌与受欺凌行为的短期影响

积极青少年发展强调品格对儿童青少年发展的重要性。然而，高水平的PYD（包括品格维度）并不完全与低水平的危险行为相关。与菲利普·津巴多提出的路西法效应一致，它表明好人也可以被诱导做坏事。这意味着品格高尚的人不一定具有低水平的欺凌行为。因此，研究不同品格特征与风险行为（尤其是欺凌和受欺凌行为）的关系非常重要。

---

① Connell A. M., Dishion T. J., & Deater-Deckard K. D., "Variable-and Person-centered Approaches to the Analysis of Early Adolescent Substance Use: Linking Peer, Family, and Intervention Effects with Developmental Trajectories", *Merrill-Palmer Quarterly*, 52 (3), 2006, pp. 421-448.

在我国，品格研究相对较少，且基本使用国外学者编制的量表进行探讨。不同文化下，个体对具体品格特质的理解可能存在差异。本书前面章节使用的具体品格特质均采用由我国学者修订的国外量表测量，可能存在上述不足。因此，本节采用基于我国文化背景下、由 Chai 等编制的中国积极青少年发展量表[1]的品格分量表来测量儿童的品格。基于以人为中心的方法，本节采用间隔 6 个月的两次追踪研究，探讨农村儿童品格类别转变对传统欺凌（传统欺凌行为/受欺凌行为）和网络欺凌（网络欺凌行为/网络受欺凌行为）这两类社会适应关键指标的影响，二者作为当下社会热点问题，备受学界关注。同时，研究进一步探索上述关系在留守儿童与非留守儿童之间是否存在差异，旨在为后续开展针对性干预提供理论支撑。

一 研究方法

（一）研究对象

数据来自河南省某两所农村初中学校的一项调查，共有 1359 名学生参加了间隔六个月的两次施测。其中，男生 629 人（46.3%），七年级学生 679 人（50.0%），八年级学生 680 人。儿童第一次施测时的平均年龄为 13.98 岁（$SD=0.69$）。此外，92.3%的父亲和 87.2%母亲完成了初中及以上教育。父亲或母亲外出打工至少 6 个月的留守儿童有 210 人（15.5%）。

（二）研究工具

1. 品格

采用 Chai 等编制的积极青少年发展量表[1]，包括四个分量表：品格、能力、自我价值和联结。品格由爱、志、信和毅四个分量表组成，共 42 个项目。采用 5 点计分，1 代表完全不符合，5 代表完全符合。例如，"我在学习上很刻苦"。计算每个维度的均分，得分越高，表明儿童在爱、志、信、毅的水平越高。在 T1 时间点，品格四个维度的内部一致性信度系数分别为 075、0.85、0.95 和 0.96；在 T2 时间点，品格四个分量表的内部一致性信度系数分别为 0.96、0.91、0.96 和 0.97。

---

[1] Chai, X. Y., Wang, J., Li, X. Y., et al., "Development and Validation of the Chinese Positive Youth Development Scale", *Applied Developmental Science*, 26 (1), 2020, pp.127-140.

2. 传统欺凌/受欺凌行为

具体内容请参考本书第三章欺凌/受欺凌问卷。T1、T2 时间点欺凌行为的内部一致性信度系数分别为 0.79、0.95，受欺凌行为的内部一致性信度系数分别为 0.85、0.94。

3. 网络欺凌/网络受欺凌行为

采用由 Calvete 等编制的网络欺凌问卷[①]测量网络欺凌行为，Lam 等编制的青少年网络欺凌受害问卷[②]测量儿童的网络受欺凌行为。该量表包括 17 个项目，采用 5 点计分，1 代表完全不符合，5 代表完全符合。例如，"有人在网上利用邮箱、发私信或短信戏弄或取笑你"。计算平均分，得分越高表明儿童网络欺凌或网络受欺凌行为越多。T1、T2 时间点网络欺凌行为的内部一致性信度系数分别为 0.98、0.96，网络受欺凌行为的内部一致性信度系数分别为 0.85、0.94。

4. 家庭经济状况

与本书第三章相同。

5. 数据处理和分析方法

首先，在 SPSS21.0 中对数据进行录入和整理，接着进行描述性统计和相关分析；

其次，采用 Mplus8.3 对 T1、T2 两个时间点品格的四个维度进行潜在剖面分析。在 LPA 结果的基础上，进行潜在转变分析；

再次，在 SPSS21.0 中对 LTA 得到的潜在类别转变模式进行虚拟编码，并进行分层回归。具体来说，第一层包括性别、年级、家庭经济状况和儿童留守状态，并控制 T1 时间点的相应结果变量；第二层进入品格潜在类别转变模式；第三层进入儿童留守状态与品格潜在类别转变模式的交互作用。

（三）结果

1. 描述性统计和相关分析

表 7-7 呈现了变量的均值、标准差和相关。由于 T1、T2 时间点品格各维度均呈正相关，因此，T1 至 T2 时间点保持相对稳定。

---

① Calvete E., Orue I, Estévez A, et al., "Cyberbullying in Adolescents: Modalities and Aggressors' Profile", *Computers in Human Behavior*, 26 (5), 2010, pp.1128-1135.

② Lam L T, Li Y., "The Validation of the E-Victimisation Scale (E-VS) and the E-Bullying Scale (E-BS) for Adolescents", *Computers in Human Behavior*, 29 (1), 2013, pp.3-7.

表7-7　各变量均值、标准差和相关关系分析

	1	2	3	4	5	6	7	8	9	10	11	12	13	14	15	16
1. T1爱	1															
2. T1志	0.67**	1														
3. T1信	0.62**	0.79**	1													
4. T1毅	0.66**	0.77**	0.84**	1												
5. T1欺凌行为	-0.13**	-0.18**	-0.21**	-0.16**	1											
6. T1受欺凌行为	-0.07*	-0.14**	-0.14**	-0.12**	0.56**	1										
7. T1网络欺凌	-0.13**	-0.12**	-0.11**	-0.12**	0.24**	0.14**	1									
8. T1网络受欺凌	-0.10**	-0.14**	-0.13**	-0.13**	0.43**	0.47**	0.38**	1								
9. T2爱	0.42**	0.31**	0.28**	0.32**	-0.11**	-0.11**	-0.12**	-0.14**	1							
10. T2志	0.36**	0.40**	0.34**	0.35**	-0.13**	-0.16**	-0.11**	-0.10**	0.68**	1						
11. T2信	0.38**	0.38**	0.39**	0.37**	-0.15**	-0.18**	-0.12**	-0.11**	0.67**	0.83**	1					
12. T2毅	0.38**	0.39**	0.36**	0.39**	-0.12**	-0.16**	-0.12**	-0.12**	0.70**	0.80**	0.90**	1				
13. T2欺凌行为	-0.06*	-0.06*	-0.05	-0.06*	0.14**	0.13**	0.09*	0	-0.01	-0.13**	-0.09**	-0.10**	1			
14. T2受欺凌	-0.03	-0.06*	-0.06*	-0.07*	0.15**	0.28**	0.15**	0.01	0.02	-0.10**	-0.08**	-0.09**	0.53**	1		
15. T2网络欺凌	-0.07*	-0.04	-0.04	-0.02	0.06*	0.17**	0.18**	0.12**	-0.11**	-0.05	-0.05	-0.05	0.28**	0.25**	1	
16. T2网络受欺凌	-0.04	-0.03	-0.04	-0.02	0.12**	0.25**	0.24**	0.09**	-0.07**	-0.03	-0.05	-0.03	0.19**	0.28**	0.67**	1
M	4.10	3.72	3.70	3.94	0.19	0.33	1.13	1.04	3.95	3.55	3.57	3.67	0.64	0.68	1.06	1.10
SD	0.61	0.70	0.86	0.84	0.42	0.64	0.39	0.21	0.73	0.79	0.85	0.88	0.56	0.59	0.32	0.40

注：* $p < 0.05$，** $p < 0.01$。

2. 品格特质潜在类别数的确定

为了考察品格分别在两个时间点的潜在剖面，以爱、志、信、毅为指标进行潜在剖面分析。我们还比较了两个时间点的潜在剖面。表 7-8 呈现了不同潜在剖面模型的拟合指数。在 T1 时间点，随着类别的增加，AIC、BIC 和 aBIC 的值逐渐减少，Entropy 值大于 0.8，LMRT 和 BLRT 的 p 值均显著。但是，在四类别模型中，有 1 类别所占比例小于 5%。因此选取三类别模型。T2 时间点的模型表现与 T1 基本一致。因此，综合模型的一致性、简洁性与实用性，本研究选取三类别潜在剖面模型。

表 7-8　T1、T2 品格潜在剖面分析的模型拟合指标

时间	类别数目	AIC	BIC	aBIC	pLMR	pBLRT	Entropy	最小亚组占比
T1	1	11841.81	11883.51	11858.10				
	2	9445.97	9513.74	9472.44	< 0.01	< 0.01	0.84	45.0%
	3	8260.10	8353.94	8296.76	< 0.01	< 0.01	0.89	28.2%
	4	7828.46	7948.36	7875.30	0.03	< 0.01	0.93	2.8%
T2	1	13041.35	13083.06	13057.65				
	2	10567.28	10635.07	10593.77	< 0.01	< 0.01	0.87	46.7%
	3	9533.64	9627.50	9570.32	< 0.01	< 0.01	0.90	20.7%
	4	7957.02	8076.96	8003.90	< 0.01	< 0.01	0.96	20.2%

结合以往研究的命名方式，按照不同品格亚组在爱、志、信、毅四个维度上的得分与各维度平均分相比的标准差差异，本节将不同品格潜在类别组命名为低品格组、中间组和高品格组。低品格组的儿童在爱、志、信、毅上的得分最低，分别占 T1 和 T2 总人数的 29.2% 和 40.5%。高品格组在爱、志、信、毅上的得分最高，分别占 T1 和 T2 总人数的 28.6% 和 20.7%。中间组在爱、志、信、毅上的得分居于低品格组和高品格组之间，分别占 T1 和 T2 总人数的 42.2% 和 38.8%。

3. 品格的潜在转变分析

T1、T2 两个时间点三种品格潜在类别学生的转变情况见表 7-9 和图 7-41 所示。表中转变矩阵的对角线代表被试保持原潜在类别的概率。低品格组留

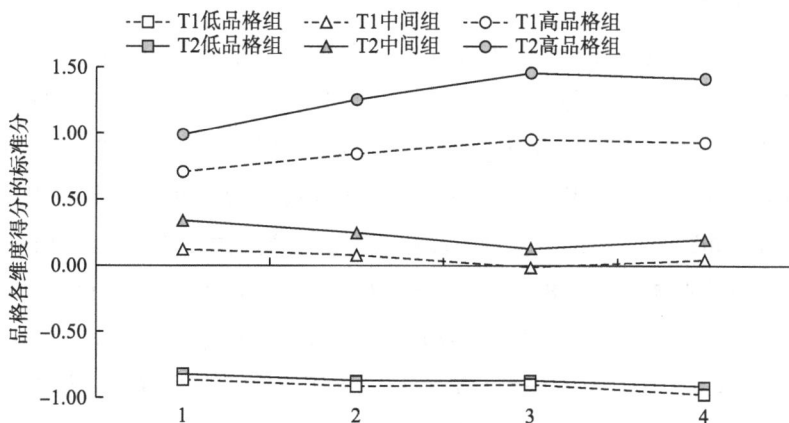

图7-41　T1、T2品格潜剖面分析结果

在原组的概率最高（74%），中间组和高品格组留在原组的概率分别为53%和45%。在发生转变的组中，低品格组和中间组的儿童转变为高品格组的概率分别为8.0%和14%。

表7-9　T1-T2品格的潜在转变概率

时间点	T2			
	低品格组	中间组	高品格组	
T1	低品格组	0.74	0.17	0.08
	中间组	0.34	0.53	0.14
	高品格组	0.21	0.34	0.45

4. 儿童留守状态在品格潜在类别的转变模式与社会适应中的调节作用

采用分层回归分析检验儿童留守状态是否在品格潜在类别的转变模式与传统欺凌/受欺凌行为和网络欺凌/受欺凌行为之间起到调节作用。在分析前，将品格类别的转变模式编码为虚拟变量，将保持原潜在状态的被试作为参照组。开展三步多元回归分析，具体来说：首先，性别、年龄、家庭经济状况、留守状态作为第一层进入方程，并控制T1时间点相对应的结果变量；之后，将品格类别转变模式作为第二层变量进入方程；最后，品格类别转变模式与儿童留守状态的乘积项作为第三层进入方程，结果如下：

（1）欺凌行为

①以父母（或一方）外出打工至少 6 个月作为留守儿童的界定标准

将父母（或一方）外出打工至少 6 个月作为留守儿童的界定标准，以持续低品格组（低-低组）作为参照组，考察儿童留守状态在低转中品格组（低-中组）和低转高品格组（低-高组）与欺凌行为之间的调节作用，结果见表 7-10 和图 7-42。结果发现，品格类别转变模式中，低-中组和低-高组不能显著预测欺凌行为（B=−0.03，t=−0.53，p > 0.05；B=0.05，t=0.89，p > 0.05），儿童留守状态与低-高组的交互项显著预测欺凌行为（B=0.18，t=3.26，p < 0.01）。进一步简单效应分析表明，在留守儿童中，品格类别转变模式显著正向预测欺凌行为（B=0.29，t=2.37，p < 0.05）；但在非留守儿童中，二者并无显著关联（B=−0.04，t=−0.63，p > 0.05）。具体来说，低-低组的留守儿童和非留守儿童在欺凌行为上差异并不显著，但低-高组的留守儿童在欺凌行为上的得分显著高于同组的非留守儿童以及低-低组的非留守儿童。

表 7-10　儿童留守状态在低-中组和低-高组与欺凌行为之间的调节作用

变量		B	t	95%置信区间		ΔR^2
				下限	上限	
第一步	性别	−0.03	−0.67	−0.27	0.13	0.10
	年龄	−0.28**	−5.45	−0.38	−0.18	
	家庭经济地位	0.01	0.19	−0.09	0.11	
	留守状态	0	0.01	−0.26	0.26	
	欺凌行为	0.13*	2.43	0.03	0.23	
第二步	低-中组	−0.03	−0.53	−0.33	0.19	0.003
	低-高组	0.05	0.89	−0.20	0.54	
第三步	留守状态×低-中组	0	0.001	−0.74	0.74	0.03
	留守状态×低-高组	0.18**	3.26	0.77	3.11	

以持续中间组（中-中组）作为参照组，考察儿童留守状态在中转低品格组（中-低组）和中转高品格组（中-高组）与欺凌行为之间的调节作用。结

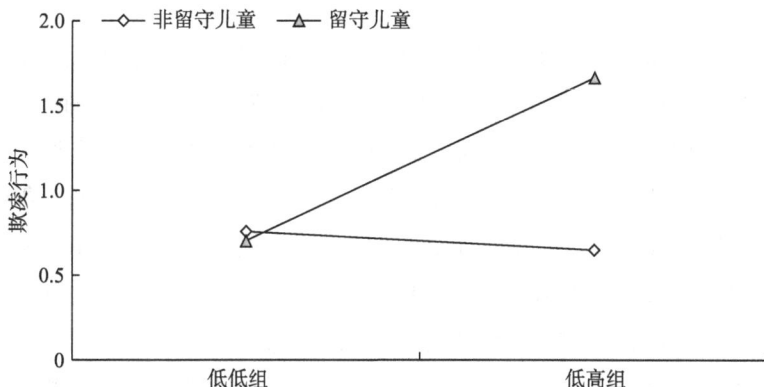

图7-42　儿童留守状态在低-高组对欺凌行为影响上的调节作用

果发现，中-低组、中-高组以及二者与留守状态的交互项均不能显著预测欺凌行为（$ps \geq 0.10$）。

以持续高品格组（高-高组）作为参照组，考察儿童留守状态在高转低品格组（高-低组）和高转中品格组（高-中组）与欺凌行为之间的调节作用。结果发现，高-低组和高-中组均显著预测欺凌行为（$B = 0.20$，$t = 3.81$，$p < 0.01$；$B = 0.12$，$t = 2.34$，$p < 0.05$），但二者与留守状态的交互项均不能显著预测欺凌行为（$B = 0.03$，$t = 0.42$，$p > 0.05$；$B = 0.02$，$t = 0.24$，$p > 0.05$）。

②以父母（或一方）外出打工作为留守儿童的界定标准

以父母（或一方）外出打工作为留守儿童的界定标准，以低-低组作为参照组，考察儿童留守状态在低-中组和低-高组与欺凌行为之间的调节作用。结果表明，低-中组、低-高组以及二者与留守状态的交互项与欺凌行为没有显著关系（$ps \geq 0.10$）。

以中-中组作为参照组，考察儿童留守状态在中-低组和中-高组与欺凌行为之间的调节作用。结果发现，中-低组、中-高组以及二者与留守状态的交互项均不能显著预测欺凌行为（$ps \geq 0.10$）。

以高-高组作为参照组，考察儿童留守状态在高-低组和高-中组与欺凌行为之间的调节作用。结果发现，高-低组和高-中组均显著预测欺凌行为（$B = 0.20$，$t = 3.81$，$p < 0.01$；$B = 0.12$，$t = 2.29$，$p < 0.05$），但二者与留守状态的交互项均不能显著预测欺凌行为（$B = -0.09$，$t = -1.06$，$p > 0.05$；$B = -0.02$，$t = -0.19$，$p > 0.05$）。

（2）受欺凌行为

①以父母（或一方）外出打工至少 6 个月作为留守儿童的界定标准

将父母（或一方）外出打工至少 6 个月作为留守儿童的界定标准，以低-低组作为参照组，考察儿童留守状态在低-中组和低-高组与受欺凌行为之间的调节作用，结果见表 7-11 和图 7-43。结果发现，低-中组和低-高组不能显著预测受欺凌行为，儿童留守状态与低-高组的交互项与受欺凌行为有显著的关联（B = 0.18，t = 3.51，p < 0.01）。进一步简单效应分析表明，对于留守儿童，品格类别转变模式正向预测受欺凌行为（B = 0.27，t = 2.20，p < 0.05）；但对于非留守儿童，品格类别转变模式对受欺凌行为的预测作用并不显著（B = −0.06，t = −0.01，p > 0.05）。具体来说，低-低组的留守儿童和非留守儿童在受欺凌行为上差异并不显著，然而低-高组的留守儿童在受欺凌行为上的得分显著高于同组的非留守儿童以及低-低组的留守儿童。

表 7-11　儿童留守状态在低-中组和低-高组与受欺凌行为之间的调节作用

变量		B	t	95%置信区间		ΔR^2
				下限	上限	
第一步	性别	−0.03	−0.67	−0.25	0.13	0.17
	年龄	−0.26**	−5.36	−0.36	−0.17	
	家庭经济地位	0.02	0.37	−0.08	0.11	
	留守状态	−0.03	−0.71	−0.34	0.16	
	受欺凌行为	0.27**	5.56	0.18	0.37	
第二步	低-中组	−0.02	−0.37	−0.30	0.21	0.002
	低-高组	0.03	0.66	−0.23	0.46	
第三步	留守状态×低-中组	0.02	0.32	−0.64	0.89	0.03
	留守状态×低-高组	0.18**	3.51	0.87	3.09	

以中-中组作为参照组，考察儿童留守状态在中-低组和中-高组与受欺凌行为之间的调节作用。结果发现，中-低组、中-高组以及二者与留守状态的交互项均不能显著预测受欺凌行为（ps ≥ 0.09）。

以高-高组作为参照组，考察儿童留守状态在高-低组和高-中组与受欺凌

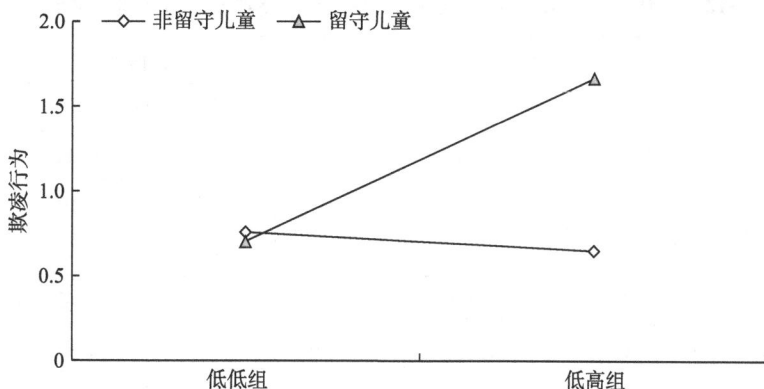

图 7-43　儿童留守状态在低-高组对受欺凌行为影响上的调节作用

行为之间的调节作用。结果发现，高-低组、高-中组以及二者与留守状态的交互项均不能显著预测受欺凌行为（$ps \geqslant 0.10$）。

②以父母（或一方）外出打工作为留守儿童的界定标准

以父母（或一方）外出打工作为留守儿童的界定标准，无论以低-低组、中-中组还是高-高组作为参照组，品格类别转变模式及其与留守状态的交互项均不能显著预测受欺凌行为。

（3）网络欺凌行为

①以父母（或一方）外出打工至少 6 个月作为留守儿童的界定标准

将父母（或一方）外出打工至少 6 个月作为留守儿童的界定标准，以低-低组作为参照组，考察儿童留守状态在低-中组和低-高组与网络欺凌行为之间的调节作用，结果见表 7-12 和图 7-44。结果发现，低-中组不能显著预测网络欺凌行为（$B=0.05$，$t=1.02$，$p > 0.05$），低-高组及其与儿童留守状态的交互项能够显著预测网络欺凌行为（$B = 0.11$，$t = 2.19$，$p < 0.05$；$B = 0.29$，$t = 5.51$，$p < 0.01$）。进一步简单效应分析表明，在留守儿童中，品格潜在类别转变模式显著预测网络欺凌行为（$B = 0.38$，$t = 4.17$，$p < 0.01$）；但在非留守儿童中，二者并无显著关联（$B = -0.01$，$t = -0.21$，$p > 0.05$）。具体来说，低-低组的留守儿童和非留守儿童在网络欺凌行为上没有显著差异，而低-高组的留守儿童和非留守儿童在网络欺凌行为上差异显著，即从 T1 低品格组转到 T2 高品格组时，非留守儿童在网络欺凌行为上的得分较低，而留守儿童在网络欺凌行为上的得分显著上升。

表 7-12　儿童留守状态在低-中组和低-高组与网络欺凌行为之间的调节作用

变量		B	t	95%置信区间		ΔR^2
				下限	上限	
第一步	性别	-0.16**	-3.08	-0.51	-0.11	0.09
	年龄	-0.05	-1.01	-0.15	0.05	
	家庭经济地位	0.12*	2.31	0.02	0.22	
	留守状态	0.06	1.26	-0.09	0.43	
	网络欺凌行为	0.19**	3.70	0.09	0.28	
第二步	低-中组	0.05	1.02	-0.13	0.40	0.01
	低-高组	0.11	2.19	0.04	0.77	
第三步	留守状态×低-中组	0.002	0.04	-0.69	0.72	0.07
	留守状态×低-高组	0.29**	5.51	2.03	4.28	

注: *$p < 0.05$, **$p < 0.01$。

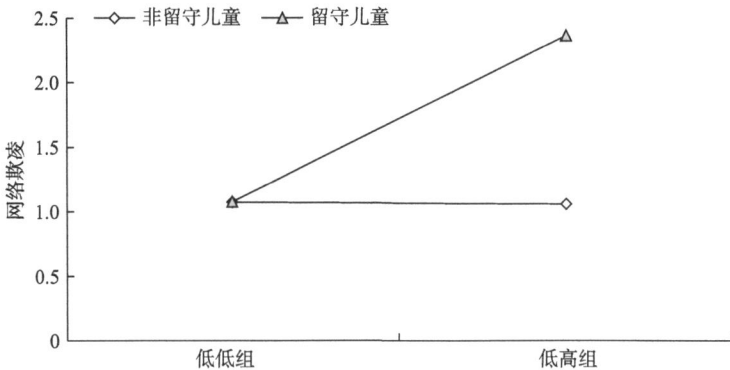

图 7-44　儿童留守状态在低-高组对网络欺凌行为影响上的调节作用

　　以中-中组作为参照组,考察儿童留守状态在中-低组和中-高组与网络欺凌行为之间的调节作用。结果发现,中-低组、中-高组以及二者与留守状态的交互项均不能显著预测网络欺凌行为($ps \geqslant 0.10$)。

　　以高-高组作为参照组,考察儿童留守状态在高-中组和高-低组与网络欺凌行为之间的调节作用,结果见表 7-13 和图 7-45。由表 7-13 可知,高-低组显著预测网络欺凌行为($B = 0.25$, $t = 4.60$, $p < 0.01$),但高-中组与网络受欺凌行为没有显著的关联($B = 0.02$, $t = 0.28$, $p > 0.05$),儿童留守状态与高-低组的交互项显著预测网络欺凌行为（B = 0.20，t = 3.18，p < 0.01）。进一步简单效应分析表明，无论是在留守儿童群体还是非留守儿童群体，品格类别转变模式均显著预测欺凌行为（B = 0.38，t = 3.00，p < 0.01；B = 0.24，t = 4.40，p < 0.01）。具体来说，高-低组的留守儿童在网络欺凌行为上的得分显著高于同组的非留守儿童和高-高组的留守儿童，而高-高组的非留守儿童在网络欺凌行为上的得分显著高于同组的留守儿童和高-低组的非留守儿童。

表 7-13　儿童留守状态在高-中组和高-低组与网络欺凌行为之间的调节作用

变量		B	t	95%置信区间		ΔR^2
				下限	上限	
第一步	性别	−0.15**	−2.98	−0.52	−0.10	0.03
	年龄	0.01	0.10	−0.09	0.10	
	家庭经济地位	−0.02	−0.28	−0.11	0.08	
	留守状态	0.07	1.38	−0.09	0.49	
	网络欺凌行为	0.004	0.09	−0.10	0.11	
第二步	高-低组	0.25**	4.60	0.36	0.89	0.06
	高-中组	0.02	0.28	−0.19	0.26	
第三步	留守状态×高-低组	0.20**	3.18	0.49	2.09	0.03
	留守状态×高-中组	−0.01	−0.13	−0.64	0.56	

注：$^{*}p$ < 0.05，$^{**}p$ < 0.01.

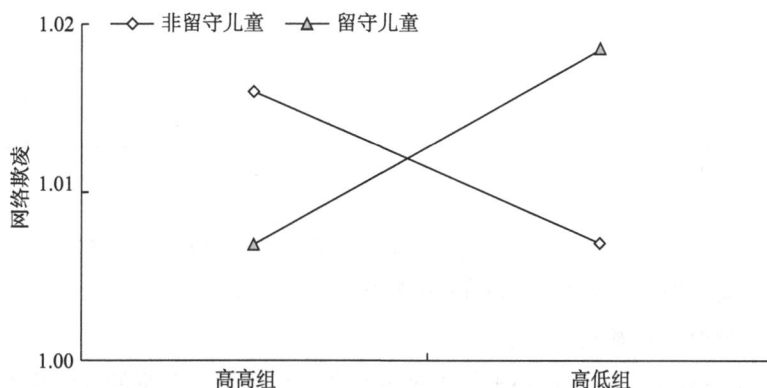

图 7-45　儿童留守状态在高-低组对网络欺凌行为影响上的调节作用

②以父母（或一方）外出打工作为留守儿童的界定标准

以父母（或一方）外出打工作为留守儿童的界定标准，以低-低组作为参照组，考察儿童留守状态在低-中组和低-高组与网络欺凌行为之间的调节作用，结果见表 7-14 和图 7-46。由表 7-14 可知，低-高组显著预测网络欺凌行为（B=0.11，t=2.10，p < 0.05），但低-中组不能显著预测（B=0.05，t=0.95，p > 0.05）；儿童留守状态与低-高组的交互项显著预测网络欺凌行为（B=0.20，t=2.51，p < 0.05）。进一步简单效应分析表明，在留守儿童中，品格类别转变模式显著预测网络欺凌行为（B=0.15，t=2.37，p < 0.05），但在非留守儿童中，二者没有显著关联（B=−0.07，t=−0.82，p > 0.05）。具体来说，低-低组的留守儿童和非留守儿童在网络欺凌行为上差异并不显著，而低-高组的留守儿童在网络欺凌行为上的得分显著高于低-高组非留守儿童。

表 7-14　儿童留守状态在低-中组和低-高组与网络欺凌行为之间的调节作用

变量		B	t	95%置信区间		ΔR^2
				下限	上限	
第一步	性别	−0.16**	−3.04	−0.51	−0.11	0.08
	年龄	−0.05	−1.05	−0.15	0.05	
	家庭经济地位	0.13*	2.47	0.03	0.22	
	留守状态	−0.003	−0.06	−0.21	0.20	
	网络欺凌行为	0.19**	3.66	0.08	0.28	
第二步	低-中组	0.05	0.95	−0.13	0.39	0.02
	低-高组	0.11*	2.10	0.02	0.75	
第三步	留守状态×低-中组	−0.02	−0.19	−0.60	0.49	0.02
	留守状态×低-高组	0.20**	2.51	0.20	1.68	

注：* p < 0.05，** p < 0.01。

以中-中组或以高-高组作为参照组时，品格类别转变模式及其与儿童留守状态的交互项均不能显著预测网络欺凌行为。

（4）网络受欺凌行为

① 以父母（或一方）外出打工至少 6 个月作为留守儿童的界定标准

将父母（或一方）外出打工至少 6 个月作为留守儿童的界定标准，以低-

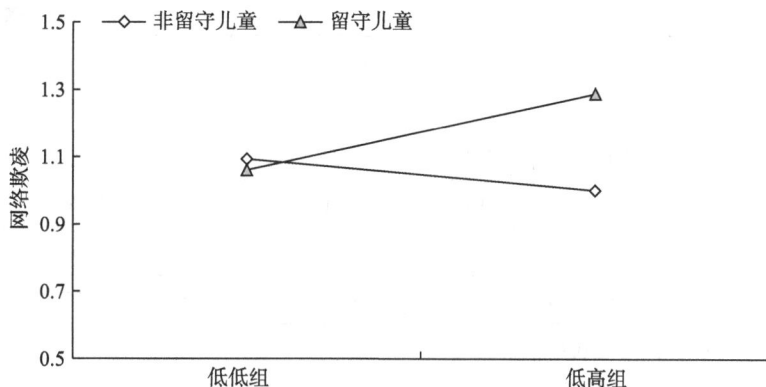

图 7-46 儿童留守状态在低-高组对网络欺凌行为影响上的调节作用

低组作为参照组，考察儿童留守状态在低-中组和低-高组与网络受欺凌行为之间的调节作用，结果见表 7-15 和图 7-47。由表 7-15 可知，低-中组和低-高组不能显著预测网络受欺凌行为（B = 0.02，$t = 0.31$，$p > 0.05$；B = 0.09，$t = 1.70$，$p > 0.05$），儿童留守状态与低-高组的交互项显著预测网络受欺凌行为（B = 0.27，$t = 5.05$，$p < 0.01$）。进一步简单效应分析表明，在留守儿童中，品格类别转变模式显著预测网络受欺凌行为（B = 0.45，$t = 3.94$，$p < 0.01$）；但在非留守儿童中，二者并无显著关联（B = −0.001，$t = −0.01$，$p > 0.05$）。具体来说，低-低组的留守儿童和非留守儿童在网络欺凌行为上的差异并不显著，但低-高组的留守儿童在网络受欺凌行为上的得分显著高于同组的非留守儿童以及低-低组的留守儿童，低-低组和低-高组的非留守儿童在网络受欺凌行为上的差异并不显著。

表 7-15 儿童留守状态在低-中组和低-高组与网络受欺凌行为之间的调节作用

		B	t	95%置信区间		ΔR^2
				下限	上限	
第一步	性别	−0.14**	−2.79	−0.49	−0.09	0.07
	年龄	−0.08	−1.55	−0.18	0.02	
	家庭经济地位	0.12*	2.28	0.02	0.22	
	留守状态	0.08	1.56	−0.06	0.48	
	网络受欺凌行为	0.11*	2.24	0.02	0.23	

续表

		B	t	95%置信区间		ΔR^2
				下限	上限	
第二步	低-中组	0.02	0.31	-0.23	0.31	0.01
	低-高组	0.09	1.70	-0.05	0.70	
第三步	留守状态×低-中组	-0.03	-0.47	-0.92	0.57	0.06
	留守状态×低-高组	0.27**	5.05	1.85	4.22	

注：$^*p < 0.05$，$^{**}p < 0.01$。

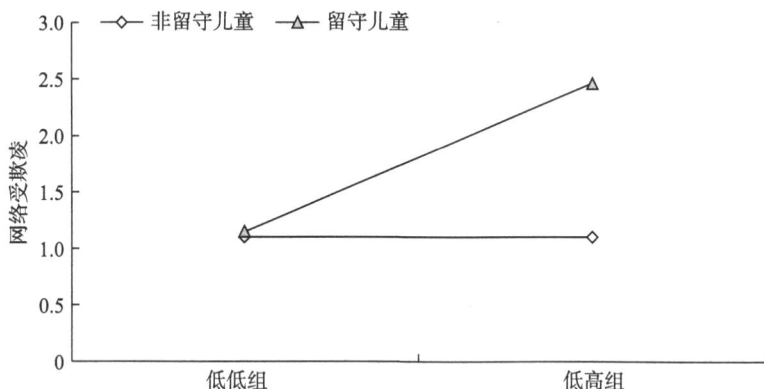

图7-47 儿童留守状态在低-高组对网络受欺凌行为影响上的调节作用

以中-中组作为参照组，考察儿童留守状态在中-低组和中-高组与网络受欺凌行为之间的调节作用。结果发现，中-低组、中-高组以及二者与留守状态的交互项均不能显著预测网络欺凌行为（$ps \geqslant 0.10$）。

以高-高组作为参照组，考察儿童留守状态在高-低组和高-中组与欺凌行为之间的调节作用。结果发现，高-低组显著预测网络受欺凌行为（$B=0.12$，$t=2.35$，$p < 0.05$），高-中组不能显著预测网络受欺凌行为（$B=0.04$，$t=0.69$，$p > 0.05$），二者与留守状态的交互项均不能显著预测欺凌行为（$B=0.09$，$t=1.63$，$p > 0.05$；$B=0.07$，$t=0.96$，$p > 0.05$）。

（2）以父母（或一方）外出打工作为留守儿童的界定标准

以父母（或一方）外出打工作为留守儿童的界定标准，以低-低组作为参照组，考察儿童留守状态在低-中组和低-高组与网络受欺凌行为之间的调节作用，结果见表 7-16 和图 7-48。由表 7-16 可知，低-中组和低-高组均不能显著预测网络受欺凌行为（B = 0.01，t = 0.23，p > 0.05；B = 0.08，t = 1.59，p > 0.05），儿童留守状态与低-高组的交互项显著预测网络受欺凌行为（B = 0.17，t = 2.08，p < 0.05）。进一步简单效应分析表明，在留守儿童中，品格类别转变模式显著预测受欺凌行为（B = 0.14，t = 2.21，p < 0.05）；而在非留守儿童中，二者没有显著关联（B = -0.05，t = -0.60，p = 0.55）。具体来说，低-高组的留守儿童在网络受欺凌行为上的得分显著高于同组的非留守儿童和低-低组的留守儿童，低-低组的非留守儿童在网络受欺凌行为上的得分显著高于同组的留守儿童和低-高组的非留守儿童。

表 7-16 儿童留守状态在低-中组和低-高组与网络受欺凌行为之间的调节作用

变量		B	t	95%置信区间		ΔR^2
				下限	上限	
第一步	性别	-0.14**	-2.74	-0.49	-0.08	0.06
	年龄	-0.08	-1.60	-0.19	0.02	
	家庭经济地位	0.13*	2.47	0.03	0.23	
	留守状态	0.00	0.02	-0.21	0.21	
	网络受欺凌行为	0.11*	2.21	0.01	0.23	
第二步	低-中组	0.01	0.23	-0.24	0.30	0.01
	低-高组	0.08	1.59	-0.07	0.68	
第三步	留守状态×低-中组	-0.02	-0.20	-0.62	0.51	0.01
	留守状态×低-高组	0.17*	2.08	0.05	1.59	

注：* p < 0.05，** p < 0.01。

以中-中组作为参照组，考察儿童留守状态在中-低组和中-高组与网络受欺凌行为之间的调节作用。结果发现，中-低组、中-高组以及二者与留守状态的交互项均不能显著预测网络欺凌行为（$ps \geqslant 0.10$）。

以高-高组作为参照组，考察儿童留守状态在高-低组和高-中组与网络受欺凌行为之间的调节作用。结果发现，高-低组显著预测网络受欺凌行为（B = 0.11，t = 2.25，p < 0.05），高-中组不能显著预测网络受欺凌行为（B =

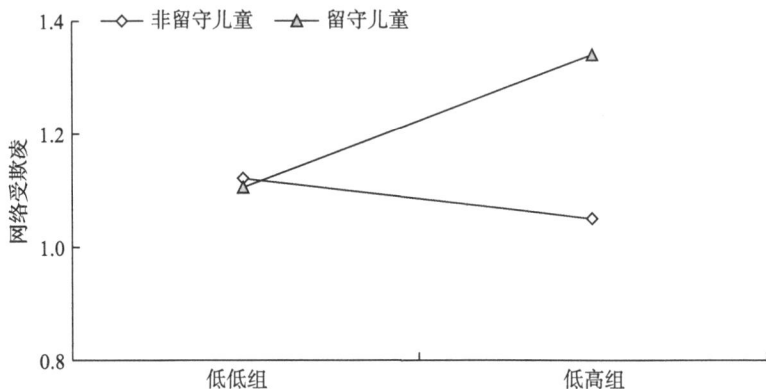

图7-48 儿童留守状态在低-高组对网络受欺凌行为影响上的调节作用

0.04，$t=0.79$，$p>0.05$），二者与留守状态的交互项均不能显著预测欺凌行为（$B=-0.09$，$t=-1.21$，$p>0.05$；$B=-0.01$，$t=-0.09$，$p>0.05$）。

三 讨论

本节从个体中心的思路出发，选择基于我国文化编制的品格问卷进行测量，考虑到了品格特质的不同维度，对品格所具有的类别进行划分。其次，通过建立品格类别的潜在转变模型，考察了品格类别的发展变化趋势。最后，探讨品格类别转变对农村儿童传统欺凌/受欺凌行为及网络欺凌/网络受欺凌行为的预测作用，并尝试考察该影响是否在农村留守儿童与非留守儿童中存在差异。下面将结合研究发现展开分析。

（一）品格特质的潜在类别

通过潜在剖面分析，研究发现在品格特质上，农村儿童存在低品格组、中间组和高品格组三种不同的亚型，且该分类结果具有跨时间的稳定性。这与本书前面章节及先前发现一致。前人研究结果表明，在小学生群体，占主导的品格类型是中间组[①]。本节也发现在农村儿童群体品格中间组占了更大的比例。在两个时间点，三个潜在类别组在"爱"这一维度显示出最小的差异。这可能跟我国儿童从小就接触"仁爱""为人行善"等中国传统文化理念有关。

---

① Chang H. , "The Longitudinal Transition of the Moral Character Latent Profile of Elementary School Students and Predictive Factor Verification in Korea", *Acta Psychologica*，230，2022.

（二）品格潜在类别的转变情况

值得注意的是，从品格潜在类别的概率来看，儿童的品格水平随时间的推移在逐渐下降。然而，Chang 发现，小学生的品格有变好的倾向。此外，从品格潜在类别的转变概率来看，中间组和高品格组的儿童更有可能转变到其他组别，具体来说，有 33.9% 的儿童从中间组转到低品格组，34.0% 的儿童从高品格组转到中间组。该结果似乎意味着儿童的品格在不断下降，这与人格发展的中断假说一致，即个体在生理、社会和心理方面的转变也伴随着积极人格特质的暂时性下降。对结果的另一种解释是儿童进入新环境时，受自身社交经验和适应能力的制约，可能会失去部分原有朋友，为融入集体，他们往往会选择性地展露自身优点，隐藏不足之处，以快速赢得群体接纳；而随着群体内互动逐步深入，社会认同感慢慢建立，儿童内心的戒备随之放松，出现真实性表露，先前隐藏的性格特点与行为习惯便随之显现。

（三）品格类别转变与传统欺凌及网络欺凌的关系

研究发现，当以 T1、T2 两个时间点留在高品格组的被试作为参照组时，无论是以父母（或一方）外出打工至少 6 个月还是以父母（或一方）外出打工作为留守儿童的参照标准，当 T1 高品格组转向 T2 低品格组或是 T2 中间组时，儿童均更有可能实施传统欺凌行为和网络欺凌行为，同时也更有可能受到网络欺凌。这一结果与本书前面章节一致，即品格变差组更有可能欺凌他人。前人研究也发现，欺凌实施者具有很高的负面特质[①]。

一个有趣的结果是，当以留在低品格组的被试作为参照组时，无论是以父母（或一方）外出打工至少 6 个月还是以父母（或一方）外出打工作为留守儿童的参照标准，从 T1 低品格组转向 T2 高品格组的儿童更有可能实施网络欺凌行为，也更可能有受到网络欺凌的倾向。这既可能与品格特质的复杂性和多面性有关，也可能与网络环境的特殊性有关。网络环境的匿名性和低风险性降低了个体的自我约束，即使个体的品格特质有所改善，网络环境的特殊性可能会让个体误认为自己的行为不会被发现或后果并不严重，从而更可能实施网络欺凌行为。此外，网络欺凌行为可能被看作是个体获得社会地位和身份的一种方式，一旦这一错误的自我观点被证实，个体就更可能通过继续实施网络欺凌行为来维护自己的社会地位①。即使儿童从低品格组转到高品格组，个体仍可能会在同伴压力下，为保住名声仍然在网络上欺凌他人。

（四）儿童留守状态的调节作用

研究发现，留守儿童的欺凌和受欺凌行为在不同品格类别转变模式中存在显著差异。在低转高品格组，留守儿童在欺凌行为和受欺凌行为上的得分均显著高于非留守儿童，这一结果揭示了品格发展对留守儿童欺凌相关行为的复杂影响。在低品格组，留守儿童可能由于道德认知不足、情绪调控能力较弱以及社会支持缺乏，更容易参与欺凌行为，同时也更易成为欺凌的受害者。而随着品格水平的提升，尽管儿童的道德意识、共情能力和社会适应性有所增强，但留守儿童仍可能因早期成长环境的影响，在面对冲突时表现出较高的攻击性或防御性反应。此外，即便进入高品格组，留守儿童在家庭支持、亲子互动及社会资源获取方面仍可能不及非留守儿童，导致他们在同伴关系中处于更不利的地位，从而维持甚至加剧其受欺凌的风险。这一发现提示，单纯的品格提升可能不足以有效降低留守儿童的欺凌与受欺凌现象，更需要结合家庭、学校和社会的多维支持，以优化其发展环境并减少欺凌相关问题的发生。

研究还发现，留在高品格组的非留守儿童比同组的留守儿童和高转低品格组的非留守儿童表现出更多的网络欺凌行为，可能说明家庭环境和品格教育对网络行为有重要影响。留在低品格组的留守儿童和非留守儿童在网络欺凌和网络受欺凌行为上的差异并不明显，表明在品格教育不到位的情况下，家庭环境对网络欺凌的抑制作用有限。然而，低转高品格组的留守儿童比同组的非留守童遭受更多的网络欺凌，表明即使品格水平提升，家庭支持不足的留守儿童仍面临较高的网络受欺凌风险。

农村留守儿童品格类别转变模式与传统欺凌和网络欺凌的关联可能反映了品格优势的不当使用（Misdirected Strengths Inuse），为"儿童可以同时具有积极品质和消极品质"这一观点提供了新的证据。当然，另一种可能是，品格变好对农村留守儿童带来的积极影响可能需要更长时间才能显现出来。但

---

① Green D. M., Price, D. A., & Spears, B. A., "Persistent Bullying and the Influence of Turning Points: Learnings from an Instrumental Case Study", *Pastoral Care in Education*, 42（3），2024，pp. 228-248.

目前尚不清楚，为什么一些良好的品格会与欺凌等问题行为产生关联。

总的来说，我们的研究结果与 Phelps 等（2007）的发现相似，均得到了变量关系的多样性。品格类别转变模式与传统欺凌和网络欺凌的研究结果指明了理解儿童期发展多样化的重要性以及有关品格和行为关系的假设。这一结果表明，积极发展和问题行为发展轨迹的反向关系可能只是在儿童青少年群体发生的其中一种变化模式①，积极品质和问题行为或风险行为的变化方向之间存在多种不同的关联。

---

① Phelps E. , Balsano A. B. , Fay K. , et al. , "Nuances in Early Adolescent Developmental Trajectories of Positive and Problematic/Risk Behaviors: Findings from the 4-H Study of Positive Youth Development", *Child & Adolescent Psychiatric Clinics of North America*, 16 (2), 2007, pp. 473-496.

第八章 注意偏向训练对不同品格农村留守儿童社会适应的干预研究

留守情境下，亲子长期分离与互动缺失，易损害亲子关系，致使留守儿童与父母产生疏离感，并形成消极认知模式。根据素质压力理论，对自我、他人和世界的消极认知是抑郁发生的主要动因。具有积极人格特质（如外倾性）的个体往往能够将注意力从消极刺激移走。从童年中期到青春期早期，抑郁水平随年级呈上升趋势，女生抑郁水平显著高于男生，农村青少年发病率显著高于城市。此外，青少年阶段是抑郁预防的关键时期。因此，针对18岁之前的农村留守儿童实施基于主观因素的干预，对改善他们的不良社会适应具有重要作用。

尽管抑郁症的治疗具有重要的社会意义，但对于维持抑郁症状的心理机制并不清楚。在抑郁症的诸多致病因素中，认知因素特别是负性认知偏向（即对负性信息的过度关注）是抑郁发作的病因及维持和复发的可能风险因素[1]。抑郁者是具有负性注意偏向的。一项元分析表明，与非抑郁被试相比，抑郁的被试具有更强的负性注意偏向，特别是在采用点探测任务评价时这一结果就更为明显，并且不受被试的年龄、性别、刺激类型或出版日期的影响[2]。

同时，抑郁的负性注意偏向在刺激呈现短于1000ms时很难观测到，但在长于1000ms时则能被一致地发现[3]。杨炎芳和陈庆荣采用Stroop任务考

---

① Taylor J. L. , & John C. H. , "Attentional and Memory Bias in Persecutory Delusions and Depression", *Psychopathology*, 37 (5), 2004, pp. 233-241.

② Peckham A. D. , McHugh R. K. & Otto M. W. "A Meta-Analysis of the Magnitude of Biased Attention in Depression", *Depression and Anxiety*, 27, 2010, pp. 1135-1142.

③ Raedt R. D. , & Koster E. H. W. , "Understanding Vulnerability for Depression from a Cognitive Neuroscience Perspective: A Reappraisal of Attentional Factors and a New Conceptual Framework", *Cognitive Affective & Behavioral Neuroscience*, 10 (1), 2010, pp. 50-70.

察留守儿童对拒绝性信息的注意偏向模式，结果发现，留守儿童对拒绝词有明显的注意偏向，非留守儿童对接纳词有显著的注意偏向[1]。那么，改变农村留守儿童的负性注意偏向，是否可以改善其不良社会适应呢？已有研究采用注意偏向训练，矫正个体对情绪刺激的选择性注意，从而治疗抑郁、焦虑等情绪障碍[2]。基于此，本章旨在通过对农村留守儿童开展注意偏向训练，考察负性注意偏向改变对缓解抑郁的作用，进而促进其社会适应和积极发展。

第一节　注意偏向训练概述

在儿童青少年期，抑郁是最常见的心理健康问题之一。儿童青少年期的重度抑郁能够预测较差的教育和心理社会后果、长期的健康问题以及自杀行为。由于抑郁对个人和社会带来的沉重代价，因此亟须找出有效的干预和治疗方法以减轻这一负担。注意偏向训练对抑郁有明显的缓解作用。近年来，国内外研究者开始呼吁关注注意偏向训练对焦虑、抑郁的干预作用。在本部分，我们将主要论述抑郁儿童青少年存在的负性注意偏向、注意偏向训练的效果等，以期为改善抑郁、提升社会适应提供一定的理论依据。

一　注意偏向

注意偏向是指相对于中性刺激，个体对相应威胁或相关刺激表现出不同的注意分配[3]。抑郁认知图示理论指出，对于负性信息的选择性注意是抑郁症状维持的主要原因。注意偏向由三种成分构成：注意增强、注意解除困难和注意规避[4]。注意增强（Facilitated Attention）是指注意力更容易或更快被某些信息吸引；注意解除困难（Difficulty in Disengaging）是指注意力被某

①　杨炎芳、陈庆荣：《留守儿童对拒绝性信息的注意偏向》，《中国特殊教育》2017年第8期。

②　MacLeod C., Mathews A., "Cognitive Bias Modification Approaches to Anxiety", *Annual Review of Clinical Psychology*, 8 (1), 2012, pp. 189-217.

③　Bar-Haim Y., Lamy D., Pergamin L., et al., "Threat-related Attentional Bias in Anxious and Nonanxious Individuals: A Meta-analytic Study", *Psychological Bulletin*, 133 (1), 2007, pp. 1-24.

④　Cisler J. M., & Koster E. H. W., "Mechanisms of Attentional Biases towards Threat in Anxiety Disorders: An Integrative Review", *Clinical Psychology Review*, 30 (2), 2010, pp. 203-216.

些刺激吸引后难以从该类刺激转移到其他刺激；注意规避（Attentional A-voidance）是指倾向将注意力转到与某种刺激相反或相对应的提示上，如同时呈现威胁刺激和中性刺激，个体倾向于将注意力从威胁刺激转移开而注意中性刺激。不同的心理疾病通常会表现出不同的注意模式，如焦虑的注意偏向特征是对威胁信息的注意增强，而抑郁常会出现对消极信息的注意解除困难①。

与成人被试所得结果一致，在抑郁儿童而非正常儿童中，一致发现了负性词汇和消极面孔（通常为悲伤词汇和面孔）的注意偏向②。与低抑郁风险的儿童相比，那些有高抑郁风险的儿童表现出了对负性信息的注意偏向。仅有一项研究考察了农村留守儿童对情绪刺激的认知偏向，结果发现，领悟社会支持水平高的留守儿童，对积极情绪刺激的反应时更短，更容易出现加工易化的倾向，而领悟社会支持水平低的留守儿童对消极情绪刺激的分心抑制能力更强③。因此，对留守儿童这一群体进行研究具有现实意义。

二 注意偏向训练和评估

注意偏向训练，也称作注意训练（Attention Training，AT）、注意偏向矫正（Attention Bias Modification，ABM）或注意矫正（Attention Modification Program，AMP），是对个体的注意偏向加以改变或矫正的系统化训练程序④，如训练被试对某一类刺激的注意增强或注意解除。主要包括点探测任务（Dot Probe Task，DPT）、视觉搜索任务（Visual Search Task，VST）和注意训练技术（Attention Training Technique，ATT），研究者更多使用点探测注意偏差修正（ABM）范式对注意偏向进行干预。

① Browning M., Holmes E. A., & Harmer C. J., "The Modification of Attentional Bias to Emotional Information: A Review of the Techniques, Mechanisms, and Relevance to Emotional Disorders", *Cognitive Affective and Behavioral Neuroscience*, 10 (1), 2010, pp. 8-20.

② Platt B., Murphy S. E., & Lau J. Y. F., "The Association between Negative Attention Biases and Symptoms of Depression in a Community Sample of Adolescents", *PeerJ*, 3 (7), 2015, pp. 1-372.

③ 李海华：《不同领悟社会支持水平的留守儿童对情绪刺激的认知偏向》，硕士学位论文，西南大学，2009 年。

④ Beard C., Sawyer A. T., & Hofmann S. G., "Efficacy of Attention Bias Modification Using Threat and Appetitive Stimuli: A Meta-analytic Review", *Behavior Therapy*, 43 (4), 2012, pp. 724-740.

在点探测任务中，研究者首先向被试呈现两个不同的视觉刺激（一般为单词或面孔图片），随后刺激消失，在原来刺激呈现的位置随机出现一个探测点，要求被试迅速反应探测点的类型。随着研究者对注意偏向训练调节情绪的持续重视和探索，点探测任务范式也在不断发展。改进版点探测任务被广泛应用①，以点探测任务为基础发展出变式—目标指向注意训练—进一步拓宽了点探测任务的训练方法。点探测任务是目前发展成熟、应用广泛的训练范式，其训练效果要明显好于其他范式②，而且可以脱离协助者自主训练，也能通过网络和 U 盘传输完成训练，因此受到研究者和临床治疗者的青睐。

在探讨注意偏向训练的干预效果时，研究者主要从自我报告、结构化评估、生理记录等方面加以评定。注意偏向训练后，研究者要求被试报告焦虑水平和临床症状体验，作为衡量干预效果的辅助指标，如完成状态—特质焦虑问卷（State Trait Anxiety Inventory，STAI）、贝克抑郁量表（Beck Depression Inventory，BDI）等，也有对行为改变的评估，例如被试在即兴演讲任务、社交互动任务、无领导小组讨论任务中的表现以及工作能力的变化等。同时，也有研究者记录了被试的生理变化以明确注意偏向训练对社交焦虑个体的影响，包括眼动、皮肤电、氢化皮质醇释放水平、功能磁共振成像和事件相关电位等③。

三　注意偏向训练对抑郁的干预研究

近年来，研究者尝试采用实验手段改变负性注意偏向，以达到改善症状的目的④。大多数研究是在焦虑群体中完成的，少数关于抑郁的注意偏向矫正

① MacLeod C. , Rutherford E. , Campbell L. , et al. , "Selective Attention and Emotional Vulnerability: Assessing the Causal Basis of their Association through the Experimental Manipulation of Attentional Bias", *Journal of Abnormal Psychology*, 111 (1), 2002, pp. 107–123.

② Bullock A. , & Bonanno G. , "Attentional Bias and Complicated Grief: A Primed Dot-probe Task with Emotional Faces", *Journal of Experimental Psychopathology*, 4 (2), 2013, pp. 194–207.

③ Taylor J. S. H. , Rastle K. , & Davis M. H. , "Can Cognitive Models Explain Brain Activation during Word and Pseudoword Reading? A Meta-Analysis of 36 Neuroimaging Studies", *Psychological Bulletin*, 139 (4), 2013, pp. 766–791.

④ Mogoase, C. , David, D. , & Koster, E. H. W. , "Clinical Efficacy of Attentional Bias Procedures: An Updated Meta-Analysis", *Journal of Clinical Psychology*, 70, 2014, pp. 1133–1157.

训练是以有抑郁情绪的成年人为研究对象。例如，以抑郁情绪大学生为研究对象，一项研究发现[1]，与安慰剂训练组相比，在实施注意偏向矫正训练后1个月，注意偏向训练（将注意从负性图片刺激转移，朝向中性刺激）能更显著地降低抑郁症状；而且中介分析表明，注意偏向的改变是症状改善的原因。由此，对面临父母（或一方）外出打工的留守儿童来说，进行注意偏向干预训练应该是降低其抑郁发生的有效手段。同时，注意偏向训练不仅对成人有效，而且可以缓解儿童的焦虑。

近年来，我国学者也开始关注注意偏向矫正训练在儿童青少年中的作用，取得了一些有价值的结果。例如，一项研究考察了点探测注意训练对考试焦虑的干预效果，结果发现，大、中、小学生实验组被试在考试焦虑量表得分的前后测差异显著大于控制组，这表明点探测注意训练能有效降低考试焦虑个体的焦虑水平，干预效果良好[2]。此外，彭芳通过问卷筛查和临床访谈获得了45名有抑郁障碍的中学生被试，把他们随机分到干预组和对照组[3]。该研究应用中性和悲伤词语配对作为训练材料，干预组完成注意偏向训练（2周，8次训练），对照组与干预组呈现的训练内容相同，但没有训练成分，结果表明，前后测评估结果差异显著。这表明，注意偏向矫正训练能有效矫正抑郁症中学生的负性注意偏向并减少其抑郁症状，是一种短期治疗中学生抑郁障碍的有效方法。

综上所述，注意偏向矫正训练在减少消极信息的注意偏向、增加积极刺激的注意分配和减少抑郁症状方面具有一定的有效性。但由于研究方法、使用的刺激材料和研究设计不同，也有研究并未支持 ABM 能够改变抑郁情绪被试的注意偏向或情绪状态。元分析未证实 ABM 对抑郁症的影响[4]。例如，Platt 等采用视觉搜索认知偏向矫正训练考察注意偏向能否在随机招募的 13—17 岁的青少年中改变，结果发现，训练并不能成功地矫正注意偏向或改善消极情绪，训

---

[1] Wells T. T., & Beevers C. G., "Biased Attention and Dysphoria: Manipulating Selective Attention Reduces Subsequent Depressive Symptoms", *Cognition and Emotion*, 24 (4), 2010, pp. 719-728.

[2] 来枭雄等：《注意训练对考试焦虑的干预效果：来自大中小学的实验证据》，《中国特殊教育》2015 年第 2 期。

[3] 彭芳：《注意偏向训练对中学生抑郁症的干预作用》，硕士学位论文，湖南师范大学，2013 年。

[4] Mogoase C., David D., & Koster E. H. W., "Clinical Efficacy of Attentional Bias Procedures: An Updated Meta-Analysis", *Journal of Clinical Psychology*, 70, 2014, pp. 1133-1157.

练对消极情感的作用仅在抑郁症状明显的被试身上才能发现①。研究结果的不一致可能与环境因素、任务量、被试不适应等多种因素有关，因此在今后的研究中要进一步控制无关变量，从而提高注意偏向训练干预效果的可信度②。

第二节　注意偏向训练对不同品格农村留守儿童
社会适应的干预研究

尽管前人关于注意偏向训练的研究取得了一定的成果，但还有很多的问题未得到解答。首先，注意偏向训练可以改变农村留守儿童的负性注意偏向吗？训练迁移到不同的群体对于建立注意偏向训练的有效性是非常关键的。另外，负性注意偏向改变能否有效减轻农村留守儿童的抑郁情绪，从而改善其不良的社会适应？最后，注意偏向训练对不同品格特质留守儿童社会适应的干预效果如何？已有研究表明，具有积极人格特质的个体往往能够将注意力从消极刺激移走。因此，本研究对农村留守儿童开展注意偏向训练。

本章具有重要的理论价值和实践意义。首先，这是采用注意偏向矫正训练改善农村留守儿童的抑郁情绪，从而促进其社会适应的最早的实验研究之一。其次，从公共卫生的角度来看，如果注意偏向矫正训练被证实能够改变农村留守儿童的注意偏向，并且有效减少其抑郁症状，那么注意偏向矫正训练就可以与治疗结合使用，以努力减少因抑郁对个人和社会带来的沉重负担。最后，这种训练方法采用计算机程序开展，相对简便，省时省力，基本无副作用，因此更加适合推广到农村留守儿童抑郁症状的治疗实践中。

一　研究方法

本章的研究目的主要有三个：（1）探讨注意偏向训练能否改变留守儿童的负性注意偏向；（2）探讨负性注意偏向的改变能否有效减轻农村留守儿童的抑郁情绪；（3）考察注意偏向训练对不同品格留守儿童社会适应的干预效果。

---

① Platt B., Murphy S. E., & Lau J. Y. F., "The Association between Negative Attention Biases and Symptoms of Depression in a Community Sample of Adolescents", *PeerJ*, 3 (7), 2015, pp. 1-372.

② 赵鑫等：《注意偏向训练对社交焦虑的干预：方法、效果与机制》，《心理科学进展》2014 年第 8 期。

1. 研究对象

本次实验的被试共有 26 人，经评估他们有一定的抑郁症状，但均不符合 DSM-V 临床诊断抑郁障碍。笔者与河南省某一农村初中合作，首先对 675 名初一学生进行问卷调查，发现有 326 名儿童父母双方或一方外出打工。在这 326 名留守儿童中，选取父母（或一方）至少外出三个月且在抑郁量表上得分在 1 个标准差以上的儿童。最后有 26 名学生自愿参与实验。其中，男生 6 人，女生 20 人，平均年龄 12.40±0.49 岁。接下来，将 26 名留守儿童随机分为实验组和对照组。其中，实验组 16 人，包括男生 4 人，女生 12 人；对照组 10 人，包括男生 2 人，女生 8 人。两组被试在年龄、性别、抑郁、焦虑及其他消极情绪上均无显著差异（$p > 0.05$）。

本次研究通过郑州大学教育学院批准，所有被试知情同意参加实验。

2. 研究工具

本次干预研究使用到的工具有儿童抑郁量表、状态—特质焦虑问卷以及情绪情感量表。同时，在采用注意偏向训练时，实验材料使用的是中国情绪图片系统中的悲伤面孔和平静面孔。此外，我们也对实验组和对照组施测了网络成瘾、自伤、自尊、共情、自我控制等问卷（请参考前章内容，本章不再列出），以更多考察注意偏向训练对留守儿童社会适应的改变情况。

（1）儿童抑郁量表

儿童抑郁量表（Children Depression Scale，CDS）是 Fendrich 等根据流行病学研究中心的儿童抑郁量表（Center for Epidemiologic Studies Depression Scale for Children，CES-DC）编制的，用于测查 6—23 岁的儿童、青少年，要求被试填写在过去两周内某些行为和感受是否出现及其程度[1]。该量表共有 20 个题目，从"没有"到"总是"采用四点计分（1—4），例如"我为一些以前并没有困扰我的事而觉得困扰"。CDS 量表在本实验前测和后测评估中内部一致性信度系数分别是 0.91、0.90。

（2）状态—特质焦虑问卷

状态—特质焦虑问卷（STAI）由 Spielberger 编制，包括 2 个分量表，共

---

[1] Fendrich M., Warner V., & Weissman M. M., "Family Risk Factors, Parental Depression, and Psychopathology in Offspring", *Developmental Psychology*, 26 (1), 1990, pp. 40-50.

有 40 个条目组成①。前 20 个条目为状态焦虑量表，用于评定个体最近一段时间的焦虑情绪体验，采用 1（完全没有）到 4（非常明显）四级评分；后 20 个条目为特质焦虑量表，用来评定人们经常性、长期性的焦虑倾向，1（几乎没有）—4（几乎总是如此）四级评分。各分量表得分越高表明焦虑水平越高。本章采用状态焦虑问卷测查被试在实验前后焦虑情绪的改变。状态焦虑量表在本实验前测和后测评估中内部一致性信度系数分别是 0.91、0.86。

（3）情绪情感量表

采用 Emmons 编制的日常情绪量表，共包括 9 个项目，要求被试根据过去两周的感受填写②。本章采用消极情绪指标进行测量，如有挫败感的、沮丧的、生气/敌对的等。采用 1（轻微或没有）到 5（极为强烈）五点计分。消极情绪指标在本实验前测和后测评估中内部一致性信度系数分别是 0.83、0.84。

（4）实验材料

本章采用了情绪图片而非词语作为启动材料，是因为图片比文字引起的启动效应更明显③。实验中所用情绪图片来源于中国情绪图片系统（ChineseAffectivePictureSystem，CAPS），CAPS 是由中国科学院心理健康重点实验室编制的一套标准化的情绪刺激图片系统。已有研究均发现该系统具有良好的信效度。

3. 实验设计与实验程序

采用 2（组别：实验组、对照组）×2（时间：前测、后测）的混合实验设计，因变量为探测箭头出现后，被试的按键反应时间及错误率，将中性面孔的反应时减去负性面孔的反应时即为被试的注意偏向。

实验采取双盲测试，主试和被试均不知道实验的真实目的（即采用点探测实验训练儿童的注意偏向，降低其抑郁、焦虑等），只是告知双方该研究是为了评估一项新的计算机程序对初中生学习生活的实用性和有效性，实验将有测试和跟踪，共进行 1 个月，个人材料是绝对保密的，儿童签署知情同意

---

① 汪向东、王希林、马弘等：《心理卫生评定量表手册》，中国心理卫生杂志社 1999 年版。

② Emmons R. A., "Abstract versus Concrete Goals: Personal Striving Level, Physical Illness, and Psychological Emotional Well-being", *Journal of Personality and Social Psychology*, 62, 1992, pp. 292-300.

③ 周萍、陈琦鹏：《情绪刺激材料的研究进展》，《心理科学》2008 年第 2 期；郑希付：《不同情绪模式图片的和词语刺激启动的时间效应》，《心理学报》2004 年第 5 期。

书后参与实验。每位参与者都完成必需的测验，包括注意偏向任务及自评任务，实验结束后，被试会获得随机赠送的小礼品。

实验采用点探测任务（Dot Probe Test），使用 E-prime 软件呈现实验材料，同时记录被试的反应时和错误率。

被试坐在电脑前 60cm 完成点探测任务，要求被试将左右手食指分别放于键盘"F"和"J"的位置上，由主试打开点探测任务程序，让被试仔细阅读操作说明，同时实验人员对实验操作进行详细的指导，让被试尽量放松心情，以真实自然的状态参加实验。

实验时，在白色屏幕中央呈现一个黑色注视点（"+"）（50 号，加粗，500ms），当注视点消失后，在原来"+"的左右两侧出现两张面孔图片（1500ms）；图片消失后，在其中一个面孔的位置会出现一个黑色箭头（50 号，加粗，箭头方向有两种：向上和向下），呈现在屏幕的左侧或右侧，被试对箭头的方向进行判断，如果箭头向上按"F"键，箭头向下按"J"键。探测刺激呈现在屏幕上，直到被试做出反应（按键的同时，图片消失）。每次按键反应之后将会出现 1000ms 的反馈界面。请被试在保持正确的前提下尽快做出按键反应。

练习阶段。由计算机随机呈现 4 对与正式实验不同的情绪面孔，相对应的两张面孔图片（平静-平静）男女各 2 对，每对图片中两张图片在屏幕左右两侧的几率相同，箭头上下指向各半，左右位置各半，以供被试熟悉操作过程。16 个练习全部正确，进入正式实验。练习阶段，告知反应正误，不记录反应时与正确率。

前测。实验程序与练习阶段一致，但用 1000ms 的空屏替代反馈界面。为保证每张图片在左右两侧均出现，每对呈现两次，一次情绪图片在右侧，另一次在左侧。每张中性面孔是与同一个人的悲伤面孔相匹配。探测点出现在悲伤-平静图片上的位置（左右）均是随机均衡，且在实验中出现的几率相同。被试的任务是在看到探测刺激后又快又准地对刺激的类型做出决断。此阶段，有 6 对伤心—平静面孔，进行 2 个 block 共 96 个 trials，每个 block 有 48 个 trials。整个实验结束后，屏幕上会出现"实验结束，谢谢合作"。

训练阶段。在训练任务中，共进行 2 周 4 次训练，每周训练 2 次。干预训练组的探测箭头 90% 出现在中性面孔之后，10% 出现在消极面孔之后。对照组的箭头有 50% 出现在消极面孔的位置，50% 出现在中性面孔的位置。要求被试看到探测点时，尽量又快又准确地做出反应。此阶段，有 12 对伤心—平静面孔，6 对与前测中使用的图片一致，同时新增加 6 对伤心—平静面孔对，每次训练共进行 192 个 trials。

后测。注意偏向训练任务结束，在后测时，既包括前测中的 6 对伤心—平静（old faces），同时另增加 6 对伤心—平静新面孔图片对，以检测训练效应是否具有更普遍的意义，即是否能迁移到新异刺激。进行 4 个 block 共 192 个 trials，2 个旧面孔对的 block 和 2 个新面孔对的 block。在训练完成后，分别对实验组和对照组再次施测焦虑、抑郁、网络成瘾、自伤、自尊、共情、自我控制等问卷。

实验流程图如下：

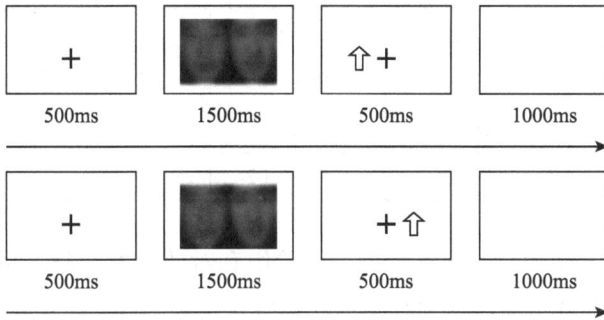

图 8-1　实验流程

4. 数据处理

本章数据采用 SPSS 20.0 进行分析。对按键反应错误率大于等于 20% 的数据、反应时不到 200ms 和超过 2000ms 的数据予以剔除，同时删除反应时在 3 个标准差之外的数据。

对于注意偏向分数的计算，我们根据 Gotlib 等的程序[1]，使用公式为：注意偏向分数＝［（RpLe-RpRe）＋（LpRe-LpLe）］/2，即注意偏向分数＝中性刺激平均反应时-负性刺激平均反应时。

---

[1]　Gotlib I. H., Krasnoperova E., Yue D. N., et al., "Attentional Biases for Negative Interpersonal Stimuli in Clinical Depression", *Journal of Abnormal Psychology*, 113 (1), 2004, pp. 121-135.

其中，R 是右侧，L = 左侧，p = 探测点，e = 负性情绪刺激。因此，RpLe 表示当探测点在右侧、负性情绪刺激在左侧时的平均反应潜伏期，RpRe 表示当探测点在右侧、负性情绪刺激在右侧时的平均反应潜伏期，LpRe 表示当探测点在左侧、负性情绪刺激在右侧时的平均反应潜伏期，LpLe 表示当探测点在左侧、负性情绪刺激也在左侧时的平均反应潜伏期。

二 结果与分析

(一) 预实验结果

在正式实验之前，受疫情的影响，我们首先对 8 名居家学习的农村留守儿童进行预实验。结果表明，实验组和对照组的正确率在前后测均无显著差异，结果见表 8-1。

表 8-1 预试验两组前后测正确率差异比较（$M \pm SD$）

	实验组	对照组	t	p
前测	0.99±0	0.96±0.03	0.91	0.43
后测旧面孔	0.99±0	0.97±0.02	1.09	0.35
后测新面孔	0.99±0	0.97±0.02	0.83	0.47

差异比较结果表明，预实验中，实验组和对照组两组被试的注意偏向在前测、后测旧面孔、后测新面孔均不存在显著差异，结果见表 8-2。

表 8-2 预试验点探测任务注意偏向分数

时间点	实验组		对照组		统计量	
	均值	标准差	均值	标准差	t	p
前测	10.29	137.62	−15.88	68.99	0.34	0.76
后测旧面孔	13.27	51.00	−19.77	25.38	1.16	0.33
后测新面孔	20.71	129.56	−32.92	64.98	0.74	0.51

注：注意偏向 = 中性 RT −负性 RT。

由以上结果可知，受疫情影响，我们对 8 名居家学习的农村留守儿童进行的预实验，效果似乎并不明显。这可能是由多种原因造成的，如居家期间干扰因素较多；疫情处于控制中，心情变得放松；训练时间较长等。虽然干预前后实验组和对照组注意偏向没有发生显著变化，但为我们进行下一步的有效干预提供了思路和方法。

（二）正式实验结果

1. 实验任务反应的正确率

正式实验中，实验组和对照组被试在前后测反应正确率上无显著差异，其中两组在前测反应正确率差异不显著（$t=1.86$，$p=0.09$），在后测旧面孔反应正确率（$t=-0.92$，$p=0.37$）与后测新面孔反应正确率（$t=-0.23$，$p=0.82$）差异也均不显著。结果见表8-3。

表8-3　实验组和对照组前后测反应正确率差异比较（$M \pm SD$）

	实验组	对照组	t	p
前测	94.27±0.06	86.88±0.12	1.86	0.09
后测旧面孔	92.38±0.06	94.27±0.04	-0.92	0.37
后测新面孔	94.40±0.05	94.79±0.03	-0.23	0.82

2. 实验任务反应的反应时

在正式实验中，实验组和对照组两组被试在注意偏向上均无显著差异，即两组在训练前注意偏向（$t=0.22$，$p=0.83$）以及在后测旧面孔（$t=0.31$，$p=0.76$）和新面孔（$t=-0.06$，$p=0.95$）注意偏向上没有明显差别。这表明，通过注意偏向训练任务，被试在新面孔和旧面孔的注意偏向均未发生显著变化。结果见表8-4。

表8-4　实验组和对照组在点探测任务反应时及注意偏向分数

时间点	注意偏向	实验组		对照组		t
		均值	标准差	均值	标准差	
前测	中性词反应时	796.82	75.92	811.29	103.79	0.22
	负性词反应时	799.25	87.31	817.94	88.37	
	注意偏向	-2.43	33.91	-6.64	62.38	

续表

时间点	注意偏向	实验组		对照组		t
		均值	标准差	均值	标准差	
后测旧面孔	中性词反应时	623.61	81.56	673.86	49.72	0.31
	负性词反应时	626.44	85.19	680.14	44.92	
	注意偏向	−2.83	29.61	−6.29	25.26	
后测新面孔	中性词反应时	663.65	138.47	706.78	66.31	−0.06
	负性词反应时	658.56	117.57	700.48	69.19	
	注意偏向	5.09	54.94	6.29	43.89	

注：RT＝反应时；注意偏向＝中性 RT−负性 RT。

3. 注意偏向的性别差异

为了进行更深入的探讨，我们进一步分析了注意偏向的性别差异，发现差异均不显著。结果见表 8-5 所示。

表 8-5　实验组和对照组注意偏向性别差异比较（$M \pm SD$）

时间点	注意偏向	实验组		t	对照组		t
		男	女		男	女	
前测	中性词反应时	779.55±92.92	802.59±73.21	0.36	797.01±21.18	814.87±117.09	0.53
	负性词反应时	776.52±81.91	806.83±91.19		781.96±111.78	826.93±88.28	
	注意偏向	3.04±29.09	−4.25±36.37		15.06±90.60	−12.06±60.53	
后测旧面孔	中性词反应时	634.63±109.76	619.93±75.68	−0.22	689.54±78.46	669.94±47.02	1.61
	负性词反应时	640.36±125.45	621.79±74.25		672.08±59.77	682.16±47.02	
	注意偏向	−5.73±33.72	−1.87±29.69		17.46±18.69	−12.22±23.85	
后测新面孔	中性词反应时	642.33±105.96	670.76±151.21	0.91	690.46±42.62	710.86±72.79	0.32
	负性词反应时	615.58±113.11	672.89±120.27		674.89±12.42	706.88±76.81	
	注意偏向	26.75±25.54	−2.13±60.91		15.58±30.20	3.98±48.12	

注：RT＝反应时，注意偏向＝中性 RT−负性 RT。

4. 实验组和对照组在社会适应上的差异比较

我们考察了实验组和对照组在焦虑、抑郁、网络成瘾、自伤、自尊、共情、自我控制等社会适应指标上的差异情况。结果发现，与对照组相比，实验组被试仅在抑郁量表得分上有显著改善（$t=-3.09$，$p < 0.01$），如表8-6所示。

表8-6　实验组和对照组在社会适应上的差异比较

结果变量	实验组		对照组		t	p
	均值	标准差	均值	标准差		
抑郁	2.34	0.63	3.02	0.36	-3.09	0.005
状态焦虑	2.63	0.56	2.84	0.38	-1.05	0.30
消极情绪	2.31	0.98	2.80	0.99	-1.23	0.23
网络成瘾	2.65	1.29	2.63	0.99	0.04	0.97
自伤	0.93	1.22	0.78	1.09	0.31	0.76
自尊	2.63	0.36	2.67	0.54	-0.21	0.84
共情	3.52	0.42	3.69	0.64	-0.89	0.38
自我控制	3.22	0.44	3.16	0.24	0.43	0.68

5. 变量间关系检验

为了进一步探寻注意偏向训练能否改善抑郁从而促进农村留守儿童社会适应的作用机制，我们尝试探讨注意偏向训练影响留守儿童抑郁改变的作用机制。虽然在本次实验中，实验组和对照组在前后测注意偏向分数上差异并不显著，但经过注意偏向训练的留守儿童在抑郁上的得分显著低于对照组。这表明，注意偏向训练在改善留守儿童抑郁、促进社会适应方面起到了一定的作用。

为进行中介效应检验，首先我们进行了相关分析，如表8-7所示。

表8-7　后测结果变量相关分析

	1	2	3	4	5	6
1. 组别	1.00					
2. 注意偏向	0.06	1.00				
3. 抑郁	-0.53**	0.09	1.00			
4. 自伤	0.07	0.10	0.40	1.00		

续表

	1	2	3	4	5	6
5. 网络成瘾	0.01	0.34	0.14	0.21	1.00	
6. 共情	−0.18	0.08	−0.04	−0.12	−0.04	1.00
7. 自我控制	0.09	−0.12	0.15	−0.18	−0.64**	0.07

备注：组别 1 = 实验组，0 = 对照组；** $p < 0.01$。

由表 8-7 可知，实验组与对照组两组别与后测抑郁呈显著负相关（$r = -0.53$，$p < 0.01$），即实验组留守儿童的抑郁水平显著低于对照组；但与前后测注意偏向的改变之间相关并不显著（$r = 0.01$，$p > 0.05$）。接下来，我们尝试探讨了以下问题：（1）实验组和对照组抑郁的改变是否受其性别的影响？（2）实验组和对照组抑郁的改变是否因其品格水平的不同而异？（3）实验组和对照组在抑郁上的改变是否能预测其网络成瘾和自伤行为？

（1）实验组和对照组的性别是否影响两组在抑郁上的改变？

首先，我们考察了实验组和对照组在抑郁上的改变是否因其性别而不同。结果表明，组别与性别的交互作用并不显著（$\beta = 0.85$，$p > 0.05$），如表 8-8 所示。由此可知，实验组和对照组在抑郁得分上的变化并不受其性别的影响。

表 8-8　性别对实验组和对照组抑郁改变的调节作用

变量	β	SE	t	p	95%置信区间		R^2	$F_{(3,22)}$
					下限	上限		
组别	0.70	0.42	1.67	0.108	−0.17	1.58		
性别	−0.22	0.73	−0.30	0.76	−1.73	1.29	25%	2.49
组别×性别	0.85	0.90	0.95	0.353	−1.02	2.72		

（2）共情是否影响实验组和对照组在抑郁上的改变？

我们考察了实验组和对照组抑郁的改变是否受到共情的影响。结果表明，共情在组别与前后测抑郁改变之间调节作用显著（$\beta = 0.91$，$SE = 0.34$，$p < 0.05$），结果如表 8-9 所示。

表 8-9　共情对实验组和对照组抑郁改变的调节作用

变量	β	SE	t	p	95%置信区间		R^2	$F_{(3,22)}$
					下限	上限		
组别	0.92	0.34	2.73	0.012	0.22	1.63		
共情	-0.30	0.22	-1.39	0.18	-0.76	0.15	40%	4.88**
组别×共情	0.91	0.34	2.66	0.014	0.20	1.62		

简单效应分析表明，共情可以显著正向预测实验组抑郁的改变（β=0.55，SE=0.24，$p < 0.05$），但与对照组的抑郁改变之间并没有显著关联（β=-0.40，SE=0.24，p=0.25）。

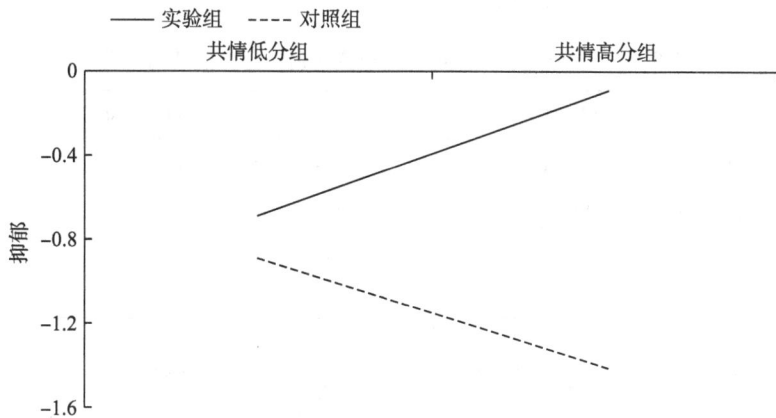

图 8-1　实验组和对照组抑郁的改变受到共情的影响

（3）自我控制是否影响实验组和对照组在抑郁上的改变？

接下来，我们考察了实验组和对照组抑郁的改变是否受到被试自我控制能力的影响，结果如表 8-10 所示。

由表 8-10 可知，自我控制显著负向预测留守儿童干预前后的抑郁改变（β=-0.96，SE=0.43，$p < 0.05$），组别与自我控制的交互作用对抑郁改变的影响并不显著（β=0.77，$p > 0.05$），即自我控制在实验组和对照组抑郁改变之间调节作用并不显著。

表 8-10　自我控制对实验组和对照组抑郁改变的调节作用

变量	β	SE	t	p	95%置信区间		R^2	$F_{(3,22)}$
					下限	上限		
组别	1.02	0.34	2.98	0.007	0.31	1.73		
自我控制	-0.96	0.43	-2.23	0.036	-1.85	-0.07	37%	4.40*
组别×自控	0.77	0.47	1.64	0.115	-0.20	1.74		

（4）实验组和对照组在抑郁上的改变能否预测自伤行为？

以组别作为自变量，抑郁改变作为中介变量，自伤行为作为结果变量，采用 Process 插件考察两组在抑郁上的改变能否预测自伤行为。结果表明，抑郁的改变并不影响实验组和对照组的自伤行为，如表 8-11 所示。

表 8-11　实验组和对照组抑郁改变对自伤行为的预测作用

变量	抑郁改变						自伤行为					
	β	SE	t	p	R^2	$F_{(1,22)}$	β	SE	t	p	R^2	$F_{(2,21)}$
1. 组别	0.88	0.38	2.31	0.03	19.5%	5.34*	0.49	0.46	1.08	0.29		
2. 抑郁改变							-0.41	0.23	-1.77	0.09	13.4%	1.62

（5）实验组和对照组在抑郁上的改变能否预测网络成瘾？

我们同样考察了实验组和对照组在抑郁上的改变能否预测网络成瘾。结果表明，抑郁的改变并不影响实验组和对照组的网络成瘾问题，如表 8-12 所示。

表 8-12　实验组和对照组抑郁改变对网络成瘾的预测作用

变量	抑郁改变						网络成瘾					
	β	SE	t	p	R^2	$F_{(1,24)}$	β	SE	t	p	R^2	$F_{(2,21)}$
组别	0.91	0.37	2.47	0.02	20.2%	6.09*	-0.32	0.44	-0.73	0.47		
抑郁改变							0.37	0.22	1.70	0.10	0.11	1.45

三　讨论

本书的干预实验是迄今为止进行的第一个以农村留守儿童为干预对象的预防性注意偏向实验。预防是抑郁症治疗的主要目标。本书采用双盲随机对照实验，使用计算机化的注意偏向矫正训练，结果发现，虽然注意偏向训练不能显著改变被试的负性注意偏向，但在训练后实验组的抑郁得分显著低于对照组，即注意偏向训练在一定程度上减轻了农村留守儿童的抑郁情绪。

干预实验结果表明，实验组和对照组在前后测的注意偏向上均没有显著差异。这个结果似乎说明，采用注意偏向训练并没有显著的改善实验组的负性注意偏向。这与以往的部分研究结果一致①。除此之外，对于新面孔也未存在前后测注意偏向的显著差异。我们推测，这可能与抑郁留守儿童很难将注意力从消极参照信息中分离出来有关，可能留守儿童需要更长的时间加工刺激②。此外，越来越多的人意识到用于评估干预效果的传统方法存在一定的问题，如统计显著性易受样本量的影响。在我们的干预研究中，最后有效样本量是 26 名农村留守儿童。因此，要评估真实的干预效果，可能还需要对被试进行较长时间的追踪。毕竟干预研究不应该只考虑统计学方面的差异，还应该关注治疗实践上的意义。

本章还发现，自我控制可以显著负向预测留守儿童在干预前后的抑郁改变，即留守儿童的自我控制能力越强，他们在后测抑郁上的得分下降得就越明显。同时，本章也发现，共情调节了实验组和对照组在抑郁得分上的变化。具体来说，在实验组，留守儿童的共情能力越强，后测的抑郁反而有明显的增加，但与对照组的抑郁改变则没有显著的关联。这似乎说明，注意偏向矫正训练不仅对共情能力强的留守儿童没有改善抑郁的效果，反而还增加了他们的抑郁。这一结果背后的机制还有待进一步的深入探讨。但我们的研究确实表明，在对抑郁儿童开展注意偏向矫正训练时，要考虑他们自身的人格

① Julian K., Beard C., Schmidt N. B., et al., "Attention Training to Reduce Attention Bias and So-cial Stressor Reactivity: An Attempt to Replicate and Extend Previous Findings", *Behavior Research and Thera-py*, 50 (5), 2012, pp. 350-358.

② Gotlib I. H., Krasnoperova E., Yue D. N., & Joormann J., "Attentional Biases for Negative Inter-personal Stimuli in Clinical Depression", *Journal of Abnormal Psychology*, 113 (1), 2004, pp. 121-135.

特征。

总的来说，注意偏向训练可以改善农村留守儿童的抑郁状态，计算机矫正是一种有效的预防方式。当然，研究也存在一些不足。首先是干预后测的追踪。根据 Yang 等实验发现，注意偏向训练能够改善个体的抑郁症状至少存在 3 个月的效应[1]。因此，未来的研究可以探讨注意矫正训练程序对农村留守儿童抑郁的改善是否具有长期效应。其次，被试的选择。本实验从农村某一初中一年级学生中选取抑郁得分高于一个标准差的农村留守儿童作为实验对象，实验的结果不易推广到其他群体，并且最终有效实验对象是从 675 名初一学生中选取的 26 人，因此未来研究在采用注意偏向矫正程序进行训练时需要加大样本量，可能才会出现更好的结果。最后，研究采用问卷法评估了实验组和对照组在抑郁、焦虑、消极情绪的改变，并测量了被试的自我控制、共情、自伤行为和网络成瘾等变量。但这些变量的施测均为量表施测和问卷调查法。未来研究可以考虑拓宽评估注意偏向训练效果的手段，结合神经机制进行研究，而探索注意偏向训练能否通过提高注意的执行功能神经网络来改变注意偏向，是一个有趣和有价值的研究方向。

当前实验并未发现注意偏向训练对高抑郁留守儿童在状态焦虑、消极情绪、自尊、网络成瘾以及自伤行为等问卷得分上起作用。这与部分前人研究一致，然而与另一些结果却相反。对这些差异性结果其中一个解释是：ABM 训练尚未标准化，各个实验的训练设置存在差异[2]。在研究中，采用了两周四次训练，每次训练时间在 20 分钟左右，然而现有研究采用的训练范式在每次训练时间间隔、每次训练关键次数以及持续天数上存在差异。Klingberg 指出，认知训练需要达到一定的强度才能对大脑和日常生活起持久的影响[3]。可见，未来研究有必要进一步探索训练设置对注意偏向训练的影响，以改进、优化训练范式，以便更大范围的推广使用。

---

[1] Yang W., Ding Z., Dai T., et al., "Attention Bias Modification Training in Individuals with Depressive Symptoms: A Randomized Controlled Trial", *Journal of Behavior Therapy & Experimental Psychiatry*, 49, 2015, pp. 101-111.

[2] 黄思媛等：《大学生社交焦虑的注意偏向矫正训练》，《中国临床心理学杂志》2017 年第 5 期。

[3] Klingberg T., "Neural Basis of Cognitive Training and Development", *Current Opinion in Behavioral Sciences*, 10, 2016, pp. 97-101.

第九章　综合讨论

近年来，中国城镇化率持续增长，推动农村人口涌向城市，农村居住人口大幅下降。因为户籍制度、经济状况、生活条件等各种原因，部分进城务工人员不得不将孩子留在农村家中。根据民政部 2018 年最新统计，全国共有农村留守儿童 697 万余人，与 2016 年全国摸底排查数据 902 万余人相比，总体数量下降 22.9%。96% 的农村留守儿童由祖父母或者外祖父母照顾，4% 由其他亲戚朋友监护；从性别来看，男孩占比 54.5%，女孩占比 45.5%，这与本书中发现的结果相似。对农村儿童尤其是农村留守儿童的美好生活起重要作用的包括营养、安全防护、健康和教育等方面，他们的社会适应也同样或更为重要。良好的品格被认为是社会适应尤其是幸福感的核心成分，是快乐、健康和道德生活的基石[1]。在不同年龄段、不同国家，无论是东方还是西方，都非常强调良好品格对促进个体和社会幸福感的重要作用[2]。

政府、研究者和媒体给予了农村留守儿童较多的关注，各种调查逐渐揭示了这一群体不同层面的问题，但目前研究还没有得到一个比较一致的结果。关于留守对儿童的影响有两种不同的观点：一类观点是假设留守儿童是有问题的群体，留守对儿童的健康、教育等很多方面带来了明显的负面影响。与非留守儿童或流动儿童相比，留守儿童更可能出现更多问题，如抑郁、焦虑、攻击行为等，并且倾向于将这些不良问题归咎为父母的责任；另一种观点认为，留守儿童与非留守儿童没有什么显著的差别。不管是哪种观点，似乎研

---

① Park N., & Peterson C., "Character Strengths and Happiness among Young Children: Content A-nalysis of Parental Descriptions", *Journal of Happiness Studies*, 7 (3), 2006, pp. 323 - 341; Seligman M. E. P., & Csikszentmihalyi M., "Positive Psychology: An Introduction", *American Psychologist*, 55 (1), 2000, pp. 5-14.

② Park N., "Character Strengths and Positive Youth Development", *The ANNALS of the American A-cademy of Political and Social Science*, 591 (1), 2004, pp. 40-54.

究者更多关注的是留守儿童的心理与行为问题，诸如心理健康、情绪、躯体化反应等，比较他们与非留守儿童之间存在的主要差异，重点放在心理行为问题的成因、症状和矫治方面。

很明显，心理学界仍普遍存在一种观点，即应基于个体存在的不足或缺陷去理解他们。发展的缺陷模型（the Deficit Model of Development）为儿童发展的理论和相关实证研究提供了一个重要且占主导地位的视角。儿童青少年在发展过程中，所经历的生理变化可能引发一系列发展性问题，这些问题既包括个人层面的挑战，也涵盖社会层面的表现，因此，缺陷模型将儿童青少年视为有问题需要处理的对象。尽管 20 世纪中叶的证据表明，绝大多数儿童青少年表现出与缺陷模型不一致的发展轨迹，但现有儿童发展的相关模型尚未构建基于优势和积极视角的理论框架[1]。从积极心理学的角度来看，这种缺陷模型并不能帮助我们全面了解儿童。

积极心理学则通过研究积极体验（如积极情绪、积极情感）和积极品质（如良好品格）使得这一视角变得更加完整[2]。良好品格是人类发展最优化的重要组成成分，可以通过个体的行为（如在团体中表现良好）、思维（如欣赏卓越成就）和情感（如帮助别人时感到快乐）表现出来，它们往往被看作是除了良好教育、稳定的社会环境或财务安全等外部因素之外，个体是否能够度过一个满足、快乐和成功人生的内在决定因素[3]。品格在个体一生顺利发展中起着重要作用。以不同教育背景的学生（如中学生、大学生）为研究对象，以往研究发现，品格在学校情境下确实非常重要[4]。没有良好的品格，个体就不会想要去做正确的事情。柏拉图认为，"知善即行善"。我们并不同意这一观点。我们认为，仅仅知善还不够，更要行善。一个人也必须想要做好事，这就是品格——个体这一内在品质的作用，引领人们想要并追求善，前提是

① Lerner R. M., Agans J. P., Desouza L. M., et al., "Describing, Explaining and Optimizing With-in-Individual Change across the Life Span: A Relational Developmental Systems Perspective", *Review of General Psychology*, 17 (2), 2013, pp. 179-183.

② Peterson C., & Seligman M. E. P., *Character Strengths and Virtues: A Handbook and Classification*, New York: Oxford University Press Washington, 2004.

③ Park N., & Peterson C., "Character Strengths and Happiness among Young Children: Content Analysis of Parental Descriptions", *Journal of Happiness Studies*, 7 (3), 2006, pp. 323-341.

④ Weber M., & Ruch W., "The Role of a Good Character in 12-year-old School Children: Do Character Strengths Matter in the Classroom?" *Child Indicators Research*, 5, 2012, pp. 317-334.

他们知道什么是善。

积极青少年发展（Positive Youth Development，PYD）为研究积极行为和消极行为提供了重要框架。基于关系发展系统理论（Relational Developmental Systems），积极青少年发展观主张应把青少年作为一种资源去培育，而不是作为问题去管理①。历史或时序性是人类发展生态的一部分，在发展调控中与个体融为一体。变化总在发生，至少会有系统变化的可能性（即相对可塑性），系统变化有可能会导致更积极的机能。实际上，如果适应性发展调节出现或能够在个体和环境特征之间得以培养（如家庭、学校、同伴和社区的结构与机能），那么就增加了他们在儿童期获得良好发展的可能性，即表现出健康、积极的发展变化。总的来说，基于发展系统理论，相对可塑性、相互受益的发展调控和发展良好等观点间的关联表明，所有年轻人都有优势可以用以促进他们在儿童青少年期的良好发展。对于农村留守儿童来说，虽然不能与父母共同生活，但他们也同样有优势或资源可以促进其健康成长。

那么，促使儿童尤其是农村留守儿童健康发展的积极因素或有利条件是什么？PYD 将优势视为发展的基础，强调阐释促进最佳发展的因素而不是减少与问题行为有关的因素。越来越多的证据表明，PYD 是一个有用的框架，可以用于理解将儿童青少年与他们所处情境连在一起的过程，并解释这些个体—情境关系的结果。Lerner 等将积极青少年发展定义为一种力争达到充分、健康、成功的发展，并提出了积极发展的"5C"模型，包括能力（Competence）、自信（Confidence）、品格（Character）、联系（Connection）和关心/照料（Caring），这些 5C 与良好发展的其他指标之间的关联作为第 6 个 C，包括个体对自我、家庭、学校和社会的贡献②。

近年来，留守儿童的品格与道德相关问题受到了父母、教育者与政策制

① 常淑敏、张文新：《人类积极发展的资源模型——积极青少年发展研究的一个重要取向和领域》，《心理科学进展》2013 年第 1 期。Damon W.，"What is Positive Youth Development?" *Annals of the American Academy of Political and Social Science*，591（1），2004，pp. 13-24.

② Lerner, R. M., Lerner, J. V., Almerigi, J., et al.，"Dynamics of Individual ⟷ Context Relations in Human Development: A Developmental Systems Perspective"，In J. C. Thomas, D. L. Segal, & M. Hersen（Eds.），*Comprehensive Handbook of Personality and Psychopathology*，Vol. 1. *Personality and Everyday Functioning*，John Wiley & Sons.，Inc.，2006. Lerner R. M., Lerner J. V., Lewin-Bizan S, et al.，"Positive Youth Development: Processes, Programs, and Problematics"，*Journal of Youth Development*，6（3），2011，pp. 38-62.

定者的广泛关注。培养和促进留守儿童的良好品格是家庭、学校和社会的主要目标，良好的品格与儿童青少年的行为和情绪问题（如抑郁、偏差行为和暴力等）呈负相关，与学校成功、亲社会行为和能力等期望结果呈正相关[1]。对品格的培养和提升可以阻止消极的后果，也是儿童青少年积极和蓬勃发展的标志。培养体贴、诚实、公正、勇敢的儿童青少年是所有父母和社会的共同目标，但是关于品格的主要成分以及如何作为心理学成分加以界定还没有达成一致意见。尽管社会致力于通过开展学校品格教育项目及多种课后培养计划提升儿童的品格和道德，但对于这些项目的有效性提出了质疑，迫切需要构建一种品格发展的理论框架来指导这些项目的实施。基于此，本书以农村留守儿童为研究对象，并与非留守儿童进行比较，采用质性研究、纵向追踪和干预实验，考察农村留守儿童品格的发展趋势及其预测因素，同时也探讨了品格对社会适应的影响作用及促进机制。

好的品格并不是一个单一的因素，而是一组复杂多维的积极品质，反映在人们是如何思考、感受和行为的。基于优势的研究取向在教育、社会福利和儿童青少年发展中大受欢迎。有些领域采取的是开放式访谈的方法去找出优势，而另一些领域可能产生了一些特定的优势类别，并去追踪这些优势的发展情况[2]。基于前人关于留守儿童的实证研究及相关理论基础，本书选取了多种具体的品格特质，运用潜在类别分析和潜在转变分析的统计方法，考察农村留守儿童与非留守儿童潜在品格类别的发展趋势及转变特点，这种评价策略和分析方法为对品格进行系统和比较研究提供了良好的开端。

在中国，良好的品格会因一个孩子是不是留守儿童而有所不同吗？这是在研究农村留守儿童与非留守儿童时一个很好的开端问题。品格与许多重要的结果变量都相关（如学业成就、健康、领导力、社会关系、心理幸福感等），而这一关系在农村留守儿童和非留守儿童中可能存在很大的差异。本书中，我们以农村留守儿童为研究对象，关注了品格发展轨迹、转变特点及其预测因素、对社会适应的影响等，并与非留守儿童进行比较。下面将结合本

---

① Park N., "Character Strengths and Positive Youth Development", *The ANNALS of the American Academy of Political and Social Science*, 591（1），2004, pp. 40-54.

② Peterson C., & Seligman M. E. P., *Character Strengths and Virtues: A Handbook and Classification*, New York: Oxford University Press Washington, 2004.

书研究结果展开讨论。

第一节　农村留守儿童品格特点

目前为止，国内外还没有实证研究探讨农村留守儿童的品格状况，但我们可以从与道德有关的人格特质来推测留守儿童品格的特点。关于农村留守儿童的品格状况有三种观点：第一种认为，留守对儿童的性格没有显著的影响，即大部分留守儿童的性格和行为是正常的，与父母均不外出打工的儿童没有很大的差异[①]；第二种认为，留守儿童普遍的心理健康状况不容乐观，有些留守儿童出现了自控力差、好冲动或情绪冷漠、自卑等个性发展问题[②]；第三种则认为，留守儿童在某些方面可能比非留守儿童差，但在另一些方面可能与非留守儿童并无多大差异[③]。

关于品格的发展特点，Brown、Blanchard 和 McGrath 以四个代表性国家的 10-17 岁的儿童为研究对象，对 24 种品格优势的横断分析表明[④]，年长儿童在许多特质上比年幼儿童得分更低；当考虑到性别的调节作用时，女生在大多数品格上比男生得分高，但与年幼的女生相比，年长的女生报告更低的公正感、谨慎、自我调节和社会智力；男生在自我调节、谨慎和创造性上得分比女生高，但年龄大的男生比年幼的男生在谦虚和社会智力上得分更高，在诚实和创造性上得分更低。但以上研究均为横向研究设计，尚未见大规模的纵向追踪研究报告，并且以往关于品格的追踪研究多在西方文化背景下进行。基于此，本书对我国农村留守儿童开展为期三年的追踪研究以考察其品格发展特点。

一　农村留守儿童在具体品格特质上的特点

研究发现，从 T1、T2、T3 三个时间点追踪来看，在包括自我控制、共

① 吕绍清：《孩子在老家农村留守儿童：生活与心理的双重冲突》，《中国发展观察》2005 年第 9 期。

② 常青、夏绪仁：《农村留守儿童人格特征研究》，《心理科学》2008 年第 6 期。

③ Wen M., & Lin D., "Child Development in Rural China: Children Left Behind by Their Migrant Parents and Children of Nonmigrant Families", *Child Development*, 8 (1), 2012, pp. 120-136.

④ Brown, M., Blanchard, T., & McGrath, R. E., "Differences in Self-Reported Character Strengths across Adolescence", *Journal of Adolescence*, 79, 2020, pp. 1-10.

情、责任感、感恩、冷漠无情以及马基雅维利主义等多种不同的品格特质上，农村留守儿童与非留守儿童仅在感恩的发展上存在显著的不同。从每个时间点来看，留守儿童在共情上的得分均高于非留守儿童；年级与儿童留守状态在 T2 感恩与 T3 共情上存在交互作用。具体来说，五年级留守儿童在感恩上的得分显著高于非留守儿童，在八年级则没有显著差异；六年级留守儿童在共情上的得分显著高于非留守儿童，但在九年级却没有明显不同。这可能是因为小学阶段，农村留守儿童随着年龄的增长和心理的成熟，愈发体会到父母外出务工的艰辛和监护人照顾的辛劳，因而心怀感恩，我们的访谈研究也发现了同样的结果（具体见本书第三章）。但青春期的到来似乎打断了这种增长，或者说这种增长被青春期出现的心理冲突和矛盾所掩蔽，感恩之情随之下降。因此，家长和教师应通过多元的途径，如开展主题活动、树立榜样示范、参与公益活动以及撰写感恩日记等，帮助留守儿童养成良好的感恩品质。

从组间效应来看，四年级留守儿童在自我控制、共情、责任感、感恩上的得分显著高于非留守儿童，在马基雅维利主义上的得分显著低于非留守儿童；而七年级留守儿童在自我控制、共情与马基雅维利主义上的得分与非留守儿童相比差异并不显著，但在责任感与感恩上的得分却显著低于非留守儿童。一方面，这提示我们，留守儿童并不是问题儿童，父母因外出打工无法陪在孩子身边并不必然会对儿童带来消极影响，关键的问题是留守儿童能否感受到父母的情感关怀和爱。但另一方面，我们也要意识到，留守儿童与非留守儿童在四年级和七年级的发展差异是有明显不同的。这可能表明，儿童到达青春期时，其良好的品格可能会受到影响。未来纵向研究需要从更长时程、更短追踪间隔来考察品格的发展，以澄清品格核心成分的变化情况及稳定性，尤其是从学龄期（小学）到青少年期（初中）的转折阶段。总的来说，尽管留守是儿童成长中的不利处境，但他们在品格特质上的表现并不必然比非留守儿童差，甚至在某些特质上表现更好，但要关注留守对儿童带来的更长期的影响，如他们进入青春期后的表现。

二 农村留守儿童在品格类别模式上的特点

本书采用潜在剖面分析按照品格特质的不同划分为 3 个潜在类别：低品

格组、中间组和高品格组。处于低品格组的儿童马基雅维利主义水平最高，更加冷漠，自制力差，不能站在他人角度考虑问题，不太懂得感恩，社会责任感较差；处于高品格组的儿童有更强的自我控制能力、善于抵制诱惑，体谅他人、富于同情心，懂得感恩、社会责任感强。而且他们尊重和信任他人，不擅长欺骗和操纵，关爱和负责；中间组的儿童在自我控制、共情、感恩、责任感、马基雅维利主义及冷漠无情上的得分均介于"低品格组"和"高品格组"之间。同时，本书也采用基于中国文化背景编制的品格量表测量儿童的品格，进行间隔六个月的两次施测，同样发现在品格特质上，农村儿童存在低品格组、中间组和高品格组三个潜在类别。

T1、T2 和 T3 三个时间点上，低品格组在马基雅维利主义和冷漠无情上的得分大幅高于中间组和高品格组，而自我控制、共情、感恩和责任感的得分显著低于中间组和高品格组。这一结果表明，有道德的个体有更强的自我控制能力、善于抵制诱惑，体谅他人、富有同情心，懂得感恩、社会责任感强。而且他们尊重和信任他人，不擅长欺骗和操纵，关爱和负责。基于最有可能的潜在类别组，将个体分成不同的组别，研究者可以考察所属类别的预测因素、影响结果及相关变量。

研究也发现，留守状态与四年级儿童品格的分类之间没有明显关联，却显著影响七年级儿童品格的分类模式。在七年级，与非留守儿童相比，留守儿童更不可能处于高品格组，这可能是与七年级儿童正处于青春期有关。心理学界将青春期称为"暴风骤雨"期，身心发育不协调、性意识萌芽，独立意识觉醒，使青春期孩子充满困惑、矛盾，甚至产生叛逆心理。对于农村留守儿童来说，他们面临的人生体验，特别是青春期问题，能给予指导的父母不在身边，再加上亲情缺失、监管不力，使得农村留守儿童的青春期可能面临更多风险，需要越来越多的目光聚焦于此。那么，谁关注并呵护农村留守儿童的青春期呢？首先，农村学校应切实开展好青春期教育；家长要加强引导和帮助，即使不在孩子身边，也应及时沟通联系，给予更多亲情关爱；学校对家长进行教育和必要的培训，提升家长的养育能力。另外，在实践中，也应依托社区，加强社区和村委的引导作用，借助社区和村委保护留守儿童。

第二节　农村留守儿童品格发展趋势及转变

心理学家认为，品格包括人格的积极且在社会层面上具有重要意义的成分①。与人格和道德推理的社会成分相似，良好的品格在成人期变得稳定前，有可能在儿童期尤其是青少年期出现系统的变化②。实际上，即使是成人的品格发展到 35 岁时，也会表现出持续的可塑性。根据正交发育原则（the Ortho-genetic Principle），发展性变化的概念表明，在个体发育早期识别的结构在后期发展时会变得更加分化，并随之进行层级式整合。另一方面，纵向证据表明，如果积极品质的结构在青春期发生改变，那么可能会发生在青春期早期。儿童积极品质的结构稳定性是否也能在青春期早期发现仍有待进一步验证，但积极品质平均水平可能会随着被试的年龄而增加、减少或者保持不变。

良好的品格在青少年期表现出不同的发展模式。例如，一项追踪研究发现，虽然大多数良好的品格在 12-14 岁保持相对稳定，那些与仁慈和公正有关的品格在三年里表现出了上升趋势③。另一项研究表明，内省和人际品格优势表现出很大的浮动，而精神类品格优势在青少年期相对稳定④。

以往实证研究对儿童青少年早期品格特征发展轨迹的探讨比较有限，且多在西方文化背景下进行。有关留守儿童品格发展的实证研究是非常缺乏的，尤其是在人生相对较早的阶段。为了弥补研究中的这一缺陷，本书将品格发展研究延伸到儿童青少年期，并将研究置于一个具有代表性的、着重于品格发展的特殊群体——农村留守儿童。此外，根据儿童青少年自我评价中有关年龄变化的研究，我们预计年龄较小的儿童会比年龄较大的儿童更积极地评价自己。基

---

① McGrath, R.E., Hall-Simmonds, A., & Goldberg, L.R., "Are Measures of Character and Person-ality Distinct? Evidence from Observed-Score and True-Score Analyses", *Assessment*, 27, 2020, pp. 117-135.

② Gander F., Proyer R.T., & Ruch W., "A Placebo-controlled Online Study on Potential Mediators of a Pleasure-based Positive Psychology Intervention: The Role of Emotional and Cognitive Components", *Journal of Happiness Studies*, 19 (7), 2018, pp. 2035-2048.

③ Ferragut M., Blanca M.J., & Ortiz-Tallo M., "Psychological Virtues during Adolescence: A Longi-tudinal Study of Gender Differences", *European Journal of Developmental Psychology*, 11, 2014, pp. 521-531.

④ Kor, A., Pirutinsky, S., Mikulincer, M., et al., "A Longitudinal Study of Spirituality, Char-acter Strengths, Subjective Well-Being, and Prosociality in Middle School Adolescents", *Frontiers in Psychol-ogy*, 10, 2019, pp. 377.

于此，本书对我国农村留守儿童品格发展轨迹进行追踪研究，采用潜在剖面分析和潜在转变分析挖掘纵向数据来提高我们对农村留守儿童品格发展变化的理解，以准确把握我国特定文化背景下、农村留守儿童这一特殊群体品格的发展趋势和转变特点，从而为农村留守儿童良好品格的培养和提升提供实证基础。

一 农村留守儿童品格发展趋势

重复测量方差分析结果表明，从 T1、T2 和 T3 三个时间点的追踪来看，农村留守儿童和非留守儿童在自我控制、共情、责任感、马基雅维利主义和冷漠无情等五种品格特质上并没有显著的发展变化，与农村儿童品格特质的总体发展趋势基本一致。随着时间的推移，儿童在自我控制、共情、感恩和责任感上的发展似乎有下降的趋势，尤其是在 T2 到 T3；而对于马基雅维利主义和冷漠无情两种品格，T3 在 T1 的基础上有明显增加。从时间和年级的交互作用来看，四年级儿童的自我控制在三个时间点之间没有显著变化，但对七年级儿童有明显的下降；而七年级儿童在冷漠无情上的发展截然相反，随着时间有明显的增加。品格上的许多差异体现了品格随着青春期出现下降，这与人格发展的中断假说一致[1]。

中断假说认为，从学龄期到青春期，个体在生理、社会和心理方面的转变也伴随着积极品格特质的暂时性下降。例如，宜人性、责任感和开放性的平均水平从童年晚期到青春期早期有所下降，而在青春期晚期到成人初期迅速下降，最后从成人初期到中年之间则是逐渐下降[2]；马基雅维利主义在儿童后期向青春期过渡的过程中呈强烈的上升趋势，并在此期间达到高峰，与马基雅维利主义相比，和蔼可亲和责任感的年龄趋势几乎呈现出完全相反的模式[3]。恶意人格的年龄趋势符合既定规范的变化模式，显示出青春期的暂时性中断和成年后的社会成熟。

---

[1] Soto C. J., & Tackett J. L., "Personality Traits in Childhood and Adolescence: Structure, Development, and Outcomes", *Current Directions in Psychological Science*, 24 (5), 2015, pp. 358-362.

[2] Soto C. J., John O. P., Gosling S. D., et al., "Age Differences in Personality Traits from 10 to 65: Big Five Domains and Facets in a Large Cross-sectional Sample", *Journal of Personality & Social Psychology*, 100 (2), 2011, pp. 330-348.

[3] Götz F. M., Bleidorn W., & Rentfrow P. J., "Age Differences in Machiavellianism across the Life Span: Evidence from a Large-scale Cross-sectional Study", *Journal of Personality*, 88 (5), 2020, pp. 978-992.

相反，与成熟原则一致，Van der Graaf 等发现，有三种良好的品格（美丽、谦虚与洞察）在年长时有更高水平①。值得注意的是，这三种品格相对隐秘，可能解释了青少年不断增长的内心生活。观点采择的发展可能由在儿童期出现的自我成熟不断增加来解释。随着儿童的成长，他们更容易看到别人的观点，即使是那些他们不能即刻熟悉的人。尽管儿童在不断成长、成熟，但这些变化却很缓慢，由于其他人格特质只解释成人晚期10%的变化，这表明，增长可能仅出现在青春期后②。

研究还发现，四年级儿童在品格特质上的得分显著高于七年级儿童。但这并不意味着，年幼儿童一定比年长儿童有更高水平的品格特质。这些结果可能反而表明，年幼儿童比年长儿童更以自我为中心，因此不能使用社会比较信息来达到自我评价的效果。Wang、Ferris、Hershberg 等③在评估的几个积极特性（包括宗教敬畏、节俭、乐于助人以及在学校的表现）中，年龄较小的青少年对自己的评价甚至比年龄较大的青少年更高，这支持了先前研究中所发现的年龄较小的儿童在自我评价过程中的正向偏差的提高。相应地，在比较年龄间的差异时，要小心谨慎。另一方面，可能这些也是真实的差异，提示我们，儿童到达青春期时，其良好的品格会受到影响。未来纵向研究需要从更长时程、更短追踪间隔来考察品格的发展，以澄清品格核心成分的变化情况及稳定性，尤其是从学龄期（小学）到青春期（初中）的转折阶段。

二 农村留守儿童品格转变

从潜在状态概率来看，随着时间的推移，低品格组儿童的比例在逐渐增加，高品格组儿童的比例在逐渐减少。Phelps 等采用追踪数据探讨了儿童积极品质的结构及发展趋势，结果发现在儿童进入中学时，即从五年级到六年

① Van der Graaff, J., Branje, S., De Wied, M., et al., "Perspective Taking and Empathic Concern in Adolescence: Gender Differences in Developmental Changes", *Developmental Psychology*, 50, 2014, pp. 881-888.

② Srivastava S., John O. P., Gosling S. D., et al., "Development of Personality in Early and Middle Adulthood: Set Like Plaster or Persistent Change?" *Journal of Personality & Social Psychology*, 84 (5), 2003, pp. 1041-1053.

③ Wang J., Ferris K. A., Hershberg R. M., et al., "Developmental Trajectories of Youth Character: A Five-Wave Longitudinal Study of Cub Scouts and Non-Scout Boys", *Journal of Youth and Adolescence*, 44 (12), 2015, pp. 2359-2373.

级和七年级，他们的积极品质会有所下降，并且儿童积极品质与家庭社会经济地位呈正相关，性别差异显著，即相对于男生，女生拥有更高的积极品质；但积极品质的变化不存在显著的性别差异，也不因人均收入或母亲受教育水平的不同而不同①。

结合三个时间点、两次转变来看，当父母（或一方）外出打工至少6个月作为留守儿童的界定标准时，结果发现，留守儿童的品格在T1至T2时间点保持相对稳定，而在T2至T3时间点易发生波动，尤其是处在中间组和高品格组的儿童更可能向下转变，即分别转到低品格组和中间组。对于非留守儿童，低品格组和中间组可以相互转变，高品格组倾向于转向中间组，且在第二次转变时，还有转向低品格组的可能。

当以父母（或一方）外出打工作为留守儿童的界定标准时，留守儿童的品格在T1至T2时间点保持相对稳定，而在T2至T3时间点，中间组和高品格组波动明显，中间组倾向于向低品格组转变，高品格组向中间组乃至低品格组转变。对于非留守儿童，低品格组不断向中间组转变，中间组更易转向低品格组而非高品格组，而高品格组易转向中间组，并在第二次转变时，还有转向低品格组的可能。

也就是说，无论是留守儿童还是非留守儿童，品格都有可能发生向下转变，这可以采用人格的中断假说来解释，即从学龄期到青春期，个体在生理、社会和心理方面的转变，也伴随着积极人格特质的暂时性下降。然而，也有部分儿童可能从低品格组转向中间组，少量儿童从低品格组、中间组转向高品格组，他们的品格出现了变好的趋势，这与成熟原则一致，即随着年龄的增长，儿童的消极人格特质会逐渐下降，而积极人格特质如会逐渐上升。

儿童留守状态的界定标准不同，留守儿童低品格组、中间组和高品格组随时间的发展变化不同。我们以父母（或一方）外出打工时间不同（外出打工 vs. 外出打工至少6个月）两种标准界定农村留守儿童，可能为已有研究结果存在的不一致提供新的证据。当以父母（或一方）外出打工界定留守儿童时，T2至T3时间点，留守儿童在品格变好组的比例显著低于非留守儿童，并

① Phelps E., Zimmerman S., Warren A. A., et al., "The Structure and Developmental Course of Positive Youth Development (PYD) in Early Adolescence: Implications for Theory and Practice", *Journal of Applied Developmental Psychology*, 30 (5), 2009, pp. 571–584.

且在五年级男生中，留守儿童品格变差的比例显著高于非留守儿童。

不管以何种标准界定留守儿童，研究发现，从 T1 至 T2 或 T2 至 T3 时，留守儿童留在高品格组的比例显著高于非留守儿童；对于四年级儿童，在第一次转变时，留守儿童变差的可能性低于非留守儿童；儿童留守状态与品格类别的转变模式在初中阶段未呈现出明显的关联，但在小学阶段关联显著。因此我们提议，若家庭经济状况迫使父母外出打工，应尽量推迟至孩子升入初中之后，以最大限度地减少外出务工对儿童发展的影响。

已有研究发现，从发展的角度来看，品格开始是以一个相对完整的结构发展，后随着年龄分化为一组更具体的品格特质[1]。品格遵循一定的发展进程，在童年后期少量的品格从一般的品格成分中分化出来，但在随后的年龄，大量特定的品格就变得越来越明确。尽管没有研究系统解决发展变化的问题，但关于优势行动价值（Values in action）的横断研究为品格的发展进程提供了一定的参考，儿童青少年样本的因素分析得到了比成人更少的维度[2]。潜变量增长模型发现，道德品格在各波测试之间相对稳定，成就品格的轨迹有所变化，一些儿童表现出积极而不是消极的成长[3]。Bowers 等发现，一些儿童到青春期中期成就品格会增加，而另一些儿童报告他们的成就品格下降。结果的不一致有可能是因为随着儿童的成长成熟，他们接触到能够对他们所处环境起作用的新观念和新机会不同。随着这些体验的增加，儿童会认为自己更有能力，能够实现变化。因此，在未来的研究中，品格应包含更广泛的特质，以更加全面、深入探讨农村留守儿童品格类别的发展变化，并与非留守儿童进行比较。

第三节　农村留守儿童品格发展与转变的影响因素

农村留守儿童品格的影响因素是一个非常重要的研究领域，对培养良好的品格具有关键意义。所在的学校、家庭、居住的社区等生态环境对农村留守儿

---

① Lerner R. M. , & Callina K. S. , "The Study of Character Development: Towards Tests of a Relational Developmental Systems Model", *Human Development*, 57, 2014, pp. 322-346.

② Park N. , & Peterson C. , "Character Strengths and Happiness among Young Children: Content Analysis of Parental Descriptions", *Journal of Happiness Studies*, 7 (3), 2006, pp. 323-341.

③ Hilliard L. J. , Bowers E. P. , Greenman K. N. , et al. , "Beyond the Deficit Model: Bullying and Trajectories of Character Virtues in Adolescence", *Journal of Youth and Adolescence*, 43 (6), 2014, pp. 991-1003.

童品格发展会带来什么作用呢？其中，家庭是社会的细胞，是儿童接受教育最早和最基本的单元，对儿童品格的形成与发展起到至关重要的影响。家长的言传身教在儿童个性形成中起着重要作用，我们每个人的个性都或多或少带有父母和家人的影子。主要抚养者（一般是父母）对子女的影响很大，往往可以影响一个人的一生。休谟在《道德原理探究》一书中指出，所有道德上的区别都是由教育引起的。实际上，一个人成为什么样的人，很大部分是由社区、家庭和文化之间的动态联系决定的，促进品格的发展需要关注多方面的系统。人类发展系统理论强调，人生积极健康发展轨迹的基础在于成长的个体与他/她所处的环境中支持与促进其健康成长的资源之间相互受益的关系[1]。品格研究和道德发展的证据表明，公民社会化实践，如交流、社区参与的榜样示范，是促进品格发展的具体策略[2]，因为他们从中学到了与他人和社区积极互动的方式。

　　然而，只有少数研究侧重于捕捉特定品格特质的发展轨迹，或者与关系发展系统理论相一致，侧重于研究儿童青少年生活环境中环境资源是如何有助于他们品格特质发展的。最近一些关于小学生和中学生品格发展的研究将品格测量与学生所处环境的关键特征相结合（例如，针对儿童青少年课外发展项目，明确特定的品格主题），但这些工作仍然是初步的，很少有纵向数据可供讨论品格发展过程中的变化及其影响因素。换句话说，研究者还很少考察在发展的哪个阶段、什么情境下的哪些个体，与哪些指标相关的哪些品格结构可以被识别出来。要想解决这些重要问题，就需要能够反映个体—情境之间相互关系的追踪数据，而这也是品格发展的基本特征。鉴于儿童品格尤其是农村留守儿童品格发展影响因素的研究在国内外比较缺乏，本书在科学调查的基础上，探讨家庭养育、学校教育、社区氛围等生态环境因素对农村留守儿童品格发展的影响。

一　家庭的作用

　　本书结果表明，父母情感温暖可以促进农村儿童品格的改善，而父母拒

---

　　[1]　Lerner R. M., Lerner J. V., Almerigi J. B., et al., "Positive Youth Development, Participation in Community Youth Development Programs, and Community Contributions of Fifth-grade Adolescents", *The Journal of Early Adolescence*, 25 (1), 2005, pp. 17-27.

　　[2]　Shubert J., Wray-Lake L., Syvertsen A. K., et al., "Examining Character Structure and Function across Childhood and Adolescence", *Child Development*, 90 (4), 2019, pp. 505-524.

绝则会使得儿童的品格变得更差，亲子间出现更多冲突的农村儿童更可能处于低品格组。这一结果与以往研究结果一致，即布朗芬布伦纳（Bronfenbrenner）的生态系统理论强调，父母教养方式是促进儿童青少年人格发展的重要家庭因素。本书进一步证实了父母养育的重要性。Heaven 和 Cinarrochi 在一项为期三年的纵向研究中发现，学生在七年级报告的权威型父母教养方式能够预测他们在八年级时的责任感，这进一步影响他们九年级时的成绩[①]。感受到更多父母温暖和更少父母拒绝的儿童往往会发展出更高水平的社会责任感[②]。同时，对于持续留在高品格组的儿童来说，父母情感温暖就显得尤为重要，即儿童感受到的父母关爱越多，越有可能留在高品格组。

我们也发现，儿童留守状态与父母拒绝、父母过度保护的交互作用显著，即儿童留守状态改变了父母拒绝、父母过度保护与品格类别转变模式的关系。与非留守儿童相比，当留守儿童感知到低水平的父母拒绝或更多的父母保护时，就越不可能留在低品格组；相反，当留守儿童感知到高水平的父母拒绝或父母监管不足时，就越有可能留在低品格组。以上结果对留守儿童进行品格培养的干预和预防研究非常重要，因为该结果表明，干预策略可能受益于留守儿童感受到来自父母更多的情感温暖和关爱，更少的拒绝和惩罚。如果父母鼓励孩子、赞美孩子，尽量使孩子的生活更有意义和丰富多彩，而少些惩罚、批评，那么留守儿童留在低品格组的可能就会减少。此外，由于父母外出打工不在孩子身边，当留守儿童感到父母对自己的过分担心和紧张时，这种感受可能会被体验为是一种在乎和爱，因此也会降低留守儿童留在低品格组的可能。这进一步证实了父母是儿童品格发展与积极青少年发展其他方面的重要支持来源。

父母是一种重要的社会影响因素，他们为儿童提供一定的指导、社会化和家庭环境，以促进儿童积极的发展，培养他们良好的品格。父母对于社会问题的沟通交流可能会让儿童逐步认识到自己在行动上应有的责任感，并有

---

① Heaven P. C. L., & Ciarrochi J., "Parental Styles, Conscientiousness, and Academic Performance in High School: A Three-wave Longitudinal Study", *Personality and Social Psychology Bulletin*, 34 (4), 2008, pp. 451-461.

② Zhang R. P., Bai B. Y., Jiang S., et al., "Parenting Styles and Internet Addiction in Chinese Adolescents: Conscientiousness as a Mediator and Teacher Support as a Moderator", *Computers in Human Behavior*, 101, 2019, pp. 144-150.

计划地在未来做出改变。Shubert 等人的研究考察了父母养育是怎样促进儿童品格发展的，结果表明，在不同年龄，父母对社会问题的交流和心理需要的支持可以正向预测总体的品格状况，父母养育在促进个体良好品格方面具有很大的特异性。尽管在儿童的品格教育过程中，父母以身作则进行榜样示范，是最为行之有效的做法，但在小学阶段却与总体或特定的品格之间并不呈正相关。由于先前的研究强调榜样示范的难度，概念理解很抽象，因此就需要采用定性方法来探讨儿童是怎样理解的，是怎样将父母的榜样示范内化的。父母有必要采用更加明确的言语表达观点、传递价值观，从而促进儿童的品格发展。品格的普遍成分和特定成分在童年期与青春期差别越来越大，父母教养方式与品格的关系也变得越来越复杂。对于父母教养方式、儿童品格以及儿童留守状态相关联的新知识有助于增加我们对品格发展理论更为精确的理解，并对家庭情境下品格发展实践提供一定的指导。

总的来说，促进儿童积极发展的关键性生态资源在家庭里，尤其是良好的亲子关系，其主要特征是父母采取温暖理解的养育行为，又注重关心爱护与严格要求的有机结合。家庭作为社会最基本的单元，承担着抚养幼儿、帮助儿童青少年健康成长的重要职能。因此，我们要特别重视家庭建设，注重家庭教育，帮助儿童青少年健康成长。

二　学校的作用

在本书中，我们采用以人为中心的取向找出品格的潜在类别，并考察了这些品格潜在类别转变模式是否与农村留守儿童感知到的教师支持、同伴支持等学校因素有关，同时与非留守儿童进行对比。结果发现，教师支持和同伴支持越高，儿童越不可能留在低品格组；同伴支持的作用更多体现在后两个时间点的转变中，而教师支持的影响则贯穿在三个时间点、两次转变中；在 T1 至 T2 的转变中，感受到较高水平教师支持的留守儿童，其品格不会太差。

对于农村留守儿童来说，学校是除家庭以外最重要的学习、生活和成长的场所。以往研究表明，教师支持、同伴支持等学校氛围在儿童青少年成长中发挥着重要作用。这可能是因为个体进入青春期后要经历生理和心理上的巨大变化，对所处环境如学校的氛围更加敏感，期望得到同伴和成人（尤其是父母和教师）的支持。同伴支持的作用在本次追踪的中后期表现得更为明显，这与以往的结果一致，即当儿童进入青春期时，同伴的影响就变得更为重要；建立亲密的同伴关系，获得同伴在情感上和心理上的支持对于儿童青少年品格的发展至关重要。Agans、Su 和 Ettekal 以美国 655 名青少年运动员为研究对象，结果表明，运动员展现出的品格特质可能与他们感知团队的动机性氛围有关，即感受到掌握型同伴氛围的运动员，即使团队内有很强的竞争，也更有可能表现出积极的品格特质[1]。因此，良好的同伴支持可以帮助儿童减少留在低品格组的可能性。

本书也发现，农村儿童尤其是农村留守儿童感知到的教师支持越多，越不可能留在低品格组。这可能是因为教师作为儿童尤其是留守儿童身边的重要他人，对儿童在学习、生活和情感上的支持与关心越多，越有利于建立积极的师生关系，提供一种安全、温暖的情绪氛围，增强对学校的归属感，以积极的态度投入学习和校园生活中，从而对个体发展带来更广泛的影响[2]。

总的来说，本研究通过探讨学校因素对农村留守儿童品格发展带来的影响以寻求优化农村留守儿童品格发展的支持路径，并构建相应的社会支持体系，有助于整合品格发展的现有数据，为有效开展品格教育提供有益启示，进而对品格发展的实践具有重要的指导价值。

三 社区的作用

本书结果表明，当农村儿童感知到良好的社区氛围时，他们更不可能留在低品格组。社区是影响农村儿童学习成绩和心理品质的独特因素[3]，而对于农村留守儿童来说，社区可以为他们提供多方面的资源，如建设留守儿童工作机构、开展公益性的亲子交流，这都对儿童全方面健康发展做出显著贡献[4]。除了家庭和学校，校外项目的参与频率与儿童青少年积极发展呈正相

① Agans, J. P., Su, S., & Ettekal, A. V., "Peer Motivational Climate and Character Development: Testing a Practitioner-Development Youth Sport Model", *Journal of Adolescence*, 62, 2018, pp. 108–115.

② Eccles, J. S., & Roeser, R. W., "Schools as Developmental Contexts during Adolescence", *Journal of Research on Adolescence*, 21, 2011, pp. 225–241.

③ 金小红、徐晓华、太小杰：《乡村结构变迁背景下农村儿童的生存现状：一项比较研究》，《教育研究与实验》2017 年第 2 期。

④ 邓纯考：《农村留守儿童社区支持的资源与路径——基于西部地区四省两区的调研》，《教育发展研究》2013 年第 1 期。

关，与抑郁症状及风险行为呈负相关。因此，当家庭无法提供促使儿童品格发展所需要的资源时，父母就可以求助儿童发展项目来改善孩子的成长。实际上，社区支持可以在安全的场所通过向儿童青少年提供有关键特征的项目来提升他们的品格发展。社区项目有这样几个特征①：第一，积极和可持续的成人—儿童关系。成人要能够胜任、可以照顾他人、需要时至少在一年内可以经常找到，这个人可以是导师、教练或教师等；第二，生活技巧相关活动，如提升与选择积极目标相关的技能、实现这些目标的手段最优化、在目标受阻甚至失败时表现出韧性的补偿技能等；第三，儿童青少年参与家庭、学校和社区重要活动的机会。

总之，根据关系发展系统理论，当儿童的优势与重要的环境资源（即发展资源）相结合，儿童的积极品质就得以发展②。这些研究结果鼓励我们要更深入地探讨品格发展的个体和情境基础。个体因素或家庭因素等可能会影响儿童青少年积极品质发展的进程，未来研究应进一步考察个体资源和情境发展资源在提升农村留守儿童品格中的作用。这些成分对于考虑农村留守儿童的品格发展体系是非常关键的。此外，有大量的路径指向儿童积极的发展结果，多种积极因素并存可以协同促进儿童的发展。常淑敏等证实，发展资源对儿童的消极发展结果具有累积效应③。据此，我们推测，如果能够将多领域、多类别的积极因素加以综合考察，有望深入揭示农村留守儿童良好品格的提升机制。

第四节　农村留守儿童品格发展对其社会适应的影响

有人说，一个具有良好品格的人过着一种对自己和对社会都好的生活。在本书中，我们不仅考察了农村儿童尤其是留守儿童的品格从小学四年级到初中三年级的发展变化，同时也探讨了品格类别的发展转变与农村留守儿童社会适应的关系。农村留守儿童良好品格对其积极发展的潜在促进与保护作

---

①　Lerner R. M. , "Character Development among Youth: Linking Lives in Time and Place", *International Journal of Behavioral Development*, 42 (2), 2018, pp.267-277.

②　Benson P. L. , Scales P. C. , Hamilton S. F. , et al. , "Positive Youth Development: Theory, Research, and Applications", *Handbook of Child Psychology*, John Wiley & Sons, 2007.

③　常淑敏、张丽娅、王玲晓：《发展资源在减少青少年外化问题行为中的累积效应及关系模式》，《心理学报》2019 年第 11 期。

用，值得当下及未来深入研究，因为早期的良好品格对未来蓬勃发展的连锁效应是重要的发展现象，对个人和社会都有长期的影响①。识别和培养良好品格的干预有助于提升个体的幸福感、学业投入和学业成就。本书将个体中心和变量中心两种思路相结合，兼顾了个体发展的普遍性和特异性，能够更加深入地揭示和描绘农村留守儿童发展中个体与情境的相互作用，从而促进农村留守儿童更加积极、健康地发展。

一 农村留守儿童品格潜在类别与社会适应的关系

本书采用潜在剖面分析探讨品格潜在类别与社会适应的关系，结果发现，处于低品格组的儿童感觉到更加孤独、抑郁，容易欺凌同学，也容易受同学的欺凌与侵害，但有更高的自尊水平；高品格组有更高的学业成就，对生活更加满意。同时，儿童留守状态在品格潜在类别和抑郁二者关系中的调节作用显著，具体来说，处于低品格组的留守儿童抑郁水平高于非留守儿童，处于高品格组的非留守儿童抑郁水平高于留守儿童；同时，处于高品格组的留守儿童似乎也容易出现校园欺凌行为。

Hilliard 等发现，欺凌状态与道德品格的初始水平和成就品格（如自律、坚持等）的斜率有关②。与没有卷入欺凌行为的儿童相比，欺凌者在道德品格、公民品格和成就品格上报告了更低的初始水平；欺凌—受害者在道德品格和公民品格上报告了更低的初始水平。也就是说，与没有卷入欺凌行为的儿童相比，欺凌者更不可能报告自己举止得体、待人友好（道德品格），坚持并聚焦任务（成就品格），以对社区有贡献的方式思维和行事（公民品格）。同样地，欺凌—受害者在道德与贡献相关的思维及行为上报告了更低的水平。

但在 Hilliard 等的研究中，只测量了儿童在七年级这一个时间点的欺凌状态，有可能认为自己是欺凌者的七年级学生在青春期后期会采取更具适应性

---

① Masten A. S. , "Peer Relationships and Psychopathology in Developmental Perspective: Reflections on Progress and Promise", *Journal of Clinical Child & Adolescent Psychology*, 34 (1), 2005, pp. 87-92.

② Hilliard L. J. , Bowers E. P. , Greenman K. N. , et al. , "Beyond the Deficit Model: Bullying and Trajectories of Character Virtues in Adolescence", *Journal of Youth and Adolescence*, 43 (6), 2014, pp. 991-1003.

的社会角色和体验。因此，研究中更具低成就品格的七年级欺凌者在十年级时可能变得更成熟、会照顾人，有更高水平的成就品格。儿童欺凌行为和成就品格之间的关联可能反映了优势的不当使用，进一步提供了这样的证据：儿童可以同时具有积极品质和消极品质（如争议性的同伴地位、问题行为等）。由于儿童在报告欺凌行为上表现出的异质性，许多儿童表现出高的社区投入、高的道德取向，或在学校很勤奋。一种猜测是维持更高的同伴地位需要这些高的品格或美德，以提升自我，获得并保住他们的地位[①]。因此，有必要对这些品格及其表达方式进行更为细致、全面的考察。正如生活中的善意提醒所指出的，自信的儿童也可能会抑郁，关心他人的人也可能会在一定的场合做出残忍的行为。

二 农村留守儿童品格类别转变模式与社会适应的关系

我们首先采用间隔一年的三次追踪测试，考察了农村留守儿童品格转变对社会适应领域常用指标的影响。从三个时间点、两次转变来看，当以父母（或一方）外出打工至少 6 个月来界定留守儿童，T1 至 T2 时间点，持续低品格组在自尊上的得分显著高于其他四组，持续高品格组得分显著低于其他四组；持续低品格组在亲社会行为上的得分显著低于其他四组，持续高品格组得分显著高于其他四组，七年级品格变差组的留守儿童得分显著低于同组四年级留守儿童；不管儿童的留守状态如何，持续低品格组在抑郁和孤独感上的得分显著高于其他四组，持续高品格组在抑郁和孤独感上的得分最低；品格变差组的留守男生在欺凌行为上的得分显著高于同组的留守女生和非留守男生及留在原潜在类别的留守男生，且在四年级的得分显著高于七年级。

T2 至 T3 时间点，无论是持续低品格组还是持续高品格组，留守儿童在自尊上的得分显著低于非留守儿童；持续低品格组在亲社会行为上的得分显著低于其他四组，持续高品格组得分显著高于其他四组，持续低品格组的五年级女生在亲社会行为上的得分明显高于八年级女生；五年级留守儿童中，品

<hr />

① Solberg M. E., & Olweus D., "Prevalence Estimation of School Bullying with the Olweus Bully/Victim Questionnaire", *Aggressive Behavior*, 29（3）, 2003, pp. 239-268.

格变差的男生欺凌行为得分显著低于同年级女生及八年级品格变差的男生；八年级留守儿童中，品格变差与持续低品格组的男生，欺凌行为得分高于同组女生，也高于八年级品格变好组和持续中间组的男生；无论是在五年级还是八年级，持续低品格组和品格变差组在孤独感上的得分显著高于持续高品格组；在持续低品格组与品格变差组，五年级留守男生抑郁得分显著低于八年级留守男生，而品格变差组、持续中间组的五年级留守女生以及八年级留守男生和女生抑郁得分显著高于持续高品格组的对应群体。而对于网络成瘾来说，持续低品格组得分显著低于其他四组，尤其对于留守女生，持续低品格组和品格变差组的非留守女生和非留守男生得分明显低于高品格组；对于非自杀性自伤行为，持续低品格组得分最高。

同时，为深化研究，本书采用间隔 6 个月的两次追踪施测，探讨农村留守儿童品格类别转变对传统欺凌（欺凌行为/受欺凌行为）和网络欺凌（网络欺凌行为/网络受欺凌行为）这两类备受学界与社会广泛关注的社会适应关键指标有何影响，并与非留守儿童进行比较。结果发现，当以持续高品格组作为参照组，无论儿童的留守状态如何，高品格组转向低品格组或中间组时，儿童均更有可能实施传统欺凌行为和网络欺凌行为，同时也更有可能遭受网络欺凌。在低转高品格组，留守儿童在欺凌行为和受欺凌行为上的得分均显著高于非留守儿童。此外，留在高品格组的留守儿童和高转低品格组的非留守儿童比留在高品格组的非留守儿童表现出更少的网络欺凌行为。

通过分析农村留守儿童在不同时间点转变之间的关系，可以发现品格潜在类别转变模式与良好社会适应及不良适应的关系是多样的。这一结果与某些研究并不一致。例如，Jeličić 等评估了五年级 PYD 是否会随着时间的推移而与预期结果的关系发生变化，结果表明，五年级的 PYD 能够预测儿童在六年级时更多的贡献及更少的风险行为和抑郁①。Weber 和 Ruch 以 247 名、平均年龄在 12 岁的瑞士中学生为研究对象，探讨品格优势在学校所起的重要作用，发现良好品格（品格优势）通过正向课堂行为影响儿童在学校的成功，感恩、希望、自我调节、协同工作等良好品格可以区分成绩提高和成绩下降

---

① Jeličćić H. , Bobek D. , Phelps E. , et al. , "Using Positive Youth Development to Predict Contribution and Risk Behaviors in Early Adolescence: Findings from the First Two Waves of the 4-H Study of Positive Youth Development", *International Journal of Behavioral Development*, 31 (3), 2007, pp. 263-273.

的学生①。Weber、Wagner 和 Ruch 考察了品格优势、学校情感、积极的学校机能及学校成就的关系，结果表明品格优势是学校情境中一种重要的资源，对学生体验到与学校有关的积极情感至关重要，这反过来会促进学生的积极学校机能和总体的学校成就②。这些研究结果表明，良好的品格与积极的社会适应是正向关系，而与问题行为等不良适应则是负向关系。

但本书的结果也与另一些以人为中心的研究取向结果一致。例如，有关儿童青少年积极和风险/问题行为发展轨迹研究表明，关于这两类行为有不同的变化模式，有些儿童（如女孩）的发展轨迹反映出更高水平的 5C 和问题行为及抑郁症状③。这一结果具有重要的理论价值和实践意义。首先，积极品质的发展并不适用于所有儿童，即消极的、问题性的行为可能会消失。大量研究表明，提升积极行为的努力不应该忽视减少问题行为的需要。儿童发展计划需要投入努力，既要提升积极品质，也要预防问题性的品质；需要以整合取向将预防和提升相结合以促进儿童健康发展。因此，PYD 模型尽管是基于优势和强项的概念，但并不能消除我们需要理解关系发展系统是怎样运行从而产生导致儿童出现风险/问题行为的人—情境关系的基础。

同时，需要进一步深入探讨积极品质和问题性行为相关联的多种方式。实际上，这样的信息在计划将提升和预防干预项目整合起来时至关重要，可以回答诸如"在儿童青少年的哪个阶段哪种积极品质与哪种消极品质会同时到来"。Ma 等结果表明，至少有一种问题行为即欺凌，与积极机能指标（学业成就）有关，但是会随着年级水平、个体机能的不同方面（如学校投入、对学业成功的期望等）和情境（如父母或教师的社会支持）发生微妙的变化④。

① Weber M., & Ruch W., "The Role of a Good Character in 12-year-old School Children: Do Character Strengths Matter in the Classroom?" *Child Indicators Research*, 5, 2012, pp. 317-334.

② Weber M., Wagner L., & Ruch W., "Positive Feelings at School: On the Relationships between Students' Character Strengths, School-related Affect, and School Functioning", *Journal of Happiness Studies*, 17 (1), 2016, pp. 341-355.

③ Jeliččić H., Bobek D., Phelps E., et al., "Using Positive Youth Development to Predict Contribution and Risk Behaviors in Early Adolescence: Findings from the First Two Waves of the 4-H Study of Positive Youth Development", *International Journal of Behavioral Development*, 31 (3), 2007, pp. 263-273.

④ Ma L., Phelps E., Lerner J. V., et al., "The Development of Academic Competence among Adolescents Who Bully and Who Are Bullied", *Journal of Applied Developmental Psychology*, 30, 2009, pp. 628-644.

Ma 等对欺凌—积极行为关联的研究并不清楚的是为什么问题性品质会和一些特定的积极品质有关联。例如，为什么欺凌与成人的社会支持有关，但与同伴的社会支持无关？

有关品格与社会适应的相关研究结果指明了理解儿童期发展多样化的重要性及有关行为和品格关系的假设。Benson 等指出，促进青少年积极发展（PYD）是预防问题发生的一种有效策略[①]。但是本研究识别出了积极和消极发展结果的另外模式。这表明，积极发展和问题行为发展轨迹的反向关系只是儿童青少年发生的其中一种变化模式。Phelps 等采用以人为中心的取向评价 PYD 相关指标变化轨迹和风险/问题行为轨迹的一致性或多样性，结果表明，在5—7年级，五种 PYD 轨迹（即高、中、下降、上升和低）同时存在，四种轨迹（即低稳定性、下降、上升和上—下）与抑郁症状有关，三种轨迹（即低稳定性、增加、没有）与风险/问题行为有关；发展轨迹受到性别的调节作用，具体来说，女生有更高水平的 PYD 和抑郁症状，而男生有更高水平的风险/问题行为。PYD 轨迹与风险/问题行为和抑郁症状轨迹的关系是非常复杂的，即积极和问题/风险行为的变化方向之间存在多种不同的关联。在此基础上，Zimmerman、Phelps 和 Lerner 利用 PYD 的 4-H 研究中五到八年级数据，探讨 PYD 指标、贡献和风险/问题行为相关的变化模式，结果发现随年级变化的五种轨迹，四种轨迹与抑郁症状有关，三种与风险/问题行为有关[②]。同样基于 4-H 纵向数据，Lewin-Bizan、Bowers 和 Lerner 采用以个体为中心的分析方法对5—10年级儿童青少年积极品质与问题行为进行考察，结果表明积极品质和问题行为具有多种复杂的发展轨迹，积极品质得分高的儿童青少年也可能具有较多的问题行为[③]。

然而，发展科学指出，在儿童青少年个体内发展中，积极品质的指标与

① Benson P. L., Scales P. C., Hamilton S. F., et al., "Positive Youth Development: Theory, Research, and Applications", *Handbook of Child Psychology*, John Wiley & Sons, 2007.

② Zimmerman S. M., Phelps E., & Lerner R. M., "Positive and Negative Developmental Trajectories in U. S. Adolescents: Where the Positive Youth Development Perspective Meets the Deficit Model", *Research in Human Development*, 5 (3), 2008, pp. 153-165.

③ Lewin-Bizan S., Bowers E., & Lerner R. M., "One Good Thing Leads to Another: Cascades of Positive Youth Development among American Adolescents", *Development and Psychopathology*, 22, 2010, pp. 759-770.

风险/问题行为的指标之间存在负性关联[1]；儿童问题行为预防的一个有效策略就是促进其积极品质的发展。结果的不一致有可能是因为发现反向关系的研究往往采用的是以变量为中心的分析方法，只是反映了在所有被试中存在的关系，而没有抓住与儿童青少年时期风险/问题行为轨迹之间关系的多样性[2]。但是，采用以人为中心的分析方法探讨不同年级个体内的变化模式时，就可以识别出多种类型的发展轨迹。积极品质（在本书中是品格潜在类别）和社会适应发展模式关系的多样化对发展科学和旨在提升儿童积极发展的应用实践是一个巨大的挑战。未来研究需要明确的是，农村留守儿童品格发展的特定水平什么时候可以预测风险/问题行为，而什么时候又不能预测。

农村留守儿童积极和消极发展轨迹之间的复杂关系与发展系统观相一致，即儿童和环境之间动态的相互作用在决定进入哪种轨迹模式时起着关键的作用。到目前为止，本书是第一个采用以人为中心的取向来探讨品格与农村留守儿童发展结果之间关系的。通过评估个体内的发展变化模式，我们能够识别积极和问题性发展指标的多种发展轨迹，因此可以提供人和情境随时间变化的更细致的分析结果。发展转变存在的复杂性在理论上和实践上有着重要的意义。理论上，发展转变的多样性要求我们舍弃这样的观点，即在儿童的发展中，积极发展和问题性行为之间一般存在反向关系。更分化的取向，甚至更具个体差异的方法，如 P 技术，似乎更适合分析积极品质发展与问题行为的关系。实践上，识别发展转变上存在的差异性要求我们为留守儿童设计的方案应该像其发展轨迹一样丰富多样。实践者需要设计和执行灵活的计划以匹配个体不同的发展变化轨迹。

第五节 农村留守儿童品格的理论思考

儿童品格发展是一个重要的研究领域，良好的道德品格是个体一生最优

---

[1] Benson P. L., Scales P. C., Hamilton S. F., et al., "Positive Youth Development: Theory, Research, and Applications", *Handbook of Child Psychology*, John Wiley & Sons, 2007.

[2] Lewin-Bizan S., Bowers E., & Lerner R. M., "One Good Thing Leads to Another: Cascades of Positive Youth Development among American Adolescents", *Development and Psychopathology*, 22, 2010, pp. 759-770.

化发展和社会繁荣的基石。父母和社会都非常重视儿童的品格并认识到培养良好品格的重要性，但目前针对儿童品格发展的专门性研究还很少，品格的概念、主要成分、结构及其发展还远未得到理解，有关农村留守儿童品格发展的研究更是少之又少。儿童道德发展的研究更多是集中在道德发展的认知方面，而对道德品格的研究仍然存在不足之处。关于儿童尤其是农村留守儿童品格的发展仍处于起步阶段，尚有更加广阔的领域需要开拓。

第一，在理解品格的发展过程中，重要且必要的第一步是识别品格的核心成分。首先，我们将品格看作是一组积极的人格特质，反映在个体的思维、情感和行为中。以往大多数研究一次只关注品格的一个方面，在实施时往往是孤立进行的，部分原因可能是因为一组有效的品格测量目前并不存在。因此，需要将品格看作是一个多维度结构，一组积极的特质。在检索品格的单一指标时需要谨慎。当然，研究者没有理由不考虑品格的单一成分——如善良、感恩等，但将这种单一成分看作是整个品格就会让人产生误解。一个人可能很善良或很感恩，但或许缺少品格的其他成分。良好的品格包括许多的成分，不同的人可能有所不同。另外，将品格看作是个体差异。有些指标本身很重要，可以通过简单的是否来回答，如冷静。但我们应将这些行为看作是自身的指标，而不是表示一种特质，当然也不是广义上的良好品格。如果我们的兴趣并不在于特定的行为，我们能做的就是询问一系列行为并找出共同主题。本书借鉴VIA-Youth 的做法，用许多项目分别测量了几种特定的品格①。再次，与道德能力强调对道德规则的理解不同，我们强调的是美德，以道德的方式行事的特质。品格是通过一系列思维、情感和行为表现来测量的。这种测量方法不同于以往关于道德能力的研究：道德能力是通过道德推理或价值体系来进行测量的。最后，我们之所以选择这组品格特质，主要是参考前人相关研究以及 Cohen 和 Morse 提出的道德品格模型②，同时结合访谈结果，尤其是通过对以往关于留守儿童与非留守儿童道德品质或美德的研究进行综述比较，从而找出核心的品质。排除与特定文化有关联的、争议性的品格特质，从而得出

---

① Scales P. C., Benson P. L., Leffert N., et al., "Contribution of Developmental Assets to the Prediction of Thriving among Adolescents", *Applied Developmental Science*, 4 (1), 2000, pp. 27-46.

② Cohen T. R., & Morse L., "Moral Character: What It Is and What It Does", *Research in Organizational Behavior*, 34, 2014, pp. 43-61.

一些普遍性的结论。值得注意的是，以往关于品格的研究更多是关注成人而不是儿童。尽管一些积极的特质如善良在人的一生中都存在，但是儿童表现出这些特质的方式与成人的表现方式有明显的不同。在测量时应通过使用与发展相关的项目来反映这些差异。理解品格只是万里长征的开始，而不是结束。因此，我们需要继续将网撒的更广一些，探讨培养品格新的、不同的方式，测量更广范围的结果变量，并测评情境因素对其效果的影响。由于这些对我们长期幸福感具有重要的作用，这似乎是一个值得深入探讨的领域。

第二，考虑到我们可以成功地采用多种品格指标，随着时间的推移对品格发展进行建模，并考虑影响农村留守儿童健康成长的个体特征和家庭特征，未来的工作将能够解决本书没有讨论的结构，并且促进品格发展的适应性，如适应性发展调控在促进品格发展中的作用。这些组成部分对于采用系统发展观来考虑品格发展至关重要，特别是对那些促进农村留守儿童健康成长和积极发展的不确定性因素有着十分重要的意义。

第三，在为数不多的研究中，对品格进行长时的干预要比短期干预更为有效，但即使是采用时间密集的干预也只能产生中等强度的效果。该领域面临的一个挑战是缺乏一个统一的临床显著性标准来判断这些结果。因为仅有中等效果而批判这些研究可能会太过严苛；幸福感的提升在现实生活或长期实践中还未得到量化。但或许一个小的积极变化会变得自我维持，甚至在很长的一段时间后产生更大的变化。

第六节　本书的理论价值及实践启示

本书结果具有重要的理论和应用价值。理论上，以变量为中心的分析方法，找出了良好品格与问题/风险行为之间存在的反向关系，这可能只是反映了研究对象总体表现的一种关系，而没有抓住儿童风险/问题行为和品格发展轨迹关系的多样性。本书采用以人为中心的研究取向考察不同年级之间存在的个体内变化模式，从而识别出农村留守儿童品格的多种发展轨迹。例如，除了良好品格和问题行为之间存在的反向发展轨迹外，一些留守儿童可能表现出在两个领域同时增加，而另一些留守儿童却表现出同时下降。为了详细阐述发展理论，解释个体—情境关系的进程是怎样同时导致品格和社会适应变化的同样方向的，未来需要对积极发展和问题性发展的同时轨迹进行深入研究，并提供普适化的证据。

本书将农村留守儿童按照品格特质的不同而划分为 3 种品格潜在类别：低品格组、中间组和高品格组。随着时间的变化，低品格组所占比例逐渐增加，高品格组的比例在逐渐减少，良好品格似乎有随着年龄下降的趋势。结合三个时间点、两次转变以及两个时间点、一次转变来看，当中间组发生转变时，更有可能转到低品格组，而不是高品格组。虽然还需研究进一步验证，但我们相信该类别模式比较全面地反映了农村留守儿童的品格特质，对未来该领域的研究具有一定的借鉴意义。本书也发现，农村留守儿童在一定阶段品格的表现要优于非留守儿童，且儿童留守的界定标准不同，儿童留守状态与品格潜在类别转变模式的关联不同。这对目前关于留守儿童研究出现的不一致结果可能具有一定的启发意义，而且也具有较高的应用价值，为父母外出务工起始时间及间隔时间提供了有力的证据。

实践上，识别发展轨迹的多样性意味着在提升农村留守儿童的品格时要求制定更加细致和难度更大的一系列任务。因此政策制定者和实践者应该将与农村留守儿童发展水平相关的特征与品格提升计划相匹配，以最大可能提升其健康发展。如果农村留守儿童积极变化和问题性变化的斜率方向存在很大差异，那么至少要将预防策略和寻求品格提升的方法整合起来，而且这种整合需要发生在对农村留守儿童发展变化轨迹进行个性化评估的情境下。

最后，本书根据点探测训练程序，发现农村留守儿童注意偏向训练是有一定效果的，可以让留守儿童将注意从负性刺激转向中性刺激，进而使负性注意偏向得到矫正，从而改善情绪，促进社会适应和积极发展。这对农村留守儿童的健康成长具有较高的实用价值。

本书对农村留守儿童干预实践的启示：

1. 关注留守儿童的积极品质，发挥其优势和潜能。研究表明，有些留守儿童在不利处境中仍能适应和发展良好，他们同样具有积极发展的可能性。这一结果对培养留守儿童良好的品格具有重要的启示意义。在对留守儿童进行教育干预时，应关注留守儿童内在的积极力量并帮助他们更好地成长，促进其积极品质的培养，如提升留守儿童的自我控制能力、社会责任感、共情等积极品质。

2. 留守儿童并不是问题儿童，他们在某些发展阶段的表现要优于非留守儿童。以往不少研究从"问题"出发，认为由于父母（或一方）外出打工，无法陪伴在孩子身边，留守儿童在各方面可能都容易出现问题。我们的调查发现，父母外出打工并非一定会造成留守儿童出现社会适应问题，留守儿童的品格并不一定比非留守儿童差。这可能是与留守儿童群体内部存在的异质性有关，该群体可能既有品格良好的个体，也有品格较差的个体。把留守儿童与非留守儿童简单比较进而给留守儿童贴上"问题儿童"的标签是不合适的。因此，要客观评价农村留守儿童出现的问题，为"留守"儿童或家庭去污名化。

3. 家庭、学校和社区协同合作，共同促进留守儿童的积极成长。当儿童感受到来自父母的鼓励、教师的积极关注与同伴的支持时，这能够增加他们的自主感，有助于他们体验到安全感，从而满足其心理需要，他们就会更愿意内化父母和教师的指导。具体来说：

（1）在外打工的父母应注重为留守儿童提供情感支持和心理关怀，加强沟通与理解，减少采用严厉惩罚、拒绝的养育方式，关心爱护与严格要求相结合，这样孩子更有可能获得积极发展。外出打工的父母虽然不在孩子身边，但可以通过电话、微信、写信等多种方式与孩子及时保持联系，从而弥补父母缺席可能带来的负面影响；

（2）充分发挥教师、同伴支持系统的力量。留守儿童感知到更多的教师支持和同伴支持，他们就不会一直留在低品格组，品格会有变好的可能。作为留守儿童的重要陪伴者，教师应对留守儿童提供及时、积极的关注，建立和谐、融洽的师生关系；同伴可以在学业和生活上给予留守儿童更多陪伴，这有助于弥补留守儿童因父母不在身边而缺失的归属感与安全感，增强他们与社会的联结。

（3）由于良好的社区氛围有助于留守儿童品格变好，因此，社区或所居住村庄应积极承担责任，探索社区服务于农村留守儿童的良好工作模式，如增加社区家长学校中针对留守儿童或其家长的干预项目，创建安定、和谐的氛围，加强邻里沟通，打造安全、可信任的社区氛围，为儿童树立积极的榜样。

4. 设计灵活的干预方案与留守儿童不同的变化轨迹相契合。本书从关注个体总的心理状态转向个体内的发展变化模式，识别农村留守儿童积极和问题性发展指标的多种发展轨迹。采用了潜在剖面分析对儿童品格进行划分，并采用潜在转变分析对儿童品格类别的转变进行探讨，这有助于我们更有效地利用所有被试信息，并识别群体的异质性。根据 T1 至 T2 以及 T2 至 T3 品格类别是否发生转变，我们将不同品格类别转变模式分为 5 组：（1）持续低品格组；（2）品格变好组；（3）品格变差组；（4）持续中间组；（5）持续高品格组，并在此基础上考察了不同品格类别转变模式的影响因素及其与社会适应各指标的关系。识别发展转变上存在的差异性要求我们在为留守儿童设计社会适应的提升方案时，应该像其发展轨迹一样丰富多样。干预者需要设计和执行灵活的计划以和农村留守儿童不同的发展变化轨迹相匹配。

例如，本书的其中一个结果是，与非留守初中生相比，留守初中生在从 T1 低品格组转向 T2 高品格组时，更易发生欺凌和受欺凌行为，且两类初中生在这一转变中实施、遭受网络欺凌的可能性似乎也增大。该结果为我们培养留守儿童的品格提供了重要的启发。在干预时，我们要特别重视品格变好的儿童，给予这类儿童更多的关注，在他们需要时加以支持和帮助，使他们获得更多的发展资源，在引导、培养他们品格的积极转变时，也要同时防止他们受到其他儿童的欺凌或去欺凌其他儿童。

第七节　本书的创新和不足之处

一　本书的创新

本书的创新主要体现在以下几个方面：

第一，探讨了农村留守儿童品格的潜在类别。目前我国关于留守儿童的研究主要集中在心理健康和行为问题方面，已有品格的研究非常有限，并且常常将留守儿童作为一个同质的整体与对照组进行比较，而没有从人格特质本身进行分类。本书考察了农村留守儿童品格的潜在类别，结果发现，按照品格特质的不同可划分为 3 个潜在类别：（1）"低品格组"，马基雅维利主义水平最高，更加冷漠，自制力差，不能站在他人角度考虑问题。同时，不太懂得感恩、社会责任感差，不努力、缺乏毅力等；（2）"高品格组"，有更强的自我控制能力、善于抵制诱惑，体谅他人、富于同情心，懂得感恩、社会责任感强。而且他们尊重和信任他人，不擅长欺骗和操纵，关爱和负责，勤奋刻苦、诚实守信、坚持不懈；（3）"中间组"，在各具体品格特质上的得分均介于"低品格组"和"高品格组"。结合三个时间点、两次转变以及两个时间点、一次转变来看，低品格组的比例在逐渐增加，高品格组的比例在逐渐减少；初中生群体的中间组发生转变时，更可能转到低品格组而非高品格组。品格似乎随着年龄的增长或青春期的出现有下降的趋势，留守儿童与非留守儿童在四年级和七年级品格的发展差异是有明显不同的。我们采用人格发展的中断假说来尝试解释该结果，具有一定的创新性。

第二，我们以父母（或一方）外出打工时间不同（外出打工 vs. 外出打工至少 6 个月）两种标准界定农村留守儿童，可能为已有研究结果存在的不一致提供新的证据。本书发现，留守儿童的界定标准不同，低品格组、中间组和高品格组随时间的发展变化不同。结合三个时间点、两次转变来看，当以父母是否外出打工界定留守儿童时，低品格组不断向中间组和高品格组转移，而高品格组却转向中间组或低品格组，也有一定比例的被试从中间组转为高品格组或低品格组，这种转变模式与农村儿童总体变化相似；而对于父母外出打工至少 6 个月的留守儿童来说，品格潜在类别在 T1 至 T2 之间保持相对稳定，而在 T2 至 T3 之间容易发生波动，尤其是对处于中间组和高品格组的儿童，更可能向下转变，即分别转向低品格组和中间组。另外，我们将品格的转变划分为 5 类：（1）持续低品格组；（2）品格变好组；（3）品格变差组；（4）持续中间组；（5）持续高品格组。我们还发现，T1 至 T2 时间点，留守儿童品格变差的可能性低于非留守儿童，尤其是对于四年级儿童。这告诉我们，留守儿童并不是问题儿童，他们在一定的发展阶段表现优于非留守儿童；儿童留守状态对七年级儿童品格类别的转变没有显著影响，但对四年级儿童有明显的影响，即从四年级转到五年级时，留守儿童留在高品格组的比例高于非留守儿童。但在 T2 至 T3 时间点，以父母是否外出打工作为留守儿童的界定标准时，留守儿童品格变好的比例显著低于非留守儿童，并且在五年级转到六年级时，留守男生品格变差的比例显著高于非留守男生。

第三，关注了农村留守儿童品格发展转变的影响因素。鉴于品格在儿童发展中的重要作用，一个值得研究的问题是什么因素会影响儿童品格的发展。父母养育方式、教师支持、同伴支持、社区氛围等生态环境变量与儿童适应性结果的关系可能在留守儿童与非留守儿童之间存在差异。值得注意的是，目前相关的纵向研究还很缺乏。本书采用间隔一年的三次施测发现，无论是以父母（或一方）外出打工至少6个月还是以父母（或一方）外出打工作为留守儿童的界定标准，在T1至T2时间点，如果留守儿童感知到较少的父母拒绝、较多的父母保护和情感温暖以及较多的教师支持，就越不可能留在低品格组，同伴支持和良好的社区氛围有助于儿童留在高品格组。但在T2至T3时间点，亲子冲突的负面影响明显表现出来，亲子冲突越多，儿童越有可能留在低品格组；父母温暖的养育方式、更多的教师支持和同伴支持以及良好的社区氛围，这些因素均有助于留守儿童和非留守儿童良好品格的培养。同伴支持的作用更多体现在后两个时间点的转变中，而教师支持的影响则贯穿在三个时间点、两次转变中。这些结果提示我们，在农村留守儿童成长的过程中，如果可以较好地塑造他们所处的生态环境特征，提供促进他们发展的适宜条件，那么在整个青少年期，留守儿童就更有可能茁壮成长，并表现出积极健康的发展态势。

第四，采用以人为中心的研究取向通过三个时间点、两次转变以及两个时间点、一次转变考察了农村留守儿童的个体内变化模式，从而识别出农村留守儿童品格的多种发展轨迹，并探讨了品格发展轨迹与社会适应的关系。结果验证了以往研究发现，即良好的品格特质可以与行为问题共存。例如，采用间隔六个月的两次施测探讨品格类别转变模式与传统欺凌和网络欺凌这两类社会适应关键指标的关系，结果表明，当T1高品格组转向T2低品格组或T2中间组时，儿童都有可能实施传统欺凌行为和网络欺凌行为，同时也更有可能受到网络欺凌；在T1低品格组转向T2高品格组时，相较于非留守儿童，留守儿童在欺凌行为、受欺凌行为以及网络受欺凌行为上的得分更高；由高品格组转为低品格组的留守儿童在网络欺凌行为上的得分显著高于同类转变的非留守儿童和持续留在高品格组的留守儿童。因此，除了良好品格和问题行为之间存在反向发展轨迹外，一些留守儿童可能表现出在两个领域的同时增加，而另一些留守儿童却表现出同时下降。未来需要对积极发展和问题性发展的同时轨迹进行深入研究，并提供普适化的证据。这进一步提示我们，在对农村留守儿童品格进行培养时，实践者需要设计和执行灵活的培养计划以匹配个体不同的发展变化轨迹。

二　研究不足及展望

尽管本书增加了我们对于农村儿童尤其是农村留守儿童动态发展模式丰富性的理解，但仍有一些不足和局限性，主要包括以下几个方面：

第一，由于我们的能力和财力的限制，采用方便取样法进行取样，因此本书中的儿童主要是在河南省内农村中小学选取。由于样本数量限制，在采用潜在转变分析考察三个时间点的潜在类别时，每一时间点划分为 3 个类别，这样总的类别包括 27 类，有些潜在类别样本量太少，甚至是 0。未来研究需要扩大被试的样本量及取样范围和代表性程度。

第二，本书的测评工作仅拓展到小学四年级儿童，他们能够完成自我报告问卷。由于语言发展和认知成熟的局限性，自我报告问卷对于非常年幼的孩子是不适合的。因此，需要采用新的方式测量婴幼儿的品格和社会适应等积极结构。即使对年幼的孩子来说，某些品格成分也存在个体差异，如即使是两岁的孩子，也可以表现出善意。最大的问题可能是缺乏测量年幼儿童良好品格个体差异的、得到一致认可、具有一定信效度的测量方法。有些孩子太小无法完成用于儿童青少年和成人的自我报告问卷。我们也不能假设，用于培养成人良好品格的策略对儿童也同样适用或有效。因此未来研究需要从更长时程、更短追踪间隔来考察品格的发展轨迹，探讨在多大程度上研究结果可以从一个群体推广到另一个群体，以澄清品格的类别模式与核心成分的变化情况及稳定性。

第三，尽管我们认为，本书中选取的自我控制、共情、感恩、责任感、马基雅维利主义、冷漠无情等多种品格特质对农村留守儿童具有独特的价值，或许在儿童中也很普遍，但仍然需要通过跨文化或跨地域的数据来验证这一观点。当然，在一个研究中综合评估所有的品格是不可能或不现实的。虽然本书采用了追踪三次、每次间隔一年以及追踪两次、间隔半年的两项纵向研究来考察农村留守儿童品格的发展轨迹，并与非留守儿童进行比较，但仍需要不断努力以更多理解这些品格潜在类别表现的不同与差异之处、预测因素及其对农村留守儿童社会适应的影响作用。在本书中使用的是生态环境和社会适应的多种具体指标进行数据分析，但这种变量为中心的研究方法主要探讨了变量之间的关系，重点关注个体间的共性，在考察个体心理和行为的异质性发展时具有局限性。因此在未来研究中，可以深入挖掘品格和社会适应的其他指标，使用更多样的计算方法进一步探讨农村留守儿童品格的发展轨迹及其对社会适应的影响。未来我们需要深入挖掘这些数据，以便得到更多有价值的结论。

第四，当前实验并未发现注意偏向训练对高抑郁农村留守儿童在状态焦虑、积极情绪/消极情绪变量上起作用，可能的解释是训练尚未标准化，各个实验的训练设置存在差异。认知训练需要达到一定的强度（时程或重复次数）才能对大脑功能和日常生活功能产生持久的作用。因此，未来研究有必要进一步探索训练设置（训练间隔时长、训练次数以及训练持续天数）对注意偏向训练效果的影响，以便在更大范围进行应用推广。

此外，本书只评估了注意偏向训练对悲伤刺激的回避，但没有考察是否会增加对积极刺激的注意，实验材料仅采用了中性刺激和悲伤刺激，并且这种方法可能降低了研究的生态效度。结合冥想等其他注意力训练方法可能会产生更持久的干预效果。今后的研究可以进一步改善或优化注意偏向训练，拓宽评估注意偏向训练效果的手段，并探索对不同品格农村留守儿童社会适应干预的长期效果。

总的来说，本书是我国第一个对农村留守儿童品格的发展变化进行探讨的研究，并与非留守儿童进行了比较，通过潜在剖面分析和潜在转变分析将品格分为三种潜在类别：低品格组、中间组与高品格组。未来有必要开展更加细化的追踪研究，包括以年幼儿童作为研究对象，整合多种不同的评价策略以理解儿童青少年，尤其是农村留守儿童品格的发展状况、相关预测因素及产生的影响。

参考文献

中文著作

陈向明：《质的研究方法与社会科学研究》，教育科学出版社 2000 年版。

董奇、林崇德主编：《当代中国儿童青少年心理发育特征——中国儿童青少年心理发育特征调查项目总报告》，科学出版社 2011 年版。

姜乾金主编：《医学心理学》，人民卫生出版社 2010 年版。

林崇德、黄希庭、杨治良主编：《心理学大辞典》，上海教育出版社 2003 年版。

杨韶刚：《道德教育心理学》，上海教育出版社 2007 年版。

中文期刊

蔡春凤、周宗奎：《童年中期儿童受欺负地位稳定性与社会能力的关系》，《心理发展与教育》2009 年第 2 期。

常青、夏绪仁：《农村留守儿童人格特征研究》，《心理科学》2008 年第 6 期。

常淑敏、张文新：《人类积极发展的资源模型——积极青少年发展研究的一个重要取向和领域》，《心理科学进展》2013 年第 1 期。

常淑敏、张丽娅、王玲晓：《发展资源在减少青少年外化问题行为中的累积效应及关系模式》，《心理学报》2019 年第 11 期。

陈京军、范兴华、程晓荣等：《农村留守儿童家庭功能与问题行为：自我控制的中介作用》，《中国临床心理学杂志》2014 年第 2 期。

迟希新：《留守儿童道德成长问题的心理社会分析》，《教师教育研究》2005 年第 6 期。

崔伟、徐夫真、陈佩佩等：《留守初中生教师支持与学业适应：人格的调节作用》，《中国特殊教育》2017 年第 2 期。

邓纯考：《农村留守儿童社区支持的资源与路径——基于西部地区四省两区的调研》，《教育发展研究》2013 年第 1 期。

董会芹、张文新：《童年期儿童同情与同伴侵害：应对策略的中介效应》，《山东师范大学学报》（社会科学版）2020 年第 4 期。

段文杰、谢丹、李林等：《性格优势与美德研究的现状、困境与出路》，《心理科学》2016 年第 4 期。

范方、桑标：《亲子教育缺失与"留守儿童"人格、学绩及行为问题》，《心理科学》2005 年第 4 期。

范兴华、方晓义：《不同监护类型留守儿童与一般儿童问题行为比较》，《中国临床心理学杂志》2010 年第 2 期。

范兴华、方晓义、陈锋菊：《留守儿童家庭处境不利的结构及影响：一项质性研究》，《湖南社会科学》2012 年第 6 期。

范志宇、吴岩：《亲子关系与农村留守儿童孤独感、抑郁：感恩的中介与调节作用》，《心理发展与教育》2020 年第 6 期。

高健、袭祥荣、向诗雨等：《父母过度保护对幼儿脆弱性的影响：焦虑的中介作用》，《中国特殊教育》2019 年第 9 期。

高永金、张瑜、余欣欣等：《初中留守儿童积极心理品质发展现状调查》，《中国特殊教育》2020 年第 8 期。

耿耀国、秦贝贝、夏丹等：《青少年世故性移情与亲社会行为的关系》，《中国学校卫生》2011 年第 1 期。

官群、孟万金、Keller J. 等：《中国中小学生积极心理品质量表编制报告》，《中国特殊教育》2009 年第 4 期。

郭海英、刘方、刘文等：《积极青少年发展：理论、应用与未来展望》，《北京师范大学学报》（社会科学版）2017 年第 6 期。

郭海英、陈丽华、叶枝等：《流动儿童同伴侵害的特点及与内化问题的循环作用关系：一项追踪研究》，《心理学报》2017 年第 3 期。

郭申阳、孙晓冬、彭瑾等：《留守儿童的社会心理健康——来自陕西省泾阳县一个随机大样本调查的发现》，《人口研究》2019 年第 6 期。

郭亚平：《留守经历及其开始阶段对大学生非认知能力的影响》，《青年研究》2020 年第 1 期。

侯金芹、陈祉妍：《青少年抑郁情绪的发展轨迹：界定亚群组及其影响因素》，《心理学报》2016 年第 8 期。

黄思媛、张英俊、姚泥沙等：《大学生社交焦虑的注意偏向矫正训练》，《中国临床心理学杂志》2017 年第 5 期。

胡义秋、方晓义、刘双金等：《农村留守儿童焦虑情绪的异质性：基于潜在剖面分析》，《心理发展与教育》2018 年第 3 期。

黄颖：《留守中学生的亲子忽视与学校适应研究》，《中国德育》2015 年第 21 期。

黄悦勤、云淑梅、石立红等：《中学生人格偏离与父母养育方式及相关因素的研究》，《中国心理卫生杂志》2000 年第 2 期。

贾健、王玥：《留守儿童犯罪被害预防能力提升的教育对策研究》，《湖北社会科学》2019 年第 7 期。

蒋奖、鲁峥嵘、蒋苾菁等：《简式父母教养方式问卷中文版的初步修订》，《心理发展与教育》2010 年第 1 期。

金灿灿、刘艳、陈丽：《社会负性环境对流动和留守儿童问题行为的影响：亲子和同伴关系的调节作用》，《心理科学》2012 年第 5 期。

金灿灿、邹泓、李晓巍：《青少年的社会适应：保护性和危险性因素及其累积效应》，《北京师范大学学报》（社会科学版）2011 年第 1 期。

金小红、徐晓华、太小杰：《乡村结构变迁背景下农村儿童的生存现状：一项比较研究》，《教育研究与实验》2017 年第 2 期。

来枭雄、陈晨、张晓彤等：《注意训练对考试焦虑的干预效果：来自大中小学的实验证据》，《中国特殊教育》2015 年第 2 期。

李晓燕、刘艳、林丹华：《论儿童青少年品格教育》，《北京师范大学学报》（社会科学版）2019 年第 4 期。

黎亚军：《河南省中小学生欺负行为及其与早餐食用的关联性》，《中国学校卫生》2020 年第 12 期。

林崇德：《21 世纪学生发展核心素养研究》，《教育科学论坛》2016 年第 20 期。

林丹华、柴晓运、李晓燕等：《中国文化背景下积极青少年发展的结构与内涵——基于访谈的质性研究》，《北京师范大学学报》（社会科学版）2017 年第 6 期。

凌宇、胡惠南、陆娟芝等：《家庭支持对留守儿童生活满意度的影响：希望感与感恩的链式中介作用》,《中国临床心理学杂志》2020 年第 5 期。

刘爱楼、欧贤才:《大学生自杀风险的类别转变:潜在转变分析》,《西南大学学报》(社会科学版) 2018 年第 2 期。

刘美玲、田喜洲、郭小东:《品格优势及其影响结果》,《心理科学进展》2018 年第 12 期。

刘欣怡、崔丽娟:《留守儿童共情能力特点、发展影响因素及其干预探究》,《苏州大学学报》(教育科学版) 2020 年第 3 期。

陆继霞、叶敬忠:《我国农村地区同辈群体对留守儿童的影响研究》,《农村经济》2009 年第 12 期。

罗静、王薇、高文斌:《中国留守儿童研究述评》,《心理科学进展》2009 年第 5 期。

吕吉、刘亮:《农村留守儿童家庭结构与功能的变化及其影响》,《中国特殊教育》2011 年第 10 期。

吕绍清:《孩子在老家农村留守儿童:生活与心理的双重冲突》,《中国发展观察》2005 年第 9 期。

潘颖秋:《初中青少年自尊发展趋势及影响因素的追踪分析》,《心理学报》2015 年第 6 期。

任运昌:《莫为留守儿童贴上"污名"标签》,《中国农村教育》2008 年第 4 期。

沈丽丽、游达、满其军:《留守儿童领悟社会支持与积极心理品质的关系研究》,《上海教育科研》2019 年第 5 期。

宋月萍:《父母流动对农村大龄留守儿童在校行为的影响——来自中国教育追踪调查的证据》,《人口研究》2018 年第 5 期。

谭深:《中国农村留守儿童研究述评》,《中国社会科学》2011 年第 1 期。

王碧瑶、张敏强、张洁婷等:《青少年自我伤害行为的潜在转变分析:一项纵向研究》,《心理科学》2015 年第 6 期。

王东宇、王丽芬:《影响中学留守孩心理健康的家庭因素研究》,《心理科学》2005 年第 2 期。

王丽、傅金芝:《国内父母教养方式与儿童发展研究》,《心理科学进展》2005 年第 3 期。

王秋香:《农村"留守儿童"同辈群体类型及特点分析》,《湖南社会科学》2007

年第 1 期。

汪向东、王希林、马弘等：《心理卫生评定量表手册》，中国心理卫生杂志社
1999 年版。

王亚丹、孔繁昌、赵改等：《父母教养方式影响青少年感恩：心理特权和观点
采择的中介作用》，《心理发展与教育》2020 年第 4 期。

王中会、罗慧兰、张建新：《父母教养方式与青少年人格特点的关系》，《中国
临床心理学杂志》2006 年第 3 期。

魏晓娟：《青少年自尊的发展特点及家庭影响因素研究》，《青少年学刊》2016
年第 3 期。

肖文娥、邢玉凤、梁金辉：《初中学生品德发展状况与父母教养方式的相关研
究》，《教育研究》2002 年第 10 期。

徐夫真、张文新、张玲玲：《家庭功能对青少年疏离感的影响：有调节的中介
效应》，《心理学报》2009 年第 12 期。

杨炎芳、陈庆荣：《留守儿童对拒绝性信息的注意偏向》，《中国特殊教育》2017
年第 8 期。

张凤凤、董毅、汪凯等：《中文版人际反应指针量表（IRI-C）的信度及效度
研究》，《中国临床心理学杂志》2010 年第 2 期。

张更立：《农村留守儿童孤独感与社会适应的关系：感恩的中介作用》，《教育
研究与实验》2017 年第 3 期。

张光珍、梁宗保、邓慧华等：《学校氛围与青少年学校适应：一项追踪研究》，
《心理发展与教育》2014 年第 4 期。

张洁婷、焦璨、张敏强：《潜在类别分析技术在心理学研究中的应用》，《心理
科学进展》2010 年第 12 期。

赵金霞、李振：《亲子依恋与农村留守青少年焦虑的关系：教师支持的保护作
用》，《心理发展与教育》2017 年第 3 期。

张梦圆、杨莹、寇彧：《青少年的亲社会行为及其发展》，《青年研究》2015 年
第 4 期。

张明皓：《留守儿童的日常焦虑与自我认同——基于结构二重性视角的考察》，
《北京社会科学》2017 第 3 期。

张文新、陈光辉：《发展情境论——一种新的发展系统理论》，《心理科学进展》

2009 年第 4 期。

张文新、武建芬、Jones K.：《Olweus 儿童欺负问卷中文版的修订》，《心理发展与教育》1999 年第 2 期。

赵景欣、刘霞、张文新：《同伴拒绝，同伴接纳与农村留守儿童的心理适应：亲子亲合与逆境信念的作用》，《心理学报》2013 年第 7 期。

赵鑫、张鹏、陈玲：《注意偏向训练对社交焦虑的干预：方法、效果与机制》，《心理科学进展》2014 年第 8 期。

周晖、钮丽丽、邹泓：《中学生人格五因素问卷的编制》，《心理发展与教育》，2000 年第 1 期。

周萍、陈琦鹏：《情绪刺激材料的研究进展》，《心理科学》2008 年第 2 期。

周欣然、胡思远、梁丽婵等：《初中生亲社会行为与主观幸福感的三年交叉滞后分析》，《中国临床心理学杂志》2020 年第 3 期。

中文学位论文

陈小萍：《父亲缺失下农村留守儿童学绩、自尊及人格研究》，西北师范大学，硕士学位论文，2007 年。

李海华：《不同领悟社会支持水平留守儿童对情绪刺激的认知偏向》，西南大学，硕士学位论文，2009 年。

彭芳：《注意偏向训练对中学生抑郁症的干预作用》，湖南师范大学，硕士学位论文，2013 年。

张婵：《青少年积极品质的成分、测量及其作用》，东北师范大学，博士学位论文，2013 年。

中文电子文献

教育部：《2015 年全国教育事业发展统计公报》，http://www.moe.gov.cn/srcsite/A03/s180/moe_633/201607/t20160706_270976.html。

民政部等：《关于进一步健全农村留守儿童和困境儿童关爱服务体系的意见》，https://www.gov.cn/zhengce/zhengceku/2019-10/16/content_5440604.htm。

新华社：《更好夯实民生保障基础——五大关键词解读民政事业改革发展"成绩单"》，https://www.gov.cn/xinwen/2021-02/24/content_5588542.htm。

中华人民共和国中央人民政府：《中共中央 国务院关于全面推进乡村振兴加快农业农村现代化的意见》，https：//www. gov. cn/zhengce/2021 - 02/21/content_5588098. htm。

中华人民共和国中央人民政府：《中共中央 国务院关于进一步深化农村改革扎实推进乡村全面振兴的意见》，https：//www. gov. cn/gongbao/2025/issue_11906/202503/content_7011166. html。

英文参考文献

Agans J. P. , Su S. , & Ettekal A. V. , "Peer Motivational Climate and Character Development: Testing a Practitioner-Development Youth Sport Model", *Journal of Adolescence*, 2018.

Andreou E. , "The Relationship of Academic and Social Cognition to Behavior in Bullying Situations among Greek Primary School Children", *Educational Psychology*, 24 (1), 2004.

Aquino K. , Freeman D. , Reed A. , et al. , "Testing a Social-cognitive Model of Moral Behavior: The Interactive Influence of Situations and Moral Identity Centrality", *Journal of Personality and Social Psychology*, 97 (1), 2009.

Asparouhov T. , & Muthén, B. , "Auxiliary Variables in Mixture Modeling: Three-step Approaches Using Mplus", *Structural Equation Modeling*, 21 (3), 2004.

Baehr J. , "The Varieties of Character and Some Implications for Character Education", *Journal of Youth and Adolescence*, 46, 2017.

Baloğlu M. , Şahin R. , & Arpaci I. , "A Review of Recent Research in Problematic Internet Use: Gender and Cultural Differences", *Current Opinion in Psychology*, 36, 2020.

Banicki K. , "Positive Psychology on Character Strengths and Virtues: A Disquieting Suggestion", *New Ideas in Psychology*, 33, 2014.

Bar-Haim Y. , Lamy D. , Pergamin L. , et al. , "Threat-Related Attentional Bias in Anxious and Nonanxious Individuals: A Meta-Analytic Study", *Psychological Bulletin*, 133 (1), 2007.

Beard C. , Sawyer A. T. , & Hofmann S. G. , "Efficacy of Attention Bias Modification Using Threat and Appetitive Stimuli: A Meta-Analytic Review", *Behavior Therapy*, 43 (4), 2012.

Benson P. L. , "Developmental Assets: An Overview of Theory, Research, and Practice", In R. K. Silbereisen & R. M. Lerner (Eds.), *Approaches to Positive Youth Development* (pp. 33−58) . Thousand Oaks, 2007.

Benson P. L. , Scales P. C. , Hamilton S. F. , et al. , "Positive Youth Development: Theory, Research, and Applications", In R. M. Lerner & W. Damon (Eds.), *Handbook of Child Psychology: Theoretical Models of Human Development*, John Wiley & Sons, 2006.

Berkowitz M. W. , "What Works in Values Education?", *International Journal of Educational Research*, 50 (3), 2011.

Brandes C. M. , Kushner S. C. , Herzhoff K. , et al. , "Facet-level Personality Development in the Transition to Adolescence: Maturity, Disruption, and Gender Differences", *Journal of Personality and Social Psychology*, 121 (5), 2021.

Bronfenbrenner U. , & Orris P. A. , "The Bioecological Model of Human Development", In R. M. Lerner & W. Damon (Eds.), *Handbook of Child Psychology: Theoretical Models of Human Development*, Hoboken, NJ: Wiley, 2007.

Bronfenbrenner U. , "*The Ecology of Human Development*", Harvard University Press, 1979.

Brown M. , Blanchard T. , & McGrath R. E. , "Differences in Self-Reported Character Strengths across Adolescence", *Journal of Adolescence*, 79, 2020.

Browning M. , Holmes E. A. , & Harmer C. J. , "The Modification of Attentional Bias to Emotional Information: A Review of the Techniques, Mechanisms, and Relevance to Emotional Disorders", *Cognitive Affective and Behavioral Neuroscience*, 10 (1), 2010.

Calvete E. , Orue I. , Estévez A. , et al . , "Cyberbullying in Adolescents: Modalities and Aggressors' Profile", *Computers in Human Behavior*, 26 (5), 2010.

Chai X. , Wang J. , Li X. , et al. , "Development and Validation of the Chinese Positive Youth Development Scale", *Applied Developmental Science*, 26 (1),

2022.

Chang H. , "The Longitudinal Transition of the Moral Character Latent Profile of El-
ementary School Students and Predictive Factor Verification in Korea", *Acta
Psychologica*, 230, 2022.

Cheung G. W. , & Rensvold R. B. , "Evaluating Goodness-of-fit Indexes for Testing
Measurement Invariance", *Structural Equation Modeling*, 9 (2), 2002.

Ciocanel O. , Power K. , Eriksen A. , et al. , "Effectiveness of Positive Youth
Development Interventions: A Meta-analysis of Randomized Controlled Trials",
Journal of Youth and Adolescence, 46 (3), 2016.

Cisler J. M. , & Koster E. H. W. , "Mechanisms of Attentional Biases towards
Threat in Anxiety Disorders: An Integrative Review", *Clinical Psychology Re-
view*, 30 (2), 2010.

Cohen T. R. , & Morse L. , "Moral Character: What It Is and What It Does", *Re-
search in Organizational Behavior*, 34, 2014.

Cohen T. R. , Panter A. T. , Turan N. , et al. , "Moral Character in the Work-
place", *Journal of Personality and Social Psychology*, 107 (5), 2014.

Connell A. M. , Dishion T. J. , & Deater-Deckard K. D. , "Variable-and Person-
centered Approaches to the Analysis of Early Adolescent Substance Use: Link-
ing Peer, Family, and Intervention Effects with Developmental Trajectories",
Merrill-Palmer Quarterly, 52 (3), 2006.

Crockett L. J. , Schulenberg J. E. , & Petersen A. C. , "Congruence between Ob-
jective and Self-report Data in a Sample of Young Adolescents", *Journal of Ad-
olescent Research*, 2 (4), 1987.

Damon W. , "What is Positive Youth Development?" *Annals of the American Acad-
emy of Political and Social Science*, 591 (1), 2004.

de Moor M. H. , Costa P. T. , Terracciano A. , et al. , "Meta-Analysis of Genome-
Wide Association Studies for Personality", *Molecular Psychiatry*, 17, 2010.

Demetriou A. , Kazi S. , Makris N. , et al. , "Cognitive ability, Cognitive Self-
awareness, and School Performance: From Childhood to Adolescence", *Intel-
ligence*, 79, 2020.

Denzin N. K. , & Lincoln Y. S. (Eds.), *The Landscape of Qualitative Research* (3rd ed.), Sage Publications, 2008.

Duan W. , Ho S. M. Y. , Bai Y. , et al. , "Psychometric Evaluation of the Chinese Virtues Questionnaire", *Research on Social Work Practice*, 23, 2013.

Eccles J. S. , Midgley C. , Wigfield A. , et al. , "Development during Adolescence: The Impact of Stage-Environment Fit on Young Adolescents' Experiences in Schools and Families", *American Psychologist*, 48 (2), 1993.

Ellemers N. , Pagliaro S. , & Barreto M. , "Morality and Behavioural Regulation in Groups: A Social Identity Approach", *European Review of Social Psychology*, 24, 2013.

Emmons R. A. , "Abstract versus Concrete Goals: Personal Striving Level, Physical Illness, and Psychological Emotional Well-being", *Journal of Personality and Social Psychology*, 62, 1992.

Essau C. A. , Sasagawa S. , & Frick, P. J. , "Callous-Unemotional Traits in a Community Sample of Adolescents", *Assessment*, 13, 2006.

Fellmeth G. , Rose-Clarke K. , Zhao C. , et al. , "Health Impacts of Parental Migration on Left-behind Children and Adolescents: A Systematic Review and Meta-analysis", *Lancet*, 392, 2018.

Fendrich M. , Warner V. , & Weissman M. M. , "Family Risk Factors, Parental Depression, and Psychopathology in Offspring", *Developmental Psychology*, 26 (1), 1990.

Ferragut M. , Blanca M. J. , & Ortiz-Tallo M. , "Psychological Virtues during Adolescence: A Longitudinal Study of Gender Differences", *European Journal of Developmental Psychology*, 11, 2014.

Gander F. , Proyer R. T. , & Ruch W. , "A Placebo-controlled Online Study on Potential Mediators of a Pleasure-based Positive Psychology Intervention: The Role of Emotional and Cognitive Components", *Journal of Happiness Studies*, 19 (7), 2018.

García-Vázquez F. I. , Valdés-Cuervo A. A. , & Parra-Pérez L. G. , "The Effects of Forgiveness, Gratitude, and Self-control Reactive and Proactive Aggression in Bullying", *International Journal of Environmental Research and Public Health*, 17 (16), 2020.

Gentile D. A. , et al, "Mediators and Moderators of Long-term Effects of Violent Video Games on Aggressive Behavior", *JAMA Pediatrics*, 168 (5), 2014.

Gotlib I. H. , Krasnoperova E. , Yue D. N. , et al. , "Attentional Biases for Negative Interpersonal Stimuli in Clinical Depression", *Journal of Abnormal Psychology*, 113 (1), 2004.

Götz F. M. , Bleidorn W. , & Rentfrow P. J. , "Age Differences in Machiavellianism across the Life Span: Evidence from a Large-scale Cross-sectional Study", *Journal of Personality*, 88 (5), 2020.

Green D. M. , Price, D. A. , & Spears, B. A. , "Persistent Bullying and the Influence of Turning Points: Learnings from an Instrumental Case Study", *Pastoral Care in Education*, 42 (3), 2024.

Harter S. , *The Construction of the Self: Developmental and Sociocultural Foundations*, The Guilford Press, 2012.

Heaven P. C. L. , & Ciarrochi J. , "Parental Styles, Conscientiousness, and Academic Performance in High School: A Three-wave Longitudinal Study", *Personality and Social Psychology Bulletin*, 34 (4), 2008.

Hilliard L. J. , Bowers E. P. , Greenman K. N. , et al. , "Beyond the Deficit Model: Bullying and Trajectories of Character Virtues in Adolescence", *Journal of Youth and Adolescence*, 43 (6), 2014.

Jayawickreme E. , Forgeard M. J. C. , & Seligman M. E. P. , "The engine of wellbeing", *Review of General Psychology*, 16 (4), 2012.

JeličićH. , Bobek D. , Phelps E. , et al. , "Using Positive Youth Development to Predict Contribution and Risk Behaviors in Early Adolescence: Findings from the First Two Waves of the 4-H Study of Positive Youth Development", *International Journal of Behavioral Development*, 31 (3), 2007.

Jia Y. , Way N. , Ling G. , et al. , "The Influence of Student Perceptions of School Climate on Socioemotional and Academic Adjustment: A Comparison of Chinese and American Adolescents", *Child Development*, 80, 2009.

Julian K. , Beard C. , Schmidt N. B. , et al. , "Attention Training to Reduce Attention Bias and Social Stressor Reactivity: An Attempt to Replicate and Extend Previous Findings", *Behavior Research and Therapy*, 50 (5), 2012.

Jung T. , & Wickrama K. , "An Introduction to Latent Class Growth Analysis and Growth Mixture Modeling", *Social and Personality Psychology Compass*, 2 (1), 2007.

Klingberg T. , "Neural Basis of Cognitive Training and Development", *Current Opinion in Behavioral Sciences*, 10, 2016.

Lam L. T. , & Li, Y. , "The Validation of the E-Victimisation Scale (E-VS) and the E-Bullying Scale (E-BS) for Adolescents", *Computers in Human Behavior*, 29 (1), 2013.

Lavy S. , "A Review of Character Strengths Interventions in Twenty-first-century Schools: Their Importance and How they can be Fostered", *Applied Research in Quality of Life*, 15, 2020.

Lee J. R. , Kim G. , Yi Y. , et al. , "Classifying Korean Children's Behavioral Problems and Their Influencing Factors: A Latent Profile Analysis, *International Journal of Child Care and Education Policy*, 11, 2017.

Lerner J. V. , Phelps E. , Forman Y. , et al. , "Positive youth development", In R. M. Lerner & L. Steinberg (Eds.), *Handbook of Adolescent Psychology: Individual Bases of Adolescent Development*, John Wiley & Sons Inc. , 2009.

Lerner R. M. , & Callina K. S. , "The Study of Character Development: Towards Tests of a Relational Developmental Systems Model", *Human Development*, 57, 2014.

Lerner R. M. , "Character Development among Youth: Linking Lives in Time and Place", *International Journal of Behavioral Development*, 42 (2), 2018.

Lerner R. M. , "The Place of Learning within the Human Development System: A Developmental Contextual Perspective", *Human Development*, 38, 1995.

Lerner R. M. , Agans J. P. , Desouza L. M. , et al. , "Describing, Explaining, and Optimizing within-individual Change across the Life Span: A Relational Developmental Systems Perspective", *Review of General Psychology*, 17 (2),

2013.

Lerner R. M. , Alberts A. E. , Jelicic H. , et al. , "Young People are Resources to Be Developed: Promoting Positive Youth Development through Adult-Youth Relationships and Community Assets", *Applied Developmental Science*, 10 (2), 2006.

Lerner R. M. , Lerner J. V. , Almerigi J. B. , et al. , "Positive Youth Development, Participation in Community Youth Development Programs, and Community Contributions of Fifth-Grade Adolescents", *The Journal of Early Adolescence*, 25 (1), 2005.

Lerner R. M. , Lerner J. V. , Lewin-Bizan S, et al. , "Positive Youth Development: Processes, Programs, and Problematics", *Journal of Youth Development*, 6 (3), 2011.

Lerner R. M. , Lerner J. V. , Almerigi J. , et al. , "Dynamics of Individual—Context Relations in Human Development: A Developmental Systems Perspective", In J. C. Thomas, D. L. Segal, & M. Hersen (Eds.), *Comprehensive Handbook of Personality and Psychopathology*, *Vol. 1. Personality and Everyday Functioning*, John Wiley & Sons, Inc. , 2006.

Lerner R. M. , Lerner J. V. , Bowers E. P. , et al. , "Positive Youth Development and Relational-Developmental-Systems", In W. F. Overton, P. C. M. Molenaar, & R. M. Lerner (Eds.), *Handbook of Child Psychology and Developmental Science: Theory and Method*, John Wiley & Sons, Inc. , 2015.

Lewin-Bizan S. , Bowers E. , & Lerner R. M. , "One Good Thing Leads to Another: Cascades of Positive Youth Development among American Adolescents", *Development and Psychopathology*, 22, 2010.

Lewin-Bizan S. , Lynch A. D. , Fay K. , et al. , "Trajectories of Positive and Negative Behaviors from Early-to Middle-Adolescence", *Journal of Youth and Adolescence*, 39 (7), 2010.

Lewis K. M. , Vuchinich S. , Ji P. , et al. , "Effects of the Positive Action Program on Indicators of Positive Youth Development among Urban Youth", *Applied Developmental Science*, 20, 2016.

Li D. , Zhang W. , Li N. , et al. , "Gratitude and Suicidal Ideation and Suicide Attempts among Chinese Adolescents: Direct, Mediated, and Moderated Effects", *Journal of Adolescence*, 35 (1), 2011.

Li J. , & Julian M. , "Developmental Relationships as the Active Ingredient: A Unifying Working Hypothesis of 'What Works' Across Intervention Settings", *the American Journal of Orthopsychiatry*, 82 (2), 2012.

Liang L. , Yang J. , & Yao S. , "Measurement Equivalence of the SDQ in Chinese Adolescents: A Horizontal and Longitudinal Perspective", *Journal of Affective Disorders*, 257, 2019.

Lounsbury J. W. , Fisher L. A. , Levy J. , et al. , "An Investigation of Character Strengths in Relation to the Academic Success of College Students", *Individual Differences Research*, 7 (1), 2009.

Lubke G. , & Muthén B. O. , "Performance of Factor Mixture Models as a Function of Model Size, Covariate Effects, and Class-specific Parameters", *Structural Equation Modeling*, 14 (1), 2007.

Ma L. , Phelps E. , Lerner J. V. , et al. , "The Development of Academic Competence among Adolescents Who Bully and Who Are Bullied", *Journal of Applied Developmental Psychology*, 30, 2009.

MacLeod C. , Mathews A. , "Cognitive Bias Modification Approaches to Anxiety", *Annual Review of Clinical Psychology*, 8 (1), 2012.

MacLeod C. , Rutherford E. , Campbell L. , et al. , "Selective Attention and Emotional Vulnerability: Assessing the Causal Basis of their Association through the Experimental Manipulation of Attentional Bias", *Journal of Abnormal Psychology*, 111 (1), 2002.

Martínez-Martí M. L. , & Ruch W. , "Character Strengths Predict Resilience over and above Positive Affect, Self-Efficacy, Optimism, Social Support, Self-Esteem, and Life Satisfaction", *The Journal of Positive Psychology*, 12 (2), 2017.

Mascaro J. S. , Rentscher K. E. , Hackett P. D. , et al. , "Child Gender Influences Paternal Behavior, Language, and Brain Function", *Behavioral Neuro-

science, 131, 2017.

Masten A. S. , & Cicchetti D. , "Developmental Cascades", *Development & Psychopathology*, 22 (03), 2010.

Masten A. S. , "Peer Relationships and Psychopathology in Developmental Perspective: Reflections on Progress and Promise", *Journal of Clinical Child & Adolescent Psychology*, 34 (1), 2005.

McGrath R. E. , Hall-Simmonds A. , & Goldberg L. R. , "Are Measures of Character and Personality Distinct? Evidence from Observed-Score and True-Score Analyses", *Assessment*, 27, 2020.

Mogoaşe C. , David D. & Koster E. H. , "Clinical Efficacy of Attentional Bias Modification Procedures: An Updated Meta-analysis", *Journal of Clinical Psychology*, 70, 2014.

Monroe S. M. , & Simons A. D. , "Diathesis-Stress Theories in the Context of Life Stress Research: Implications for the Depressive Disorders", *Psychological Bulletin*, 110 (3), 1991.

Narvaez D. , "Human Flourishing and Moral Development: Cognitive and Neurobiological Perspectives of Virtue Development", In L. Nucci & D. Narvaez (Eds.), *Handbook of Moral and Character Education*, New York, NY: Routledge, 2008.

Nokali N. E. , Bachman H. J. , & Votruba-Drzal E. , "Parent Involvement and Children's Academic and Social Development in Elementary School", *Child Development*, 81 (3), 2010.

Oriol X. , Miranda R. , & Amutio A. D. , "Dispositional and Situational Moral Emotions, Bullying and Prosocial Behavior in Adolescence", *Current Psychology*, 42, 2021.

Overton W. F. , "Processes, Relations, and Relational-Developmental-Systems", In W. F. Overton, P. C. M. Molenaar, & R. M. Lerner (Eds.), *Handbook of Child Psychology and Developmental Science: Theory and Method*, John Wiley & Sons, Inc. , 2015.

Park N. , & Peterson C. , "Character Strengths and Happiness among Young Children: Content Analysis of Parental Descriptions", *Journal of Happiness Studies*, 7 (3), 2006.

Park N., & Peterson C., "Moral Competence and Character Strengths among Adolescents: The Development and Validation of the Values in Action Inventory of Strengths for Youth", *Journal of Adolescence*, 29 (6), 2006.

Park N., "Character Strengths and Positive Youth Development", *the ANNALS of the American Academy of Political and Social Science*, 591 (1), 2004.

Peckham, A. D., McHugh, R. K. & Otto, M. W., "A Meta-Analysis of the Magnitude of Biased Attention in Depression", *Depression and Anxiety*, 27, 2010.

Peterson C., & Seligman M. E. P., *Character Strengths and Virtues: A Handbook and Classification*, New York: Oxford University Press Washington, 2004.

Peterson C., Park N., & Seligman M. E. P., "Greater Strengths of Character and Recovery from Illness", *Journal of Positive Psychology*, 1 (1), 2006.

Phelps E., Balsano A. B., Fay K., et al., "Nuances in Early Adolescent Developmental Trajectories of Positive and Problematic/Risk Behaviors: Findings from the 4-H Study of Positive Youth Development", *Child & Adolescent Psychiatric Clinics of North America*, 16 (2), 2007.

Phelps E., Zimmerman S., Warren A. A., et al., "The Structure and Developmental Course of Positive Youth Development (PYD) in Early Adolescence: Implications for Theory and Practice", *Journal of Applied Developmental Psychology*, 30 (5), 2009.

Platt B., Murphy S. E., & Lau J. Y. F., "The Association between Negative Attention Biases and Symptoms of Depression in a Community Sample of Adolescents", *PeerJ*, 3 (7), 2015.

Podsakoff P. M., MacKenzie S. B., Lee J. Y., et al., "Common Method Biases in Behavioral Research: A Critical Review of the Literature and Recommended Remedies", *Journal of Applied Psychology*, 88 (5), 2003.

Proctor C., The Importance of Good Character, In Proctor C., Linley P. (eds), "*Research, Applications, and Interventions for Children and Adolescents: A Positive Psychology Perspective*", Springer, Dordrecht, 2015.

Raedt R. D. , & Koster E. H. W. , "Understanding Vulnerability for Depression from a Cognitive Neuroscience Perspective: A Reappraisal of Attentional Factors and a New Conceptual Framework", *Cognitive Affective & Behavioral Neuroscience*, 10 (1), 2010.

Roberts B. W. , & Yoon H. J. , "Personality Psychology", *Annual Review of Psychology*, 73, 2022.

Robins R. W. , & Trzesniewski K. H. , "Self-Esteem Development across the Lifespan", *Current Directions in Psychological Science*, 14 (3), 2005.

Scales P. C. , Benson P. L. , Leffert N. , et al. , "Contribution of Developmental Assets to the Prediction of Thriving among Adolescents", *Applied Developmental Science*, 4 (1), 2000.

Seider S. , Jayawickreme E. , & Lerner R. M. , "Theoretical and Empirical Bases of Character Development in Adolescence: A View of the Issues", *Journal of Youth and Adolescence*, 46 (6), 2017.

Seligman M. E. P. , & Csikszentmihalyi M. , "Positive Psychology: An Introduction", *American Psychologist*, 55 (1), 2000.

Shubert J. , Wray-Lake L. , Syvertsen A. K. , et al. , "Examining Character Structure and Function across Childhood and Adolescence", *Child Development*, 90 (4), 2019.

Smith J. , Fisher G. , Ryan L. , et al. , "*Psychosocial and Lifestyle Questionnaire*", Survey Research Center, Institute for Social Research.

Soto C. J. , & Tackett J. L. , "Personality Traits in Childhood and Adolescence: Structure, Development, and Outcomes", *Current Directions in Psychological Science*, 24 (5), 2015.

Soto C. J. , John O. P. , Gosling S. D. , et al. , "Age Differences in Personality Traits from 10 to 65: Big Five Domains and Facets in a Large Cross-sectional Sample", *Journal of Personality & Social Psychology*, 100 (2), 2011.

Soto C. J. , John O. P. , Gosling S. D. , et al. , "The Developmental Psychometrics of Big Five Self-reports: Acquiescence, Factor Structure, Coherence, and Differentiation from Ages 10 to 20", *Journal of Personality and Social Psy-*

chology, 94 (4), 2008.

Kor A., Pirutinsky S., Mikulincer M., et al., "A Longitudinal Study of Spirituality, Character Strengths, Subjective Well-Being, and Prosociality in Middle School Adolescents", *Frontiers in Psychology*, 10, 2019.

Srivastava S., John O. P., Gosling S. D., & Potter J., "Development of Personality in Early and Middle Adulthood: Set Like Plaster or Persistent Change?", *Journal of Personality & Social Psychology*, 84 (5), 2003.

Tang W., Wang G., Hu T., et al., "Mental Health and Psychosocial Problems among Chinese Left-behind Children: A Cross-sectional Comparative Study", *Journal of Affective Disorders*, 241, 2018.

Tangney J. P., Baumeister R. F., & Boone A. L., "High Self-control Predicts Good Adjustment, Less Pathology, Better Grades, and Interpersonal Success", *Journal of Personality*, 72 (2), 2004.

Taylor J. L., & John C. H., "Attentional and Memory Bias in Persecutory Delusions and Depression", *Psychopathology*, 37 (5), 2004.

Taylor J. S. H., Rastle K., & Davis M. H., "Can Cognitive Models Explain Brain Activation during Word and Pseudoword Reading? A Meta-Analysis of 36 Neuroimaging Studies", *Psychological Bulletin*, 139 (4), 2013.

Theokas C., & Lerner R. M., "Observed Ecological Assets in Families, Schools, and Neighborhoods: Conceptualization, Measurement and Relations with Positive and Negative Developmental Outcomes", *Applied Developmental Science*, 10 (2), 2006.

Turkheimer E., Pettersson E., & Horn E. E., "A Phenotypic Null Hypothesis for the Genetics of Personality", *Annual Review of Psychology*, 65, 2014.

Van der Graaff J., Branje S., De Wied M., et al., "Perspective Taking and Empathic Concern in Adolescence: Gender Differences in Developmental Changes", *Developmental Psychology*, 50, 2014.

Wang J., Ferris K. A., Hershberg R. M., et al., "Developmental Trajectories of Youth Character: A Five—Wave Longitudinal Study of Cub Scouts and Nonscout Boys", *Journal of Youth and Adolescence*, 44 (12), 2015.

WeberM. , & Ruch W. , "The Role of a Good Character in 12 – year-old School Children: Do Character Strengths Matter in the Classroom?", *Child Indicators Research*, 5, 2012.

Weber M. , Wagner L. , & Ruch W. , "Positive Feelings at School: On the Relationships between Students' Character Strengths, School-related Affect, and School Functioning", *Journal of Happiness Studies*, 17 (1), 2016.

Wells T. T. , & Beevers C. G. , "Biased Attention and Dysphoria: Manipulating Selective Attention Reduces Subsequent Depressive Symptoms", *Cognition and Emotion*, 24 (4), 2010.

Wen M. , & Lin D. , "Child Development in Rural China: Children Left Behind by Their Migrant Parents and Children of Nonmigrant Families", *Child Development*, 8 (1), 2012.

Wen M. , Su S. , Li Z. , et al. , "Positive Youth Development in Rural China: The Role of Parental Migration", *Social Science & Medicine*, 132, 2015.

Wickrama K. K. , Lee T. K. , O' Neal C. W. , et al. , "Higher—Order Growth Curves and Mixture Modeling with Mplus: A Practical Guide", New York, NY: Routledge, 2016.

Wraylake L. , "*The Development of Social Responsibility in Adolescence: Dynamic Socialization, Values, and Action*", Dissertations & Theses-Gradworks, the Pennsylvania State University, 2010.

Yang W. , Ding Z. , Dai T. , et al. , "Attention Bias Modification Training in Individuals with Depressive Symptoms: A Randomized Controlled Trial", *Journal of Behavior Therapy & Experimental Psychiatry*, 49, 2015.

Zhang J. , Yan L. , Qiu H. , et al. , "Social Adaptation of Chinese Left-Behind Children: Systematic Review and Meta-Analysis", *Children and Youth Services Review*, 95, 2018.

Zhang R. P. , Bai B. Y. , Jiang S. , et al. , "Parenting Styles and Internet Addiction in Chinese Adolescents: Conscientiousness as a Mediator and Teacher Support as a Moderator", *Computers in Human Behavior*, 101, 201.

Zhang R. P. , Zhang X. , Xiao N. , et al. , "Parenting Practices and Rural Chinese Children's Self-control and Problem Behaviors: A Comparison of Left-behind and Non-left-behind Children", *Journal of Child and Family Studies*, 32, 2023.

Zhao C. , & Chen B. , "Parental Migration and Non-Cognitive Abilities of Left-behind Children in Rural China: Causal Effects by an Instrumental Variable Approach", *Child Abuse & Neglect*, 123, 2022.

Zhao J. , Li Q. , Wang L. et al. , "Latent Profile Analysis of Left-behind Adolescents' Psychosocial Adaptation in Rural China", *Journal of Youth and Adolescence*, 48, 2019.

Zhao X. , Fu F. , & Zhou L. , "The Mediating Mechanism between Psychological Resilience and Mental Health among Left-Behind Children in China", *Children and Youth Services Review*, 110, 2020.

Zhao X. , Ma X. , Yao Y. , et al. , "China's Little Emperors Show Signs of Success", *Science*, 339 (6), 2013.

Zimmerman S. M. , Phelps E. , & Lerner R. M. , "Positive and Negative Developmental Trajectories in U. S. Adolescents: Where the Positive Youth Development Perspective Meets the Deficit Model", *Research in Human Development*, 5 (3), 2008.

Zimmermann P. , & Iwanski A. , "Emotion Regulation from Early Adolescence to Emerging Adulthood and Middle Adulthood: Age Differences, Gender Differences, and Emotion-Specific Developmental Variations", *International Journal of Behavioral Development*, 38 (2), 2014.